Internationales Deliktsrecht der Rom II-VO und die Haftung
für reine Vermögensschäden

Europäische Hochschulschriften

Publications Universitaires Européennes
European University Studies

Reihe II
Rechtswissenschaft

Série II Series II
Droit
Law

Bd./Vol. 5263

PETER LANG
Frankfurt am Main · Berlin · Bern · Bruxelles · New York · Oxford · Wien

Tim Odendahl

Internationales Deliktsrecht der Rom II-VO und die Haftung für reine Vermögensschäden

PETER LANG
Internationaler Verlag der Wissenschaften

Bibliografische Information der Deutschen Nationalbibliothek
Die Deutsche Nationalbibliothek verzeichnet diese Publikation in der Deutschen Nationalbibliografie; detaillierte bibliografische Daten sind im Internet über http://dnb.d-nb.de abrufbar.

Zugl.: Köln, Univ., Diss., 2010

D 38
ISSN 0531-7312
ISBN 978-3-631-62086-1

www.peterlang.de

Meinen Eltern

Danksagung

Die vorliegende Arbeit wurde im Sommersemester 2010 von der Rechtswissenschaftlichen Fakultät der Universität zu Köln als Dissertation angenommen.

Zu besonderem Dank verpflichtet bin ich meinem Doktorvater, Herrn Prof. Dr. Heinz-Peter Mansel, für die umfangreiche Betreuung und Förderung der Arbeit, die zahlreichen fruchtbaren Anmerkungen hierzu sowie die Unterstützung bei der Durchführung meines Forschungsaufenthaltes am University College London.

Herrn Prof. Dr. Klaus Peter Berger danke ich für die Erstellung des Zweitgutachtens.

Mein Dank gilt darüber hinaus der Dr. Wilhelm Westhaus-Stiftung, die meinen viermonatigen Forschungsaufenthalt durch ein Stipendium großzügig gefördert hat.

Zu Dank verpflichtet bin ich auch Frau Prof. Joanne Scott, für die Ermöglichung der Forschung am University College London und dem Institute of Advanced Legal Studies.

Schließlich danke ich meinem Vater, Rechtsanwalt Hanswerner Odendahl, für seine konstruktive Kritik und meiner gesamten Familie für die Unterstützung während der Entstehung dieser Arbeit.

Köln, Juni 2011 Tim Odendahl

Inhaltsverzeichnis

Literaturverzeichnis

Ahrens, Hans-Jürgen — Wer haftet statt der zusammengebrochenen Abschreibungsgesellschaft? – Zur Sachwalterhaftung im Kollisionsrecht
In: IPRax 1986, S. 355

Ahrens, Hans-Jürgen — Die Internationale Deliktszuständigkeit im englischen Recht – ein englischer Denkanstoß zu offenen Fragen des deutschen Rechts
In: IPRax 1990, S. 128

Anwaltkommentar — Kommentar zum BGB
Band 1: Allgemeiner Teil mit EGBGB
Bonn 2005
Zit.: Bearbeiter in: AnwK

Ashton, David/ Vollrath, Christian — Choice of court and applicable law in tortious actions for breach of Community competition law
In: ZWeR 2006, S.1

Assmann, Heinz-Dieter/ Schütze, Rolf A. — Handbuch des Kapitalanlagerechts
3. Auflage, München 2007
Zit.: Assmann/Schütze

Baetge, Dietmar — Auf dem Weg zu einem gemeinsamen europäischen Verständnis des gewöhnlichen Aufenthalts
In: Baetge/v. Hein/v. Hinden (Hrsg.), Die richtige Ordnung, Festschrift für Jan Kropholler, Tübingen 2008, S. 77

Bamberger, Heinz Georg/ Roth, Herbert — Kommentar zum Bürgerlichen Gesetzbuch
3. Band: §§ 1297 – 2385, EGBGB
2. Auflage, München 2008
Zit.: Bearbeiter in: Bamberger/Roth

von Bar, Carl Ludwig — Theorie und Praxis des Internationalen Privatrechts
Band II,
2. Auflage, Hannover, 1889

von Bar, Christian — Internationales Privatrecht
Zweiter Band – Besonderer Teil
München 1991
Zit.: v. Bar, IPR II

von Bar, Christian/ Mankowski, Peter — Internationales Privatrecht
Erster Band – Allgemeiner Teil
2. Auflage, München 2003
Zit.: v. Bar, IPR I

Basedow, Jürgen — Der kollisionsrechtliche Gehalt der Produktfreiheiten im europäischen Binnenmarkt: favor offerentis
In: RabelsZ 59 (1995), S. 1

Basedow, Jürgen — Über Privatrechtsvereinheitlichung und Marktintegration
In: Immenga/Möschel/Reuter (Hrsg.), Festschrift für Mestmäcker, Baden-Baden 1996, S. 347

Basedow, Jürgen — Was wird aus der Haager Konferenz für Internationales Privatrecht?
In: Rauscher/Mansel (Hrsg.), Festschrift für Lorenz, München 2001, S. 463

Basedow, Jürgen — Die Vergemeinschaftung des Kollisionsrechts nach dem Vertrag von Amsterdam
In: Baur/Mansel (Hrsg.), Systemwechsel im europäischen Kollisionsrecht, München 2002, S. 19

Basedow, Jürgen/ Metzger, Axel — Lex loci protectionis europea
In: Trunk/Knieper/Svetlanov (Hrsg.),FS für Boguslavskij (2004), Berlin 2004, S. 153

Beaumont, Paul R.	Private international law of the European Union: competence questions arising from the proposed Rome II regulation on choice of law in non-contractual obligations In: Thomson/West (Hrsg.), Private Law, Private International Law, & Judicial Cooperation in the EU-US Relationship, CILE Studies 2, Rochester (New York, USA) 2005, S. 15
Beaumont, Paul R./ Tang, Zheng	Classification of delictual damages: Harding v Wealands and the Rome II Regulation In: Edinburgh Law Review (Edin LR) 12 (2008), S. 131
Becker, Moritz	Kartelldeliktsrecht: § 826 BGB als „Zuständigkeitshebel" im Anwendungsbereich der EuGVO? In: EWS 2008, S. 228
Beitzke, Günther	Auslandswettbewerb unter Inländern – Entscheidungsrezession zu BGHZ 40, 391 In: JuS 1966, S. 139
Benecke, Martina	Auf dem Weg zu „Rom II" – Der Vorschlag für eine Verordnung zur Angleichung des IPR der außervertraglichen Schuldverhältnisse In: RIW 2003, S. 830
Benicke, Christoph	Prospektpflicht und Prospekthaftung bei grenzüberschreitenden Emissionen In: Mansel u.a. (Hrsg.), Festschrift für Jayme, Band 1, München 2004, S. 25
Bernhard, Peter	Cassis de Dijon und Kollisionsrecht – am Beispiel des unlauteren Wettbewerbs In: EuZW 1992, S. 437
Betlem, Gerrit/ Bernasconi, Christophe	European private international law, the environment and obstacles for public Authorities In: Law Quarterly Review (L.Q.R.) 122 (2006), S. 124

Binder, Heinz — Zur Auflockerung des Deliktsstatuts
In: RabelsZ 20 (1955), S. 401

Bischoff, Jan Asmus — Die Europäische Gemeinschaft und die Haager Konferenz für Internationales Privatrecht
In: ZEuP 2008, S. 334

Bischoff, Jean-Marc — Note Cass.civ., 11.05.1999 (Société Mobil North Sea Limited et autres c. Compagnie française d'entreprises métalliques et autres), Rev.crit. 89 (2000) 199
In: Revue critique de droit international privé (Rev.crit.) 89 (2000), S. 201

Bischoff, Kai — Internationale Börsenprospekthaftung
In: AG 2002, S. 489

Bitter, Anna-Kristina — Auslegungszusammenhang zwischen der Brüssel I-Verordnung und der künftigen Rom I-Verordnung
In: IPRax 2008, S. 96

Blobel, Felix — Der europäische Deliktsgerichtsstand und reine Vermögensschäden – Eine Anmerkung zur Entscheidung des EuGH vom 10. 6. 2004, Kronhofer/ Maier u.a.
In: The European Legal Forum (EuLF) 2004, S. 187

Boele-Woelki, Katharina/ van Ooik, Ronald H. — The Communitarization of Private International Law
In: Yearbook of Private International Law (Yearbook of PIL) 2002, S. 1

Brière, Carine — Le règlement (CE) n° 864/2007 du 11 juillet 2007 sur la loi applicable aux obligations non contractuelles (« Rome II »)
In: Journal du droit international (Clunet) 2008, S. 31

Briggs, Adrian	When in Rome, choose as the Romans choose In: Law Quarterly Review (L.Q.R.) 125 (2009), S. 191
Bruinier, Stefan	Der Einfluss der Grundfreiheiten auf das Internationale Privatrecht Frankfurt a.M. 2003 Zit.: Bruinier, Einfluss der Grundfreiheiten
Buchner, Benedikt	Rom II und das Internationale Immaterialgüter- und Wettbewerbsrecht, In: GRURInt 2005, S. 1004
Bülow, Arthur/ Böckstiegel, Karl-Heinz	Der Internationale Rechtsverkehr in Zivil- und Handelssachen Band I – Verträge über Rechtsschutz und Rechtshilfe 14. Ergänzungslieferung, München 1991 Zit.: Bearbeiter in: Bülow/Böckstiegel
Callies, Christian Ruffert, Mathias	Das Verfassungsrecht der Europäischen Union mit Europäischer Grundrechtecharta 3. Auflage, München 2007 Zit.: Bearbeiter in: Callies/Ruffert
Canaris, Claus-Wilhelm	Bankvertragsrecht Band 1 3. Auflage, Wien 1988 Zit.: Canaris, Bankvertragsrecht
Carruthers, Janeen/ Crawford, Elizabeth	Variations on a Theme of Rome II. Reflections on Proposed Choice of Law Rules for Non-Contractual Obligations: Part I In: Edinburgh Law Review (Edin LR) 9 (2005), S. 65
Carruthers, Janeen/ Crawford, Elizabeth	Variations on a Theme of Rome II. Reflections on Proposed Choice of Law Rules for Non-Contractual Obligations: Part 2 In: Edinburgh Law Review (Edin LR) 9 (2005), S. 238

Clarkson, Christopher/ Hill, Jonathan — The Conflict of Laws
3. Auflage, New York 2006
Zit.: Clarkson/Hill, Conflict of Laws

Collier, John G. — Conflict of Laws
3. Auflage, Cambridge 2001
Zit.: Collier, Conflict of Laws

Costa, Edgar — European Union: litigation – applicable law
In: International Company and Commercial Law Review (ICCLR) 2008, S. N7

Currie, Brainerd — Notes on Methods and Objectives in The Conflict of Laws
In: Duke Law Journal (Duke L.J.) 1959, S. 171

Danov, Mihail — Awarding Exemplary (or Punitive) Antitrust Damages in EC Competition Cases with an International Element
In: European Competition Law Review (ECLR) 29 (2008), S. 430

Davì, Angelo — Der italienische Kassationshof und der Gerichtsstand des Ortes des schädigenden Ereignisses nach Art. 5 Nr. 3 EuGVÜ bei reinen Vermögensschäden
In: IPRax 1999, S. 484

Delachaux, Jean Louis — Die Anknüpfung der Obligationen aus Delikt und Quasidelikt im internationalen Privatrecht
Zürich 1960
Zit.: Delachaux, Anknüpfung der Obligationen

Deutsch, Erwin — Die Zwecke des Haftungsrechts
In: JZ 1966, S. 244

Deutsch, Erwin — Haftungsrecht und Strafrecht
In: Müller/Soell (Hrsg.), Festschrift für Eduard Wahl, Heidelberg, 1973, S. 339

Dicey, Morris and Collins — Conflict of Laws
Collins, Lawrence (u.a.), (Bearb.)
14. Auflage, London 2006
Zit.: Dicey/Morris/Collins, Conflict of Laws
Second Supplement to the 14. Edition
London 2008
Zit.: Dicey/Morris/Collins, Conflict of Laws, 2. Supll.

Dickinson, Andrew — Europea Private International Law: Embracing new Horizons or mourning the past?
In: Journal of Private International Law (Journal of PIL) 1 (2005), S. 197

Dickinson, Andrew — Cross-Border Torts in EC Courts – A Response to the Proposed "Rome II" Regulation
In: European Business Law Review 13 (2002), S. 369

Dickinson, Andrew — The Rome II Regulation
New York 2008
Zit.: Dickinson

Dohrn, Heike — Die Kompetenzen der europäischen Gemeinschaft im Internationalen Privatrecht
Tübingen 2004
Zit.: Dohrn, Kompetenzen der EG im IPR

Doris, Tim W. — "When in Rome, do as the Romans do?" – a defense of the Lex Domicilii Communis in the Rome II Regulation
In: EuLF 2007, S. 152

Dörner, Heinrich — Alte und neue Probleme des Internationalen Deliktsrechts
In: Hohloch/Frank/Schlechtriem (Hrsg.), Festschrift für Hans Stoll, Tübingen 2001, S. 491

Drasch, Wolfgang — Das Herkunftslandprinzip im Internationalen Privatrecht Baden-Baden 1997
Zit.: Drasch, Herkunftslandprinzip im IPR

Drobnig, Ulrich | Die Kollisionsnormen der Legislative Guide for Secured Transactions von UNCITRAL (2007)
In: Baetge/v. Hein/v. Hinden (Hrsg.), Die richtige Ordnung, Festschrift für Kropholler, Tübingen 2008, S. 533

Eidenmüller, Horst | Europäische Verordnung über Insolvenzverfahren und zukünftiges deutsches internationales Insolvenzrecht
In: IPRax 2001, S. 2

Enneking, Liesbeth | The Common Denominator of the Trafigura Case, Foreign Direct Liability Cases and the Rome II Regulation
In: European Review of Private Law (E.R.P.L.) 2008, S. 283

Fawcett, James | Law Commission Working Paper No. 87*: Choice of Law in Tort and Delict
In: The Modern Law Review 48 (1985), S. 439

Fischer, Peter Michael | Die akzessorische Anknüpfung des Deliktsstatuts
Berlin 1989
Zit.: Fischer

Fricke, Martin | Kollisionsrecht im Umbruch – Perspektiven für die Versicherungswirtschaft
In: VersR 2005, S. 726

Fuchs, Angelika | Zum Kommissionsvorschlag einer „Rom II“-Verordnung
In: GPR 2003/2004, S. 100

Fuchs, Angelika | Case Law of the Community Courts – Judgments Convention
In: ERA-Forum 2004, S. 466

Fuchs, Angelika | Aktuelles zur justiziellen Zusammenarbeit in Zivilsachen
In: ERA-Forum 2007, S. 3

Garcimartín Alférez, Francisco | The Rome II Regulation: On the way towards a European Private International Law Code
In: The European Legal Forum (EuLF) 2007, S. I-77

Geimer, Reinhold | Anmerkungen zu EuGH – C-364/93 (19.09.1995), Marinari vs. Lloyds Bank plc
In: JZ 1995, S. 1107

Geimer, Reinhold | Internationales Zivilprozessrecht
5. Auflage, Köln 2005
Zit.: Geimer, IZPR

Geimer, Reinhold/ Schütze, Rolf A. (Hrsg.) | Europäisches Zivilverfahrensrecht
2. Auflage, München 2004
Zit.: Bearbeiter in: Geimer/Schütze, EuZVR

Girsberger, Daniel | Erfolgsort mit dem Erfolg bei Vermögensdelikten?
In: Basedow u.a. (Hrsg.), Private Law in the International Arena: From National Conflict Rules Towards Harmonization and Unification, Liber Amicorum Kurt Siehr, Den Haag 2000, S. 219

Gotthardt, Peter | Landesbericht – Frankreich,
In: v. Bar (Hrsg.), Deliktsrecht in Europa – Landesberichte Frankreich und Griechenland, Köln (u.a.) 1993, S. 7

Gray, Anthony | Getting It Right: Where is the Place of the Wrong in a Multinational Torts Case?
In: Sydney Law Review (Sydney L. Rev.) 30 (2008), S. 537

von der Groeben, Hans/ Schwarze, Jürgen | Kommentar zum Vertrag über die Europäische Union und zur Gründung der Europäischen Gemeinschaft
Band 1: Art. 1-53 EUV, Art. 1-80 EGV
6. Auflage, Baden-Baden 2003
Zit.: v.d.Groeben/Schwarze

Gruber, Joachim	Die kollisionsrechtliche Anknüpfung der Bankenhaftung wegen Konkursverschleppung durch Kreditgewährung In: DZWiR 1993, S. 237
Grundmann, Stefan	Deutsches Anlegerschutzrecht in internationalen Sachverhalten
	Vom internationalen Schuld- und Gesellschaftsrecht zum internationalen Marktrecht In: RabelsZ 54 (1990), S. 283
Grundmann, Stefan	Das Internationale Privatrecht der E-Commerce-Richtlinie – was ist kategorial anders im Kollisionsrecht des Binnenmarktes und warum? In: RabelsZ 67 (2003), S. 246
Hallstein, Walter	Angleichung des Privat- und Prozessrechts in der Europäischen Wirtschaftsgemeinschaft In: RabelsZ 28 (1964), S. 211
Hamburg Group for Private International Law	Comments on the European Commission's Draft Proposal for a council Regulation on the Law applicable to Non-Contractual Obligations In: RabelsZ 67 (2003), S. 1
Handig, Christian	Neues im Internatonalen Wettbewerbsrecht – Auswirkungen der Rom II-Verordnung In: GRURInt 2008, S. 24
Hay, Peter	Contemporary Approaches to Non-Contractual Obligations in Private International Law (Conflict of Laws) and the European Community's "Rome II" Regulation In: The European Legal Forum (EuLF) 2007, S. I-137
Heiderhoff, Bettina	Gemeinschaftsprivatrecht 2. Auflage, München 2007 Zit.: Heiderhoff, GPR

von Hein, Jan	Das Günstigkeitsprinzip im Internationalen Deliktsrecht Tübingen 1999 Zit.: v. Hein, Günstigkeitsprinzip
von Hein, Jan	Rechtswahlfreiheit im Internationalen Deliktsrecht In: RabelsZ 64 (2000), S. 595
von Hein, Jan	Die Kodifikation des europäischen Internationalen Deliktsrechts – Zur geplanten EU-Verordnung über das auf außervertragliche Schuldverhältnisse anzuwendende Recht In: ZVglRWiss 102 (2003), S. 528
von Hein, Jan	Deliktischer Kapitalanlegerschutz im europäischen Zuständigkeitsrecht In: IPRax 2005, S. 17
von Hein, Jan	Internationale Zuständigkeit und anwendbares Recht bei grenzüberschreitendem Kapitalbetrug In: IPRax 2006, S. 460
von Hein, Jan	Die Kodifikation des europäischen IPR der außervertraglichen Schuldverhältnisse vor dem Abschluss? Zum gegenwärtigen Stand der Arbeiten an der Rom-II-Verordnung In: VersR 2007, S. 440
von Hein, Jan	Die Internationale Prospekthaftung im Lichte der Rom II-Verordnung In: von Baum u.a. (Hrsg.), Perspektiven des Wirtschaftsrechts, Beiträge für Klaus J. Hopt aus Anlass seiner Emeritierung, Berlin 2008, S. 371
von Hein, Jan	Something Old and Something Borrowed, but Nothing New? Rome II and the European Choice-of-Law Evolution In: Tulane Law Review (Tul.L.Rev.) 82 (2008), S. 1663

von Hein, Jan	Europäisches Internationales Deliktsrecht nach der Rom II-Verordnung In: ZEuP 2009, S. 6
von Hein, Jan	Of Older Siblings and Distant Cousins: The Contribution of the Rome II Regulation to the Communitarisation of Private International Law In: RabelsZ 73 (2009), S. 461
Heinze, Christian	Bausteine eines allgemeinen Teils des europäischen Internationalen Privatrechts In: Baetge/v. Hein/v. Hinden (Hrsg.), Die richtige Ordnung, Festschrift für Jan Kropholler, Tübingen 2008, S. 105
Heiss, Helmut/ Loacker, Leander D.	Die Vergemeinschaftung des Kollisionsrechts der außervertraglichen Schuldverhältnisse durch Rom II in: Juristische Blätter (JBl 2007), S. 613
Heldrich, Andreas	Internationale Zuständigkeit und anwendbares Recht Berlin/Tübingen 1969 Zit.: Heldrich
Heldrich, Andreas	Persönlichkeitsrechtsverletzungen im internationalen Privatrecht In: v. Caemmerer (Hrsg.), Vorschläge und Gutachten zur Reform des deutschen Internationalen Privatrechts der außervertraglichen Schuldverhältnisse, Tübingen 1983, S. 361
Herdegen, Mathias	Europarecht 10. Auflage, München 2008 Zit.: Herdegen
Hess, Burkhard	Die „Europäisierung“ des internationalen Zivilprozessrechts durch den Amsterdamer Vertrag – Chancen und Gefahren In: NJW 2001, S. 23

Heuzé, Vincent	D'Amsterdam à Lisbonne, l'État de droit à l'épreuve des competences communautaires en matière de conflits de lois In: La Semaine Juridique – Edition Générale Juris-Classeur Périodique (JCP) 30 (2008), S. I 166
Hilgard, Mark C.	Churning In: WM 2006, S. 409
Hillgenberg, Hartmut	Der Verletzungsort im internationalen Privatrecht In: NJW 1963, S. 2198
von Hinden, Michael	Ein europäisches Kollisionsrecht für die Medien – Gedanken zur Fortentwicklung der Rom II-Verordnung In: Baetge/v. Hein/v. Hinden (Hrsg.), Die richtige Ordnung, Festschrift für Kropholler, Tübingen 2008, S. 573
von Hoffmann, Bernd	The relevance of European Community Law In: von Hoffmann (Hrsg.), European Private International Law, Nijmegen 1998, S. 19
von Hoffmann, Bernd/ Thorn, Karsten	Internationales Privatrecht 9. Auflage, München 2007 Zit.: v. Hoffmann/Thorn
Hohloch, Gerhard	Erfolgsort und Schadensort – Abgrenzung bei Ansprüchen auf Ersatz von (primären und sonstigen) Vermögensschäden In: IPRax 1997, S. 312
Hohloch, Gerhard	Das Deliktsstatut Frankfurt a. M., 1984 Zit.: Hohloch
Hood, Kirsty	Conflict of Laws within the UK New York 2007 Zit.: Hood, Conflict of Laws within the UK

Hörnle, Julia — The UK Perspective on the Country of Origin Rule in the E-Commerce Directive – A Rule Of Administrative Law Applicable To Private Law Disputes?
In: International Journal of Law and Information Technology (IJLIT) 12 (2004), S. 333

Houseman, Stephen — The applicable law of misrepresentation claims – Morin v. Bonhams & Brooks
In: Lloyd's Maritime and Commercial Law Quarterly (LMCLQ) 2004, S. 426

Huber, Peter/ Bach, Ivo — Die Rom II-VO – Kommissionsentwurf und aktuelle Entwicklungen
In: IPRax 2005, S. 73

Hueck, Götz/ Windbichler, Christine — Gesellschaftsrecht
21. Auflage, München 2008
Zit.: Hueck/Windbichler

Illmer, Martin — Neutrality Matters – Some thoughts about the Rome Regulations and the so-called dichotomy of substance and procedure in European Private International Law
In: Civil Justice Quarterly (C.J.Q.) 28 (2009), S. 237

Jayme, Erik — Haustürgeschäfte deutscher Urlauber in Spanien – horizontale Wirkungen der EG-Richtlinien und internationales Vertragsrecht
In: IPRax 1990, S. 220

Jayme, Erik — Ein Internationales Privatrecht für Europa
In: Jayme u.a. (Hrsg.), Ein internationales Privatrecht für Europa: Reden zur Verleihung des Landesforschungspreises Baden-Württemberg 1989, Heidelberg 1991, S. 5

Jayme, Erik — Europäisches Kollisionsrecht, Grundlagen – Grundfragen
in: Müller-Graff (Hrsg.), Perspektiven des Rechts der Europäischen Union, Heidelberg 1998, S. 1

Jayme, Erik — Entwurf eines EU-Übereinkommens über das auf außervertragliche Schuldverhältnisse anwendbare Recht
In: IPRax 1999, S. 298

Jayme, Erik — Europa: Auf dem Weg zu einem interlokalen Kollisionsrecht?
In: Mansel (Hrsg.), Vergemeinschaftung des Europäischen Kollisionsrechts, Köln (u.a.) 2001, S. 31

Jayme, Erik/ Kohler, Christian — Europäisches Kollisionsrecht 2001: Anerkennung statt IPR?
In: IPRax 2001, S. 501

Jayme, Erik/ Kohler, Christian — Europäisches Kollisionsrecht 2004: Territoriale Erweiterung und methodische Rückgriffe
In: IPRax 2004, S. 481

Jayme, Erik/ Kohler, Christian — Europäisches Kollisionsrecht 2007: Windstille im Erntefeld der Integration
In: IPRax 2007, S. 493

Jünger, Friedrich — Der Kampf ums Forum
In: RabelsZ 46 (1982), S. 708

Junker, Abbo — Die Rom II-Verordnung: Neues Internationales Deliktsrecht auf europäischer Grundlage
In: NJW 2007, S. 3675

Junker, Abbo/ Schramm, Dorothee — Die gekenterte Bohrplattform – Vertragliche und deliktische Haftung bei Distanzdelikten in der französischen Rechtsprechung
In: IPRax 2001, S. 482

Kadner Graziano, Thomas — Gemeineuropäisches Internationales Privatrecht
Tübingen 2002
Zit.: Graziano, GemEuIPR

Kadner Graziano, Thomas — Europäisches Internationales Deliktsrecht
Tübingen 2003
Zit.: Graziano, EuIDR

Kadner Graziano, Thomas	The law applicable to product liability: the present state of the law in Europe and current proposals for reform In: International & Comparative Law Quarterly (ICLQ) 54 (2005), S. 475
Kadner Graziano, Thomas	Tödliche Flussfahrt auf dem Mekong – Anknüpfung der Ansprüche von Angehörigen im europäischen Deliktskoordinationsrecht In: IPRax 2006, S. 307
Kadner Graziano, Thomas	Das auf außervertragliche Schuldverhältnisse anzuwendende Recht nach Inkrafttreten der Rom II-Verordnung In: RabelsZ 2009, S. 1
Kegel, Gerhard	Begriffs- und Interessenjurisprudenz im internationalen Privatrecht In: Gerwig (u.a.) (Hrsg.), Festschrift für Lewald, Basel 1953, S. 259
Kegel, Gerhard/ Schurig, Klaus	Internationales Privatrecht 9. Auflage, München 2004 Zit.: Kegel/Schurig
Kiel, Peter	Internationales Kapitalanlegerschutzrecht Berlin 1994 Zit.: Kiel, Internationales Kapitalanlegerschutzrecht
Kiethe, Kurt	Internationale Tatortzuständigkeit bei unerlaubter Handlung – die Problematik des Vermögensschadens In: NJW 1994, S. 222
Kindler, Peter	Aktuelle Hauptfragen des Europäischen Zivilprozessrechts In: ZVglRwiss 105 (2006), S. 243

Klinke, Ulrich — Kollisionsnormen und Gemeinschaftsecht
Zur Architektur des europäischen Vaterhauses
In: Krüger/Mansel (Hrsg.), Liber Amicorum Gerhard Kegel, München 2002, S. 1

Kohler, Christian — Europäisches Kollisionsrecht zwischen Amsterdam und Nizza
In: ZeuS 2001, S. 575

Kohler, Christian — Systemwechsel im europäischen Anerkennungsrecht: Von der EuGVVO zur Abschaffung des Exequaturs
In: Baur/Mansel (Hrsg.), Systemwechsel im europäischen Kollisionsrecht, München 2002, S. 147

Köndgen, Johannes — Zur Theorie der Prospekthaftung
In: AG 1983, S. 85

Koziol, Helmut — Die „Principles of European Tort Law" der „European Group on Tort Law"
In: ZEuP 2004, S. 234

Koziol, Helmut/ Thiede, Thomas — Kritische Bemerkungen zum derzeitigen Stand des Entwurfs einer Rom II-Verordnung
In: ZVglRWiss 106 (2007), S. 235

Kramer, Xandra — Dutch Private International Law – Overview 1998 – August 2002
In: IPRax 2002, S. 537

Kreuzer, Christian — Gemeinschaftskollisionsrecht und universales Kollisionsrecht – Selbstisolation, Koordination oder Integration?
In: Baetge/v. Hein/v. Hinden (Hrsg.), Die richtige Ordnung, Festschrift für Jan Kropholler, Tübingen 2008, S. 129

Kreuzer, Karl — Die Vergemeinschaftung des Kollisionsrechts für außervertragliche Schuldverhältnisse (Rom II)
In: Reichelt/Rechberger (Hrsg.) Europäisches Kollisionsrecht, Wien 2004, S. 13

Kroos, Stefan	Rome II and the International Economic Law – Possible effects of the market place rule as provided in the amended proposal of the Rome II Regulation In: EuLF 2004, I-145
Kropholler, Jan	Ein Anknüpfungssystem für das Deliktsstatut In: RabelsZ 33 (1969), S. 601
Kropholler, Jan	Europäisches Zivilprozeßrecht Kommentar zu EuGVO, Lugano-Übereinkommen und Europäischem Vollstreckungstitel 8. Auflage, Frankfurt a M. 2005 Zit.: Kropholler, EuZPR
Kropholler, Jan	Internationales Privatrecht 6. Auflage, Tübingen 2006 Zit.: Kropholler, IPR
Lagard, Paul	Le principe de proximité dans le droit international privé contemporain In: Recueil des Cours (Rec. des Cours) 196 (1986-I), S. 9
Lagarde, Paul	Rapport de synthèse In: Corneloup/Joubert (Hrsg.), Le règlement communautaire „Rome II“ sur la loi applicable aux obligations non contractuelles, Paris 2008, S. 201
Lasok, Dominik/ Stone, Peter	Conflict of laws in the European Community 1987, Abingdon (UK) Zit.: Lasok/Stone
Leible, Stefan	Kollisionsrechtlicher Verbraucherschutz im EVÜ und EG-Richtlinien In: Schulte-Nölke/Schulze (Hrsg.): Europäische Rechtsangleichung und nationale Privatrechte, Baden-Baden 1999, S. 353

Leible, Stefan	Der Beitrag der Rom II-Verordnung zu einer Kodifikation der allgemeinen Grundsätze des europäischen Kollisionsrechts In: Reichelt (Hrsg.), Europäisches Gemeinschaftsrecht und IPR, Wien 2007, S. 31
Leible, Stefan/ Engel, Andreas	Der Vorschlag der EG-Kommission für eine Rom II-Verordnung – Auf dem Weg zu einheitlichen Anknüpfungsregeln für außervertragliche Schuldverhältnisse in Europa In: EuZW 2004, S. 7
Leible, Stefan/ Staudinger, Ansgar	Art. 65 EGV im System der EG-Kompetenzen In: The European Legal Forum (EuLF) 2000/2001, S. 225
Leible, Stefan/ Lehmann, Mathias	Die neue EG-Verordnung über das auf außervertragliche Schuldverhältnisse anzuwendende Recht („Rom II“) In: Recht der Internationalen Wirtschaft (RIW) 2007, S. 721
Lindacher, Walter	Die internationale Dimension lauterkeitsrechtlicher Unterlassungsansprüche: Marktterritorialität versus Universalität In: GRURInt 2008, S. 453
Looschelders, Dirk	Internationales Privatrecht – Art. 3-46 EGBGB Heidelberg 2004 Zit.: Looschelders
Looschelders, Dirk	Persönlichkeitsschutz in Fällen mit Auslandsberührung In: ZVglRWiss 95 (1996), S. 48
Loquin, Éric	La règle de conflit générale en matière de délit dans le règlement du 11 juillet 2007(Rome II) In: Corneloup/Joubert (Hrsg.), Le Règlement Communautaire „Rome II“ sur la loi applicable aux obligations non contractuelles, Paris 2008, S. 35

Lorenz, Werner	Die allgemeine Grundregel betreffend das auf die außervertragliche Schadenshaftung anzuwendende Recht In: v. Caemmerer (Hrsg.), Vorschläge und Gutachten zur Reform des deutschen Internationalen Privatrechts der außervertraglichen Schuldverhältnisse, Tübingen 1983, S. 97
Lüderitz, Alexander	Fortschritte im deutschen Internationalen Privatrecht In: Festschrift der Rechtswissenschaftlichen Fakultät zur 600-Jahr-Feier der Universität zu Köln, Köln (u.a.) 1988, S. 271
Lüttringhaus, Jan	Das internationale Privatrecht der culpa in contrahendo nach den EG-Verordnungen „Rom I" und „Rom II" In: RIW 2008, S. 193
Mankowski, Peter	Verlöbnisbruch, konkurrierende Deliktsansprüche und Rückforderung von Geschenken im Internationalen Privat- und Zivilprozessrecht In: IPRax 1997, S. 173
Mankowski, Peter	Das Herkunftslandprinzip als Internationales Privatrecht der e-commerce-Richtlinie In: ZvglRWiss 100 (2001), S. 137
Mankowski, Peter	Herkunftslandprinzip und deutsches Umsetzungsgesetz zur e-commerce-Richtlinie In: IPRax 2002, S. 257
Mankowski, Peter	Internationale Zuständigkeit und anwendbares Recht – Parallelen und Divergenzen In: Lorenz/Trunk/Eidenmüller/Wendehorst/ Adolff (Hrsg.), Festschrift für Andreas Heldrich, München 2005, S. 867
Mankowski, Peter	Wider ein Herkunftslandprinzip für Dienstleistungen im Binnenmarkt In: IPRax 2004, S. 385

Mankowski, Peter — Entwicklungen im Internationalen Privat- und Prozessrecht – Teil 2
In: RIW 2005, S. 561

Mankowski, Peter — Das neue Kartellrecht des Art. 6 Abs. 3 der Rom II-Verordnung
In: RIW 2008, S. 177

Mansel, Heinz-Peter — Kollisions- und zuständigkeitsrechtlicher Gleichlauf der vertraglichen und deliktischen Haftung
In: ZVglRWiss 86 (1987), S. 1

Mansel, Heinz-Peter — Das Kölner Institut heute
In: Mansel (Hrsg.), Vergemeinschaftung des Europäischen Kollisionsrechts, Köln (u.a.) 2001, S. 1

Mansel, Heinz-Peter — Zum Systemwechsel im europäischen Kollisionsrecht nach Amsterdam und Nizza
In: Baur/Mansel (Hrsg.), Systemwechsel im europäischen Kollisionsrecht, München 2002, S. 1

Mansel, Heinz-Peter — Das Staatsangehörigkeitsprinzip im deutschen und gemeinschaftsrechtlichen Internationalen Privatrecht: Schutz der kulturellen Identität oder Diskriminierung der Person?
In: Jayme (Hrsg.), Kulturelle Identität und Internationales Privatrecht, Heidelberg 2003, S. 119

Mansel, Heinz-Peter — Anerkennung als Grundprinzip des Europäischen Rechtsraums – Zur Herausbildung eines europäischen Anerkennungs-Kollisionsrechts: Anerkennung statt Verweisung als neues Strukturprinzip des Europäischen internationalen Privatrechts?
In: RabelsZ 70 (2006), S. 651

Mansel, Heinz-Peter — Vereinheitlichung des Internationalen Erbrechts in der Europäischen Gemeinschaft – Kompetenzfragen und Regelungsgrundsätze
In: Arkan u.a. (Hrsg.), Prof. Dr. Tuğrul Ansay'a armağan, Ankara 2006, S. 185

Martiny, Dieter | Der deutsche Vorbehalt gegen Art. 7 Abs. 1 des EG-Schuldvertragsübereinkommens vom 19.06.1980
In: IPRax 1987, S. 277

Martiny, Dieter | Gemeinschaftsrecht, ordre public, zwingende Bestimmungen und Exklusivnormen
In: v. Bar (Hrsg.), Europäisches Gemeinschaftsrecht und Internationales Privatrecht, Köln (u.a.) 1991, S. 211

Mäsch, Gerald | Vitamine für die Kartellopfer – Forum shopping im europäischen Kartelldeliktsrecht
In: IPRax 2005, S. 509

McKnight, Andrew | A Review of Developments in English Law During 2006: Part 2
In: J.I.B.L.R. 22 (2007), S. 187

McParland, Michael | Tort injuries abroad and the Rome II regulation: a brief wake-up call for existing claims
In: Journal of Personal Injury Law (J.P.I. Law) 2008, S. 221

Merkt, Hanno/ Rossbach, Oliver | Zur Einführung: Kapitalmarktrecht
In: JuS 2003, S. 217

Michaels, Ralf | EU Law as Private International Law? Reconceptualising the Country-of-Origin Principle as Vested-Rights Theory
In: Journal of Private International Law (Journal of PIL) 2 (2006), S. 195

Michaels, Ralf | Die europäische IPR-Revolution – Regulierung, Europäisierung, Mediatisierung
In: Baetge/v. Hein/v. Hinden (Hrsg.), Die richtige Ordnung, Festschrift für Kropholler, Tübingen 2008, S. 151

Micklitz, Hans W./ Rott, Peter | Vergemeinschaftung des EuGVÜ in der Verordnung (EG) Nr. 44/2001
In: EuZW 2002, S. 15

Morris, J.H.C. — The Proper Law of Tort
In: Harvard Law Review (Harv.L.Rev.) 64 (1950/51), S. 831

Mörsdorf-Schulte, Juliana — Spezielle Vorbehaltsklauseln im Europäischen Internationalen Deliktsrecht?
In: ZVglRWiss 104 (2005), S. 192

Morse, Christopher G. J. — Torts in Private International Law
Amsterdam (u.a.) 1978
Zit.: Morse, Torts in PIL

Mortelmans, Kamiel — The common market, the internal market and the single market, what's in a market?
In: Common Market Law Review (CMLR) 35 (1985), S. 101

Muir Watt, Horatia — European integration, legal diversity and the conflict of laws
In: Edinburgh Law Review (Edin LR) 9 (2005), S. 6

Müller, Peter — Punitive Damages und deutsches Schadensersatzrecht
Berlin/New York 2000
Zit.: Müller

Müller-Graff, Peter-Christian / Kainer, Friedemann — Die justizielle Zusammenarbeit in Zivilsachen in der Europäischen Union
In: DriZ 2000, S. 350

Münchener Kommentar — Kommentar zur Zivilprozeßordnung
Band 3: §§ 946–1086
EGZPO, GVG, EGGVG, Internationales Zivilprozeßrecht
3. Auflage, München 2008
Zit.: Bearbeiter in: MüKo

Münchener Kommentar	Kommentar zum Bürgerlichen Gesetzbuch Rebmann/Säcker/Rixecker (Hrsg.) Band 10: Einführungsgesetz zum Bürgerlichen Gesetzbuche (Art. 1-38), Internationales Privatrecht 3. Auflage, München 1998 Zit.: Bearbeiter in: MüKo³
	Band 10: Einführungsgesetz zum Bürgerlichen Gesetz- buche (Art. 1-46), Internationales Privatrecht 5. Auflage, München 2010 Zit.: Bearbeiter in: MüKo
	Band 11: Internationales Kapitalmarktrecht 5. Auflage 2010 Zit.: Bearbeiter in MüKo/IntKapR
Musielak, Hans-Joachim	Kommentar zur Zivilprozessordnung 6. Auflage, München 2008 Zit.: Musielak, ZPO
Neuhaus, Paul	Savigny und die Rechtsfindung aus der Natur der Sache In: RabelsZ 15 (1949/50), S. 364
Neuhaus, Paul Heinrich	Die Grundbegriffe des Internationalen Privatrechts 2. Auflage, Tübingen 1976 Zit.: Neuhaus, Grundbegriffe
North, Peter/ Fawcett, James	Cheshire and North's Private International Law 13. Auflage, London (u.a.) 1999 Zit.: North/Fawcett, Private International Law
Oldus, Mark	Prospekthaftung bei grenzüberschreitenden Kapitalmarkttransaktionen In: WM 2008, S. 1573
Ortino, Matteo	The role and functioning of mutual recognition in the European market of financial services In: International & Comparative Law Quarterly (ICLQ) 56 (2007), S. 309

von Overbeck, Alfred E./ Volken, Paul — Das Internationale Deliktsrecht im Vorentwurf der EWG
In: RabelsZ 38 (1974), S. 56

Palandt — Kommentar zum Bürgerliches Gesetzbuch: mit Nebengesetzen insbesondere mit Einführungsgesetz
68. Auflage, München 2009
Zit.: Bearbeiter in: Palandt

Petch, Tolek — The Rome II Regulation: An update (Part 1)
In: Journal of International Banking Law and Regulation
(J.I.B.L.R.) 21 (2006), S. 449

Pfeiffer, Thomas — Internationale Zuständigkeit und prozessuale Gerechtigkeit
Frankfurt am Main 1995
Zit.: Pfeiffer

Pointer, Jannet/ Burg, Edwige — EU Principles on Jurisdiction and Recognition and Enforcement of Judgements in Civil and Commercial Matters
Den Haag 2004
Zit.: Pointer/Burg, EU Principles on Jurisdiction

Posch, Willibald — International Law of Non-Contractual Obligations in Europe (European International Tort Law)
In: v. Hoffman (Hrsg.), European Private International Law, Nijmegen 1998, S. 87

Prütting, Hans/ Wegen, Gerhard/ Weinreich, Gerd (Hrsg.) — BGB Kommentar
4. Auflage, Köln 2009
Zit.: Bearbeiter in: Prütting/Wegen/Weinreich

Raape, Leo — Deutsches Internationales Privatrecht
5. Auflage, Berlin 1961
Zit.: Raape, IPR

Rauscher, Thomas (Hrsg.) — Europäisches Zivilprozessrecht
2. Auflage, München 2006
Zit.: Bearbeiter in: Rauscher

Reed, Alan — The Anglo-American Revolution in Tort Choice of Law Principles
In: Arizona Journal of International and Comparative Law (Ariz.J.I.C.L.) 18 (2001), S. 867

Reed, Alan — The Private International Law (Miscellaneous Provisions) Act 1995 and the need for escape devices
In: Civil Justice Quarterly (C.J.Q.) 1996, S. 305

Remien, Oliver — Möglichkeiten und Grenzen eines europäischen Privatrechts
In: Jahrbuch Junger Zivilrechtswissenschaftler (JJZ) 1991, S. 11

Remien, Olivier — European Private International Law, the European Community and its Emerging Area of Freedom, Security and Justice
In: Common Market Law Review (CMLR) 38 (2001), S. 53

Rodger, Barry J. — Ascertaining the statutory lex loci delicti: certain difficulties under the Private International Law (Miscellaneous Provisions) Act 1995
In: International and Comparative Law Quarterly (ICLQ) 47 (1998), S. 205

Rodriguez Pineau, Elena — Conflict of Laws comes to the rescue of Competition Law: The new Rome II-Regulation
In: Journal of Private International Law (JPIL) 5 (2009), S. 311

Roebuck, Will/ Mason, Stephen — Scrap Rome II? Alliance for Electronic Business Response to the European Union‘s consultation on a draft proposal for a Council Regulation on the law applicable to non-contractual obligations
In: Computer and Telecommunications Law Review (CTRL) 2003, S. 1

Rohe, Mathias — Zu den Geltungsgründen des Deliktsstatuts
Tübingen 1994
Zit.: Rohe, Geltungsgründe

Roth, Isabel | Die internationale Zuständigkeit deutscher Gerichte bei Persönlichkeitsverletzungen im Internet
Frankfurt a. M. (u.a.) 2007
Zit.: I. Roth

Roth, Markus | Private und betriebliche Altersvorsorge zwischen Sicherheit und Selbstverantwortung
In: Zeitschrift der Rechtspolitik (ZRP) 2004, S. 154

Roth, Wulf-Henning | Der Einfluß des europäischen Gemeinschaftsrechts auf das IPR
In: RabelsZ 55 (1991), S. 623

Roth, Wulf-Henning | Die Grundfreiheiten und das Internationale Privatrecht – das Beispiel Produkthaftung
In: Schack (Hrsg.), Gedächtnisschrift für Lüderitz, München 2000, S. 635

Roth, Wulf-Henning | Einfluss der Grundfreiheiten auf das internationale Privat- und Verfahrensrecht
In: Baur/Mansel (Hrsg.), Systemwechsel im europäischen Kollisionsrecht, München 2002, S. 47

Roth, Wulf-Henning | Methoden der Rechtsfindung und Rechtsanwendung im Europäischen Kollisionsrecht
In: IPRax 2006, S. 338

Rühl, Giesela | Rechtswahlfreiheit im europäischen Kollisionsrecht
In: Baetge/v. Hein/v. Hinden (Hrsg.), Die richtige Ordnung, Festschrift für Kropholler, Tübingen 2008, S. 187

Rushworth, Adam/ Scott, Andrew | Rome II: Choice of law for non-contractual obligations
In: Lloyd's Maritime and Commercial Law Quarterly (LMCLQ) 2008, S. 274

von Savigny, Friedrich Karl — System des heutigen Römischen Rechts Band VIII
Berlin 1849; Neudruck: Aalen 1974
Zit: v. Savigny, VIII

Schack, Haimo — Rechtswahl im Prozess?
In: NJW 1984, S. 2736

Schack, Haimo — Internationales Zivilverfahrensrecht
4. Auflage, München 2006
Zit.: Schack, IZVR

Schack, Haimo — Das auf (formlose) Immaterialgüterrechte anwendbare Recht nach Rom II
in: Baetge/v. Hein/v. Hinden (Hrsg.), Die richtige Ordnung, Festschrift für Kropholler, Tübingen 2008, S. 651

Schaub, Renate — Die Neuregelung des Internationalen Deliktsrechts in
Deutschland und das europäische Gemeinschaftsrecht
In: RabelsZ 66 (2002), S. 19

Schaub, Renate — Die Neuregelung des Internationalen Deliktsrecht in Deutschland und das europäische Gemeinschaftsrecht
In: RabelsZ Band 66 (2002), S. 18

Schermers, Henry/ Waelbroeck, Denis — Judicial Protection in the European Union
6. Auflage, Den Haag 2001
Zit.: Schermers/Waelbroeck, Judicial Protection

Schilcher, Bernd/ Kleewein, Wolfgang — Landesbericht – Österreich,
In: von Bar (Hrsg.), Deliktsrecht in Europa, Köln (u.a.) 1994

Schinkels, Boris — „Dritthaftung" von Gutachtern in Deutschland und England im Lichte der Verordnung Rom II
In: JZ 2008, S. 272

Schlosser, Peter — Anmerkung zu BGH 24.9.1986 (BGHZ 98, 263)
In: JR 1987, S. 160

Schmidt, Rudolf | Der Ort der unerlaubten Handlung im Internationalen Privatrecht
In: Kölner Rechtswissenschaftliche Fakultät (Hrsg.), Festschrift für Heinrich Lehmann, Berlin 1937, S. 175

Schmitt, Christian | Die kollisionrechtliche Anknpfung der Prospekthaftung im System der Rom II-Verordnung
In: BKR 2010, S. 366

Scholz, Ulrich/ Rixen, Gerrit | Die neue europäische Kollisionsnorm für außervertragliche Schuldverhältnisse aus wettbewerbsbeschränkendem Verhalten
In: EuZW 2008, S. 327

Schønberg, Søren/ Frick, Karin | Finishing, refining, polishing: on the use of travaux préparatoires as an aid to the interpretation of Community Legislation
In: European Law Review (E.L.Rev.) 2003, S. 149

Schröder, Jochen | Internationale Zuständigkeit
Opladen 1971
Zit.: Schröder

Schurig, Klaus | Ein ungünstiges Günstigkeitsprinzip – Anmerkungen zu einer misslungenen gesetzlichen Regelung des internationalen Deliktsrechts
In: Schack (Hrsg.), Gedächtnisschrift für Lüderitz, München 2000, S. 699

Schwander, Ivo | Bemerkungen zu BGE 125 III 103 ff.
In: Schweizerischen Zeitschrift für internationales und europäisches Recht (SZIER) 2000, S. 354

Schwarz, Matthias | Der Gerichtsstand der unerlaubten Handlung nach deutschem und europäischem Zivilprozessrecht
Frankfurt a. M. (u. a.) 1991
Zit.: Schwarz

Segan, James	Applicable Law 'Shopping'? Rome II and Private Antitrust Enforcement in the EU In: Competition Law Journal (Comp. L.J.) 2008, S. 251
Siehr, Kurt	Geldwäsche im IPR – Ein Anknüpfungssystem für Vermögensdelikte nach der Rom II-VO In: IPRax 2009, S. 435
Soergel	Kommentar zum Bürgerliches Gesetzbuch mit Einführungsgesetz und Nebengesetzen Band 10 – Einführungsgesetz 12. Auflage 1996
Sonnenberger, Hans Jürgen	Europarecht und Internationales Privatrecht In: ZVglRWiss 95 (1996), S. 3
Sonnenberger, Hans Jürgen	Randbemerkungen zum Allgemeinen Teil eines europäisierten IPR In: Baetge/v. Hein/v. Hinden (Hrsg.), Die richtige Ordnung, Festschrift für Kropholler, Tübingen 2008, S. 227
Sonnentag, Michael	Zur Europäisierung des Internationalen außervertraglichen Schuldrechts durch die geplante Rom II-Verordnung In: ZVglRWiss 105 (2006), S. 256
Spickhoff, Andreas	Die Restkodifikation des Internationalen Privatrechts: Außervertragliches Schuld- und Sachenrecht In: NJW 1999, S. 2209
Spickhoff, Andreas	Die Tatortregel im neuen Deliktskollisionsrecht In: IPRax 2000, S. 1
Spickhoff, Andreas	Die Produkthaftung im Europäischen Kollisions- und Zivilverfahrensrecht In: Baetge/v. Hein/v. Hinden (Hrsg.), Die richtige Ordnung, Festschrift für Kropholler, Tübingen 2008, S. 671

Spindler, Gerald | Die E-Commerce-Richtlinie und das internationale Wirtschaftsrecht
In: Baur/Mansel (Hrsg.), Systemwechsel im europäischen Kollisionsrecht, München 2002, S. 107

Spindler, Gerald | Der Entwurf zur Umsetzung der E-Commerce-Richtlinie
In: ZRP 2001, S. 203

Spindler, Gerald | Die internationale deliktsrechtliche Zuständigkeit für Informationsdelikte (unrichtige Bankauskünfte)
In: IPRax 2001, S. 153

Stapleton, Jane | Extra-Contractual Recovery of Pure Economic Loss in Europe
In: Bussani (Hrsg.), European Tort Law, Bern 2007, S. 225

Staudinger | Kommentar zum Bürgerlichen Gesetzbuch mit Einführungsgesetz und Nebengesetzen
VI. Band: Einführungsgesetz – 2. Teil
Art. 7 – 31 (Internationales Privatrecht)
9. Bearbeitung, München/Berlin/Leipzig 1931
Zit.: Bearbeiter in: Staudinger9

Einführungsgesetz zum Bürgerlichen Gesetzbuche/IPR Art. 38 EGBGB
13. Bearbeitung, Berlin 1998
Zit.: Bearbeiter in: Staudinger13

Einführungsgesetz zum Bürgerlichen Gesetzbuche/IPR Art. 38-42 EGBGB
14. Bearbeitung, Berlin 2001
Zit.: Bearbeiter in: Staudinger

Einführungsgesetz zum Bürgerlichen Gesetzbuche/IPR
Internationales Wirtschaftsrecht
14. Bearbeitung, Berlin 2006
Zit.: Bearbeiter in: Staudinger, IntWR

Staudinger, Ansgar | Rechtsvereinheitlichung innerhalb Europas: Rom I und Rom II
In: AnwBl 2008, S. 8

Stoll, Hans | Handlungsort und Erfolgsort im internationalen Deliktsrecht
Überlegungen zu Art. 40 Abs. 1 EGBGB
In: Schack (Hrsg.), Gedächtnisschrift für Lüderitz, München 2000, S. 733

Stoll, Hans | Handlungsort und Erfolgsort im internationalen Deliktsrecht
In: Schack (Hrsg.), Gedächtnisschrift für Lüderitz, München 2000, S. 733

Stoll, Hans | Zweispurige Anknüpfung von Verschuldens- und Gefährdungshaftung im internationalen Deliktsrecht
In: Heldrich/Henrich/Sonnenberger (Hrsg.), Konflikt und Ordnung, Festschrift für Murad Ferid, München 1978, S. 397

Stone, Peter | The Rome II Proposal on the Law Applicable to Non-Contractual Obligations
In: EuLF 2004 (E), S. 213

Symeonides, Symeon C. | Rome II and torts conflicts: A missed opportunity
In: American Journal of Comparative Law (AJCompL) 56 (2008), S. 173

Symeonides, Symeon C. | The American Revolution and the European Evolution in Choice of Law: Reciprocal Lessons
In: Tulane Law Review (Tul.LawRev.) 82 (2008), S. 1741

Taupitz, Jochen | Das internationale Produkthaftungsrecht im Zugriff der europäischen Warenverkehrsfreiheit: Abschied vom favor laesi?
In: ZeuP 1997, S. 986

Taupitz, Jochen	Europäische Privatrechtsvereinheitlichung heute und morgen Bonn 1995 Zit.: Taupitz
Tebbens, Harry D.	Ein Ziviljustizraum in der Europäischen Union – auf Kosten einer Aushöhlung der internationalen Zusammenarbeit? In: Baur/Mansel (Hrsg.), Systemwechsel im europäischen Kollisionsrecht, München 2002, S. 107
Thiede, Ludwig/ Ludwichowska, Katarzyna	Die Haftung bei grenzüberschreitenden unerlaubten Handlungen In: ZvglRWiss 106 (2007), S. 92
Thiede, Thomas/ Kellner, Markus	„Forum Shopping" zwischen dem Haager Übereinkommen über das auf Verkehrsunfälle anzuwendende Recht und der Rom II-Verordnung In: VersR 2007, S. 1624
Thünken, Alexander	Multi-State Advertising over the Internet and the Private International Law of Unfair Competition In: International and Comparative Law Quarterly (ICLQ) 2002, S. 909
Tschäpe, Philipp/ Kramer, Robert/ Glück, Oliver	Die ROM II-Verordnung – Endlich ein einheitliches Kollisionsrecht für die gesetzliche Prospekthaftung? In: RIW 2008, S. 657
Turner, Stephen	Rome-II all change? In: New Law Journal (NLJ) 156 (2006), S. 1666
Ulmer, Peter	Vom deutschen zum europäischen Privatrecht? In: JZ 1992, S. 1
Wadlow, Christopher	Trade Secrets and the Rome II Regulation on the law applicable to non-contractual obligations In: European Intellectual Property Review (E.I.P.R.) 30 (2008), S. 309

Wagner, Gerhard — Existenzvernichtung als Deliktstatbestand
In: Heldrich u.a. (Hrsg.), Festsschrift für Canaris, Band II, München 2007, S. 473

Wagner, Gerhard — Internationales Deliktsrecht, die Arbeiten an der Rom II-Verordnung und der Europäsche Deliktsgerichtsstand
In: IPRax 2006, S. 372

Wagner, Gerhard — Die neue Rom II-Verordnung
In: IPRax 2008, S. 1

Wagner, Rolf — Ein neuer Anlauf zur Vereinheitlichung des IPR für außervertragliche Schuldverhältnisse auf EU-Ebene
In: EuZW 1999, S. 709

Wagner, Rolf — Zur Vereinheitlichung des Internationalen Privat- und Zivilverfahrensrechts sieben Jahre nach In-Kraft-Treten des Amsterdamer Vertrags
In: EuZW 2006, S. 424

Wagner, Rolf — EG-Kompetenz für das IPR in Ehesachen?
In: RabelsZ 68 (2004), S. 119

Wagner, Rolf — Ein neuer Anlauf zur Vereinheitlichung des IPR für außervertragliche Schuldverhältnisse auf EU-Ebene
In: EuZW 1999, S. 709

Wagner, Rolf — EG-Kompetenz für das Internationale Privatrecht in Ehesachen?
In: RabelsZ 68 (2004), S. 120

Wagner, Rolf — Das Vermittlungsverfahren zur Rom II-Verordnung
In: Baetge/v. Hein/v. Hinden (Hrsg.), Die richtige Ordnung, Festschrift für Kropholler, Tübingen 2008, S. 715

Wagner, Rolf/ Gess, Kirsten — Der Gerichtstand der unerlaubten Handlung nach der EuGVVO bei Kapitalanlagedelikten
In: NJW 2009, S. 3841

Weber, Christoph
Internationale Prospekthaftung nach der Rom II-Verordnung
In: Wertpapier-Mitteilungen (WM) 2008, S. 1581

Weintraub, Russel J.
When it's good it's very, very good: the new EU Regulation on the Law Applicable to Non-Contractual Obligations
In: Journal of International Banking and Financial Law (JIBFL) 23 (2008), S. 537

Weintraub, Russell J.
The Choice-of-Law Rules of the European Community Regulation on the Law Applicable to Non-Contractual Obligations: Simple and Predictable, Consequences-Based, or Neither?
In: Texas International Law Journal (TexILJ) 43 (2008), S. 401

Weller, Marc-Philippe
Das Internationale Gesellschaftsrecht in der neuesten BGH-Rechtsprechung
In: IPRax 2003, S. 324

Weller, Matthias
Zur Handlungsortsbestimmung im internationalen Kapitalanlegerprozess bei arbeitsteiliger Deliktsverwirklichung – Anmerkung zu HansOLG Bremen 21. 11. 1997
In: IPRax 2000, S. 202

Wieczorek, Bernhard/
Schütze, Rolf A.
Zivilprozeßordnung und Nebengesetze
Großkommentar
1. Teilband: Einleitung; §§ 1 bis 49; EuGVÜ
3. Auflage 1994, Berlin/New York
Zit.: Wieczorek/Schütze

Wilderspin, Michael
Die Vergemeinschaftung des internationalen Schuldrechts (Rom I, Rom II): Stand und Perspektiven
In: Baur/Mansel (Hrsg.), Systemwechsel im europäischen Kollisionsrecht, München 2002, S. 77

Witte, Henning
Landesbericht – Schweden
In: von Bar (Hrsg.), Deliktsrecht in Europa, Köln (u.a.) 1994

Wurmnest, Wolfgang	Grundzüge eines europäischen Haftungsrechts Tübingen 2003 Zit.: Wurmnest
Zitelmann, Ernst	Internationales Privatrecht Erster Band: Allgemeine Lehren Leipzig 1897 Zit.: Zitelmann, I
Zitelmann, Ernst	Internationales Privatrecht Zweiter Band: Besondere Lehren Leipzig/München 1912 Zit.: Zitelmann, II

A. Einleitung

Am 11.01.2009 ist die EU-Verordnung (EG) Nr. 864/2007 über das auf außervertragliche Schuldverhältnisse anzuwendende Recht, die sog. Rom II-Verordnung (im folgenden Rom II-VO), in Kraft getreten[1]. Erstmalig wenden damit die Gerichte der EU-Mitgliedsstaaten – mit Ausnahme Dänemarks – dieselben Kollisionsnormen zur Bestimmung des auf solche Schuldverhältnisse anzuwendenden Rechts an. Die so erreichte Vereinheitlichung des europäischen Deliktskollisionsrechts[2] dient wie alle europäischen Rechtsakte der Sicherung der europäischen Grundfreiheiten. Einheitliches Recht bringt Rechtssicherheit. Diese fördert schließlich die freie Bewegung in allen Mitgliedstaaten.

Die Arbeit wird jedoch zeigen, dass die Vereinheitlichung auch ungeklärte Probleme der Anwendung des Deliktskollisionsrechts von der nationalen auf die EU-Ebene überträgt und die Verordnung in einem für die Ausübung der Kapital- und Dienstleistungsfreiheit entscheidenden Bereich, nämlich der Bestimmung des auf Sachverhalte mit reiner Vermögensschädigung anzuwendend Recht, kaum Rechtssicherheit schafft.

I. Entstehungsgeschichte der Rom II-VO

Die Rom II-VO stellt einen Abschluss der europäischen Harmonisierungsbemühungen dar, welche im Kollisionsrecht für außervertragliche Schuldverhältnisse bis zu einem Übereinkommensvorentwurf über das IPR der vertraglichen und außervertraglichen Schuldverhältnisse der EU-Kommission aus dem Jahr 1972 zurückreichen[3].

Im Zuge der Erweiterung der Europäischen Gemeinschaft von 1981 beschloss die zuständige Arbeitsgruppe aus Zeitgründen, den Entwurf[4] auf vertragliche

---

1 Der Verordnungstext ist abrufbar unter: http://eur-lex.europa.eu/LexUriServ/site/de/oj/2007/l_199 /l_19920070731de00400049.pdf.

2 Der Begriff „Kollisionsrecht“ wird im Folgenden als räumliches Kollisionsrecht verstanden, siehe dazu Kegel, §1 VII, 1, a) (S. 26 ff.).

3 Vorentwurf eines EWG-Übereinkommens über das auf vertragliche und außervertragliche Schuldverhältnisse anzuwendende Recht, abgedruckt in: RabelsZ 38 (1974), 211; über die Dauer der Harmonisierungsbemühung *v. Hein*, VersR 2007, 440: „Der Volksmund weiß: Rom wurde nicht an einem Tag erbaut, und aus kollisionsrechtlicher Sicht ist hinzuzufügen: „Rom II“ erst recht nicht“.

4 *Guilano/Lagarde*, Bericht über das Übereinkommen über das auf vertragliche Schuldverhältnisse anzuwendende Recht, ABl.EG 1980 C 282/1 (7), abgedruckt bei: Kreuzer in: Reichelt/Rechberger, 13, 19.

Schuldverhältnisse zu beschränken[5]. Grund hierfür war die Befürchtung, über eine Regelung für außervertragliche Schuldverhältnisse keine Einigung erzielen zu können, da sich derzeit eine internationale Debatte über die Grundzüge des Deliktskollisionsrechts aus den USA nach Europa ausbreitete[6]. Ein Vertragsübereinkommen zur Vereinheitlichung des Kollisionsrechts für außervertragliche Schuldverhältnisse kam damals nicht zustande. Aus dem Übereinkommensvorentwurf ging lediglich das Übereinkommen über das auf vertragliche Schuldverhältnisse anzuwendende Recht vom 19.06.1980 der Europäischen Wirtschaftsgemeinschaft[7] hervor, dessen Regelungen fast inhaltsgleich in die 2008 erlassene sog. Rom I-Verordnung[8] übernommen wurden. Die Bezeichnung als Rom II-VO rührt aus dem Verständnis der Ergänzung des Kollisionsrechts der vertraglichen Schuldverhältnisse[9].

Erst nach einer als Kompetenzrevolution[10] betrachteten Änderung des EGV durch den am 1. Mai 1999 in Kraft getretenen Vertrag von Amsterdam und der darin enthaltenen Schaffung der Rechtssetzungskompetenzen der EU im Bereich des internationalen Privat- und Verfahrensrechts (Art. 61 lit. c i.V.m. 65 lit. b EG-Vertrag), geriet die Kollisionsrechtsharmonisierung wieder ins Blickfeld des Gemeinschaftsgesetzgebers[11]. In einem Aktionsplan des Rates und der Kommission vom 03. 12. 1998 (sog. „Wiener Aktionsplan") wurde im Hinblick auf die Kompetenzeröffnung durch den Vertrag von Amsterdam die „Erstellung eines Rechtsakts betreffend das auf die außervertraglichen Schuldverhältnisse anzuwendende Recht (Rom II)" innerhalb von zwei Jahren nach Inkrafttreten des Amsterdamer Vertrags, also bis zum 1. Mai 2001, in Absatz 40 lit. b ausdrücklich als Ziel festgesetzt[12].

Die sich abzeichnende Rechtsvereinheitlichung war unterdessen auch Motiv des deutschen Gesetzgebers zur Kodifizierung des nationalen Deliktskollisionsrechts in den Art. 38 bis 42 des EGBGB[13]. Das rechtspolitische Ziel des Gesetzgebers bestand dabei in der Hoffung, durch eine eigene Kodifikation

---

5 *Kreuzer* in: Reichelt/Rechberger, 13, 19; *Leible/Engel*, EuZW 2004, 7.

6 Vgl. *Costa*, ICCLR 2008, S. N7: „this field of non-contractual obligations was in the eye of the storm of a theoretical debate".

7 Abgekürzt als EVÜ oder – bezogen auf den Ort des Vertragsschlusses – als Römisches Übereinkommen bezeichnet.

8 Verordnung (EG) Nr. 593/2008 des Rates und des Europäische Parlaments vom 17.06.2008 über das auf vertragliche Schuldverhältnisse anzuwendende Recht, ABl.EG 2008, L 177/6.

9 Die Bezeichnung wird auf Grund dieses allgemeinen Verständnisses auch im offiziellen Verordnungstext verwendet.

10 So *Mansel* in: Mansel, Vergemeinschaftung, S. 1, 3.

11 *R. Wagner*, EuZW 1999, 709, 710; *Leible/Engel*, EuZW 2004, 7.

12 ABl.EG 1999, C 19/1, 39, abgedruckt in: IPRax 1999, 288, 289.

13 Geändert durch das Gesetz zum Internationalen Privatrecht für außervertragliche Schuldverhältnisse und Sachen vom 21.5.1999, BGBl. I, S. 1026, in Kraft getreten am 01.06.1999.

des bis dahin lediglich als Gewohnheitsrecht bestehenden nationalen Deliktskollisionsrechts den Inhalt der Gemeinschaftsgesetzgebung besser Beeinflussen zu können[14].

Beauftragt mit der Ausarbeitung des Unionsrechtsakts wurde im Juli 1998 eine Ad-hoc-Gruppe des Rates der Europäischen Union, zunächst unter österreichischem, später auch unter finnischem und deutschem Vorsitz.

Daneben finanzierte die Kommission im Rahmen des Grotius-Programms der EU die Ausarbeitung eines Vertragsentwurfs durch die Europäische Gruppe für Internationales Privatrecht (Groupe Européen de Droit International Privé), im Folgenden „GEDIP-Entwurf" genannt, welcher im September 1998 fertig gestellt wurde[15]. Der GEDIP-Entwurf floss in die Diskussionen der ad hoc Gruppe des Rates ein, deren erster Übereinkommensentwurf wurde Ende 1998 veröffentlicht.

Ergebnis des im Wiener Aktionsplan festgesetzten Harmonisierungsziels war schließlich die Veröffentlichung eines von der Generaldirektion Justiz und Inneres der EU-Kommission entworfenen Verordnungsentwurfs vom 03.05.2002[16]. Daraufhin gingen bei der Kommission ca. 80 schriftliche Stellungnahmen ein. Hiervon zu berücksichtigen sind insbesondere die Stellungnahme der 2. Kommission des deutschen Rates für Internationales Privatrecht vom 01.09.2002[17] und der Hamburg Group for Private International Law vom 23.09.2002[18].

Am 22.07.2003 wurde dem Europäischen Parlament ein unter Berücksichtigung der Stellungnahmen geänderter Verordnungsvorschlag vorgelegt (im Folgenden „KOM (2003) 427 endgültig")[19], womit das Rechtssetzungsverfahren eingeleitet wurde[20].

Der Rechtsausschuss des Europäischen Parlaments, unter Leitung der Berichterstatterin Ausschusses, Diana Wallis (UK), legte ebenfalls dem Europäischen Parlament mehrere Berichte und Änderungsvorschläge vor.

Auf die Kritik des Europäischen Parlaments, welches auf Grund des in Art. 67 Abs. 5 EGV vorgeschriebenen Mitentscheidungsverfahrens (sog. Kodezisionsverfahren) gem. Art. 251 EGV zusammen mit dem Europäischen Rat gesamthände-

---

14 So *G. Wagner*, IPRax 2006, 372, 373; *R. Wagner*, EuZW 1999, 709, 710; in der Begründung des Gesetzesentwurfs nimmt der deutsche Bundestag ausdrücklich Bezug auf die Bemühungen zur internationalen Kollisionsrechtsvereinheitlichung und die anstehende Vereinheitlichung auf der europäische Ebene auf Grund der Neufassung des Art. 65 EGV, BT-Drs. 14/343, S. 6.

15 Abgedruckt bei *Jayme*, IPRax 1999, 298.

16 Englische Fassung abgedruckt bei *Dickinson*, EBLR 13 (2002), 369, 382.

17 Abrufbar unter: http://ec.europa.eu/justice_home/news/consulting_public/rome_ii/deutscher_rat_internat_privatrecht_de.pdf.

18 Abrufbar unter: http://www.mpipriv.de/de/data/pdf/commentshamburggroup.pdf.

19 KOM(2003) 427 endgültig, abrufbar unter: http://eur-lex.europa.eu/LexUriServ/site/de/ com/2003/com2003_0427de01.pdf.

20 *Herdegen*, § 9, Rn. 66.

risch[21] die Rechtssetzungsbefugnis innehat, in dessen Legislativer Entschließung vom 06.07.2005 (im Folgenden „Parlamentsentwurf")[22], folgte am 21.02.2006 ein im Vergleich zum Kommissionsvorschlag von 2003 nur geringfügig geänderter Verordnungsvorschlag der Kommission (im Folgenden „KOM (2006) 83 endgültig")[23]. Dieser bildete die Grundlage eines gemeinsamen Standpunktes des Rates der Europäischen Union (Justiz und Inneres)[24], der am 25.09.2006 vom Rat verabschiedet und zwei Tage später von der Kommission dem Parlament vorgelegt wurde.

Auf Grund der erneuten Änderungswünsche des Parlaments in zweiter Lesung[25] musste der Vermittlungsausschuss angerufen werden. Dieser bestand gemäß Art. 251 Abs. 4, S. 1 EGV aus 27 Rats- und 27 Parlamentsmitgliedern. Auch die Kommission nahm, vertreten durch den Kommissar für Justiz und Inneres, Franco Frattini (Italien), teil. Schon nach der ersten (mehrstündigen) Sitzung und damit noch während deutscher Ratspräsidentschaft wurde eine Einigung erzielt, die am 25.06.2007 förmlich in einem gebilligten gemeinsamen Entwurf festgehalten wurde. Das Vermittlungsverfahren schloss mit dem wesentlichen Inhalt des gemeinsamen Standpunktes von Kommission und Rat[26].

Nach Billigung des Entwurfs durch den Rat der Europäischen Union (28.06.2007) und das Europäische Parlament (10.07.2007) jeweils mit erforderlicher Mehrheit[27] haben deren Präsidenten die Rom II-VO[28] am 11.07.2007 – und damit etwa genau vier Jahre nach Vorlage des ersten Kommissionsvorschlags am 22.07.2003 – unterzeichnet[29].

---

21 *Herdegen*, §9, Rn. 69.

22 Dokumentennummer: P6_TA(2005)0284, abrufbar unter: http://www.europarl.europa.eu/sides/getDoc.do?pubRef=-//EP//TEXT+TA+P6-TA-2005-0284+0+DOC+XML+V0//DE; abgedruckt in IPRax 2006, 413.

23 KOM(2006) 83 endgültig, abrufbar unter: http://ec.europa.eu/justice_home/doc_centre/civil/doc/com_2006_83_de.pdf.

24 Abrufbar unter http://eur-lex.europa.eu/LexUriServ/LexUriServ.do?uri=CELEX:52006AG0022:DE:HTML.

25 Die neunzehn Änderungsvorschläge des Parlaments sind abrufbar unter http://www.euzpr.eu/eudocs/03kollisionsr/20romiivo/romiivo-177-ep_5516-07.pdf; der Rat hatte danach nur die Möglichkeit, die Änderungsvorschläge insgesamt anzunehmen, oder insgesamt abzulehnen, Art. 251 Abs. 3 EGV; die Ablehnung des Rates führt dann zur Einleitung eines Vermittlungsverfahrens, Art. 251 Abs. 3, S. 2 EGV.

26 Nur zwei der neunzehn Änderungsvorschläge des Parlaments fanden Einzug in den endgültigen Normtext der Rom II-VO: zum einen in Art. 6 Abs. 3 und zum anderen in der Überprüfungsklausel in Art. 30, vgl. *R. Wagner* in: Baetge u.a. (Hrsg.), FS für Kropholler (2008), S. 715, 731; *ders.*, EuZW 2007, 626, 628.

27 Gem. Art. 251 Abs. 5 EGV absolute (also einfache) Mehrheit im Parlament bzw. qualifizierte Mehrheit im Rat, Art. 205 EGV.

28 Verordnung (EG) Nr. 864/2007, ABl.EG Nr. L 199 vom 31. 7. 2007, http://eur-lex.europa.eu/LexUriServ/site/de/oj/ 2007/l_199/l_19920070731de00400049.pdf.

29 Siehe ausführlich zum Vermittlungsverfahren *R. Wagner* in: Baetge u.a. (Hrsg.), FS für Kropholler (2008), S. 715, 717 ff.

Als Verordnung gilt die Rom II-VO gem. Art. 249 Abs. 2 EGV unmittelbar in allen Mitgliedstaaten mit Ausnahme Dänemarks.

Gleichzeitig bestimmt die am 11. Januar 2009 in Kraft getretene Rom I-VO das auf vertragliche Ansprüche anzuwendende Recht, welche aus einem nach dem 17.12.2009 geschlossenen Vertrag herrühren. Bereits Ende 2009 war damit das gesamte Kollisionsrecht der vertraglichen und außervertraglichen Schuldverhältnisse durch eine Verordnung angeglichen.

II. Problemdarstellung

Die vorliegende Arbeit beschäftigt sich mit dem Problem der Anwendung der Regelungen der so entstandenen Rom II-VO auf Sachverhalte, bei denen die deliktische Schädigungshandlung alleine zu einem Vermögensschaden – einem sog. reinen Vermögensschaden – des Opfers führte.

1. Zunahme des grenzüberschreitenden Kapitalverkehrs

Die Zahl solcher Klagen wegen reiner Vermögensschädigungen in länderübergreifenden Sachverhalten ist europaweit insbesondere durch die Finanzkrise der Jahre 2008 und 2009 enorm angestiegen[30]. Allein im Falle der mittlerweile verstaatlichten Hypo Real Estate Holding AG verlangen Anleger vom damaligen Vorstandsvorsitzenden Georg Funke in derzeit anhängigen Klagen ca. eine Milliarde Euro Schadensersatz[31].

Verantwortlich für die Zunahme der Klagen ist zunächst der generelle Anstieg des globalen Kapitalflusses. Zwar ist das Investitionsvolumen in den jeweiligen nationalen Kapitalmärkten abhängig von den Wachstumsraten der Volkswirtschaft[32], es lässt sich jedoch eine von solchen Wachstumsschwankungen bereinigte Zunahme länderübergreifender Kapitalflüsse feststellen.

Die organisierten Kapitalmärkte haben sich internationalen Teilnehmern geöffnet. Gleichzeitig steigt der globale Kapitalbedarf von international tätigen Unternehmen, so dass diese sich bei Emissionen und Anleihen verschiedener Kapitalmarktplätze bedienen[33]. Aktiengesellschaften wählen als Notierungsbörsen nicht mehr nur noch die des eigenen Sitzstaates, sondern bevorzugen zuneh-

30 *Ringe/Hellgardt,* Oxford Journal of Legal Studies, (2011), S. 3

31 Siehe ‚Doppelte Chance auf Schadensersatz‘ Süddeutsche Zeitung v. 18.01.2011.

32 *Assmann/Schütze,* § 1, Rn. 24.

33 *Schnyder* in: MüKo/IntKapR, Rn. 28.

mend ein *dual listing* in mehreren Staaten, bzw. eine ausschließliche Notierung in einem Drittstaat, welcher nicht der Sitzstaat ist[34]. Zeichen des entstandenen Wettbewerbs zwischen den einzelnen Finanzplätzen ist die stattfindende Konsolidierung unter den Börsenbetreibern durch die Anfang 2011 angekündigte Verschmelzung der Deutschen Börse AG mit der NYSE Euronext sowie der London Stock Exchange Group PLC und der kanadischen TMX Group Inc.

Der Anstieg des globalen Investitionsvolumens ist auch auf die steigende Bedeutung des Kapitalmarkts für Volkswirtschaften zurückzuführen[35]. Dieser deckt den Finanzierungsbedarf von privaten und öffentlichen Verbänden und dient zunehmend der Absicherung der Altersvorsorge der Bevölkerung[36]. Gleichzeitig wird im Zuge der Schaffung des europäischen Finanzbinnenmarktes – insbesondere durch die Liberalisierung der Bank- und Finanzdienstleistungen sowie der Einführung einer Einheitswährung – und dessen Öffnung gegenüber Drittstaaten der grenzüberschreitende Kapitalverkehr stark erleichtert. Durch die Verwendung moderner Informations- und Transaktionsformen wird die Wahrnehmung der Kapitalfreiheit technisch vereinfacht und damit kostengünstiger.

Weltweit stieg das Volumen von Direktinvestitionen in eine fremde Volkswirtschaft (sog. Foreign Direct Investments) daher von 652 Milliarden US-Dollar im Jahre 2002 auf über 1,8 Billionen US-Dollar im Jahre 2007 und macht heute schon mehr als ein Viertel des weltweiten Bruttosozialprodukts aus[37].

Zusammenfassend lässt sich festhalten, dass das Volumen der nationalen Kapitalmärkte ansteigt und dies zunehmend auch auf grenzüberschreitende Kapitaltransfers zurückzuführen ist.

2. Hohe Beweglichkeit und Vorhersehbarkeit

Vor dem Hintergrund der Erleichterung von internationalen Kapitalflüssen sind auch grenzübergreifende Vermögensschädigungen in vermehrter Anzahl Gegenstand gerichtlicher Entscheidungen[38]. Daneben gewinnt im Rahmen des verstärkten länderübergreifenden Kapitalverkehrs auch die Bestätigung der Richtigkeit der Informationen an Bedeutung an Bedeutung. Einen solchen Nachweis können nur unabhängige Dritte leisten, die für diese Auskunft wiederum deliktisch haf-

34 *Groß*, § 45 BörsG, Rn. 7.

35 *Merkt/Rossbach*, JuS 2003, 217.

36 *Merkt/Rossbach*, JuS 2003, 217; *M. Roth*, ZRP 2004, 154, 155.

37 Vgl. UNCTAD, World Investment Report 2008: Transnational Corporations and the Infrastructure Challenge, Anlage Tabelle B.1.

38 Vgl. alleine die beiden 2010 vom BGH entschiedenden Fälle mit fast identischem Sachverhalt: BGH WM 2010, 2214 sowie BGH NJOZ 2010, 2277.

ten[39]. Parallel zu dieser Zunahme der grenzüberschreitenden reinen Vermögensschädigungen wird die Haftung für reine Vermögensschäden im materiellen Deliktsrecht der europäischen Staaten ausgebaut[40]. Auch der Ausbau der materiellen Haftungstatbestände wird die Zahl der geltend gemachten reinen Vermögensschäden weiter erhöhen.

Für Ansprüche aus einer solchen Schädigung ist das anwendbare Recht für Gerichte der Mitgliedsstaaten mit Hilfe des Kollisionsrechts der neuen Rom II-Verordnung zu ermitteln. Deren Regelanknüpfung bestimmt das anwendbare Recht in nationaleuropäischer Tradition mittels der Tatortanknüpfung, bestimmt diesen dabei aber allein durch den Ort der tatsächlichen Schädigung.

Die hohe Beweglichkeit des Vermögens gerade von Buchgeld scheint einer Anknüpfung an einen konkreten Ort des Schadenseintritts zu widersprechen. Durch die einfache länderübergreifende Vermögensbewegung verliert das Vermögensdelikt an territorialer Bindung[41]. Bei der Vermögensschädigung durch falsche Auskünfte, etwa durch fehlerhafte Anlageprospekte, kann der Lageort des vom Investor ausgewählten Vermögensgegenstands zur Kaufpreiszahlung in Form eines Kontoguthabens rein zufällig und für den Emittenten nicht vorhersehbar sein. Gleiches gilt für den Geschäftssitz oder Wohnort des Investors und schließlich auch für den Ort des Erwerbs des Finanzprodukts. Gerade die Vorhersehbarkeit der Rechtsanwendung war jedoch Ziel und Motor der Vereinheitlichung des europäischen Kollisionsrechts.

Die Regelanknüpfung ist daher auf den ersten Blick für einen großen Teil der von der Rom II-VO erfassten Fälle – nämlich Fälle reiner Vermögensschädigungen – nahezu unbrauchbar.

Die Arbeit wird zunächst die Regelungen der Verordnung erläutern und sodann auf deren Grundlage die Lösungen aufzeigen, welche die Verordnung zur Bestimmung des anwendbaren Rechts in Fällen reiner Vermögensschädigung bietet. Dabei wird die Arbeit zeigen, dass bei gebotener Auslegung der Regelanknüpfung, die Verordnung ohne Rückgriff auf Ausweichklauseln das angemessene Recht beruft.

---

39 *Spindler*, IPRax 2001, 153, 155.

40 *Kadner Graziano*, EuIDR, S. 100; zum englischen Recht: *Stapleton* in: European Tort Law, 225, 231 sowie die dort folgenden Beiträge; Vgl. auch die Darstellung des Haftungsrechts in ausgewählten europäischen Mitgliedsstaaten in: Banakas (Hrsg.), Civil Liability for Pure Economic Loss.

41 *Muir Watt*, Edin LR 9 (2005), 6, 16.

B. Das Deliktsstatut der Rom II-Verordnung

I. Anwendungsbereich

Bevor auf die einzelnen Voraussetzungen der Eröffnung des Anwendungsbereichs eingegangen wird, ist zunächst zu untersuchen, ob die Ermittlung des anwendbaren Rechts und somit die Prüfung der Voraussetzungen des Anwendungsbereichs der Rom II-VO im Prozess von den Parteien vorzutragen, oder vom Richter von Amts wegen zu untersuchen ist. Während der Parlamentsentwurf in seinem Art. 12 und 13 Rom II-VO die Parteien verpflichtete, die anwendbare Rechtsordnung mitzuteilen, und den Richter verpflichtete den Inhalt des anwendbaren Rechts daraufhin von Amts wegen zu ermitteln, fehlt der Rom II-VO hierüber eine Vorschrift. Vielmehr sieht der Verordnungsgeber dies als rein verfahrensrechtliche Frage, welche von der Rom II-VO gem. Art. 1 Abs. 3 Rom II-VO nicht geregelt wird. Entscheidend ist damit das jeweilige Verfahrensrecht des angerufenen Gerichts. Während in Deutschland das anwendbare Recht von Amtswegen bestimmt werden muss, bleibt es etwa in England oder Frankreich bei dem Verfahrensgrundsatz, nach dem ein von der *lex fori* abweichendes Recht von den Parteien vorgebracht werden muss[42].

Zur Überprüfung der praktischen Anwendung der Verordnung ist die Kommission gem. Art. 30 Abs. 1 Rom II-VO verpflichtet, bis spätestens zum 20. August 2011 eine Studie über die Anwendung der Verordnung in der Praxis und gem. Art. 30 Abs. 1, lit. a Rom II-VO über die Anwendung ausländischen Rechts auf Grund der Rom II-VO vorzulegen.

1. Sachlicher Anwendungsbereich

Gem. Art.1 Abs. 1, S. 1 Rom II-VO findet die Rom II-VO bei Zivil- und Handelssachen bezüglich solcher außervertraglichen Schuldverhältnisse Anwendung, die eine Verbindung zu einem Recht verschiedener Staaten aufweisen.

42 *Illmer*, C.J.Q. 28 (2009), 237, 252.

a) Zivil- und Handelssache

Die Begriffe Zivil- und Handelsache definiert die ROM II-VO selbst nicht. Art. 1 Abs. 1, S. 2 ROM II-VO enthält lediglich eine negative Abgrenzung durch die Aufzählung von Schuldverhältnissen, welche nach dem Willen des Gesetzgebers zwar als Zivil- und Handelssache anzusehen, aber vom Anwendungsbereich der Verordnung nicht umfasst sind.

Da es sich um europarechtliche Begriffe handelt, erfolgt die Auslegung autonom und gemäß dem Willen des Gemeinschaftsgesetzgebers[43]. In Erwägungsgrund Nr. 7 wird diesbezüglich klargestellt, dass die Bestimmung des materiellen Anwendungsbereichs im Rahmen der Rom II-VO, der Auslegung des Anwendungsbereichs in Art. 1 der Verordnung über die gerichtliche Zuständigkeit und die Anerkennung und Vollstreckung von Entscheidungen in Zivil- und Handelssachen (EuGVO)[44] und der Auslegung der Instrumente, die das auf vertragliche Schuldverhältnisse anzuwendende Recht zum Gegenstand haben, inhaltlich zu entsprechen hat[45].

Mit letzterem ist sich damals bereits im Gesetzgebungsverfahren befindliche Verordnung über das auf vertragliche Schuldverhältnisse anzuwendende Recht (sog. Rom I-VO)[46], sowie deren Vorgänger, das Europäische Übereinkommen über das auf vertragliche Schuldverhältnisse anzuwendende Recht (EVÜ)[47] gemeint[48].

Die Begriffe „Zivil- und Handelssache" sind folglich wie dieselben Begriffe in Art. 1 Abs. 1, S. 1 EuGVO[49] auszulegen. Es kann somit auf die Auslegung des Gerichtshofs der Europäischen Gemeinschaften (EuGH) zurückgegriffen werden.

43 *Junker* in: MüKo, Rom II-VO, Rn. 30; *Kropholler*, IPR, §10 III, 2; *Leible/ Lehmann*, RIW 2007, 721, 722.

44 VO (EG) Nr. 44/2001 des Rates vom 22.12.2000 über die gerichtliche Zuständigkeit und die Anerkennung und Vollstreckung von Entscheidungen in Zivil- und Handelssachen, ABl.EG 2001 Nr. L 12 S. 1.

45 Vgl. schon KOM(2003) 427, S. 8. Im Folgenden wird zur Auslegung der endgültigen Fassung der Rom II-VO auch auf die Erläuterungen der Vorschläge der Kommission und des Parlaments zurückgegriffen. Diese *travaux préparatoires* sind bei der Interpretation der Verordnung als Teil des einheitlichen Willens des Gemeinschaftsgesetzgebers mit zu berücksichtigen. Siehe dazu *Schønberg/Frick*, E.L.Rev. 2003, 149, 161 f.

46 Verordnung (EG) Nr. 593/2008 des Rates und des Europäische Parlaments vom 17.06.2008 über das auf vertragliche Schuldverhältnisse anzuwendende Recht (ABl.EG 2008, L 177/6).

47 BGBl. III Nr. 166/1998.

48 Da die Arbeiten an der Rom I-VO zum Zeitpunkt des Vermittlungsverfahrens zur Rom II-VO noch nicht abgeschlossen waren, wurde der Erwägungsgrund über die Kohärenz mit dem Kollisionsrecht für vertragliche Schuldverhältnisse der Art weit gefasst, vgl. *R. Wagner* in: Baetge u.a. (Hrsg.), FS für Kropholler (2008), S. 715, 731.

49 Der Verordnungstext der EuGVO wurde vom EuGVÜ übernommen, die diesbezügliche Rechtsprechung kann übernommen werden: *Kropholler*, EuZPR, Einl., Rn. 40.

Danach ist für die Qualifizierung eines Schuldverhältnisses als Zivil- und Handelssache entscheidend, ob es im Zusammenhang mit staatlichem Handeln auf Grund von Hoheitsbefugnissen oder auf Grund privaten Handelns entstanden ist[50]. Nur bei Letzterem handelt es sich um Zivil- bzw. Handelssachen.

Art. 1 Abs. 1, S. 2 Rom II-VO nimmt eine Reihe von Schuldverhältnisses aus dem Anwendungsbereich der Rom II-VO aus, die nach deutschem Verständnis ohnehin öffentlich-rechtliche Rechtsverhältnisse darstellen. Ausgenommen sind demnach die für die in dieser Arbeit behandelten Probleme kaum relevanten Steuer- und Zollsachen, verwaltungsrechtliche Angelegenheiten sowie die Haftung des Staates für Handlungen oder Unterlassungen im Rahmen der Ausübung hoheitlicher Rechte (sog. *acta iure imperii*). Diese letzte Ausnahme erfasst gemäß Erwägungsgrund Nr. 9 der Rom II-VO, der wohl den sich häufenden Schadensersatzklagen wegen Kriegshandlungen geschuldet ist[51], auch die Haftung aller im Namen des Staates handelnden Bediensteten. Soweit das Handeln des Bediensteten jedoch privatrechtlich zu qualifizieren ist (sog. *acta iure gestionis*), ist der Anwendungsbereich der Rom II-VO eröffnet.

Staaten, die durch solche *acta iure gestionis* handeln, sollen aus der Sicht des Internationalen Privatrechts wie jede andere Privatperson behandelt werden[52]. Dies gilt neben der Beamtenhaftung auch für die Staatshaftung[53].

Aus deutscher Sicht sind die in Satz 2 genannten Ausnahmen somit keine Änderungen und haben nur klarstellende Funktion[54].

Schließlich ist noch hervorzuheben, dass die Rom II-VO nicht nur auch auf Zivil- und Handelssachen anzuwenden ist, die vor ordentlichen Gerichten verhandelt werden, sondern auch auf Schiedsgerichtsverfahren. Eine Ausnahme wie in Art. 1 Abs. 2 lit. d EuGVO für die Schiedsgerichtsbarkeit sieht der Verordnungstext nicht vor. Stattdessen stellt Erwägungsgrund Nr. 8 klar, dass die Verordnung unabhängig von der Art des angerufenen Gerichts anwendbar sein soll. Nach der Rechtsprechung des EuGH zu Art. 34 EGV sind vertragliche Schiedsgerichte jedoch keine Schiedsgerichte eines Mitgliedstaates. Die Einschränkung: „eines Mitgliedsstaates“ fehlt zwar in Erwägungsgrund Nr. 8, jedoch ergibt sie sich aus der Normlogik, da die Verordnung nur die Mitgliedsstaaten selbst bindet.

50 *Junker* in MüKo, Anh. zu Art. 42 EGBGB, Rn. 10.

51 *Leible/Lehmann*, RIW 2007, 721, 722; hier ist jedoch auch auf die sog. Köbler-Rechtsprechung des EuGH hinzuweisen, nach der die Staatshaftung unter bestimmten Voraussetzungen auch für judikatives Unrecht greift. Vgl. EuGH – Rs. C-224/01 (30.09.2003), Gerhard Köbler ./. Republik Österreich, NJW 2003, 3539.

52 *Garcimartín Alférez*, EuLF 2007, I-77, I-80.

53 *G. Wagner*, IPRax 2008, 1, 2.

54 *Junker*, NJW 2007, 3675, 3676 f.

b) Außervertragliches Schuldverhältnis

Darüber hinaus muss das Schuldverhältnis außervertraglichen Charakter haben.

Hierbei ist es nicht erforderlich, dass das Schuldverhältnis bereits entstanden ist, sondern es reicht aus, dass dessen Entstehen wahrscheinlich ist, Art. 2 Abs. 2 Rom II-VO. Auch ein schadensbegründendes Ereignis bzw. ein Schaden, dessen Eintritt wahrscheinlich ist, kann ein außervertragliches Schuldverhältnis im Sinne der Rom II-VO begründen, Art. 2 Abs. 3 Rom II-VO. Die Rom II-VO ist somit auch auf außervertragliche Unterlassungsansprüche anwendbar.

Der Begriff des außervertraglichen Schuldverhältnisses ist in der Rom II-VO nicht definiert, auch wenn die Überschrift des Art. 2 mit „außervertragliche Schuldverhältnisse" eine solche Definition in Art. 2 vermuten lässt.

Der außervertragliche Charakter ist daher ebenfalls durch autonome Auslegung zu bestimmen. Der dies lediglich klarstellende Erwägungsgrund Nr. 11, S. 1 ist also überflüssig. Auch diese Auslegung soll gemäß Erwägungsgrund Nr. 7 im Einklang mit der Auslegung der EuGVO und der Rom I-VO, bzw. des EVÜ stehen.

Die Kommission hat in der Erläuterung ihres Verordnungsvorschlags von 2003 auf die diesbezüglich bereits ergangene Rechtsprechung des EuGH zur Abgrenzung von Art. 5 Nr.1 und Nr. 3 EuGVO verwiesen[55].

Nach der sog. Tacconi-Rechtsprechung des EuGH ist zumindest im internationalen Verfahrensrecht Abgrenzungsmerkmal zwischen vertraglichen Ansprüchen und solchen aus unerlaubter Handlung die Freiwilligkeit der entstandenen Sonderverbindung[56].

Diese wird auch im europäischen internationalen Privatrecht als Abgrenzungsmerkmal zwischen vertraglichen und außervertraglichen Ansprüchen empfohlen[57].

Ein Qualifikationsproblem hätte sich hier insbesondere bei Ansprüchen aus *culpa in contrahendo* ergeben können. Allerdings hat die Verordnung in Art. 12 Rom II-VO den außervertraglichen Charakter dieser Sonderverbindung klargestellt. Die in Deutschland mittlerweile bevorzugte Qualifikation nach der Art der den Anspruch begründenden Pflichtverletzung[58], gilt somit im Anwendungsbereich der Verordnung nicht. Vielmehr sind alle Ansprüche aus *culpa in contrahendo* deliktisch zu qualifizieren[59].

Schließlich sind in Art. 1 Abs. 2, lit. a-g Rom II-VO bestimmte außervertragliche Schuldverhältnisse vom Anwendungsbereich ausgeschlossen. Der eng auszu-

---

55 KOM(2003) 427, S. 10.

56 St. Rspr.: EuGH – Rs. C-334/00 (17. 9. 2002), Fonderie Officine Meccaniche Tacconi SpA ./. Heinrich Wagner Sinto Maschinenfabrik GmbH, EuZW 2002, 655, 656.

57 *Martiny* in: MüKo, Vorbem. zu Art. 27 EGBGB, Rn. 19.

58 Vgl. *v. Hoffmann* in: Staudinger, Vorbem. zu Art. 40 EGBGB, Rn. 11.

59 Siehe dazu unten: Kapitel B.II.2.

legende[60] Ausnahmekatalog ist weitgehend von Art. 1 Abs. 2 EVÜ übernommen worden und entspricht damit Art. 37 EGBGB.

Neben ehe-, familien- und erbrechtlichen Schuldverhältnissen (Art. 1 Abs. 2 lit. a) sind danach auch Schuldverhältnisse aus Persönlichkeitsrechtsverletzungen[61] (lit. g) und – sofern die daraus resultierende Haftung bereits in internationalen Abkommen geregelt ist – aus Schäden durch Kernenergie (lit. f) ausgenommen,

Für die vorliegende Arbeit sind jedoch ausschließlich die Ausnahmen für Schuldverhältnisse aus handelbaren Wertpapieren (lit. c), für Schuldverhältnisse, die sich aus dem Gesellschaftsrecht, dem Vereinsrecht und dem Recht der juristischen Personen ergeben (lit. d) und Schuldverhältnisse aus Auseinadersetzungen über durch Rechtsgeschäft errichtete[62] Trusts (lit. e) von Relevanz.

(1) Ausnahme für wertpapierrechtliche Schuldverhältnisse

Außervertragliche Schuldverhältnisse aus handelbaren Wertpapieren sind bereits von einer Reihe internationaler Staatsverträge geregelt[63]. Die Ausnahme in Art. 1 Abs. 2, lit. c Rom II-VO bezieht sich jedoch ausdrücklich nur auf solche Schuldverhältnisse, die aus der Handelbarkeit der Wertpapiere resultieren, d.h. aus Wertpapieren resultieren, die die im Interesse der Verkehrsfähigkeit besonders ausgestaltet sind[64]. Welche Wertpapiere handelbar sind, regelt die Rom II-VO nicht; die Handelbarkeit ist autonom zu bestimmen. Zu Art. 1 Abs. 2, lit. c EVÜ ist noch keine Vorlagefrage an den EuGH gestellt worden.

Jedenfalls sind von dieser Ausnahme nur Schuldverhältnisse umfasst, die durch die Übertragung des Papiers zustande kommen[65].

Ansprüche aus Prospekthaftung[66] im grauen Kapitalmarkt für nicht in Wertpapieren verbriefte Anlageprodukte[67] sind eindeutig nicht ausgeschlossen. Glei-

60 KOM(2003) 427, S. 9

61 Siehe dazu ebenfalls unten: Kapitel B.II.2.

62 Für nicht durch Rechtsgeschäfte begründete *Trusts* (also etwa *constructive trusts*) ist die Rom II-VO hingegen anwendbar.

63 Insbesondere im Genfer Abkommen vom 07.06.1930, RGBl. 1933 II, S. 444 (Wechselrecht) und vom 19.03.1931, RGBl. 1933 II, S. 594 (Scheckrecht).

64 So zu Art. 37, Nr. 1 EGBGB als Inkorporierung des Art. 1 Abs. 2 lit. c EVÜ BT-Drucks 10/504 S. 84.

65 So *Looschelders*, Art. 37 EGBGB, Rn. 12.

66 Für die (in Deutschland herrschende) deliktische Qualifikation dieser Ansprüche, siehe *Benikke* in: Mansel u.a. (Hrsg.), FS für Jayme (2004), Band 1, S. 25, 33 ff.; *Bischoff*, AG 2002, 489, 491 f.; *Oldus*, WM 2008, 1573, 1577; *Tschäpe/Kramer/Glück*, RIW 2008, 657, 660; *Weber*, WM 2008, 1581, 1584 f.; vertreten wird auch eine vertragsrechtliche (so *Köndgen*, AG 1983, 85, 91 ff.) oder quasivertragliche Qualifikation als Fall gesetzlich vorgeschriebener Vertrauenshaftung (so vor allem *Canaris*, Bankvertragsrecht, Rn. 2277).

67 Vgl. die deutschen Haftungsregeln in den §§ 13 und 13a Verkaufsprospektgesetz

ches muss aber auch für die spezialgesetzlich geregelte Prospekthaftung für in Wertpapieren verbriefte Anlageformen gelten[68]. Die Haftung begründet sich nicht aus dem Wertpapier selbst, sondern aus unrichtiger oder unvollständiger Information und kann unabhängig vom Wertpapier geltend gemacht werden. Die Ansprüche gehen auch nicht bei Übertragung auf den Erwerber über.

(2) Ausnahme für gesellschaftsrechtliche Ansprüche

Gesellschaftsrechtliche Ansprüche sind gem. Art. 1 Abs. 2, lit. d Rom II-VO ebenfalls vom Anwendungsbereich der Rom II-VO ausgenommen. Für sie gilt stattdessen das Gesellschaftsstatut[69]. Die Reichweite dieser Ausnahme ist allerdings fraglich.

Beispielhaft[70] werden in der Verordnung Schuldverhältnisse aufgezählt, die sich aus der Gesellschaftserrichtung und -eintragung, der Rechts- und Handlungsfähigkeit, der inneren Verfassung und Auflösung, der persönlichen Haftung der Gesellschafter und der Organe für die Verbindlichkeit einer Gesellschaft und schließlich aus der persönlichen Haftung der Rechnungsprüfer gegenüber einer Gesellschaft ergeben.

Die Aufzählung wirft insbesondere die Frage auf, ob die Ausnahme für die persönliche Haftung der Gesellschafter nur die grundsätzliche, sich aus dem Haftungsregime der Gesellschaftsform ergebende gesellschaftsrechtliche Durchgriffshaftung – etwa bei der oHG gem. § 128 HGB oder auch die vom Haftungsregime zu trennende deliktische Durchgriffshaftung der Gesellschafter und Gesellschaftsorgane umfasst. Während die sich aus der Haftungsverfassung einer Gesellschaft ergebende Durchgriffshaftung unstrittig dem Gesellschaftsstatut unterworfen ist und nicht deliktisch qualifiziert wird, ist die Haftung von Organwaltern – etwa gem. § 823 Abs. 2 i. V. m. 64 Abs. 1 GmbHG (Insolvenzverschleppungshaftung), § 43 GmbHG oder § 93 AktG – möglicherweise deliktisch zu qualifizieren[71]. Auch für die Haftung für existenzvernichtende Eingriffe von Gesellschaftern wird besonders seit der Trihotel-Entscheidung des BGH[72], in der die Existenzvernichtungshaftung als sittenwidrige Schädigung eingestuft und auf § 826 BGB gestützt wurde, eine deliktische Qualifikation diskutiert[73].

---

68 *v. Hein* in: v. Baum u.a. (Hrsg.), Perspektiven des Wirtschaftsrechts, S. 371, 379 ff.; *ders.*, ZEuP 2009, 6, 12; *Tschäpe/Kramer/Glück*, RIW 2008, 657, 661; *Weber*, WM 2008, 1581, 1584.

69 Siehe hierzu *Kropholler*, IPR, § 55

70 Dies zeigt der Wortlaut der Aufzählung: „wie die" bzw. in der englischen Fassung „such as", so auch *G. Wagner*, IPRax 2008, 1, 2.

71 Str., vgl. zum Streit um die Insolvenzverschleppung LG Kiel, EuZW 2006, 478; *Zimmer*, NJW 2003, 3585.

72 BGH v. 16.07.2007, NJW 2007, 2689.

73 Zwar ist die Qualifikation von der materiellen Einordnung zu trennen, vgl. hierzu Kropholler, IPR, § 17 I, für eine deliktische Qualifikation spricht aber auch die Funktion der Haftung

Qualifiziert man diese Haftungsfälle der Gesellschafter deliktisch, stellt sich also die Anschlussfrage, ob eine solche Haftung in den Anwendungsbereich der Rom II-VO fällt oder von der Ausnahme des Art. 1 Abs. 2, lit. b Rom II-VO umfasst ist.

Die in Art. 1 Rom II-VO genannten Schuldverhältnisse haben gemeinsam, dass sie zwar außervertraglichen Charakter haben und somit eigentlich in den Anwendungsbereich der Rom II-VO fallen, jedoch einem eigenständigen Rechtsgebiet angehören, welches selbstständige Kollisionsnormen für die Schuldverhältnisse hat[74], bzw. für welches es bereits vereinheitlichtes Sachrecht gibt[75]. Unterliegt die Haftung wegen existenzvernichtenden Eingriffs nun nicht mehr dem Gesellschaftsstatut, so gehört sie in der Konsequenz in den Anwendungsbereich der Rom II-VO[76]. Eine Ausnahme kann dann nicht mehr gewollt sein.

Daneben besteht laut Kommission der Sinn der Bereichsausnahme für gesellschaftsrechtliche Ansprüche darin, dass der jeweilige Haftungstatbestand sich nicht von derjenigen Unternehmensform trennen lässt, bei deren Betrieb der Haftungsfall eingetreten ist[77]. Bei der Untersuchung des Anwendungsbereichs dieser Ausnahme ist also zu untersuchen, ob der jeweilige Haftungstatbestand n Verbindung mit der Unternehmensform steht.

Da die deliktische Durchgriffshaftung vom jeweiligen Haftungsregime zu trennen ist, scheint auch vor diesem Hintergrund die Eröffnung des Anwendungsbereichs der Rom II-VO für Ansprüche aus deliktischer Durchgriffshaftung sinnvoll.

---

als vom Gesellschaftsrecht zu trennender Schutz der Gesellschaftsgläubiger vor Dritten, die in diesem speziellen Fall zwar Gesellschafter sind, deren Gesellschafterstellung jedoch die Haftung nicht ausreichend charakterisiert, um sie dem Gesellschaftsstatut zu unterstellen, so auch *G. Wagner* in: Festsschrift für Canaris, S. 473, 501; *Hueck/Windbichler*, § 24, Rn. 38; dagegen spricht allerdings die Ausgestaltung als reine Innenhaftung, im Ergebnis dagegen daher auch die herrschende Meinung: vgl. statt vieler *Altmeppen* in: MüKo zum Aktiengesetz, Kapitel 1, Rn. 69 (Gesellschaftsrechtliche Qualifikation); a.A. auch *Weller* Iprax 2003, 324, 328 (Insolvenzrechtliche Qualifikation). Beide zuletzt genannten Ansichten betreffen jedoch noch das alte selbstständige Haftungsinstitut der Durchgriffshaftung wegen existenzvernichtenden Eingriffs, welches der BGH (a.a.O.) in der Trihotel-Entscheidung auf eine neue dogmatische Grundlage gesetzt hat.

74 *Dicey/Morris/Collins*, Conflict of Laws, 2. Suppl., Rn. S35-181; siehe zum bisher nicht gesetzlich geregelten deutschen Gesellschaftsstatut den Referentenentwurf eines Gesetzes zum Internationalen Privatrecht der Gesellschaften, Vereine und juristischen Personen vom 07.01.2008 abrufbar unter: http://www.bundesjustizministerium.com/files/-/2751/RefE%20 Gesetz%20 zum%20Internationalen%20Privatrecht%20der%20Gesellschaften,%20Vereine %20und%20 juristischen%20Personen.pdf.

75 So etwa für die Haftung ortsfester Kernenergieanlagen: Pariser Übereinkommen vom 29. 07. 1960 für die Haftung gegenüber Dritten auf dem Gebiet der Kernenergie, BGBl. 1976 II, S. 308.

76 So allgemein zur Außenhaftung von Gesellschaftern *Spickhoff* in: Bamberger/Roth, Anh. zu Art. 42 EGBGB, Rn. 20.

77 KOM(2003) 427, S. 10.

Ferner soll das Beispiel „Rechts- und Handlungsfähigkeit" nicht die Deliktsfähigkeit umfassen[78].

Für die anderen, vom Anwendungsbereich der Rom II-VO ausgenommenen außervertraglichen Schuldverhältnisse gilt das autonome nationale Kollisionsrecht.

2. Räumlicher Anwendungsbereich

Die ROM II-VO gilt unmittelbar in allen EU-Mitgliedsstaaten mit Ausnahme Dänemarks (Art. 1 Abs. 4 ROM II-VO). Dieses ist nicht an der justiziellen Zusammenarbeit in Zivilsachen nach Titel IV des EG-Vertrags beteiligt[79]. Es besteht jedoch die Möglichkeit, durch einen völkerrechtlichen Vertrag zwischen Dänemark und dem Ministerrat die Verordnung auf Dänemark zu erstrecken[80].

Das Vereinigte Königreich und Irland haben hingegen gem. Erwägungsgrund Nr. 39 von ihrem Optionsrecht bezüglich Maßnahmen nach Art. 65 EGV Gebrauch gemacht[81]. Folglich gilt für sie ebenfalls die Rom II-VO.

Die Verordnung ist Teil des *acquis communautaire*. Ein der EU beitretender Drittstaat ist zur Übernahme der Verordnung verpflichtet.

---

78 *Dicey/Morris/Collins*, Conflict of Laws, 2. Suppl., Rn. S35-182: "While what a company may do does not fall within the (Rome II-)Regulation, the consequences of what it does should be governed by the law applicable to the tort".

79 Gem. Art. 1 und 2 des Protokolls über die Position Dänemarks, beigefügt als Protokoll Nr. 5 zum EUV/EGV, abrufbar unter: http://eur-lex.europa.eu/LexUriServ/LexUriServ.do?uri =OJ:C: 2004:310:0356:0360: DE:PDF; hierbei handelt es sich die Nachwirkungen eines „Geburtsfehlers von Titel IV des EG-Vertrags" (so *Leible* in: Reichelt (Hrsg.), Europäisches Gemeinschaftsrecht und IPR, S. 31, 35) wonach Dänemark aus nationalen verfassungsrechtlichen Gründen nicht an Maßnahmen auf Grundlage dieses Titels teilnimmt und auch keine Opt-In-Möglichkeit besitzt.

80 Diese Möglichkeit wurde etwa im Fall der EuGVO bereits angewendet. Vgl. hierzu den Kommissionsvorschlag vom 23.12.2008 bezüglich einer Verordnung des Europäischen Parlaments und des Rates zur Einführung eines Verfahrens für die Aushandlung und den Abschluss sektorspezifischer bilateraler Abkommen zwischen Mitgliedstaaten und Drittländern, die Fragen des auf vertragliche und außervertragliche Schuldverhältnisse anzuwendenden Rechts behandeln, KOM(2008) 893 endgültig.

81 Das Recht des Vereinigten Königreichs und Irlands auf eine lediglich optionale Integration im Bereich der justiziellen Zusammenarbeit ist in Art. 69 EGV normiert und resultiert aus der Entwicklung der Vergemeinschaftung des Bereichs der justiziellen Zusammenarbeit zusammen mit den politisch national geprägten Visums-, Einwanderungs- und Asylpolitiken, vgl. *Hess*, NJW 2001, 23, 28.

3. Zeitlicher Anwendungsbereich

Der wesentliche Kern der Rom II-VO „gilt" gem. Art. 32 Rom II-VO ab dem 11. Januar 2009. Art. 29 ROM II-VO mit der darin festgesetzten Pflicht zur Übermittlung der bestehenden Übereinkommen „gilt" hingegen normlogischerweise bereits früher, ab dem 11. Juni 2008.

Gemäß Art. 31 Rom II-VO wird die Verordnung auf alle außervertraglichen Schuldverhältnisse angewandt, deren schadensbegründendes Ereignis nach dem Inkrafttreten der Verordnung eingetreten ist.

Nach dem unterschiedlichen Wortlaut der Art. 31 und 32 Rom II-VO ist somit zwischen zwei Zeitpunkten zu differenzieren: dem Datum ab dem die Verordnung „gilt" (11.01.2009 bzw. 11.06.2008) sowie dem Zeitpunkt des Inkrafttretens. Auch in anderen Sprachfassungen findet sich eine solche Differenzierung (*entry into force / application*; *entrée en vigueur / application*). Fehlt in einer Verordnung eine Bestimmung über den Zeitpunkt des Inkrafttretens, tritt diese gem. Art. 254 Abs. 1, S. 2 EGV, der das Inkrafttreten von Sekundärrechtsakten regelt, zwanzig Tage nach Veröffentlichung des Sekundärrechtsaktes im Amtsblatt und damit hier zwanzig Tage nach dem 31.07.2007, also am 19.08.2007, in Kraft. Daher wird teilweise der 19.08.2007 als Stichtag bezeichnet, ab dem Gerichte auf nach diesem Tag eintretende schadensbegründende Ereignisse die Rom II-VO anzuwenden haben[82]. Glöckner vertritt die Ansicht, die Gerichte müssten nach dem 11.01.2009 auf schadensbegründende Ereignisse die nach dem 19.08.2007 eingetreten sind, die Regeln der Rom II-VO anwenden[83].

Gemeint sein dürfte in Art. 31 Rom II-VO jedoch nicht der Zeitpunkt des Inkrafttretens im Sinne des Art. 354 Abs. 1, S. 2 EGV, sondern vielmehr der Zeitpunkt ab dem die Rom II-VO im Sinne des Art. 32 „gilt". Art. 32 Rom II-VO ist also vielmehr als Bestimmung über das Inkrafttreten der Verordnung zu verstehen. Die unterschiedliche Begrifflichkeit beruht lediglich auf redaktionellem Versehen. Es ist nicht ersichtlich, dass der Verordnungsgeber hier eine solche komplizierte Regelung treffen wollte, die letztlich zu einem Statutenwechsel führt. Der Geschädigte hätte so eine – wenn auch eingeschränkte, weil nur zwischen zwei Rechten bestehende – einseitige Rechtswahlmöglichkeit. Zwar bieten sich auch für den Zeitpunkt, ab dem die Verordnung „gilt" – wie oben gezeigt – zwei unterschiedliche Zeitpunkte an, nämlich einmal der 11.06.2008 und einmal der 11.01.2009, entscheiden muss jedoch der Zeitpunkt, ab dem die wesentlichen

---

82 So *Dicey/Morris/Collins*, Conflict of Laws, 2. Suppl., Rn. S35-168; so versteht dies auch *A. Staudinger*, in: Baetge u.a. (Hrsg.), FS für Kropholler (2008), S. 691 ff.; *ders.*, AnwBl. 2008, 316, 322; die Bestimmungen über den zeitlichen Anwendungsbereich sind folglich „redaktionell wenig geglückt", *v. Hein*, ZEuP 2009, 6, 10.

83 *Glöckner*, IPRax 2009, 121, 123.

Teile der Verordnung, die Kollisionsregeln der Rom II-VO, gelten. Da diese erst ab dem 11.01.2009 gelten, gilt somit im Ergebnis die Rom II-VO für alle schadensbegründenden Ereignisse, die nach dem 11.01.2009 eintreten[84].

Wie im Rahmen der Regelanknüpfung für deliktische Handlungen[85] noch darzustellen ist, versteht die Rom II-VO das schadensbegründenden Ereignis als die Verwirklichung des haftungsbegründenden Tatbestands, also die deliktische Handlung[86].

Die Rom II-VO ist damit auf alle Schuldverhältnisse anwendbar, die aus einer deliktischen Handlung resultieren, welche nach dem 11.01.2009 abgeschlossen ist. Im Falle der Gefährdungshaftung ist nicht der erste Zeitpunkt des Bestehens der Gefahrenlage entscheidend, sondern der Zeitpunkt der konkreten Gefahrverwirklichung[87]. Für Unerlassungsansprüche ist der Zeitpunkt entscheidend, an dem die deliktische Handlung hinreichend wahrscheinlich war[88].

Bei zeitlich gestreckten Schädigungshandlungen, wie sie etwa bei Umweltschädigungen denkbar sind, kann somit auch hier ein Statutenwechsel eintreten. Zu einem solchen kommt es jedoch hier nur im Rahmen weniger Sachverhalte und ist für diese letztlich unvermeidbar.

4. Universale Reichweite

Eine weitere, Beachtung verdienende Besonderheit der Rom II-VO ist ihre universale Reichweite.

Gem. Art. 1 Abs. 1 Rom II-VO gilt die VO für alle Schuldverhältnisse, die eine Verbindung zu verschiedenen Staaten aufweisen. Die Besonderheit dieser kurzen Regelung besteht darin, dass eine Verbindung zu EU-Mitgliedsstaaten ist damit eindeutig nicht erforderlich ist. Darüber hinaus ist gem. Art. 3 Rom II-VO in paralleler Regelung zu Art. 2 EVÜ bzw. Art. 2 Rom I-VO das berufene Recht auch dann anzuwenden, wenn es nicht das Recht eines Mitgliedsstaates ist.

Die Rom II-VO ist somit als *loi uniforme* konzipiert[89]. Sie regelt das Kollisionsrecht der Mitgliedstaaten unabhängig davon, ob der Fall Berührung mit einem

---

84 Vgl. OLG Hamburg APR 2009, 32, 35; Bücken, IPRax 2009, 125, 127 f.; *Jayme/Kohler*, IPRax 2007, 493, 494, die diese Diskrepanz im Rahmen der Rom II-VO als Redaktionsversehen bezeichnen; so auch *v. Hein*, ZEuP 2009, 6, 11; *Wagner*, IPRax, 314, 316.

85 Siehe unten: B.II.4.a).

86 *Junker* in: MüKo, Rom II-VO, Rn. 18; *G. Wagner*, IPRax 2008, 1, 17.; so auch *Segan*, Comp. Law. 2008, 251, 258.

87 Vgl. *v. Hein*, ZEuP 2008, 6, 11; *Junker*, JZ 2008, 169, 170.

88 *Heiss/Loacker*, JBl 2007, 613, 618; *v. Hein*, ZEuP 2009, 6, 12.

89 *v. Hein*, VersR 2007, 440, 443; *ders.*, ZVglRWiss 102 (2003), 528, 542; *Sonnentag* ZVglRWiss 105 (2006), 256, 261; *Junker*, NJW 2007, 3675, 3677; *ders.* in: MüKo, Anh. zu Art. 42 EGBGB, Rn. 19; *Garcimartín Alférez*, EuLF 2007, I-77, I-78.

EU-Mitgliedstaat hat[90]. Auch bei Drittstaatsachverhalten, bei denen der einzige Gemeinschaftsbezug in der Anrufung eines Gerichts eines Mitgliedsstaates besteht, ist der Anwendungsbereich eröffnet.

Sobald der sachliche und zeitliche Anwendungsbereich der Rom II-VO eröffnet ist, führt die *loi uniforme*-Fassung dazu, dass kein Fall mehr denkbar ist, der den Anwendungsbereich des autonomen Kollisionsrechts eröffnet. Das autonome Kollisionsrecht der EU-Mitgliedsstaaten wird so im Ergebnis durch die Rom II-VO verdrängt[91].

Ausnahmen von der angesprochenen Verdrängung gelten natürlich zunächst für das gesamte autonome Kollisionsrecht des nicht an der justiziellen Zusammenarbeit teilnehmenden Dänemark.

Daneben bleibt das nationale Kollisionsrecht der außervertraglichen Schuldverhältnisse für alle Bereiche anwendbar, die vom sachlichen oder zeitlichen Anwendungsbereich der Rom II-VO ausgenommen worden[92], also entweder nicht als Zivil und Handelssache im Sinne der Verordnung anzusehen sind, keine außervertraglichen Schuldverhältnisse im Sinne der Verordnung darstellen bzw. nicht von einer Ausnahme erfasst sind, oder solche Schuldverhältnisse, die aus vor dem 11.01.2009 eingetretenen schadensbegründenden Ereignissen resultieren.

An dieser großen Reichweite der Verordnung wird kritisiert, dass der EU für eine derartige Ausgestaltung die Gesetzgebungskompetenz fehle. Gem. Art. 5 Abs. 1 EGV darf der Gemeinschaftsgesetzgeber nur im Rahmen der durch die Mitgliedsstaaten ausdrücklich eingeräumten Ermächtigung handeln (sog. Prinzip der begrenzten Einzelermächtigung). Die vom Verordnungsgeber angeführte Ermächtigungsgrundlage aus Art. 61 lit. c, 65 lit. b, 67 EGV umfasse keine Ermächtigung zum Erlass solcher *loi uniforme*-Regelungen.

Dennoch bleibt festzuhalten, dass die Rom II-VO nicht reines Binnenmarktkollisionsrecht, sondern vielmehr klassisches Kollisionsrecht enthält, welches von der Koexistenz beliebiger Rechtsordnungen ausgeht. Eine spezielle Ausrichtung auf eine fortschreitende Integration in einen EU-Binnenmarkt und auf ein Miteinander der europäischen Rechtsordnungen enthält die Rom II-VO nicht[93]. Ob die weite Fassung des Anwendungsbereichs und die damit einhergehende Verdrängung des nationalen Deliktskollisionsrechts von der in der Rom II-VO

90 *Leible/Lehmann*, RIW 2007, 721, 724.

91 Dies hat auch die Bundesregierung erkannt und einen Gesetzesentwurf (BT-Drs. 16/9995) vorgelegt, nach dem an die Spitze des Abschnitts des EGBGB der Kollisionsnormen für außervertragliche Schuldverhältnisse ein neuer Artikel eingeführt wird, der den Rechtsanwender auf die Existenz und den Vorrang des europäischen Internationalen Deliktsrechts hinweist.

92 Siehe hierzu oben: Kapitel B.I.1.

93 Siehe zu diesem Vergleich von klassischem zu binnenmarktbezogenem Kollisionsrecht am Beispiel der E-Commerce-Richtlinie: *Grundmann*, RabelsZ 67 (2003), 246 254 ff.

angegeben Ermächtigungsgrundlage aus Art. 61 lit. c, Art. 65 lit. b und Art. 67 EuGVO gedeckt ist, ist daher im Folgenden zu untersuchen.

a) Art. 61 lit. c i.V.m. Art. 65 lit. b EGV als Kompetenznorm

Im Vertrag von Amsterdam[94] wurde die Kompetenz für die justizielle Zusammenarbeit in Zivilsachen von der bilateralen dritten in die gemeinschaftliche erste Säule der Europäischen Union verlagert. Während in der sog. dritten Säule, welche nun lediglich die polizeilich-justizielle Zusammenarbeit in Strafsachen regelt, der Gemeinschaftsgesetzgeber nur Rahmenbeschlüsse erlassen darf, die ähnlich wie Richtlinien keine unmittelbare Wirkung in den jeweiligen Mitgliedsstaaten haben, gehören zu Maßnahmen im Rahmen der ersten Säule gem. Art. 249 EGV auch Verordnungen.

Als Ermächtigungsgrundlage zum Erlass der Rom II-VO hat der Gemeinschaftsgesetzgeber die im Zuge dieser Vergemeinschaftung geänderten Art. 61 lit. c, 65 lit. b und 67 EGV herangezogen.

Da Art. 65 EGV – wie im Folgenden gezeigt wird– als Ermächtigungsnorm viele Fragen aufwirft, ist seine Ausgestaltung als „nicht besonders geglückt und durchdacht“ zu bezeichnen[95].

Neben grundsätzlichen Bedenken gegen eine zu umfassende Kompetenzverlagerung auf die EU auf Grund einer zu geringen Personalausstattung der Gesetzgebungsorgane und des bestehenden Demokratiedefizits[96] wird eine Kompetenz aus Art. 61 lit. c i.V.m. 65 lit. b EGV speziell zur Regelung von Sachverhalten mit Bezug zu keinem oder nur einem Mitgliedsstaat abgelehnt.

Im Rahmen dieser Diskussion wird also zwischen drei grundsätzlichen Sachverhaltstypen zu unterscheiden sein.

Neben rein innergemeinschaftlichen Sachverhalten ohne Bezug zu einem Staat, welcher nicht Mitgliedsstaat der EU ist, wird weiter zwischen Sachverhalten die sowohl Gemeinschafts- als auch Drittstaatsbezug aufweisen (hier sog. gemischten Sachverhalte), und reinen Drittstaatssachverhalten ohne jeden direkten Gemeinschaftsbezug differenziert.

Wie oben dargelegt ist die Rom II-VO auf alle drei Sachverhaltstypen anwendbar.

Eine Unterscheidung gerade zwischen den beiden letztgenannten Sachverhaltstypen ist allerdings äußerst schwierig[97]. Die Tatsache, dass die Rom II-VO

94 Vertrag von Amsterdam zur Änderung des Vertrags über die Europäische Union, der Verträge zur Gründung der Europäischen Gemeinschaften sowie einiger damit zusammenhängender Rechtsakte, Nr. C 340, 10.11.1997.

95 So *Mansel* in: Baur/Mansel (Hrsg.), Systemwechsel, S. 1, 10.

96 Vgl. *Mansel* in: ders. (Hrsg.), Vergemeinschaftung, S. 1, 4.

97 *R. Wagner*, RabelsZ 68 (2004), 119, 142.

nur von Gerichten in Mitgliedsstaaten, bzw. im Falle einer Verweisung auf das Kollisionsrecht eines Mitgliedsstaaten von einem fremden Richter angewendet wird, zeigt, dass ein gewisser territorialer Gemeinschaftsbezug in allen Fällen vorliegen wird, in denen die Anwendung der Rom II-VO fraglich ist[98]. Reine Drittstaatssachverhalte sind daher hier im Folgenden so zu verstehen, dass sie auch gemischte Sachverhalte umfassen, die nur mit einem einzigen Mitgliedsstaat verbunden sind.

Es ist also im Folgenden zwischen reinen innergemeinschaftlichen, gemischten und Drittstaatssachverhalten zu unterscheiden.

Insbesondere ob die Kompetenz aus Art. 61 lit. c i. V. m. Art. 65 lit. b EGV zur Regelung auch dieser Drittstaatssachverhalte ermächtigt, scheint fraglich und ist umstritten.

Zur Untersuchung dieser Frage sind die einzelnen Voraussetzungen der Ermächtigungsgrundlage aus Art. 61 lit. c i. V. m. Art. 65 lit. b EGV auf ihre Vereinbarkeit hin mit der gewählten *loi uniforme*-Fassung zu prüfen.

(1) Stellung in Titel IV des EGV

Zunächst ist die Stellung der Art. 61 ff. EGV im Titel IV des EGV, der nach seinem Wortlaut Normen bezüglich des freien Verkehrs von Personen enthält, auf eine Einschränkung der in diesem Titel enthaltenen Kompetenzen hin zu untersuchen.

Insbesondere *Basedow* sieht in der Position in Titel IV des EGV eine Kompetenzschranke, nach der Art. 65 EGV auf Politiken, die den freien Personenverkehr betreffen, begrenzt sei[99]. Art. 65 EGV habe lediglich die Funktion, die aus Art. 95 Abs. 2 EGV resultierende Lücke zu füllen. Nach Art. 95 Abs. 1, S. 2 EGV darf der Europäische Rat Maßnahmen erlassen, „welche die Errichtung und das Funktionieren des Binnenmarktes zum Gegenstand haben". Gem. Abs. 2 gelte diese Kompetenz jedoch nicht für Bestimmungen über u.a. die Freizügigkeit.

An der Ansicht von *Basedow* ist jedoch schon problematisch, dass Rechtsakte der Gemeinschaft nicht einfach nach solchen betreffend den Personen-, Waren- oder Kapitalverkehr zu unterscheiden sind. Selbst wenn man mit Basedow auf den Schwerpunkt abstellt, kann dieser inhaltlich gemeinschaftsgrundrechtsübergreifend sein[100].

---

98 So *Mario Tenreiro* als Vertreter der Europäischen Kommission im Rahmen der Fragerunde bei Ausarbeitung des Scott Report (Siehe hierzu unten Fn. 158) als Antwort auf die Frage 21, abrufbar unter http://www.publications.parliament.uk/pa/ld200304/ldselect/ldeucom /66/40121 03.htm.

99 *Basedow* in: Baur/Mansel (Hrsg.), Systemwechsel, S. 19, 40; so auch *Leible* in: Schulte-Nölke/Schulze, S. 353, 388 f., der diese Ansicht jedoch ausdrücklich aufgegeben hat: *Leible/Staudinger*, EuLF 2000/2001, 225, 231 (dort Fn. 57).

100 Etwa bei der EU-Beweisverordnung oder der EU-Zustellungsverordnung.

Schließlich spricht Art. 65, lit. a EGV von „Anerkennung und Vollstreckung gerichtlicher und außergerichtlicher Entscheidungen in Zivil- und Handelssachen“. Laut *A. Staudinger* spricht der Begriff „Handelssache“ gegen die Ansicht *Basedows,* Art. 65 EGV sei begrenzt auf Rechtsakte betreffend den freien Personenverkehr[101].

Nach *Mansel* zeige auch die in Art. 65 lit. a – lit. c EGV aufgezählten Bereiche der justiziellen Zusammenarbeit, dass ein Bezug zur Personenfreizügigkeit für Maßnahmen nach Art. 65 EGV nicht erforderlich ist[102].

Daneben sieht Art. 61 lit. a EGV ausdrücklich eine Einschränkung auf „Maßnahmen zur Gewährleistung des freien Personenverkehrs“ vor. Der auf Art. 65 EGV verweisende Art. 61 lit. c EGV hingegen nicht. Auch dieser Umkehrschluss widerspricht der Folgerung einer Kompetenzschranke aus der Position in Titel IV des EGV[103].

Selbst wenn dem Merkmal der Freizügigkeit in der Überschrift des Titels IV eine Bedeutung eingeräumt wird, so soll diese nicht darin bestehen, die Kompetenz des Gemeinschaftsgesetzgebers einzuschränken, sondern als Hinweis auf die Politisierung der Gemeinschaftsintegration. Diese solle nicht mehr nur wirtschaftlich, sondern auch politisch und gesellschaftlich zu verstehen sein[104].

Ferner ist der Regelungsbereich unterschiedlich. Art. 95 EGV ermächtigt zu Maßnahmen, welche das Errichten und das Funktionieren – und damit die Verbesserung – des Binnenmarktes zum Gegenstand haben. Art. 65 EGV erfordert hingegen nur Maßnahmen zum reibungslosen Funktionieren des Binnenmarktes, ist somit nach herrschender Auffassung weiter gefasst und ermächtigt auch zu Maßnahmen, die nur mittelbar unterstützend auf den Binnenmarkt einwirken[105].

Der Begriff der Freizügigkeit in der Überschrift des Titels IV des EGV darf also richtigerweise nicht mit dem eng verstandenen Begriff der Freizügigkeit in Art. 95 Abs. 2 EGV gleichgesetzt werden. Die in Titel IV eingeführten Kompetenzen dienen dem ebenfalls hiermit neu eingebrachten Begriff aus Art. 61 EGV

---

101 *A. Staudinger*, Diskussion zum Vortrag Basedows in: Baur/Mansel (Hrsg.), Systemwechsel, S. 65, 67.

102 *Mansel* in: Baur/Mansel (Hrsg.), Systemwechsel, S. 1, 5.

103 *Eidenmüller*, IPRax 2001, 2, 3.

104 *Remien*, CMLR 2001, 53, 74; *Tebbens* in: Baur/Mansel (Hrsg.), Systemwechsel, S. 171, 175.

105 So die herrschende Meinung, vgl. *Mansel* in: Baur/Mansel (Hrsg.), Systemwechsel, S. 1, 9; *Leible/Staudinger*, EuLF 2000/2001, 225, 228 f.; *Müller-Graff/Kainer*, DRiZ 2000, 350, 351; zu Art. 95 hat der EuGH in der sog. Tabak-Entscheidung noch klargestellt, dass eine Harmonisierung nicht alleine damit begründet werden könne, dass auf Grund der unterschiedlichen nationalen Regelungen eine abstrakte Gefahr der Beschränkung von Grundfreiheiten bestehe, EuGH – Rs. C-376/98 (05.10.2000), Deutschland ./. Europäisches Parlament und Rat der Europäischen Union, NJW 2000, 3701, 3703.

des Raums der Freiheit, der Sicherheit und des Rechts. Die Kompetenzen des Titels IV sind also Teil einer neuen Integrationsstufe und sind nicht darauf beschränkt, die Kompetenzlücken aus Art. 95 Abs. 2 EGV zu schließen[106].

Der Position in Titel IV des EGV wird richtigerweise nicht als Einschränkung der Kompetenz nach Art. 65 EGV verstanden.

(2) Wortlaut des Art. 61 EGV

Daneben begrenzt Art. 61 EGV alle Maßnahmen die auf Grund von Art. 65 EGV erlassen werden können auf solche, die dem schrittweisen Aufbau eines Raumes der Freiheit, der Sicherheit und des Rechts dienen.

Die Vereinheitlichung des europäischen Deliktskollisionsrechts als Schaffung eines gemeinsamen Rechts dient unmittelbar dem Aufbau eines Rechtsraums.

(3) Wortlaut des Art. 65 EGV

Art. 65 lit. b EGV ermächtigt nur zu Maßnahmen im Bereich der justiziellen Zusammenarbeit in Zivilsachen mit grenzüberschreitenden Bezügen zur Förderung der Vereinbarkeit des Kollisionsrechts, soweit sie für das reibungslose Funktionieren des Binnenmarktes erforderlich sind.

Art. 65 EGV fordert also einen Bezug zum Binnenmarkt[107], welcher grundsätzlich gem. Art. 3 Abs. 1, lit. c EGV und Art. 14 Abs. 2 EGV den freien Verkehr von Waren, Dienstleistungen, Kapital und selbst wieder Personen umfasst. Der geforderte Binnenmarktbezug kann sich aus dem Bezug zu allen Grundfreiheiten ergeben.

Während früher die herrschende Lehre sogar davon ausging, einheitliche Kollisionsnormen würde generell keine Verbesserung der Binnenmarktintegration entfalten, da ihre Angleichung keine Stärkung der europäischen Grundfreiheiten bewirke, zeigt die Einführung des Art. 65 lit. b EGV, dass eine solche Ansicht nicht mehr vertretbar ist[108]. Kollisionsnormen sind folglich auch aus Sicht des Europäischen Verfassungsgebers geeignet, dem Aufbau eines Raumes der Freiheit, der Sicherheit und des Rechts zu dienen.

Daneben stellt sich die Frage, ob der Wortlaut des Art. 65 lit. b EGV mit „Förderung der Vereinbarkeit" überhaupt Maßnahmen zur Rechtsvereinheitlichung

---

106 *Brechmann* in: Callies/Ruffert, Art. 65 EGV, Rn. 1; *Mansel* in: Baur/Mansel (Hrsg.), Systemwechsel, S. 1, 5.

107 Der Begriff des Binnenmarktes hat den im Vertrag von Rom benutzten Begriff des gemeinsamen Marktes weitgehend verdrängt. Vergleiche zur Entwicklung des Binnenmarktbegriffs, *Mortelmans*, CMLR 35 (1985), 101 ff.

108 *Basedow* in: Baur/Mansel (Hrsg.), Systemwechsel, S. 19, 34; ders. in: Rauscher/Mansel (Hrsg.), FS für Lorenz (2001), S. 463, 471.

– wie sie die Rom II-VO darstellt – oder nur solche der Rechtsharmonisierung umfasst[109]. Der Wortlaut lässt hier jedenfalls eher auf eine restriktive Kompetenzübertragung auf den Gemeinschaftsgesetzgeber schließen.

Für eine Kompetenz zur Rechtsvereinheitlichung spricht aber, dass der Wortlaut der Wortlaut von Art. 65 EGV insgesamt unklar ist, und somit dem Wortlaut im Rahmen der Auslegung keine überragende Bedeutung zukommen sollte[110]. Vereinbarkeit kann ferner auch durch die Schaffung eines neuen einheitlichen Kollisionsrechts gefördert werden. Darüber hinaus ist die Aufzählung in Art. 65 lit. b EGV nicht abschließend[111], so dass Art. 65 lit. b EGV auch zur Vereinheitlichung von Kollisionsrecht ermächtigt[112].

Die in Art. 65 geforderte Auswirkung der Maßnahme auf den Binnenmarkt ist weiter in zweifacher Weise beschrieben:

Die Maßnahme muss für das reibungslose Funktionieren des Binnenmarktes erforderlich sein.

Nach einhelliger Auffassung beinhaltet das Erfordernis der Reibungslosigkeit keine eigene Qualifizierung[113].

Die Anforderungen an die Erforderlichkeit sind hingegen umstritten.

Es wird vertreten, dass eine über das bloße Unterstützen hinausgehende Förderung des Binnenmarktes Voraussetzung sei[114]. Insbesondere erhöht nach dieser Ansicht Art. 65 EGV die Anforderungen an einen Binnenmarktbezug im Vergleich zu Art. 95 Abs. 1, S. 2 EGV, welcher auch zu Maßnahmen für die Errichtung und das bloße Funktionieren des Binnenmarktes ermächtige.

Die überwiegende Lehre geht hingegen von einer weiten Auslegung dieses Begriffs aus. Die Erforderlichkeit zum Erlass von Kollisionsnormen fehle nur dann, wenn das Sachrecht im entsprechenden Rechtsbereich bereits vereinheitlicht oder angeglichen wurde[115]. Fehlt eine solche und liegt in der Regelung ein Binnenmarktbezug, so ist auch das Erfordernis der Erforderlichkeit erfüllt.

---

109 Gegen eine Kompetenz zur Vereinheitlichung: *Roebuck/Mason*, CTRL 2003, 1, 2; *Kohler*, Europäisches Kollisionsrecht, S. 4 f.; Heuzé, JCP 30 (2008), I 166 (Nr. 3 ff.); *Leible* in: Schulte-Nölke/Schulze (Hrsg.), Europäische Rechtsangleichung und nationale Privatrechte, S. 353, 388; *Leible* hat der Ansicht, Vereinheitlichung sei nicht umfasst, jedoch später widersprochen in: *Leible/Staudinger*, EuLF 2000/2001, 225, 233.

110 *R. Wagner*, RabelsZ 68 (2004), 120, 127 f.

111 *Mansel*, RabelsZ 70 (2006), 651, 659; *R. Wagner*, RabelsZ 68 (2004), 120, 128; *Leible/Staudinger*, EuLF 2000/2001, 225, 228.

112 So auch die überwiegende Meinung: *Mansel*, RabelsZ 70 (2006), 651, 659; *R. Wagner*, RabelsZ 68 (2004), 120, 128 f.; *Dickinson*, Journal of PIL 1 (2005), 197, 219.

113 Siehe etwa *Tebbens* in: Baur/Mansel (Hrsg.), Systemwechsel, S. 171, 176.

114 *Tebbens* in: Baur/Mansel (Hrsg.), Systemwechsel, S. 171, 176.

115 *Jayme* in: ders. (Hrsg.), Ein Internationales Privatrecht für Europa, S. 5, 7; *Boele-Woelki/van Ooik*, Yearbook of PIL 2002, 1, 13.

Art. 65 EGV ist vielmehr nach herrschender Auffassung weiter gefasst als Art. 95 Abs. 1, S. 2 EGV und ermächtigt auch zu Maßnahmen, die nur mittelbar unterstützend auf den Binnenmarkt einwirken[116].

Gegen eine Erforderlichkeit könnten letztlich nur grundsätzliche Bedenken gegen europäisches Kollisionsrecht sprechen, die so natürlich ebenfalls für den Erlass von *loi uniforme* gelten und aus dem gemeinschaftlichen Subsidiaritätsgrundsatz herrühren, welcher in Art. 5 Abs. 2 EGV primärrechtlich festgelegt ist. Hieraus könnte folgen, dass der Abschluss von gemeinschaftsweiten Kollisionsrechtsübereinkommen nach Art. 293 EGV gleich effizient wäre. Unter Hinweis auf die schleppende Inkraftsetzung der EuGVÜ-Beitrittsübereinkommen lässt sich aus Sicht von *Mansel* jedoch auch ein Erfordernis zum Verordnungserlass anstelle des Abschlusses eines solchen Übereinkommens begründen[117]. Aus Gründen der Schaffung von Rechtssicherheit ist eine unmittelbare und direkte Geltung der vereinheitlichten Kollisionsnormen zu begrüßen[118].

Auch da aus den im EGV garantierten Grundfreiheiten und dem Diskriminierungsverbot selbst kein eigenes Kollisionsrecht folgt, ist eine Vereinheitlichung des Deliktskollisionsrechts erforderlich.

Kernproblem bei der Bestimmung der Reichweite der Ermächtigung aus Art. 65 lit. b EGV ist also letztlich nur die Frage, inwiefern der Rechtsakt überhaupt einen Binnenmarktbezug aufweist.

Um einen solchen Binnenmarktbezug zu überprüfen, muss zunächst der Binnenmarktbegriff des EGV beschrieben werden.

Wie angesprochen definiert der EG-Vertrag den Binnenmarkt in Art. 14 Abs. 2 EGV durch die Beseitigung von Binnengrenzen zwischen den Mitgliedsstaaten zur Förderung des freien Waren-, Personen-, Dienstleistungs- und Kapitalverkehrs.

Schon zu Beginn der Bildung einer europäischen Gemeinschaft wurde der Charakter als Rechtsgemeinschaft mit einheitlichem Privatrecht unterstrichen[119]. Eine Rechtsgemeinschaft ist die Grundlage des Binnenmarktes, der durch die Grundfreiheiten geprägt ist[120]. Die justizielle Zusammenarbeit der Mitgliedsstaaten war aus diesem Grund auch von Anfang an Teil des Grundkonzeptes einer europäischen Gemeinschaft.

Die rechtliche Angleichung innerhalb des Binnenmarktes soll dazu führen, dass Marktteilnehmer die jeweiligen integrierten Teilmärkte stärker als einen einzigen Gesamtmarkt wahrnehmen und nutzen[121].

---

116 So die herrschende Meinung, vgl. *Mansel* in: Baur/Mansel (Hrsg.), Systemwechsel, S. 1, 9; *Leible/Staudinger*, EuLF 2000/2001, 225, 228 f.; *Leible/Engel*, EuZW 2004, 7.

117 *Mansel* in: Baur/Baur (Hrsg.), Systemwechsel, S. 1, 8 f.

118 *Mansel* in: Arkan u.a. (Hrsg.), Prof. Dr. Tuğrul Ansay'a armağan (2006), S. 185, 194.

119 Siehe *Hallstein*, RabelsZ 28 (1964), 211, 228 ff.

120 *Ulmer*, JZ 1992, 1.

121 *Basedow* in: Immenga u.a. (Hrsg.), FS für Mestmäcker (1996), S. 347, 355 f.

Den Zusammenhang zwischen dem einheitlichen Rechtsraum und dem Binnenmarkt unterstreichen die Änderungen des EGV durch den Vertrag von Amsterdam, der das in Art. 65 EGV formulierte Ziel der Förderung des Binnenmarktes auf der einen mit Art. 61 EGV und dem Ziel der Schaffung eines einheitlichen Rechtsaums auf der anderen Seite verknüpft[122]. Seit der Einführung in Art. 61 EGV ist klargestellt, dass ein gemeinsamer Raum der Freiheit, der Sicherheit und des Rechts als weitere Integrationsstufe der Funktionsfähigkeit des Binnenmarktes dient.

Die Rechtsangleichung des Kollisionsrechts fördert dabei ebenso wie die Angleichung des Sachrechts die Ausübung der Grundfreiheiten.

Zwar dient auch ein nationales, unterschiedliches Kollisionsrecht der Förderung der Integration, da es ausländisches materielles Recht als gleichwertig anerkennt, ohne die kulturelle Identität der jeweiligen Rechtsordnung anzutasten[123].

Die nationalen Unterschiede im Kollisionsrecht produzieren jedoch überwiegend Rechtsunsicherheit über das den Sachverhalt regelnde Recht. Diese Unsicherheit hat Auswirkungen auf die Ausübung der Grundfreiheiten. Können Marktteilnehmer das auf einen bestimmten Sachverhalt anzuwendende Recht nicht voraussehen, erschwert dies den grenzüberschreitenden Wirtschaftsverkehr. Der Umgang mit unterschiedlichem inn- und ausländischem Recht erfordert dann einen Aufwand, der möglicherweise nicht mehr gerechtfertigt ist[124].

Ein europäisches Kollisionsrechts erhöht hier unmittelbar die Rechtssicherheit und dient der Schaffung eines Rechtsraumes[125].

Dieses Ergebnis zeigt schließlich schon der EGV selbst, der durch die Normierung in Art. 65 lit. b EGV zumindest allgemein in der Kollisionsrechtsangleichung eine Möglichkeit zur Funktionsverbesserung des Binnenmarkts sieht.

Im Folgenden ist nun die Frage zu beantworten, ob auch speziell die Angleichung des Deliktskollisionsrechts einen solchen Binnenmarktbezug aufweist.

Fraglich könnte hier zunächst das Bestehen eines sachlichen Binnenmarktbezugs in Form eines wirtschaftlichen Bezugs sein.

Ob ein solcher jedoch zwingend bestehen muss, scheint auf Grund der geschilderten politischer Funktion der Art. 61 ff. EGV zweifelhaft.

Aus dem Fehlen eines wirtschaftlichen Bezugs in Art. K1 Nr. 6 EUV, welcher die justizielle Zusammenarbeit in Zivilsachen als Bestandteil der europäischen Zusammenarbeit in den Bereichen Justiz und Inneres aufführte und aus welchem Art. 65 EGV hervorgegangen ist, folgt vielmehr, dass auch Art. 65 lit. b EGV kei-

122 So *Dohrn*, Kompetenzen der EG im IPR, S. 11.

123 So *Jayme* in: Müller-Graff (Hrsg.), Perspektiven des Rechts der Europäischen Union, S. 1, 17.

124 So *Taupitz*, S. 43.

125 *Ulmer*, JZ 1992, 1, 6.

nen solchen wirtschaftlichen Bezug voraussetzt[126]. Die vom Binnenmarktbegriff umfasste Freizügigkeit bezieht sich nicht nur auf die von Art. 14 Abs. 2 EGV gemeinte Arbeitnehmerfreizügigkeit und die Niederlassungsfreiheit, sondern auf den freien Personenverkehr im Sinne des Art. 18 EGV[127]. Hiernach hat jeder Unionsbürger das Recht sich im Hoheitsgebiet der Mitgliedstaaten aufzuhalten.

Aus der Normgenese und dem Normzweck folgt damit, dass jede Erleichterung der so verstandenen Personenfreizügigkeit von der Kompetenz des Gemeinschaftsgesetzgebers umfasst ist, und ein wirtschaftlicher Bezug nicht vorliegen muss. Der Binnenmarkt, zu dem ein Bezug bestehen muss, ist daher hier als Rechtsraum der Unionsbürger im Binnenmarktgebiet zu verstehen[128].

Fraglich ist nun, ob auch ein räumlicher Binnenmarktbezug für alle vom Anwendungsbereich der Rom II-VO umfassten Sachverhalte besteht.

Hierzu ist wie dargestellt zwischen Binnen- bzw. gemischten Sachverhalten und Drittstaatssachverhalten zu unterscheiden.

(i) Binnen- und gemischte Sachverhalte

Für die Regelung des Kollisionsrechts für rein innergemeinschaftliche Sachverhalte sowie von gemischten Sachverhalten mit Bezug zu mehreren Mitgliedsstaaten ergibt sich die in Art. 65 EGV vorausgesetzte Förderung des reibungslosen Funktionierens des Binnenmarktes schon eindeutig aus dem Zugewinn an Rechtssicherheit und der hieraus resultierenden Ermutigung der EU-Bürger, von ihren europarechtlich garantierten Grundfreiheiten auch europaweit Gebrauch zu machen[129]. Eine so zu überwindende Beeinträchtigung der rechtlichen Integration durch unterschiedliche Kollisionsnormen liegt nach überwiegender Ansicht sowohl bei rein innergemeinschaftlichen, als auch bei gemischten Sachverhalten mit Bezug zu mindestens zwei Mitgliedsländern vor[130]. Sobald mehrere Mitgliedsstaaten berührt sind, hat ein unterschiedliches Kollisionsrecht Auswirkungen auf die Freizügigkeit innerhalb der EU. Die Kollisionsrechtsangleichung durch den Gemeinschaftsgesetzgeber für diese Sachverhalte fällt somit in die Kompetenz des europäischen Gesetzgebers[131]. Dennoch war der Binnenmarktbezug der Vereinheitlichung des Deliktskollisionsrechts ins-

126 *Mansel* in: ders. (Hrsg.), Systemwechsel, S. 6, 9; *ders.*, RabelsZ 70 (2006), 651, 658.

127 *Mansel* in: Arkan u.a. (Hrsg.), Prof. Dr. Tuğrul Ansay'a armağan (2006), S. 185, 191; *ders.*, RabelsZ 70 (2006), 651, 658 f.

128 So *Mansel* in: Arkan u.a. (Hrsg.), Prof. Dr. Tuğrul Ansay'a armağan (2006), S. 185, 192.

129 *Basedow* in: Baur/Mansel (Hrsg.), Systemwechsel, S. 19, 40 f.

130 Statt vieler speziell zur Rom II-VO: *Leible/Staudinger*, EuLF 2000/01, 225, 230.

131 *Basedow* in: Baur/Mansel (Hrsg.), Systemwechsel, S. 19, 40; *Dohrn*, Kompetenzen der EG im IPR, S. 125 f.

gesamt im Vereinigten Königreich angezweifelt worden[132]. Gerade bei den hier problematisierten rein innergemeinschaftlichen und gemischten Sachverhalten erscheint ein Binnenmarktbezug jedoch wie gezeigt ausreichend zu bestehen, und die Bedenken des House of Lords scheinen jedenfalls hier lediglich politisch motiviert zu sein.

Für die hier behandelten Sachverhaltstypen besteht damit nach richtiger Auffassung eine Regelungskompetenz des Verordnungsgebers.

Strittig ist hierbei dennoch die richtige Ermächtigungsgrundlage. Wie gezeigt will *Basedow* die Rechtsangleichung des Deliktskollisionsrechts auf Art. 95 EGV stützen[133]. Art. 65 trete daher als bloße Ergänzungskompetenz hinter Art. 95 EGV zurück.

Wie oben gezeigt ist dem jedoch nicht zu folgen. Richtigerweise ist daher Art. 61 lit. c i. V. m. Art. 65 lit. b EGV auch für den Erlass von einheitlichem Deliktskollisionsrecht anwendbar[134].

Zu Unterschieden bei den Anforderungen von Art. 65 und Art. 95 EGV gelangt auch Basedow im Ergebnis nicht, da er Art. 95 EGV – entgegen der herrschenden Ansicht – vertragskonform dahingehend auslegen will, dass Art. 95 EGV inhaltlich keine strengeren Voraussetzungen erfordert als Art. 65 EGV.

Im Ergebnis kommen die beiden Ansichten also zum gleichen Ergebnis. Es besteht für die Regelung von rein innergemeinschaftlichen als auch gemischten Sachverhalten mit Bezug zu mindestens zwei Mitgliedsländern nach ganz herrschender Meinung eine Kompetenz zum Erlass von kollisionsrechtsvereinheitlichenden Verordnungen.

(ii) Drittstaatensachverhalte

Ob die Ermächtigungsgrundlage auch die Regelung von Sachverhalten mit Bezug zu nur einem Mitgliedsstaat umfasst, ist hingegen sehr umstritten. Dass europäische Gerichte auf solche Drittstaatssachverhalte einheitliches Recht anwenden, scheint die Integration in den Binnenmarkt nicht zu beeinflussen. Durch die Regelung auch dieser Sachverhalte wird nicht das Miteinander der

---

132 So im sog. "Scott-Report" des European Union Committee des House of Lords, Eighth Report of Session 2003-04, The Rome II Regulation, Report with Evidence, House of Lords Paper 66, 2004, Paragraphs 50 ff., 93, 184 ff., abrufbar unter: http://www.publications.parlia ment.uk/pa/ld200304/ldselect/ldeucom/66/66.pdf.

133 *Basedow* in: Baur/Mansel (Hrsg.), Systemwechsel, S. 19, 40; so auch *Leible* in: Schulte-Nölke/Schulze, 353, 388 f., der diese Ansicht jedoch ausdrücklich aufgegeben hat: *Leible/Staudinger*, EuLF 2000/01, 225, 231 (Fn. 57).

134 So statt vieler etwa auch *Boele-Woelki/van Ooik*, Yearbook of PIL 2002, 1, 17; *Dickinson*, Journal of PIL 1 (2005), 197, 218; siehe im Rahmen der Literatur zur Rom II-VO: *Leible/Engel*, EuZW 2004, 7, 8; *Sonnentag*, ZVglRWiss 105 (2006), 256, 263; *Junker*, NJW 2007, 3675, 3677.

Mitgliedsstaaten, sondern das Nebeneinander aller beliebeigen Rechtsordnungen optimiert[135].

Ohne einen solchen Einfluss auf die Integration in den Binnenmarkt ist auch keine Erforderlichkeit für ein reibungsloses Funktionieren des Binnenmarktes denkbar.

Mangels einer ausreichenden Binnenmarktrelevanz bietet Art. 65 EGV aus Sicht von *v. Hoffmann*[136] und *Remien*[137] daher auch keine ausreichende Ermächtigungsgrundlage zur Regelung von Drittstaatssachverhalten[138]. Für diese Ansicht spreche neben dem Wortlaut auch die Entstehung des Art. 65 EGV. Vor der Vergemeinschaftung der justiziellen Zusammenarbeit in Zivilsachen forderte der jetzt in Art. 65 EGV überführte Art. K 1 Nr. 6 EUV für Maßnahmen der justiziellen Zusammenarbeit ein gemeinsames Interesse. Ein solches gemeinsames Interesse bestehe jedoch nur an der Regelung von Sachverhalten mit Bezug zu mindestens zwei Mitgliedsstaaten.

Diesem Ergebnis widerspricht *Basedow* und erklärt die mögliche Beeinträchtigung des reibungslosen Funktionierens des Binnenmarktes, indem er eine Unterscheidbarkeit von gemischten und Drittstaatssachverhalten bestreitet. Aus Sicht *Basedows* ist eine Unterscheidung schon deshalb nicht möglich, weil sich Bezüge zu anderen Mitgliedsstaaten auch nach dem Eintritt des rechtlich relevanten Ereignisses durch ein entsprechendes Verhalten der Beteiligten, etwa durch spätere Wohnsitzwechsel einer Partei und Schaffung eines neuen Forums, ergeben können[139]. Der Zweck der Schaffung von Rechtssicherheit wäre somit bei Aufteilung in nationales und gemeinschaftliches Kollisionsrecht untergraben[140].

Aus diesem Grund dient eine Regelung von Sachverhalten, welche (noch) keinen ausreichenden Binnenmarktbezug aufweisen, zumindest potentiell dem reibungslosen Funktionieren dieses Binnenmarktes.

Die Kommission[141] argumentierte im Rahmen des Erlasses der Rom II-VO hingegen ebenso wie die überwiegende Lehre[142] für einen hinreichenden Binnenmarktbezug bei der Regelung von Drittstaatssachverhalten mit der EU-weiten

---

135 *Grundmann*, RabelsZ 67 (2003), 246, 254.

136 *v. Hoffmann, in: ders. (Hrsg.), European Private International Law, S. 19, 32 ff. (dort insb. Rn. 35).*

137 *Remien*, CMLR 38 (2001), 53, 75.

138 So auch *Jayme* in: Mansel, Vergemeinschaftung, S. 31, 35; *Dickinson*, Journal of PIL 1 (2005), 197, 220 ff.; kritisch auch *Petch*, JIBLR 21 (2006), 449, 452.

139 *Basedow* in: Bauer/Mansel, Systemwechsel, S. 19, 41.

140 *Sonnenberger* in: MüKo, Art. 42 EGBGB, Rn. 169.

141 KOM(2003) 427, S. 12.

142 *Mansel* in: Jayme (Hrsg.), Kulturelle Identität und IPR, S. 119, 144 f.; *Garcimartín Alférez*, EuLF 2007, I-77, I-78; *Leible/Engel*, EuZW 2004, 7, 9; *Leible/Staudinger*, EuLF 2000/2001, 225, 230; *Sonnentag*, ZvglRWiss 105 (2006), 256, 263; *Basedow* in: Rauscher/Mansel (Hrsg.), FS für Lorenz (2001), S. 463, 471; zum Problem im Rahmen einer Verordnung für das Kollisionsrecht der vertraglichen Ansprüche (Rom I-VO) vgl. *A. Staudinger*, AnwBl 2008, 8.

Anerkennung und Vollstreckung von Urteilen aus anderen Mitgliedsstaaten im Rahmen der EuGVO.

Zwar finde die EuGVO gem. Art. 2 Abs. 1 EuGVO nur dann Anwendung, wenn der Beklagte seinen Wohnsitz im Hoheitsgebiet eines Mitgliedsstaates hat, mithin ein Binnenmarktbezug vorliegt. Jedoch ist jedes in den Anwendungsbereich der EuGVO fallende Urteil eines Gerichts in einem Drittstaatssachverhalt, bei dem der Richter das durch autonomes Kollisionsrecht berufene Recht anwendet, über die EuGVO grundsätzlich in allen Mitgliedsstaaten vereinfacht vollstreckbar. Durch diese Titelfreizügigkeit bestehe immer die Gefahr von binnenweiter Rechtsungleichheit, selbst wenn der ursprüngliche Sachverhalt nur Bezug zu einem Mitgliedsstaat hatte.

Dieser stets mögliche Binnenmarktbezug begründe daher die Kompetenz der EG nach Art. 65 EGV.

Für dieses Argument spricht, dass die Titelfreizügigkeit durch Erlass der EuGVO noch ausgeweitet wurde, indem die Anerkennungsprüfung im Rahmen der Vollstreckung eines mitgliedstaatlichen Urteils weggefallen ist. Während das EuGVÜ in Art. 34 i. V. m. 27, Nr. 1 noch eine richterliche ordre-public-Kontrolle vorsah, findet eine solche Kontrolle nach der EuGVO nur noch im Rechtsbehelfsverfahren statt, Art. 43 EuGVO[143].

Mit den genannten Argumenten ließe sich andererseits in jedem Sachverhalt ein Gemeinschaftsbezug konstruieren. *Remien* hat gegen das Argument Basedows, jeder Sachverhalt hätte einen zumindest möglichen Binnenmarktbezug, daher auch eingewandt, dieses Argument konstruiere auch bei rein inländischen Sachverhalten einen Binnenmarktbezug, so dass das Erfordernis der „grenzüberschreitenden Bezüge" aus Art. 65 EGV mit dieser Argumentation leer laufe[144]. Eine Gemeinschaftskompetenz zur Regelung von rein innerstaatlichen Sachverhalten solle aber eindeutig nicht bestehen.

Rein innerstaatliche Sachverhalte werden jedoch bereits deswegen nicht von der Ermächtigung aus Art. 65 EGV erfasst, weil Kollisionsnormen naturgemäß nur auf grenzüberschreitende Sachverhalte anwendbar sind. Das Erfordernis der grenzüberschreitenden Bezüge hat folglich nur klarstellende Funktion. Eine Auslegungsgrenze bezüglich der Binnenmarktrelevanz lässt sich hieraus nicht ableiten.

Wie gezeigt stellt sich diese Frage der Regelungskompetenz auch im Rahmen der verabschiedeten Rom I-VO bezüglich Art. 2 Rom I-VO. Diese ist ebenfalls als *loi uniforme* ausgestaltet.[145]

143 Vgl. hierzu ausführlich *Kohler* in: Baur/Mansel (Hrsg.), Systemwechsel, S. 147, 150 ff.

144 *Remien*, CMLR 38 (2001), 53, 77; so zum Argument der Schaffung von Rechtssicherheit auch *Dickinson*, Journal of PIL 1 (2005), 197, 222.

145 Die gleichlautende Vorgängernorm von Art. 2 Rom I-VO, Art. 2 EVÜ, bereitet jedoch keine Kompetenzprobleme, da die Übernahme der EVÜ-Regelungen als staatsvertragliche Regelun-

Die bereits auf Art. 61, 65 EGV als Ermächtigungsgrundlage gestützte EuGVO ist hingegen gem. Art. 2 Abs. 1 EuGVO nur auf Klagen anwendbar, bei denen der Beklagte seinen Wohnsitz in einem Mitgliedsstaat hat. Liegt der Wohnsitz des Beklagten in einem Drittstaat, so findet gem. Art. 4 Abs. 1 EuGVO das nationale internationale Verfahrensrecht Anwendung. Von dem strengen Erfordernis eines Binnenmarktbezugs in Form des Beklagtenwohnsitzes in einem Mitgliedsstaat gibt es jedoch auch hier Ausnahmen. So kann der Binnenmarktbezug gem. Art. 22 oder 23 Abs. 3 EuGVO auch in einer ausschließlichen Zuständigkeit oder einer Prorogation der Zuständigkeit eines Gerichts eines Mitgliedsstaats liegen. Als einziger gemeinschaftlicher Binnenbezug reicht also auch die Vereinbarung der Zuständigkeit eines Gerichts eines Mitgliedsstaates. Selbst wenn keine der Parteien ihren Wohnsitz in einem Vertragsstaats hat, bindet gem. Art. 23 Abs. 3 EuGVO die Wahl der Parteien der Zuständigkeit eines Gerichts eines Mitgliedsstaates die Gerichte anderer Mitgliedsstaaten und zwingt sie, die Zuständigkeitswahl zu respektieren.

Darüber hinaus war lange in der Literatur umstritten, ob eine ungeschriebene Voraussetzung der Anwendbarkeit des EuGVÜ, das jedoch als Staatsvertragsrecht nicht auf Art. 65 EGV gestützt wurde, das Vorliegen eines gemeinschaftlichen Binnenbezugs sein sollte. Danach sollte das EuGVÜ nur anwendbar sein, sofern der Sachverhalt einen Bezug zu mindestens zwei Vertragsstaaten aufweisen konnte. Wie dargelegt ließ der Vertragswortlaut hingegen einen Bezug zu lediglich einem Vertragsstaat ausreichen. Dem hat der EuGH widersprochen und klargestellt, dass nach dem Grundsatz des *actor sequitur forum rei* der Beklagtenwohnsitz in einem Vertragsstaat als den Anwendungsbereich eröffnender Binnenmarktbezug ausreicht[146]. Die Beseitigung von Hindernissen, die allein aus der Unterschiedlichkeit der nationalen rechtlichen Regelung folgen, reiche als solche als Bezug zum Funktionieren des Binnenmarktes aus[147]. Eine Beschränkung der Anwendung auf Sachverhalte mit Beug zu mindestens zwei Mitgliedsstaaten hat er für nicht gefordert.

Verallgemeinert man dieses Urteil auf einen grundsätzlichen Binnenmarktbezug, so bedeutet dies, dass dieser auch bei Drittstaatssachverhalten vorliegt[148].

---

gen gerade Ausfluss der staatlichen Souveränität sind, und die Souveränität nicht von übergeordneter Seite beschnitten wird, vgl. *Carruthers/Crawford*, Edin LR 9 (2005), 65, 69.

146 EuGH – Rs. C-412/98 (13.07.2000), Group Josi, Slg. 2000, I-5952, Rn. 60; zuletzt EuGH – Rs. C-281/02 (01.03.2005), Owusu ./. Jackson, EuZW 2005, 345; so auch *Kropholler*, EZPR, vor Art. 2 EGBGB, Rn. 8; *Leible/Staudinger*, EuLF 2000/2001, 225, 231.

147 EuGH – Rs. C-281/02 (01.03.2005), Owusu ./. Jackson, EuZW 2005, 345, 347.

148 So die verallgemeinernde Auslegung von *Jayme/Kohler*, IPRax 2005, 481; das Urteil ist daher eine Abkehr von den zu Art. 95 EGV aufgestellten Grundsätzen des sog. Tabak-Urteils (siehe oben Fn. 105); so auch *Mansel* in: Arkan u.a. (Hrsg.), Prof. Dr. Tuğrul Ansay'a armağan, S. 185, 195: „Wendet man diesen allgemein formulierten Maßstab ebenso auf Art.65EG an, was

Schließlich könnte sich eine Regelungskompetenz der EG noch aus der vom EuGH entwickelten sog. AETR-Lehre[149] ergeben, nach der die Gemeinschaft eine implizierte Außenkompetenz zur Regelung von Bereichen hat, für die eine Innenkompetenz besteht. Eine solche Kompetenz bestünde jedoch nur zum Abschluss völkerrechtlicher Verträge.

Ob Art. 65 EGV also tatsächlich zur Regelung jedes grenzüberschreitenden Sachverhalts ermächtigt beleibt ferner aus einem anderen Grund unklar. In der *loi uniforme*-Ausgestaltung der Rom II-VO zeigt sich das Verständnis der Kommission, nachdem jeder denkbare grenzüberschreitende Sachverhalt aus Sicht der Kommission Binnenmarktbezug aufweisen kann, und damit letztlich bereits Binnenmarktbezug aufweist. Die Voraussetzungen des Art. 65 EGV werden durch eine solche weite Auslegung verwässert[150]. Ob dies mit der erforderlichen engen Auslegung der Ermächtigungsgrundlagen, welche sich aus dem Prinzip der begrenzten Einzelermächtigung ergibt, vereinbar ist, erscheint fraglich.

b) Ergebnis

Es bleibt festzuhalten, dass die Vereinheitlichung des Rechts und auch des Kollisionsrechts der Mitgliedsstaaten für sich genommen unstreitig Binnenmarktrelevanz entfalten kann, da die gewonnene Rechtssicherheit das unbegrenzte Ausüben der Freizügigkeit erlaubt. Durch die *loi uniforme*-Gestaltung erhöht sich diese Rechtssicherheit, da der Anwendungsbereich der Verordnung und somit die Rechtsvereinheitlichung wächst.

Die Rechtsvereinheitlichung des Kollisionsrechts für Binnen- und gemischte Sachverhalte ist unstreitig von der Ermächtigung aus Art. 61 lit. c i.V.m. Art. 65 lit. b EGV umfasst.

Aber auch für Drittstaatssachverhalte kann ein hinreichender Binnenmarktbezug begründet werden.

Deutlich wird dies auch in folgendem Beispiel: Das Deliktskollisionsrechts kann auch bei der Verlegung des Sitzes eines lediglich Nicht-EU-Staaten beliefernden Unternehmens eine Rolle in der Planung spielen[151]. Die rechtlichen Aus-

---

die Art der Formulierung des Urteils nahe legt, dann gewährt Art. 65 EG auch Gemeinschaftskompetenz für den Erlass von Kollisionsnormen mit universellem räumlichen Anknüpfungsbereich".

149 Entwickelt im Urteil: EuGH – Rs. 22/70 (31.03.1971), AETR, Slg. 1971, 263; hierin bejahte der EuGH konkret die Kompetenz der EG zum Abschluss des europäischen Übereinkommens über die Arbeit der Fahrzeugbesatzungen im internationalen Straßenverkehr (AETR-Übereinkommen).

150 *Remien*, CMLR 38 (2001), 53, 76.

151 Dieses Beispiel gebrauchen *Leible/Staudinger*, EuLF 2000/2001, 225, 230.

wirkungen einer Verlegung des Sitzes innerhalb der EU werden so berechenbarer. Die *loi uniforme*-Gestaltung baut in diesem Fall Hindernisse ab, die das Ausüben er Grundfreiheiten behindern, und kann somit Binnenmarktrelevanz entfalten.

Ein Binnenmarktbezug ist somit neben den oben angesprochenen Argumenten von *Basedow* und der Kommission denkbar. Ob ein solcher möglicher Binnenmarktbezug ausreicht, um im Sinne des Art. 65 EGV „für das reibungslose Funktionieren des Binnenmarktes erforderlich" zu sein, ist jedoch weiterhin fraglich, da er das Erfordernis der Binnenmarktrelevanz bedeutungslos werden lässt.

Rechtspolitisch ist die Frage jedenfalls zu Gunsten der weiten Auslegung entschieden. Dies gilt zumindest, bis der EuGH der Auslegung des Gemeinschaftsgesetzgebers gegebenenfalls entgegentritt[152].

Im Ergebnis ist die *loi uniforme*-Fassung der Rom II-VO aus rein tatsächlichen Gründen zu begrüßen – und überwiegend auch begrüßt worden[153].

Insbesondere dem in der vorliegenden Arbeit behandelten Problembereich der Bestimmung des anwendbaren Rechts bei reinen Vermögensschäden würde eine einseitig-gemeinschaftsrechtliche Kollisionsrechtsordnung der Beweglichkeit des Vermögens auf dem globalen Finanzmarktes nicht gerecht[154].

Darüber hinaus wird die Kollisionsrechtsanwendung erheblich vereinfacht, da die Abgrenzung zwischen Sachverhalten mit und ohne ausreichenden Binnenmarktbezug umgangen wird. Eine Aufteilung des internationalen Deliktsrechts in eines für innergemeinschaftliche und eines für Drittstaatssachverhalte hätte zu enormen Schwierigkeiten bei der Findung des anwendbaren Rechts geführt. Richter mit geringer Erfahrung und Kenntnis bei der Anwendung des IPR hätten gerade bei Unterscheidung zwischen rein innergemeinschaftlichen, gemischten und reinen Drittstaatssachverhalten Probleme[155]. Man bräuchte letztlich eine Metakollisionsregel, welche die Sachverhalte trennt und besagt, wann welcher Sachverhaltstyp vorliegt[156].

---

152 *Wilderspin* in: Baur/Mansel (Hrsg.), Systemwechsel, S. 77, 87; Rechtsfolge wäre dann die Unwirksamkeit der Verordnung, siehe EuGH, Les Verts ./. European Parliament [1986] E.C.R., 1339, 1372; der EuGH war jedoch in der Vergangenheit die EG-Kompetenzen weit ausgelegt, so *Schermers/Waelbroeck*, Judicial Protection, S. 373.

153 *Fuchs*, GPR 2003/2004, 100, 101; *Sonnentag*, ZVglRWiss 105 (2006), 256, 263; *Junker* NJW 2007, 3675, 3677.

154 So zur Kollisionsrechtsordnung für den Kapitalmarkt *Kreuzer* in: Baetge u.a. (Hrsg.), FS für Kropholler (2008), S. 129, 147.

155 So Hamburg Group for Private International Law, RabelsZ 67 (2003), 1, 3; *Garcimartín Alférez*, EuLF 2007, I-77, I-78; *Sonnentag*, ZVglRWiss 105 (2006), 256, 263; *Carruthers/Crawford*, Edin LR 9 (2005), 65, 70.

156 Varianten einer solchen Regelung hat das britische Department for Constitutional Affairs (heute: Ministry of Justice) des House of Commons 2005 in seinem Änderungsvorschlag für die Rom II-VO aufgezeigt: Möglichkeit 1: Die Verordnung solle dann nicht gelten, wenn sich die einzige Verbindung zur Europäischen Gemeinschaft aus der Zuständigkeitsvereinbarung zur

Der Verlust der jeweiligen nationalen staatlichen Regelungsmacht steht dennoch mit Art. 65 EGV auf rechtlich und mit dem angesprochenen[157] Demokratiedefizit der Europäischen Gesetzgebung auch auf rechtspolitisch fraglichen Füßen.

Die tatsächlichen Vorteile der *loi uniforme*-Gestaltung sind jedoch erheblich. Die dogmatischen Probleme der Kompetenzbegründung sind dagegen hinzunehmen. Eine Alternative zur *loi uniforme*-Lösung mit vergleichbaren praktischen Vorteilen besteht nicht.

Das uneingeschränkte Festhalten an einer nationalen Regelungskompetenz für Drittstaatssachverhalte kann daher zwar rechtspolitisch motiviert[158] legitimiert sein, die Rechtsanwendung würde so aber erheblich erschwert.

Schließlich haben auch die europäischen Vertragsherren auf die Zweifel an der Kompetenz reagiert und den Vertragstext in Art. 65 EGV durch den Vertrag von Lissabon weiter gefasst[159]. Nach dessen Artikel 2, 66) wird Art. 65 EGV[160] erheblich geändert und die Anforderungen an eine Kollisionsvereinheitlichung begrifflich abgemildert. Hiernach muss eine Maßnahme des Gemeinschaftsgesetzgebers nur noch auf dem Grundsatz der gegenseitigen Anerkennung gerichtlicher und außergerichtlicher Entscheidungen beruhen. Die Kompetenz soll nicht mehr nur Maßnahmen umfassen „soweit sie für das reibungslose Funktionieren

---

Wahl eines Gerichts in einem Mitgliedstaat ergibt, und keine der Parteien des Rechtsstreits ihren Wohnsitz in einem Mitgliedstaats hat. Möglichkeit 2: Die Verordnung gilt nicht in Fällen, in denen ein Gericht in einem Mitgliedstaat seine internationale Zuständigkeit allein auf der Grundlage seiner innerstaatlichen und nicht gemeinschaftsrechtlichen Zuständigkeitsvorschriften begründet hat. Also gelte hiernach die Rom II-VO nur dann, wenn auch die EuGVO keine Anwendung finde. Schließlich hat das Department for Constitutional Affairs jedoch auch die loi uniforme-Gestaltung als mit dem EGV vereinbare Lösung bezeichnet. Siehe Twelfth Report of Session 2004-05, Report 4, Law applicable to non-contractual obligations, S. 15 f., abrufbar unter: http://www.publications.parliament.uk/pa/cm200405/ cmselect/cmeuleg/38-xii/38-xii.pdf.

157 Siehe Fn. 96.

158 Dies zeigt die ablehnende Haltung des House of Lords des Vereinigten Königreichs aus „both legal (vires) and policy (external competence) reasons“, im "Scott-Report" (siehe hierzu oben Fn. 132) S. 30 (Par. 93).

159 Zum Inkrafttreten des Vertrages bedurfte es einer Ratifizierung durch alle Mitgliedsstaaten. Am 13. November 2009 wurde als letzte der 27 Urkunden die tschechische Ratifikationsurkunde bei der italienischen Regierung hinterlegt. Der Reformvertrag tritt damit am 1. Dezember 2009 in Kraft. In Deutschland hat das Bundesverfassungsgericht die grundsätzliche Verfassungsmäßigkeit des deutschen Zustimmungsgesetztes am 30. Juni 2009 bestätigt, BVerfG, EuZW 2009, 552 ff.

160 Der Titel „Vertrag zur Gründung der Europäischen Gemeinschaft (EGV)“ wird gem. Art. 2, 1) des Lissabon-Vertrages in „Vertrag über die Arbeitsweise der Europäischen Union“ geändert. Die Europäische Gemeinschaft wird als Rechtssubjekt mit der bisherigen Europäischen Union verschmolzen und besteht als einheitliches Rechtssubjekt mit dem Titel Europäische Union weiter.

des Binnenmarktes erforderlich sind“ (so Art. 65 EGV-Amsterdam)[161], sondern „insbesondere“ wenn sie „für das reibungslose Funktionieren des Binnenmarktes erforderlich“ sind (so Art. 65 EUAV-Lissabon). Die gewählte weite Fassung lässt darauf schließen, dass es gerade darum ging, die während der Verhandlungen zum Vertrag von Lissabon noch im Gesetzgebungsverfahren befindlichen Rom I- und Rom II-Verordnungen von der Kompetenz aus Art. 65 EGV zu umfassen[162]. Nach dem oben aufgezeigten Verständnis der Kompetenz aus dem Art. 65 EGV (Amsterdam) vollziehen hier die Mitgliedsstaaten als Herren der Verträge nur eine begriffliche Änderung, die bereits der oben gefundenen Auslegung des Art. 65 EGV in der Fassung des Vertrags von Amsterdam entspricht. Die Änderung wird jedoch auch als Eingeständnis gesehen, dass es unter bisherigem Recht zumindest zweifelhaft, wenn nicht sogar unmöglich war, den Erlass von *loi uniforme* unter Art. 65 lit. b EGV zu subsumieren, was jedoch durch eine Vertragsänderung verschleiert werden sollte, die den Anschein einer reinen Änderung der Begrifflichkeit hat[163].

Nach richtigem Verständnis ist die Änderung jedoch tatsächlich eine rein begriffliche, welche die Auslegung erleichtert. Der Erlass der Rom II-VO ist bereits jetzt von der Kompetenz des Gemeinschaftsgesetzgebers umfasst.

5. Konkurrenz zu anderen Rechtsakten

Durch den weiten Anwendungsbereich stellt sich verstärkt die Frage des Verhältnisses der Rom II-VO zu anderen Rechtsquellen mit Kollisionsnormen.

Als supranationales Europarecht genießt die Rom II-VO Anwendungsvorrang vor dem nationalen Kollisionsrecht der EU-Mitgliedstaaten mit Ausnahme Dänemarks[164]. Der dies bereits vorher allgemein klarstellende Art. 3 EGBGB wurde im Hinblick auf die Rom I- und Rom II-VO in Art. 3, Nr. 1 EGBGB konkretisiert[165].

161 Der Name des EGV wird durch den Vertrag von Lissabon in „Vertrag über die Arbeitsweise der Europäischen Union (EUAV)“ geändert. Die EG wird danach nicht mehr als eigenständige Institution bestehen. Ihre Funktionen werden von der EU übernommen.

162 *Heuzé*, JCP 30 (2008), I 166 (Nr. 8).

163 So *Heuzé*, JCP 30 (2008), I 166 (Nr. 8): „C'est pourquoi, usant de la méthode même que George Orwell décrivait dans *La ferme des animaux*, ils ont considéré qu'en procédant à de simples retouches du texte actuel, ils parviendraient à convaincre, ou se donneraient en tout cas le moyen de soutenir, que le traité de Lisbonne se borne à améliorer *l'expression* d'une règle dont le *sens* n'aurait pas varié depuis le traité d'Amsterdam“.

164 *Ruffert* in: Callies/Ruffert Art. 249 EGV, RN. 22.

165 Siehe das Gesetz zur Anpassung der Vorschriften des Internationalen Privatrechts an die Verordnung (EG) Nr. 864/2007 (Rom II-Verordnung), BT-Drs. 16/9995; im Vereinigten Königreich erfolgt die Anpassung durch die The Law Applicable to Non-Contractual Obliga-

Das Verhältnis zu anderem supranationalem Recht oder internationalen Übereinkommen bedarf jedoch einer Erläuterung.

a) Verhältnis zu sonstigem Gemeinschaftsrecht

Das Verhältnis zu anderen supranationalen Vorschriften des EU-Rechts ist in der Rom II-VO selbst geregelt.

Gem. Art. 27 ROM II-VO sind Gemeinschaftsrechtsvorschriften für besondere Gegenstände mit Kollisionsnormen für außervertragliche Schuldverhältnisse als *leges speziales* vorrangig.

Gem. Erwägungsgrund Nr. 35 genießen solche Rechtsakte Vorrang, „die Bestimmungen enthalten, die zum reibungslosen Funktionieren des Binnenmarktes beitragen sollen, soweit sie nicht in Verbindung mit dem Recht angewendet werden können, auf das die Regeln dieser Verordnung verweisen".

Ferner stellt Erwägungsgrund Nr. 35 klar, dass bei der Schaffung von Art. 27 Rom II-VO vor allem an die E-Commerce-Richtlinie[166] und das in ihr verwendete Herkunftslandprinzip gedacht wurde, über dessen kollisionsrechtlichen Gehalt jedoch heftig gestritten wird.

Die E-Commerce-Richtlinie von 2000 dient der Vereinfachung des grenzüberschreitenden elektronischen Geschäftsverkehrs im Binnenmarkt[167]. Für die vorliegend behandelte Frage der Anknüpfung von reinen Vermögensschäden ist die Frage des Verhältnisses der Rom II-VO zur E-Commerce-Richtlinie dabei besonders relevant. Die Delikte, welche zu reinen Vermögensschäden führen, sind häufig Auskunftsdelikte, also solche, bei denen die deliktische Handlung in einer falschen Auskunft liegt. Werden für solche Auskünfte modernen Kommunikationsmitteln verwendet, und wird die falsche Auskunft im Rahmen des Fernabsatzes – etwa der Anlageberatung – erteilt, so stellt sich die Frage des Konkurrenzverhältnisses.

---

tions (England and Wales and Northern Ireland) Regulations 2008, Statutory Instruments 2008 No. 2986.

166 Richtlinie 2000/31/EG vom 8. 6. 2000 über bestimmte rechtliche Aspekte der Dienste der Informationsgesellschaft, insbesondere des elektronischen Geschäftsverkehrs im Binnenmarkt, ABl.EG 2000 NR. L 178, S. 1; Umsetzung durch die Änderung des Gesetzes über die Nutzung von Telediensten (im Folgenden Teledienstgesetz), BGBl. I S. 1870, Ab 01.01.2009 im Telemediengesetz von 2007 aufgegangen (BGBl. I S. 179).

167 Gem. Art. 1 Abs. 1 E-Commerce-Richtlinie soll der freie „Verkehr von Diensten der Informationsgesellschaft zwischen den Mitgliedstaaten" sichergestellt werden. „Dienste der Informationsgesellschaft" umfasst dabei „jede in der Regel gegen Entgelt elektronisch im Fernabsatz und auf individuellen Abruf eines Empfängers erbrachte Dienstleistung" Art. 2 lit. a E-Commerce-Richtlinie i.V.m. Art. 1 Nr. 2 Richtlinie 98/34/EG in der Fassung der Richtlinie 98/48/EG.

Für den elektronischen Waren- und Dienstleistungsverkehr ist in Art. 3 der E-Commerce-Richtlinie[168] ein Herkunftslandprinzip normiert. Die Frage, ob das Herkunftslandprinzip hier jedoch auch als Kollisionsregel verstanden werden kann, nach der die aus elektronischem Waren- und Dienstleistungsverkehr resultierenden Schuldverhältnisse nach dem Privatrecht des Herkunftslandes zu beurteilen sind, hat in der deutschen Rechtswissenschaft zu einem heftigen Streit geführt[169].

Die Regelung des Art. 3 E-Commerce-Richtlinie war schon während des Gesetzgebungsverfahrens umstritten[170]. Als Kompromiss wurde Art. 1 Abs. 4 in die E-Commerce-Richtlinie eingeführt[171], wonach die Richtlinie keine „zusätzliche Regeln im Bereich des internationalen Privatrechts“ schaffe.

Auf Grund dieser Regelung wird überwiegend von einem rein sachrechtlichen Regelungsgehalt des Art. 3 ausgegangen[172]. Das Herkunftslandprinzip der E-Commerce-Richtlinie stelle hiernach eine reine sachrechtliche Rechtsanwendungsschranke dar, wonach lediglich die Anwendung europarechtswidriger Regelungen verboten sei. Das Herkunftslandprinzip der E-Commerce-Richtline sei insofern lediglich eine gesetzliche Normierung der Cassis-Rechtsprechung des EuGH zu den Grundfreiheiten.

Allerdings kollidiert diese Festlegung mit dem Inhalt von Art. 3 der E-Commerce-Richtlinie. Daher wird trotz dieses zwar ausdrücklichen und grundsätzlich von den Mitgliedsstaaten zu beachtenden Gemeinschaftsrechts vorgebracht, Art. 1 Abs. 4 der E-Commerce-Richtlinie sei unbeachtlich, da es dem Gemeinschaftsgesetzgeber an ausreichend kollisionsrechtlichem Sachverstand fehle. Vielmehr verpflichte Art. 3 die Mitgliedsstaaten, ihr Kollisionsrecht dahingehend zu ändern, dass im Rahmen des Anwendungsbereichs der Richtlinie an den Niederlassungsort anzuknüpfen sei[173]. Nur so erziele Art. 3 der Richtlinie die vom Richtliniengeber gewollte Wirkung.

---

168 Abs. 1: „Jeder Mitgliedstaat trägt dafür Sorge, dass die Dienste der Informationsgesellschaft, die von einem in seinem Hoheitsgebiet niedergelassenen Diensteanbieter erbracht werden, den in diesem Mitgliedstaat geltenden innerstaatlichen Vorschriften entsprechen, die in den koordinierten Bereich fallen.“; Abs. 2: „Die Mitgliedstaaten dürfen den freien Verkehr von Diensten der Informationsgesellschaft aus einem anderen Mitgliedstaat nicht aus Gründen einschränken, die in den koordinierten Bereich fallen.“; in Deutschland umgesetzt in § 3 Abs. 1 und 2 Telemediengesetz.

169 Dies bejahend: *Mankowski*, IPRax 2002, 257 ff.; ders. ZvglRWiss 100 (2001), 137 ff.; so auch *Thünken*, ICLQ 2002, 909, 940.

170 *Spindler*, ZRP 2001, 203, 204.

171 In Deutschland umgesetzt durch § 2 Abs. 6 Teledienstegesetz.

172 Statt vieler, *Wilderspin* in: Baur/Mansel (Hrsg.), Systemwechsel, S. 77, 85; *Spindler* in: Baur/Mansel (Hrsg.), Systemwechsel, S. 107, 110 ff; *ders.*, MMR 1999, 199, 206.

173 *Kegel/Schurig*, IPR, 682, *Mankowski*, ZVglRwiss 100 (2001),137 ff.; allerdings fehlt der Richtlinie ein Umsetzungsbefehl bezüglich der Änderung des nationalen Kollisionsrechts, Thünken IPRax 2001, 15, 19.

Für einen kollisionsrechtlichen Gehalt der Richtlinie spricht möglicherweise auch die Berücksichtigung der Richtlinie im Rahmen des Erlasses der Rom II-VO. Wie oben[174] dargelegt, dachte der Gemeinschaftsgesetzgeber ausdrücklich an die Regelungen der E-Commerce-Richtlinie, als er das Verhältnis der Rom II-VO zu bestehendem sekundärrechtlichem Gemeinschaftskollisionsrecht regelte.

Andererseits sieht die Rom II-VO an keinem Punkt eine reine Herkunftslandanknüpfung vor.

Diese Frage lässt die Rom II-VO offen, und sie ist davon unabhängig zu beantworten. Die Erwähnung in der Rom II-VO bezieht sich wohl nur auf die noch andauernde Debatte zu Art. 3 der E-Commerce-Richtlinie[175]. Als Instrument der Vereinheitlichung des europäischen Kollisionsrechts hat der Gesetzgeber allerdings die Rom II-VO gewählt.

Im Kommissionsentwurf von 2003 war neben dem jetzt in Art. 27 Rom II-VO gefundenen Normtext in dessen Art. 23 Abs. 2 noch der Versuch einer speziellen Regelung für Rechtsakte vorgesehen, welche den Binnenmarkt im Bereich des freien Waren- und Dienstleistungsverkehrs regeln und vom Grundsatz der gegenseitigen Anerkennung und des Herkunftslandprinzips geprägt sind. Auch diese Regelung bezog sich im Wesentlichen auf die genannte E-Commerce-Richtlinie und wurde auf Grund der unverständlichen Formulierung, welche den Zweck einer Konkurrenzregelung nicht erkennen ließ, heftig kritisiert[176].

Auch der Kommissionsentwurf von 2006 enthielt in seinem Art. 3 lit. d eine ähnliche, jedoch noch offener formulierte Regelung, nach der Gemeinschaftsrechtsakte Vorrang genießen, die „Bestimmungen zur Förderung des reibungslosen Funktionierens des Binnenmarkts vorschreiben, soweit diese Bestimmungen nicht gemeinsam auf das durch das internationale Privatrecht bezeichnete Recht Anwendung finden können".

Allerdings sind annähernd alle Rechtsakte von der Schaffung des freien Binnenmarktes geprägt, so dass der Anwendungsbereich auch dieser Konkurrenzregel nicht klar formuliert war[177].

Gleichzeitig wird auch der Erlass der Rom II-VO – wie gezeigt[178] – mit der Förderung eines funktionierenden Binnenmarktes gerechtfertigt. Dieser Widerspruch ist im endgültigen Rom II-VO-Text richtigerweise entfernt worden.

Die finale Regelung in Art. 27 Rom II-VO ist hingegen klarer und entspricht in etwa den Verbesserungsvorschlägen Kreuzers[179]. Die unklare Ausführung ist hingegen in die Erwägungsgründe verschoben worden.

---

174 Kapitel B.I.5.a).

175 So *Hörnle*, IJLIT 12 (2004), 333, 357.

176 *Kreuzer* in: Reichelt/Rechberger, 13, 56 f.; Hörnle, IJLIT 12 (2004), 333, 357.

177 *Michaels*, Journal of PIL 2 (2006), 195, 201.

178 Siehe oben: Kapitel B.I.5.

179 *Kreuzer* in: Reichelt/Rechberger, S. 13, 56 f.

Dennoch lässt sich hier an einer gelungenen Gesetzgebungskoordination zweifeln, da der Gemeinschaftsgesetzgeber in Art. 1, Abs. 4 der E-Commerce-Richtlinie ausdrücklich den kollisionsrechtlichen Gehalt dieser E-Commerce-Richtlinie ausgeschlossen hat. Letztlich drückt der Gemeinschaftsgesetzgeber in Art. 27 Rom II-VO wohl nur aus, nicht in die Diskussion zu Art. 3 der E-Commerce-Richtlinie eingreifen zu wollen[180].

b) Verhältnis zu internationalen Übereinkommen

Gem. Art. 28 Abs. 1 ROM II-VO sind Staatsabkommen auch einzelner Mitgliedsstaaten mit Drittstaaten selbst bei Vorliegen rein innergemeinschaftlicher Sachverhalte vorrangig anzuwenden.

Hauptanwendungsfälle dieser Konkurrenzregel sind das Haager Übereinkommen über das auf Straßenverkehrsunfälle anzuwendende Recht sowie das Übereinkommen über das auf Produkthaftung anzuwendende Recht. Letzterem ist Deutschland nicht beigetreten. Anwendung fand es hier also nur im Falle einer Gesamtverweisung auf einen Mitgliedsstaat.

Daneben gibt es noch weitere Übereinkommen mit Kollisionsregeln für außervertragliche Schuldverhältnisse in speziellen Rechtsgebieten wie etwa dem Nuklearrecht[181].

Der Kommissionsentwurf von 2003 regelte in Art. 25 jedenfalls vom Wortlaut her nur den Anwendungsvorrang von Übereinkommen, die alle EU-Mitgliedsstaaten (mit Ausnahme Dänemarks) unterzeichnet hatten. Dies ist jedoch bei den relevanten Fällen der Übereinkommen zu Straßenverkehrsunfällen und zur Produkthaftung nicht der Fall[182]. Sie wären mithin von der Rom II-VO verdrängt worden.

Das Ziel der Rom II-VO, eine Vereinheitlichung des Internationalen Privatrechts für außervertragliche Schuldverhältnisse zu erreichen, wird durch die jetzige eindeutige Formulierung in diesen Bereichen zwar leicht verfehlt, allerdings wären die Mitgliedsstaaten andernfalls zum Bruch der Staatsverträge gezwungen[183]. Daher gilt diese Ausnahme auch nur für Abkommen, die bereits vor An-

180 So etwa *Handig*, GRURInt 2008, 24, 31; *Stone*, EuLF 2004 (E), 215, 216 (zu Art. 23 Abs. 2 KOM(2003) 427): „It is evidently designed to reassure the e-commerce lobby, who have campaigned in favour of the absurd proposition that measures such as Directive 2000/31 on Electronic Commerce in some way affect judicial jurisdiction and choice of law in relation to claims under private law".

181 Siehe etwa Pariser Übereinkommen vom 29.07.1960.

182 Siehe für den jeweiligen Stand der Ratifikation: www.hcch.net.

183 Zwar gewährt das Straßenverkehrsübereinkommen gem. dessen Art. 15 selbst anderen Maßnahmen zur Vereinheitlichung Vorrang, jedoch nur zu speziellen. Die Rom II-VO, erst Recht ohne Spezialnorm für Verkehrsunfälle ist hierfür eine zu allgemeine Maßnahme; siehe hierzu *Thiede/Kellner*, VersR 2007, 1624, 1626.

nahme der Verordnung abgeschlossen worden. Seitdem fehlt den Mitgliedsstaaten faktisch die völkervertragliche Vertragsabschlusskompetenz im Bereich des Kollisionsrechts der außervertraglichen Schuldverhältnisse[184].

Gem. Art. 30 Abs. 1, lit. b Rom II-VO hat die Kommission bis spätestens 20.08.2011 einen Bericht über die Anwendung der Rom II-VO und insbesondere über die Auswirkungen von Art. 28 Rom II-VO und dem Vorrang des Haager Straßenverkehrsunfälle-Übereinkommen auf die Anwendung der Rom II-VO vorlegen[185].

Als Ergänzung hierzu ist jedoch noch das laut Erwägungsgrund Nr. 37 bestehende Vorhaben des Gemeinschaftsgesetzgebers zu erwähnen, ein Verfahren und die Bedingungen zu bestimmen, wonach in Ausnahmefällen auch noch nach Inkrafttreten der Rom II-VO entsprechende Übereinkommen mit Drittstaaten abgeschlossen werden können.

Fraglich ist ferner, ob eine Rechtswahl gem. Art. 14 Rom II-VO die Anwendbarkeit der beiden Haager Übereinkommen umgehen könnte.

Beide Übereinkommen schließen eine Rechtswahl zwar aus, dennoch war in der Rechtsprechung in Frankreich[186] und Österreich[187] eine solche Möglichkeit vor gesehen[188].

Sobald der Anwendungsbereich der Haager Übereinkommen eröffnet ist, sollte sich die Frage nach der Zulässigkeit einer Rechtswahl jedoch nicht mehr nach der Rom II-VO richten, da deren Anwendung verdrängt wird.

Darüber hinaus grenzt Art. 28 Abs. 2 Rom II-VO die Kollisionsrechtszersplitterung dadurch ein, dass auch bestehende innergemeinschaftliche Staatsverträge von der Rom II-VO verdrängt werden. Von dieser Ausnahme werden die oben genannten Haager Übereinkommen jedoch nicht berührt, weil jeweils auch Drittstaaten beteiligt sind.

Die Auswirkung der Kollisionsrechtszersplitterung in diesen Bereichen wird durch die in Art. 24 Rom II-VO vorgeschriebene Sachnormverweisung verstärkt[189], könnte zukünftig jedoch etwa durch eine Angleichung der Konventionstexte an das europäische Kollisionsrecht aufgehoben werden. Seit die EG am 03.04.2007 der Haager Konferenz für Internationales Privatrecht beigetreten ist, kann sie Einfluss nehmen[190].

184 *Briere*, Clunet 2008, 31, 34; *Garcimartín Alférez*, EuLF 2007, I-77, I-81; *Leible/Lehmann*, RIW 2007, 721, 735.

185 Die Kommission hat hierzu bereits erklärt, bis Ende 2008 eine Untersuchung über die „spezifischen Probleme" für Opfer eines Unfalls in einem fremden Staat vorzulegen, ABl.EG 2007, L 199/49; dies ist jedoch noch nicht geschehen.

186 Cour de cassation, Rev. crit. 1989, 68.

187 OGH ZfRV 1995, 212; 2003, 148.

188 Vgl. zum Problem der Zulässigkeit einer Rechtswahl im Anwendungsbereich der Haager Straßenverkehrsübereinkommen siehe *Hoyer*, ZfRV 1991, 341 ff.

189 Siehe hierzu unten B.III.1.

190 Dies wurde erst durch eine Satzungsänderung der Konferenz möglich, nach der ein Beitritt auch für Organisationen regionaler Wirtschaftsintegration möglich ist. Zuvor war der Beitritt

Andernfalls bleibt die in Art. 29 Abs. 1, S. 2 Rom II-VO erwähnte Möglichkeit, dass Mitgliedsstaaten das Übereinkommen kündigen. Die weitere Möglichkeit, dass alle Mitgliedsstaaten den Übereinkommen beitreten, schient vor dem Hintergrund, dass jeweils über 30 Jahre nach Erstunterzeichnung noch nicht alle Mitgliedsstaaten beigetreten sind, eher aussichtslos[191]. Hiergegen spricht schon die Tatsache, dass sich die Mitgliedsstaaten nicht auf eine Übernahme der Regelungen in die Rom II-VO einigen konnten und insbesondere eine im Parlamentsentwurf vorgeschlagenen Spezialregel für Straßenverkehrsunfälle nicht in die Rom II-VO übernommen wurde[192].

II. Anknüpfungsregeln

1. Rechtswahl, Art. 14

Die ROM II-VO gibt den Parteien des außervertraglichen Schuldverhältnisses die Möglichkeit, das anwendbare Recht zu wählen.

Eine solche getroffene Rechtswahl geht – sofern sie zulässig ist – allen anderen Anknüpfungen vor.

Die Rechtswahl muss ausdrücklich erfolgen oder sich mit hinreichender Sicherheit aus den Umständen des Falls ergeben, Art. 14 Abs. 1, S. 2 ROM II-VO. Gemäß Erwägungsgrund Nr. 31, S. 3 hat das Gericht hierbei den „Willen der Parteien zu achten“. Eine konkludente Rechtswahl der Parteien bleibt damit zwar weiterhin möglich, die dogmatisch fragwürdige[193] Annahme einer Wahl der *lex fori* allein in dem Argumentieren vor Gericht auf Grundlage der *lex fori* durch die Parteien[194] ist damit jedoch ausgeschlossen[195].

---

ausschließlich Staaten vorbehalten. Dies entsprach einer fehlenden Außenkompetenz der EG bis zum Inkrafttreten des Amsterdamer Vertrags. Siehe dazu ausführlich: *Bischoff*, ZeuP 2008, 334 ff.

191 *Kreuzer* in: Baetge u.a. (Hrsg.), FS für Kropholler (2008), S. 129, 145 f.

192 So *Kreuzer* a.a.O.; damit sei auch die Möglichkeit einer Rezeption durch EG-Verordnung unrealistisch.

193 Auf die dogmatischen Schwächen der geringen Voraussetzungen des BGH, eine Rechtswahl anzunehmen, hat vor allem *Schack*, NJW 1984, 2736, 2738 hingewiesen.

194 Zuletzt BGH v. 30. 10. 2008, NJW 2009, 1205, 1206.

195 *Kadner Graziano*, RabelsZ 73 (2009), 1, 6 f.; *Heiss/Loacker*, JBl 2007, 613, 623; *Spickhoff* in: Baetge u.a. (Hrsg.), FS für Kropholler (2008), S. 673, 683; da die Rom II-VO die Berücksichtigung des anwendbaren Rechts von Amts wegen jedoch nicht vorschreibt, führt etwa in England oder in Frankreich ein Parteivorbringen auf Grundlage allein der *lex fori* weiterhin zur Anwendung der lex fori, da hier eine Berücksichtigung von Amtswegen nicht vorgesehen ist, vgl. *Illmer*, C.J.Q. 28 (2009), 237, 252.

Zeitlich limitiert ist die Rechtswahl nur für Parteien, die keiner kommerziellen Tätigkeit nachgehen. Für sie ist die Rechtswahl nur nach Eintritt des schadensbegründenden Ereignisses, also der deliktischen Handlung[196], möglich – Art. 14 Abs. 1, S. 1, lit. a Rom II-VO. Hier folgt die Verordnung dem deutschen Gesetzgeber, der – zumindest dem Wortlaut nach – eine Rechtswahl für außervertragliche Schuldverhältnisse ausschließlich nach dem Eintritt des schadensbegründenden Ereignisses zulässt, Art. 42 EGBGB[197]. Hingegen sah das Kollisionsrecht des Vereinigten Königreichs keine Möglichkeit zur Rechtswahl vor[198].

Gehen die Parteien jedoch einer kommerziellen Tätigkeit nach, lässt die Rom II-Verordnung auch eine frei ausgehandelte vorherige Rechtswahl zu, Art. 14 Abs. 1, S. 1 b) Rom II-VO. Der Begriff der „frei ausgehandelte(n)" Rechtswahl taucht erstmals im Parlamentsentwurf auf. Als Gegenbeispiel wird darin die Rechtswahl in Allgemeinen Geschäftsbedingungen (*standard-form contracts*) genannt. Sehen die AGB's beider Parteien jedoch übereinstimmend die Wahl eines bestimmten Rechts vor, so ist diese als wirksam anzusehen, da der Schutzcharakter der Vorschrift hier nicht eingreift[199].

Im Kommissionsentwurf von 2003 war eine solche beschränkte Möglichkeit der vorherigen Rechtswahl noch nicht vorgesehen. Hier war die Parteiautonomie generell auf die *ex-post*-Rechtswahl beschränkt[200].

Der völlige Ausschluss einer *ex-ante*-Rechtswahl ist jedoch auch mit dem Argument des bezweckten Schutzes der „schwächeren Partei"[201] nicht ausreichend zu begründen. Auch bei vertraglichen Ansprüchen überwiegt in diesem Punkt die Parteiautonomie gegenüber der Schutzwürdigkeit der schwächeren Partei. Zu deren Schutz sieht die Rom II-VO bereits vor, dass eine *ex-ante*-Rechtswahl frei ausgehandelt wurde.

Wie in Erwägungsgrund Nr. 31 beschrieben, bewirkt die Zulassung einer *ex-ante*-Rechtswahl darüber hinaus auch die Erhöhung der Rechtssicherheit[202]. Die Einräumung einer solchen weiten Rechtswahlmöglichkeit dient schließlich auch dem gewollten Gleichlauf zwischen deliktischer und vertraglicher Haftung, da die Parteien häufig für beide Ansprüche dasselbe Recht wählen[203].

---

196 Siehe zu der Begriffserklärung unten: Kapitel B.II.4.a).

197 Zur Möglichkeit einer wirksamen vorherigen Rechtswahl durch Rechtsfortbildung *contra legem* siehe: *v. Hein*, RabelsZ 64 (2000), 595, 610 f.; *v. Hoffmann* in: Staudinger, Art. 42 EGBGB, Rn. 3ff.

198 *Briggs*, L.Q.R. 125 (2009), 191, 193 mit dem Hinweis, manche Richter hätten eine Rechtswahl der Parteien dennoch bei der Bestimmung des anwendbaren Rechts verwendet.

199 *Kadner Graziano*, RabelsZ 73 (2009), 1, 8.

200 KOM(2003) 427, S. 39 (Art. 10 Abs. 1).

201 KOM(2003) 427, S. 25.

202 Siehe Erwägungsgrund Nr. 13.

203 *Kadner Graziano*, RabelsZ 73 (2009), 1, 7; *Mansel*, ZVglRwiss 86 (1987), 1, 10 ff.

Im Interesse des Verbraucher- und Arbeitnehmerschutzes ist die ex-ante-Rechtswahl schließlich nur für Parteien zulässig, die einer kommerziellen Tätigkeit nachgehen.

Eine Person, die einer solchen Tätigkeit nachgeht, wird nach autonomer Auslegung, trotz der unterschiedlichen Begrifflichkeit, gleich wie der „Unternehmer" in den europäischen Verbraucherschutz-Richtlinien zu verstehen sein[204]. Zwar sind auch im Rahmen dieser Richtlinien die Begriffe „Unternehmer" selbständig auszulegen, es muss sich also nicht um denselben Begriff handeln, jedoch ergibt die Auslegung dieser Begriffe im Kern eine einheitliche Unterscheidung vom Begriff „Verbraucher"[205]. Hiernach ist derjenige Unternehmer, der im Rahmen einer gewerblichen oder beruflichen Tätigkeit handFür die in der vorliegenden Arbeit behandelten Probleme kann eine solche *ex-ante*-Rechtswahl vor allem bei außervertraglichen Ansprüchen im Rahmen von Anlage- und Investmentverträgen relevant werden[206].

Daneben fordert *Kadner Graziano*, dass die von der Rechtswahl betroffene deliktische Haftung in einem Zusammenhang mit der kommerziellen Tätigkeit steht[207]. Durch die eben beschriebene, an die Unternehmereigenschaft angelehnte Definition der Personen die einer solchen Tätigkeit nachgehen, ist eine solche Einschränkung jedoch überflüssig, da das Nachgehen einer solchen Tätigkeit keine generelle Eigenschaft ist, sondern im Einzelfall des Delikts bestimmt werden muss.

Schließlich ist fraglich, ob mit „Recht" in Art. 14 Abs. 1 Rom II-VO nur staatliches Recht oder auch das Recht überstaatlicher Regelungswerke gemeint ist. In Betracht käme hier etwa die Wahl der Anwendung der Principles of European Tort Law, welche von der European Group on Tort Law erarbeitet und veröffentlicht wurden[208]. Im Rahmen des Art. 27 EGBGB, der die Rechtswahl für vertragliche Schuldverhältnisse regelt, wurde die ausschließliche Wahl nichtstaatlichen Rechts – insbesondere der UNIDROIT-Regeln für vertragliche Ansprüche – von der herrschenden Meinung abgelehnt[209]. Jedoch wurde dieser Wahl eine ergänzende materiellrechtliche Wirkung zugesprochen, nach der grundsätzlich die Regeln des Vertragsstatuts anzuwenden sind, diese jedoch dort, wo diese abweichen und das Vertragsstatut dies zulässt, von den gewählten Rechtsgrundsätzen verdrängt werden[210].

---

204 *G. Wagner*, IPRax 2008, 1, 13.
205 *Heiderhoff*, GPR, S. 89.
206 *Garcimartín Alférez*, EuLF 2007, I-77, I-82.
207 *Kadner Graziano*, RabelsZ 73 (2009), 1, 8.
208 Abrufbar unter: www.egtl.org; siehe hierzu ausführlich *Koziol*, ZEuP 2004, 234.
209 *Magnus* in: Staudinger, Art. 27 EGBGB, Rn. 48.
210 *Magnus* in: Staudinger, Art. 27 EGBGB, Rn. 48; dies ist jedoch strittig: gegen eine such nur materiellrechtliche Wirkung: *Dicey/Morris/Collins*, Conflict of Laws, Rn. 32-079.

Mit gleicher Wirkung ist zukünftig die Wahl der Principles of European Tort Law vorstellbar[211].

Ganz ausgeschlossen ist eine Rechtswahl bei Schuldverhältnissen aus Unlauterem Wettbewerb und den freien Wettbewerb einschränkendem Verhalten (Art. 6 Abs. 4 Rom II-VO), sowie bei solchen aus Verletzungen von Rechten des geistigen Eigentums (Art. 8 Abs. 3 Rom II-VO). Dies ist auf die überindividuelle Funktion dieser Rechtsgebiete, an denen ein großes öffentliches Interesse besteht, zurückzuführen[212]. Dementsprechend ist auch bei der Interessensbeeinträchtigung lediglich eines einzelnen Mitbewerbers durch unlauteren Wettbewerb eine Rechtswahl zulässig, Art. 6 Abs. 2 Rom II-VO. In diesem Fall sind öffentliche Interessen nicht berührt.

Dort, wo die Rechtswahl zulässig ist, kann sie gem. Art. 14 Abs. 2 Rom II-VO bei reinen Inlandssachverhalten nicht die Anwendung der zwingenden Normen dieses Inlandstaates umgehen. Diese Regelung entspricht Art. 3 Abs. 3 EVÜ, bzw. dem inhaltsgleichen Art. 27 Abs. 3 EGBGB.

Ein reiner Inlandssachverhalt liegt vor, wenn alle Sachverhaltselemente im gleichen Staat liegen[213]. Da der Anwendungsbereich der Rom II-VO ohnehin nur bei Auslandsbezug eröffnet ist, wird ein solcher Auslandsbezug bei reinen Inlandssachverhalten daher alleine in der Wahl des fremden Rechts oder einer Gerichtsstandsvereinbarung liegen[214].

Die Rechtswahl hat dann nicht mehr die Wirkung einer kollisionsrechtlichen, sondern die einer materiellrechtlichen Verweisung und erfasst nur die dispositiven Regelungen des Inlandrechts[215]. Solche materiellrechtlichen Regeln des maßgeblichen Staates, von denen nicht durch Parteivereinbarung abgewichen werden kann, also national zwingenden Vorschriften, sog. *ius cogens*, bleiben anwendbar.

Gem. Art. 14 Abs. 3 Rom II-VO gilt bei mitgliedsstaatlichen Binnensachverhalten gleiches für zwingende Normen des Gemeinschaftsrechts, wenn das Recht eines Drittstaates gewählt wurde. Die Frage, ob bei zwingenden Bestimmungen aus EG-Richtlinien die Umsetzungsversionen des objektiven Deliktsstatuts[216]

211 *Kadner Graziano*, RabelsZ 73 (2009), 1, 10; gegen eine Wahl nichtstaatlichen Rechts grundsätzlich: *Rühl* in: Baetge u.a. (Hrsg.), FS für Kropholler (2008), S. 187, 190: hiergegen spreche der Wortlaut des Art. 14 Abs. 2 Rom II-VO, nachdem die Wirkung der Rechtswahl eingeschränkt ist, wenn alle Sachverhaltselemente in einem „anderen als demjenigen Staat belegen (sind), dessen Recht gewählt wurde".

212 *Garcimartín Alférez*, EuLF 2007, I-77, I-82.

213 KOM(2003) 427, S. 25.

214 *Junker* in: MüKo, Rom II-VO, Rn. 77.

215 *Junker*, NJW 2007, 3675, 3677; *Garcimartin Alvérez*, EuLF 2007, I-77, I-79.

216 So *Junker*, NJW 2007, 3675, 3677.

oder die der *lex fori* anzuwenden sind[217], hat der Gemeinschaftsgesetzgeber in Art. 14 Abs. 3, Hs. 2 zu Gunsten der *lex fori* entschieden. Diese Entscheidung ist inkonsequent, da das Schuldverhältnis eigentlich durch das nach dem Deliktsstatut berufene Recht geregelt wird. Zu dessen materiellem Recht gehört auch die entsprechende Umsetzung der EG-Richtlinie. Auf Grund des in der Regel sehr engen Umsetzungsspielraums der Mitgliedsstaaten ist die Verwendung der *lex fori* jedoch durch die dadurch geschaffene prozessuale Vereinfachung gerechtfertigt.

Schließlich wird vorgeschlagen, dass Dänemark im Rahmen von Art. 14 Abs. 3 Rom II-VO nicht als Dritt- sondern als Mitgliedsstaat behandelt werden sollte. Die Wahl dänischen Rechts führte dann bei reinen EU-Binnensachverhalten ohne sonstigen Bezug zu Dänemark nicht zur Anwendung von Art. 14 Abs. 3 Rom II-VO.

Ein solches Ergebnis entspreche dem Willen des Gesetzgebers, da Art. 14 Abs. 3 die Flucht ins Recht eines EU-Mitgliedsstaates nicht begrenzen soll[218].

Allerdings spricht gegen eine solche teleologische Reduktion, dass eine derartige Begrenzung leicht in den Verordnungstext hätte aufgenommen werden können, dies jedoch nicht geschehen ist. Die Tatsache, dass die Verordnung für Dänemark nicht bindend oder anwendbar ist, war auch während des Gesetzgebungsverfahrens vorhersehbar, da Dänemark keine Opt-in-Möglichkeit für die Annahme der Verordnung hat[219].

2. Besonderes Kollisionsrecht

a) Besondere Schuldverhältnisse aus unerlaubter Handlung

In den Art. 5 bis 9 der Rom II-VO sind für bestimmte Deliktsgruppen besondere Anknüpfungsregeln vorgesehen, welche der Regelanknüpfung in Art. 4 Rom II-VO vorgehen.

Für Ansprüche aus Produkthaftung, unlauterem Wettbewerb bzw. Wettbewerbsbeeinträchtigung, Umweltschädigungen, Verletzungen geistigen Eigentums sowie für unerlaubte Arbeitskampfmaßnahmen gelten jeweils eigene Anknüpfungsregeln.

Hier folgt der Verordnungsentwurf an einem entscheidenden Punkt nicht der Forderung des Parlaments im Parlamentsentwurf[220], sowie in zweiter Lesung[221],

217 So *v. Hein*, ZVglRwiss 102 (2003), 549.
218 *Garcimartín Alférez*, EuLF, I-77, I-79.
219 *Rossi* in: Callies/Ruffert Art. 69 EGV, Rn. 11.
220 Siehe dazu oben: Fn. 22.
221 Siehe oben: Fn. 25.

entwickelt unter Einfluss von Diana Wallis, englische Abgeordnete des Europäischen Parlaments und Berichterstatterin dessen Rechtsausschusses, welche sich auch im offiziellen Parlamentsentwurf wieder findet. Sie sprach sich für eine Generalklausel aus, die auch Schuldverhältnisse aus Produkthaftung und Wettbewerbsrecht umfasst[222]. Statt der schon im Kommissionsentwurf von 2003 vorgesehenen Spezialregeln für besondere Deliktstypen, sollte die Ausweichklausel der engsten Verbindung mit einer Liste von Abwägungsfaktoren ausgebaut werden. Damit war die vorgeschlagene Lösung an § 6 Abs. 2 des Restatement of the Law of Conflict of Laws, Second, 1971 angelehnt[223]. Eine solche Lösung hätte die Ermessensfreiheit der Richter ausgedehnt und damit zu erheblicher Rechtsunsicherheit geführt[224]. Das Konzept der Rom II-VO erläutert hingegen Erwägungsgrund Nr. 14. Hiernach beruht das Gesamtkonzept der Rom II-VO auf präzisen Anknüpfungsregeln von denen gegebenenfalls über Ausweichklauseln abgewichen werden kann, um im Einzelfall zu gerechten Ergebnissen zu kommen.

Das Parlament sprach sich allerdings nicht generell gegen Sonderanknüpfungsregeln aus. Eine im Parlamentsentwurf geforderte Spezialregelung für Verkehrsunfälle und Persönlichkeitsrechtsverletzungen wurde jedoch nicht in den endgültigen Verordnungstext übernommen.

Der deutsche Gesetzgeber entschied sich bei der Kodifizierung der jetzt geltenden Art. 40 ff. EGBGB noch gegen eine solche deliktsspezifische Aufteilung. Allerdings hatte sich auch die Bestimmung des stattdessen entscheidenden Tatortes in der nationalen Entscheidungspraxis des BGH in den jetzt normierten besonderen Bereichen speziell entwickelt, so dass große Abweichungen durch die Normierung in der Rom II-VO nicht zu befürchten sind.

Auch entspricht die nun in der Rom II-VO normierte besondere Anknüpfung der Auflockerung der Tatortregel in der überwiegenden Zahl der Mitgliedsstaa-

---

222 Siehe Bericht des Rechtsausschusses, A6-0211/2005, Änderungsanträge 26 ff. (S. 19 ff.); abrufbar unter: http://www.europarl.europa.eu/sides/getDoc.do;jsessionid=B26314 DFD-927C9A851819887A1D4460F.node1?pubRef=-//EP//NONSGML+REPORT+A6-2005-0211 +0+DOC+PDF+V0//DE&language=DE.

223 Vgl. die Rechtsvergleichung durch *v. Hein*, Tul.L.Rev. 82 (2008), 1663, 1685 f.

224 *v. Hein*, VersR 2007, 440, 441 mit Verweis auf die negativen Erfahrungen im Zuge der US-amerikanischen *conflicts revolution* durch das *second restatement*. Auch Diana Wallis rechtfertigt die Lösung des Parlamentsentwurfs jedoch mit der Erhöhung des Rechtssicherheit, da im Falle starrer Anknüpfungsregeln die „Gerichte Streitpunkte als Verfahrensfragen bewerten, um in besonderen Fällen Gerechtigkeit walten zu lassen", die Gerechtigkeit also über eine ergebnisorientierte Qualifikation der Rechtsfrage schaffen wollen, siehe Entwurf des Berichts des Rechtsausschusse des Europäischen Parlaments, Berichterstatterin: Diana Wallis, (Doc. Nr.: PR\546929DE), S. 21. Auch die Qualifikation hat jedoch Verordnungskonform zu erfolgen. Die Gefahr einer ergebnisorientierten Qualifikation ist damit geringer, als die Gefahr einer übermäßigen Anwendung der Ausweichklausel der offensichtlich engeren Verbindung, wenn diese durch fünf Kriterien konkretisiert werden.

ten und wird von der Haager Konferenz für Internationales Privatrecht empfohlen[225].

(1) Produkthaftung

Für Schuldverhältnisse auf Grund einer Schädigung durch ein Produkt enthält die Sonderregelung in Art. 5 Abs. 1 Rom II-VO eine Anknüpfungsleiter. Nach dieser ist zunächst der gewöhnliche Aufenthaltsort des Geschädigten, dann der Ort des Produkterwerbs oder andernfalls der Schadenseintrittsort maßgeblich, jeweils unter der Voraussetzung, dass hier auch das Produkt in den Verkehr gebracht wurde.

War keiner dieser Orte für die Person, deren Haftung geltend gemacht wird[226], vernünftigerweise vorhersehbar, ist das Recht seines gewöhnlichen Aufenthaltes maßgeblich. Gemeint ist hier eine abstrakte Nicht-Vorhersehbarkeit, etwa in Form der In-Verkehrbringung eines Produkts entgegen den Anweisungen des Produzenten[227].

Durch diese Kombination schafft der Gemeinschaftsgesetzgeber eine eigene Lösung, die so derzeit in keinem nationalen Kollisionsrecht vertreten wird[228].

Gem. Art. 5 Abs. 2 Rom II-VO geht eine offensichtlich engere Beziehung den anderen Anknüpfungspunkten vor. Art. 5 Abs. 2 Rom II-VO entspricht dabei inhaltlich Art. 4 Abs. 3 Rom II-VO[229].

Fraglich ist schließlich die Behandlung der Fälle, in denen keine der in Art. 5 Abs. 1, S. 1 Rom II-VO vorgesehenen Anknüpfungen greift, weil das Produkt weder im Staat des gewöhnlichen Aufenthaltes, noch am Erwerbsort oder am Verletzungserfolgsort eingetreten ist. Hier kann entweder nach Art. 5 Abs. 1, S. 2

---

225 *W. Posch* in: v. Hoffmann (Hrsg.), European Private International Law, 86, 99; *Kadner Graziano*, GemEuIPR, S. 394 ff; ders, ICLQ 54 (2005), 475, 485.

226 Hiermit ist laut Kommission nicht zwingend der Hersteller des Endprodukts sondern gegebenenfalls auch der Hersteller eines Ausgangserzeugnisses oder Bauteils, ein Zwischenhändler oder der Endverkäufer gemeint, KOM(2003) 427, S. 16.

227 *Junker* in: MüKo, Art. 42 EGBGB Anh., Rn. 43; *Spickhoff* in: Baetge u.a. (Hrsg.), FS für Kropholler (2008), S. 673, 685; dieser führt dazu noch aus: „An dieser Stelle ist gewissermaßen die Katze aus dem Sack gelassen worden: Der Geschädigtenschutz in Art. 5 Rom II-VO ist nur ein scheinbarer; die Interessen des Produzenten dominieren, wenn auch in verbrämter Form". Hierzu ist zu sagen, dass die Schranke der Vorhersehbarkeit lediglich die übermäßige Bevorzugung des Produktgeschädigten einschränkt. Hieraus einen unverhältnismäßigen Vorteil des Schädigers abzulesen geht zu weit. In der Regel wird die Vorhersehbarkeit zu bejahen sein.

228 Hierzu ebenfalls kritisch *Kadner Graziano*, ICLQ 54 (2005), 475, 478 ff., der stattdessen nur an den Vermarktungsort anknüpfen will. Der Wohnort des Schädigers soll hingegen keine Rolle spielen. Tatsächlich scheint jedenfalls bei kollateral-Geschädigten (*bystander*), also Geschädigten die nicht auch Käufer oder bestimmungsmäßiger Verwender des Produkts waren, hier eine Anknüpfung an den Erfolgsort gerechter; so auch *Heiss/Loacker*, JBl. 2007, 613, 628.

229 Siehe dazu unten: Kapitel B.II.5.

Rom II-VO analog auf den gewöhnlichen Aufenthalt des Schädigers abgestellt[230], oder auf die Grundanknüpfung an den Erfolgsort zurückgegriffen werden[231]. Die erste Variante erscheint dabei am sinnvollsten, da der Schädiger diesen Ort regelmäßig nicht vorhersehen konnte und diese Tatsache für eine vergleichbare Interessenlage mit Art. 5 Abs. 1, S. 2 Rom II-VO.

Ferner haben die Parteien die Möglichkeit das anwendbare Recht zu wählen. In Betracht kommt hier etwa eine Vereinbahrung zwischen dem Käufer und dem Verkäufer in Vertretung des Herstellers des Produkts handelt[232].

Die Produkthaftung ist zwar durch die nationale Umsetzung der EG-Produkthaftungsrichtlinie von 1985[233] sowie das Haager Übereinkommen über das auf die Produkthaftung anzuwendende Recht[234] weitgehend angeglichen, allerdings beschränkt sich die Harmonisierung auf die Gefährdungshaftung, führt damit nicht zu einer Vollharmonisierung[235] und wirkt auch nur innerhalb der EU-Mitgliedsstaaten. Eine Herausnahme der Regelung für Produkthaftung aus der Rom II-VO über eine entsprechende Ausnahme in Art. 1 Abs. 2 Rom II-VO wäre somit nicht gerechtfertigt gewesen.

Wie angesprochen wurde im Parlamentsentwurf eine bereits im Kommissionsvorschlag von 2003 enthaltene Sonderregel für Ansprüche aus Produkthaftung wieder gestrichen und stattdessen die allgemeine Grundregel aus Art. 4 Rom II-VO auf diese Schuldverhältnisse ausgeweitet. Der Kommissionsentwurf von 2006 nahm die Sonderregel jedoch wieder in den Verordnungstext auf – unter Hinweis auf die Unsicherheit der Schadensortbestimmung im Falle etwa eines „Schaden(s) durch einen Fön niederländischer Fabrikation, den ein deutscher Tourist auf seiner Urlaubsreise nach Thailand mitnimmt“[236].

(2) Wettbewerbs- und Kartelldelikte

Wettbewerbsrechtlich zu qualifizierende Sachverhalte werden gem. Art. 6 Abs. 1 Rom II-VO durch das am entsprechenden Marktort geltende Recht geregelt. Der Marktort ist dabei der Ort, an dem die Interessen der Wettbewerber oder die kollektiven Interessen der Verbraucher beeinträchtigt werden, die wettbewerblichen Interessen also aufeinander treffen[237]. Nur durch diese Marktortanknüpfung kann

---

230 So *Leible/Lehmann*, RIW 2007, 721, 728; *G. Wagner*, IPRax 2008, 1, 7.

231 So *Spickhoff* in: Baetge u.a. (Hrsg.), FS für Kropholler (2008), S. 673, 686.

232 *Spickhoff* in: Baetge u.a. (Hrsg.), FS für Kropholler (2008), S. 673, 682.

233 85/374/EWG.

234 Übereinkommen vom 02.10.1973; Deutschland ist nicht Mitgliedsstaat dieses Übereinkommens.

235 Vgl. hierzu *Lasok/Stone*, S. 122 ff.

236 KOM(2006) 83, 6.

237 *Kroos*, EuLF 2004, I-145.

der jeweils betroffene Staat sein Marktordnungsrecht und die Marktregulierung durchsetzen, so dass nur so eine effektive Regulierung gewährleistet ist. Daneben sei so der wettbewerbliche Grundsatz der Waffengleichheit aller Mitbewerber gewahrt[238].

Dies war zuvor bereits europaweit einheitliche Rechtsprechung[239] und wurde auch in jüngeren IPR-Gesetzen wie etwa § 48 des österreichischen IPR-Gesetzes kodifiziert.

Gem. Erwägungsgrund Nr. 21 ist die Anknüpfung in Art. 6 Rom II-VO keine Ausnahme, sondern eine Präzisierung der Erfolgsortanknüpfung[240] in Art. 4 Abs. 1 Rom II-VO. Diese Klarstellung soll verhindern, dass Art. 6 durch den EuGH gemäß der für Ausnahmen geltenden einschränkenden Auslegung entsprechend eng ausgelegt wird[241]. Vielmehr soll der autonom zu bestimmende Begriff des unlauteren Wettbewerbs vergleichbar den kontinentaleuropäischen Rechtssystemen weit ausgelegt werden und nicht, wie etwa in Großbritannien, eng zu verstehen sein[242].

Ferner stellt dieser Hinweis auch klar, dass zwar die subjektiven Interessen der Wettbewerbsteilnehmer den Marktort bestimmen, geschütztes Rechtsgut aber nicht die Interessen der Marktteilnehmer, sondern der funktionierende Markt ist[243]. Daher gilt gem. Art. 6 Abs. 2 Rom II-VO auch eine Ausnahme von der so bestimmten Marktortanknüpfung, falls nur ein Wettbewerber beeinträchtigt ist, es sich also um sog. konkurrentenbezogene Wettbewerbsverstöße (in Abgrenzung zu den oben behandelten marktbezogenen Wettbewerbsverstößen) handelt[244]. Anwendbar ist in diesen Fällen die Generalklausel in Art. 4 Rom II-VO, da hier das betroffene Rechtsgut eben nicht der Markt, sondern nur die Interessen des Einzelnen sind. Damit folgt der Verordnungsgeber in diesem Punkt dem bereits in der Schweiz normierten Anknüpfungsmodel[245].

Das Europäische Parlament und dessen Berichterstatterin Diana Wallis, wollten die Regel über unlauteren Wettbewerb im Gesetzgebungsverfahren streichen und stattdessen die Regelanknüpfung des jetzigen Art. 4 Abs. 1 Rom II-VO zur

---

238 BGH NJW 1962, 37, 38 f.

239 Vgl. für Deutschland etwa die auch nach Inkrafttreten des Art. 40 Abs. 1, S. 2 EGBGB im Jahre 1999 ständige Rechtssprechung seit BGH v. 30.06.1961, BGHZ 35, 329 (Sog. Kindersaugflaschen-Entscheidung); BGH, 10.12.1963, NJW 1964, 969, 971 (Sog. Stahlexport-Entscheidung); anders jedoch Art. 136 Abs. 1 Schweizerisches IPRG, welcher auch im internationalen Lauterkeitsrecht das Auswirkungsprinzip verwendet.

240 Siehe dazu unten: Kapitel B.II.4.a).

241 *Wadlow*, E.I.P.R. 30 (2008), 309, 310.

242 *Wadlow*, E.I.P.R. 30 (2008), 309, 311.

243 So *Kroos* zu dem gleichlautenden Erwägungsgrund des KOM(2003) 428, in EuLF 2004, I-145.

244 *Junker*, NJW 2007, 3675, 3679.

245 Art 136 Abs. 2 und 3 schweizerisches IPRG.

Anwendung kommen lassen[246]. Die Skepsis vor zu umfangreicher Kodifizierung konnte sich jedoch nicht durchsetzen.

Für kartellrechtlich zu qualifizierende Ansprüche gilt gem. Art. 6 Abs. 3, lit. a Rom II-VO das sog. Auswirkungsprinzip. Anwendbar ist hier ebenfalls, wie im internationalen Wettbewerbsrecht, das Recht des Staates, dessen Markt beeinträchtigt wurde. Die Kommissionsvorschläge von 2003 und 2006 sowie der Parlamentsentwurf sahen keine Spezialregel für Kartellansprüche vor. Sie waren nach der Grundanknüpfung an den Erfolgsort zu behandeln. Schon hier ließ sich der Erfolgsort jedoch marktbezogen bestimmen[247]. Der in Art. 6 Abs. 3 Rom II-VO schließlich verwendete Marktort stellt daher gemäß Erwägungsgrund Nr. 21 auch nur eine Konkretisierung des in Art. 4 Abs. 1 Rom II-VO verwendeten Erfolgsortes da.

Durch die Anknüpfung an den beeinträchtigten Marktort entscheidet der Verordnungsgeber auch hier die Frage, ob die Wettbewerbsbeeinträchtigung oder der Eintritt des finanziellen Verlusts als relevanter Schaden der Anknüpfungspunkt sein soll, zu Gunsten des Ortes der Wettbewerbsbeeinträchtigung. Damit umgeht er die Frage der Bestimmung des Schadensortes bei Kartelldelikten und damit eine mögliche Bestimmung des Ortes des eingetretenen Vermögensschadens[248].

Die Anwendung der Regeln des Marktortes ist sinnvoll, da so die Marktakteure einheitlichem Wettbewerbsrecht unterstehen, und der jeweilige nationale Gesetzgeber seinen Markt besser einschätzen kann, seine Regeln also am besten geeignet sind, für einen funktionierenden Markt zu sorgen.

Ebenso regelt dies – jedoch als einseitige, d.h. nur deutsches Recht berufene Kollisionsnorm – das nationale deutsche Kollisionsrecht in § 130 Abs. 2 GWB, welcher für die Anknüpfung für behördliches Kartellrecht weiter anwendbar ist. Art. 6 Abs. 3 Rom II-VO gilt nur für das Kartellprivatrecht[249].

---

246 Siehe Begründung zu Änderungsantrag 8 und Änderungsantrag 29 im Bericht des Rechtsausschusse des Europäischen Parlaments (Doc. Nr.: PR\546929DE).

247 So *W.-H. Roth* in: Baetge u.a. (Hrsg.), FS für Kropholler (2008), S. 623, 633.

248 Siehe zu dem Problem der Erfolgsortbestimmung im internationalen Zuständigkeitsrecht bei Vermögensschäden aus Kartellverstößen: *Mäsch*, IPRax 2005, 509 ff. mit Bezug auf das sog. Vitaminkartell. *Mäsch* lehnte eine Spezialregelung für Kartelldelikte jedoch ab. Für die Lösung des Art. 6 Abs. 3 Rom II-VO und gegen eine reinen Erfolgsortbestimmung plädierten schon früher *Ashton/Vollrath*, ZWeR 2006, 1, 19 f.

249 Dies folgt aus der Beschränkung des Anwendungsbereichs auf Zivil- und Handelssachen, vgl. *Mankowski*, RIW 2008, 177, 180 f.; der Gemeinschaftsgesetzgeber zielt darauf ab, die Durchsetzung des Kartellrechts durch private Klagen von Marktteilnehmern zu erreichen, sog. *private enforcement*. Diesbezügliche Bemühungen zeigt schon das Weißbuch der Kommission für Schadensersatzklagen wegen Verletzung des EG-Wettbewerbsrechts, 02.04.2008, KOM(2008) 165 endgültig. Durch diese Art der Durchsetzung des Kartellrechts solle die staatlichen Kontrollbehörden entlastet werden, die einer funktionierenden Kartellkontrolle für zunehmend

Auf Grund der marktordnenden Zielrichtung der Verwendung des Auswirkungsprinzips, ist das internationale Kartellprivatrecht der Auflockerung des allgemeinen Deliktsrechts – etwa über die Anknüpfung an den gemeinsamen gewöhnlichen Aufenthalt oder die engere Verbindung – entzogen[250].

Welche Maßnahmen als solche Einschränkungen des Wettbewerbs im Sinne der Verordnung zu verstehen sind, erläutert Erwägungsgrund Nr. 23. In diesem Erwägungsgrund werden nur Maßnahmen mit Auswirkungen „in einem Mitgliedstaat oder innerhalb des Binnenmarktes" aufgezählt, vor dem Hintergrund der *loi uniforme*-Fassung scheint jedoch eine solche Beschränkung von Art. 6 Abs. 3 Rom II-VO sinnlos[251]. Auch mit dem Normtext des Art. 6 Abs. 3 lit. a Rom II-VO als eindeutig allseitige Kollisionsnorm lässt sich eine solche Einschränkung nicht vereinbaren. Möglicherweise ist daher Art. 6 Abs. 3 lit. a Rom II-VO teleologisch zu reduzieren. Für die Einordnung als vollkommen allseitige Kollisionsnorm sprechen neben dem eindeutigen Wortlaut jedoch ein vergleich mit der vollkommen allseitigen Marktanknüpfung im Rahmen des wettbewerbsbezogenen Unlauterkeitsrechts in Art. 6 Abs. 1 Rom II-VO[252]. Schließlich lässt sich hierfür auch ein Argument aus dem Ausschluss von *punitive damages* über den *ordre public*-Vorbehalt ableiten[253]. Sofern hierbei an die im US-amerikanischem Kartellrecht in § 4 Clayton Act eingeräumten Schadensersatzansprüche auf *treble damages* als Unterfall der *punitive damages* gedacht wurde, zeigt diese Berücksichtigung, dass von der Anwendung auch US-amerikanischen Kartelldeliktsrechts ausgegangen wurde[254].

Die Anknüpfung in Art. 6 Abs. 3, lit. a Rom II-VO kann demnach richtigerweise auch zur Anwendung drittstaatlichen und damit nicht mitgliedstaatlichen Kartellrechts führen[255].

Eine Sonderregel besteht für *multistate*-Delikte in Art. 6 Abs. 3, lit. b Rom II-VO. Die Bestimmung ist erst im Vermittlungsverfahren in die Diskussion um den Verordnungstext der Rom II-VO aufgenommen worden und war vorher in keinem Entwurf so vorgeschlagen worden. Sie ist das Ergebnis eines Kompromisses zwischen Europäischem Parlament und der Generaldirektion Wettbewerb der Kommission auf der einen sowie des Rates der Europäischen Union auf der anderen Seite. Wettbewerbsbeschränkungen sollten gemäß dem Vorschlag des Parlaments und der Kommission nach Möglichkeit nur einem Recht unterstellt

grenzüberschreitend agierenden Marktteilnehmern nicht mehr gerecht werden können, vgl. *Rodriguez Pineau,* JPIL 5 (2009), S. 311, 312 f.

250 *Mankowski,* RIW 2008, 177, 185.

251 Vgl. *Rushworth/Scott,* L.M.C.L.Q 2008, 274, 281.

252 *W.-H. Roth* in: Baetge u.a. (Hrsg.), FS für Kropholler (2008), S. 623, 637 f.

253 Siehe hierzu ausführlich unten: Kapitel B.IV.

254 *Mankowski,* RIW 2008, 177, 185.

255 So auch *Rodriguez Pineau,* JPIL 5 (2009), S. 311, 320.

werden. Hierzu wurde die Anwendung der *lex fori* auf alle Schäden vorgeschlagen. Diese wurde vom Rat jedoch mit Verweis auf die Ausweitung des *forum shopping*-Möglichkeit zurückgewiesen[256].

Das Ergebnis der Suche nach einem Kompromiss zwischen Vereinfachung und Vermeidung des *forum shopping* findet sich nun in Art. 6 Abs. 3, lit. b Rom II-VO.

Er verringert die möglichen Auswirkungen einer Mosaikbetrachtung, indem auf den gesamten Sachverhalt die *lex fori* anwendbar ist, falls der Kläger am Beklagtenwohnsitz klagt, der Wohnsitzstaat ein Mitgliedsstaat ist und dieser „zu den Märkten gehört, die unmittelbar und wesentlich durch das den Wettbewerb einschränkende Verhalten beeinträchtigt sind". Durch diese Formulierung stellt der Verordnungsgeber sicher, dass sich die Zuständigkeit des Gerichts, welches die *lex fori* auf alle Schäden anwendet aus der allgemeinen Zuständigkeit am Beklagtenwohnsitz in Art. 2 EuGVO ableitet. Nur dann ist ein Ausweg aus den Auswirkungen der der Sheville-Doktrin des EuGH möglich[257], welche im Falle eines Streudelikts lediglich dem Gericht am Handlungsort (oder eben am Beklagtenwohnsitz) die Kognitionsbefugnis über die in unterschiedlichen Staaten eingetretenen Schäden einräumt.

Der Geschädigte kann also unter Anwendung nur einer Rechtsordnung am Beklagtenwohnsitz den gesamten Schaden geltend machen, sofern der Markt hier ausreichend beeinträchtigt wurde. Die Klägerfreundlichkeit in Art. 6 Abs. 3, lit. b Rom II-VO wird noch dadurch erhöht, dass dies selbst dann gilt, wenn der Kläger gegen mehrere Beklagte an dem Wohnsitz eines dieser Beklagten, des „Ankerbeklagten", klagt, sofern der Markt auch hier ausreichend beeinträchtigt wurde, Art. 6 Abs. 3, lit. b, 2. HS Rom II-VO.

Die Anwendung der *lex fori* auf den gesamten Schaden führt zu der Frage, ob nur deren Kartelldeliktsrecht oder auch das behördliche und öffentliche Kartellrecht der *lex fori* für alle diese Schäden in anderen (Dritt-)Staaten[258] anwendbar ist, welches Recht also über die Rechtswidrigkeit der Maßnahme entscheiden soll. Für die Anwendung des Kartellrechts der *lex fori* spricht die bezweckte Vereinfachung der privaten Rechtsdurchsetzung. Für die Anwendung des Kartellrechts am jeweiligen Erfolgsort spricht hingegen die bezweckte marktordnende Funktion der Marktortanknüpfung[259]. Diese zeigt sich auch in dem Ausschluss der Wahlmöglichkeit des anzuwendenden Kartellrechts in Art. 6 Abs. 4 Rom II-VO.

---

256 Alle Angaben zum Verlauf der Diskussionen im Vermittlungsverfahren von *R. Wagner* in: Baetge u.a. (Hrsg.), FS für Kropholler (2008), S. 715, 724.

257 So *Heiss/Loacker*, JBl. 2007, 613, 630.

258 Im Falle eines reinen Binnenmarktsachverhalts bestimmt sich der Verhaltensaßstab ohnehin nur nach Art. 81, 82 EGV der bei grenzüberschreitenden Sachverhalten.

259 *W.-H. Roth* in: Baetge u.a. (Hrsg.), FS für Kropholler (2008), S. 623, 647.

Ob ferner das Kartellrecht des Forumsstaates tatsächlich für solche Fälle anwendungswillig ist, scheint fraglich[260]. Es sprechen demnach die besseren Gründe dafür, bei der Feststellung des rechtswidrigen Verhaltens bei der Mosaikbetrachtung zu verbleiben[261]. Auch hier gilt die *lex fori* nur für das Kartellprivatrecht.

(3) Umweltdelikte

Gem. Art. 7 Rom II-VO hat der Betroffene einer Umweltschädigung ein Wahlrecht zwischen dem nach Art. 4 Abs. 1 Rom II-VO anwendbaren Recht des Schadensortes und dem Recht des Staates, „in dem das schadensbegründende Ereignis eingetreten ist", also dem Handlungsort[262].

Der Begriff des Umweltschadens wird in Erwägungsgrund Nr. 24 definiert als „eine nachteilige Veränderung einer natürlichen Ressource, wie Wasser, Boden oder Luft, eine Beeinträchtigung einer Funktion, die eine natürliche Ressource zum Nutzen einer anderen natürlichen Ressource oder der Öffentlichkeit erfüllt, oder eine Beeinträchtigung der Variabilität unter lebenden Organismen"[263].

Mit der Einführung einer Wahlmöglichkeit entspricht einzig die Anknüpfung für Ansprüche aus Umweltschädigungen der im deutschen Deliktskollisionsrecht seit 1999 geltenden Wahlmöglichkeit des Geschädigten, jedoch mit entgegen gesetzter Gewichtung der einzelnen Tatortbestimmungen[264]. Maßgebliches Recht für die Rechtzeitigkeit der Ausübung dieses Wahlrechts ist gemäß Erwägungsgrund Nr. 25 die jeweilige *lex fori*. Hierfür wurde in Art. 46a EGBGB eine Regelung getroffen, die der Regelung in Art. 40 Abs. 1, S. 3 EGBGB zur Begrenzung des Wahlrechts bei Distanzdelikten entspricht. Hiernach kann der Geschädigte eine Wahl nach Art. 7 Rom II-VO nur im ersten Rechtszug bis zum Ende des frühen ersten Termins oder dem Ende des schriftlichen Vorverfahrens ausüben.

Grund der Opferbegünstigung in Art. 7 Rom II-VO ist das starke öffentliche Interesse an Umweltschutz, welches auch in Erwägungsgrund Nr. 25 mit Verweis auf Art. 174 EGV, genannt wird[265]. Beide Alternativen, also entweder Anknüpfung an den Erfolgs- oder den Handlungsort, hätten entweder den Schädiger dazu

---

260 Dies zu Art. 82 EGV verneinend: *Scholz/Rixen*, EuZW 2008, 327, 331.

261 *W.-H. Roth* in: Baetge u.a. (Hrsg.), FS für Kropholler (2008), S. 623, 647; *Scholz/Rixen*, EuZW 2008, 327, 331; a.A.: *G. Wagner*, IPRax 2008, 1, 8.

262 Siehe hierzu unten: Kapitel B.II.4.a).

263 Die Definition entspricht überwiegend der Definition in Art. 2 Nr. 1 zusammen mit Art. 2 Nr. 13 Umwelthaftungsrichtlinie 2004/35/EG vom 21.04.2004, ABl.EG 2004, L 143/56.

264 Übt der Geschädigte sein Wahlrecht nicht aus, so findet im Rahmen der Rom II-VO das Recht des Erfolgsortes Anwendung. Im nationalen deutschen Kollisionsrecht ohne Spezialnorm für Umweltschädigungen findet hingegen das Recht des Handlungsortes Anwendung, wenn der Geschädigte nicht das Recht am Erfolgsort wählt.

265 Der Verordnungsgeber verfolgt hier über die Begünstigung des Geschädigten (*favor laesi*) die Begünstigung der Natur (*favor naturae*), so *Betlem/Bernasconi*, L.Q.R. 122 (2006), 124, 141.

verleiten können, das „schwächere“ Haftungsrecht eines Nachbarstaates auszunutzen, oder den Geschädigten nicht von den im Nachbarstaat geltenden höheren Schutzregeln profitieren lassen[266].

Ferner begründet die Kommission die Benachteiligung des Schädigers mit dem wirtschaftlichen Vorteil, den der Schädiger regelmäßig aus der Schädigung zieht[267]. Eine Beschränkung der Wahlmöglichkeit auf Schädigungen bei Ausübung der beruflichen Tätigkeit des Schädigers, ist jedoch nicht normiert.

Auch ein Ausweichen auf die offensichtlich engere Verbindung lässt die Rom II-VO nicht zu. Der Geschädigte soll vielmehr größtmöglichen Schutz erhalten, um das *polluter pays principle* im Umweltschutz durchzusetzen[268].

Neben der Rechtswahl durch den Geschädigten, bleibt eine zweiseitige Rechtswahl nach Art. 14 Rom II-VO möglich.

Ob umweltrechtliche Genehmigungen am Handlungsort für die Beurteilung der deliktischen Tat berücksichtigt werden sollten, falls der Geschädigte das Recht des Erfolgsortes wählt, ist fraglich. Hiergegen sprechen die weite Schutzrichtung der Umwelthaftung sowie das Territorialitätsprinzip.

(4) Verletzung geistigen Eigentums

Der deutsche Gesetzgeber hatte in der Kollisionsrechtsreform von 1999 die Einführung einer Spezialnorm für die Verletzung geistigen Eigentums in das EGBGB abgelehnt, da allgemein anerkannt sei, dass sich Ansprüche aus dem Rechts am geistigen Eigentum nach der Rechtsordnung richten, in deren Staat das Recht am geistigen Eigentum beansprucht wird (sog. Schutzlandprinzip oder *lex loci protectionis*-Anknüpfung)[269].

---

266 KOM(2003) 427, S. 21 f.; *Muir Watt*, Edin LR 9 (2005), 6, 18.

267 KOM(2003) 427, S. 22: Ein alleiniges Abstellen auf den Erfolgsort führe zu der Möglichkeit, dass der Schädiger „an der Grenze“ niederlässt und im Vertrauen auf die weniger strenge Regelung im Nachbarstaat etwa Abwässer in einen Fluss zu leiten. Eine solche Lösung würde der Philosophie der europäischen Sachnormen im Umweltbereich und dem Verursacherprinzip („the polluter pays“) zuwiderlaufen“. Eine solche Möglichkeit des wirtschaftlichen Vorteils durch Ausnutzen von weniger strengen Regeln am Erfolgsort besteht jedoch auch bei anderen Delikten, ohne dass die Rom II-VO eine Wahlmöglichkeit des Geschädigten zulässt. Rechtspolitische Begründung der Geschädigtenbegünstigung ist somit vor Allem das umweltpolitische Ziel eines hohen Schutzniveaus, vgl. Heiss/Loacker, JBl.2007, 613, 632.

268 *Betlem/Bernasconi*, L.Q.R. 122 (2006), 124, 140.

269 So die Begründung des Gesetzesentwurfs in BT-Drs. 14/343, S. 10 („Eine ausdrückliche Regelung erscheint im Hinblick auf die allgemeine Geltung des Schutzlandprinzips entbehrlich, das im übrigen auch keinen Raum für eine vorrangige Anknüpfung etwa an das von den Beteiligten gewählte Recht oder an den gemeinsamen gewöhnlichen Aufenthaltsort lässt. Dieses Anknüpfungsprinzip wird gegebenenfalls auch bei staatsübergreifenden Schutzrechten (z.B. der Gemeinschaftsmarkte) zu beachten sein“).

In Art. 8 Rom II-VO ist dies nun normiert. Kollisionsrechtliche Rechtfertigung der vom Tatort abweichenden Anknüpfung liegt in der territorialen Begrenztheit nationaler Immaterialgüterrechte[270]. Die Verletzung eines nach inländischem Recht geschützten Immaterialguts kann auch nur nach diesem inländischen Recht beurteilt werden.

Welche Rechte als „Rechte des geistigen Eigentums" im Sinne der Verordnung anzusehen sind, bestimmt Erwägungsgrund Nr. 26 in einer nicht abschließenden Aufzählung von Urheberrechten, verwandten Schutzrechten, dem Schutzrecht *sui generis* für Datenbanken und gewerblichen Schutzrechten.

Art. 8 Abs. 1 Rom II-VO regelt dabei nicht den Inhalt, das Bestehen oder die Inhaberschaft des Immaterialgüterechts, sondern nur die Rechtsfolgen aus einer Verletzung dieser Rechte[271]. Alle im Zusammenhang hiermit stehenden Fragen werden nach dem Sachrecht des Schutzlandes geregelt. Damit wird die schwierige Frage der Lokalisierung der Verletzung in das jeweilige Sachrecht der Schutzlandes verlagert[272].

Art. 8 Abs. 2 Rom II-VO enthält eine Sonderregel für gemeinschaftsweit einheitliche Rechte des geistigen Eigentums, nach der für Schädigungen dieser Rechte das Recht des Verletzungserfolgsortes maßgeblich ist. Hier führte eine Schutzlandanknüpfung zur Anwendung des nicht existierenden einheitlichen EU-Rechts. Die Berufung des Rechts am Handlungsort beruht auf der Tatsache, dass ein inländisches Immaterialgüterrecht nur durch eine inländische Handlung verletzt werden kann[273].

Eine Rechtswahl ist hier gem. Art. 8 Abs. 3 Rom II-VO auf Grund des Bezugs zwischen Schutzland und geschütztem Recht ausgeschlossen[274].

---

270 *Buchner*, GRURInt 2005, 1004, 1006.

271 So die überwiegende Meinung, vgl. *Schack* in: Baetge u.a. (Hrsg.), FS für Kropholler (2008), S. 651, 656; *Leible/Lehmann*, RIW 2007, 721, 731; *Heiss/Loacker*, JBl 2007, 613, 636; a.A. jedoch *Basedow/Metzger* in: Trunk u.a. (Hrsg.), FS für Boguslavskij (2004), S. 153, 162 mit Verweis auf den umfassenden Geltungsbereich des anwendbaren Rechts nach Art. 11 KOM(2003) 427 (heute Art. 15 Rom II-VO).

272 So *Heiss/Loacker*, JBl 2007, 613, 636; *Buchner*, GRURInt 2005, 1004, 1006.

273 *Buchner*, GRURInt 2005, 1004, 1006 der daher für eine generelle Anknüpfung aller Immaterialgüterrechtsverletzungen an den Handlungsort spricht. Die Anwendung des Rechts des Schutzlandes verlagere diese kollisionsrechtliche Frage nur in das Sachrecht.

274 *Schack* hält eine solche Rechtswahlmöglichkeit dennoch auch hier für sinnvoll, da das Kollisionsrecht der Rom II-VO ohnehin nur die Rechtsfolgen der Verletzung des Schutzrechts behandelt und nicht etwa die Entstehungsvoraussetzungen, siehe *Schack* in: Baetge u.a. (Hrsg.), FS für Kropholler (2008), S. 651, 656; auch der Parlamentsentwurf sah eine Rechtswahlmöglichkeit vor; der Ausschluss der Rechtswahl ermöglicht jedoch eine einheitliche Behandlung aller Rechtsfragen durch das Schutzland. Die Lösung der Rom II-VO über das Territorialitätsprinzip will gerade alle Rechtsfragen nach dem Recht des Schutzlandes behandeln. Eine Rechtswahl würde diese Einheitlichkeit ad absurdum führen, so *Heiss/Loacker*, JBl 2007, 613, 636 sowie *Buchner*, GRURInt 2005, 1004, 1008.

Daneben ist relevant, dass Art. 8 gem. Art. 13 Rom II-VO auch für außervertragliche Schuldverhältnisse gilt, die sich aus einer ungerechtfertigten Bereicherung, Geschäftsführung ohne Auftrag und Verschulden bei Vertragsverhandlungen ergeben, und deren Kollisionsrecht in Kapitel III der Rom II-VO geregelt ist.

(5) Arbeitskampfmaßnahmen

Auf außervertragliche Schuldverhältnisse, die aus Arbeitskampfmaßnahmen, also Streiks und Aussperrungen resultieren, ist gem. Art. 9 Rom II-VO das Recht des Ortes maßgeblich, an dem die Arbeitskampfmaßnahmen geführt wurden[275].

Der Begriff der Arbeitskampfmaßnahmen richtet sich gem. Erwägungsgrund Nr. 27 nach der jeweiligen *lex causae* und ist nicht einheitlich autonom zu bestimmen.

Durch diese Abweichung von der Regelanknüpfung in Art. 4 Abs. 1 Rom II-VO wird eine Bestimmung des Erfolgsortes der Schädigung umgangen. Da der relevante Erfolg regelmäßig in einem reinen Vermögensschaden läge, stellt sich die Frage der Erfolgsortbestimmung bei reinen Vermögensschädigungen durch Arbeitskampfmaßnahmen somit nicht[276].

Schließlich ist eine Anknüpfung an einen gemeinsamen gewöhnlichen Aufenthalt nach Art. 4 Abs. 2 Rom II-VO und eine mögliche Rechtswahl nach Art 14 Rom II-VO zulässig.

(6) Persönlichkeitsrechtsverletzungen

Eine noch im Kommissionsentwurf von 2003 und vom Parlamentsentwurf vorgeschlagene Spezialnorm für Persönlichkeitsverletzungen wurde wohl auf Druck der Medienlobby[277] bereits im ersten gemeinsamen Standpunkt des Rates[278] sowie im Kommissionsentwurf von 2006 gestrichen. Dagegen sah der Parlamentsentwurf und später auch der Bericht des Rechtsausschusses unter Leitung von Diana Wallis in der Empfehlung zur zweiten Lesung des Europäischen Parla-

---

275 Siehe zu Art. 9 Rom II-VO ausführlich *Knöfel*, Internationales Arbeitskampfrecht nach der Rom II-Verordnung, EuZA 2008, 228 ff.

276 Siehe zu den Schwierigkeiten im Rahmen der Begründung des Deliktsgerichtsstands bei Schädigungen durch Arbeitskampfmaßnahmen EGH – Rs. C-18/02 (05.02.2004), DFDS Torline ./. SEKO Sjöfolk, RIW 2004, 543 ff.

277 So *Fuchs*, ERA-Forum 2007, 3, 7; *v. Hinden* in: Baetge u.a. (Hrsg.), FS für Kropholler (2008), S. 573, 576 f. („ein Lehrstück über den Einfluss von Medien"); Eine Kampagne von englischen Presseunternehmen hatte auch dazugeführt, dass das Kollisionsrecht für defamation claims in England noch heute nicht kodifiziert ist und vom Private International Law (Miscellaneous Provisions) Act 1995 nicht erfasst wurde. Hier gilt weiterhin das Common Law. Dies zeigt, dass eine europaweite Vereinheitlichung dieser Regeln ein ambitioniertes Unterfangen war.

278 Siehe oben: Fn. 24.

ments[279] (übernommen in den Änderungsvorschlägen des Parlaments in zweiter Lesung[280]) jeweils eine Sonderanknüpfungsregel vor. Diese wurde jedoch nicht in die endgültige Fassung der Rom II-VO aufgenommen, da sich das Parlament und der Rat keine Einigung finden konnten[281]. Der Bereich wurde vielmehr gem. Art. 1 Abs. 1 lit. g Rom II-VO vom Anwendungsbereich der Verordnung ausgenommen, da man sich die Ratsmitglieder nur darauf einigen konnten, dass zumindest die allgemeine deliktische Anknüpfungsregel der Anknüpfung an den Erfolgsort für Persönlichkeitsrechtsverletzungen nicht passt, da es hier häufig zu Streuschädigungen durch Verwendung von Massenmedien kommt[282].

Der Kommissionsvorschlag von 2003 sah in Art. 6 grundsätzlich die Anwendung des Rechts am Erfolgsort und hilfsweise – sofern die Anwendung dieses Rechts mit den wesentlichen Grundsätzen der *lex fori* in Bezug auf die Meinungs- und Informationsfreiheit unvereinbar wäre – die Anwendung der *lex fori* vor.

Der Parlamentsentwurf schlug hingegen die Anwendung des Rechts des Staates vor, in dem der Schaden im Wesentlichen eintritt oder einzutreten drohte.

Vor dem Hintergrund der praktischen Relevanz von Pressedelikten ist entstandene Regelungslücke zu bedauern. Für diese in der Praxis häufig vorkommenden deliktischen Schuldverhältnisse fehlt somit eine Rechtsangleichung. Allerdings ist die Kommission gem. Art. 30 Abs. 2 Rom II-VO verpflichtet dem Europäischen Parlament bis zum 31.12.2008 eine Untersuchung zum Kollisionsrecht der Persönlichkeitsrechtverletzungen vorzulegen. Damit ist sichergestellt, dass die Vereinheitlichung auch dieses Kollisionsrechtsgebiets vorangetrieben wird – auch wenn die Kommission keine solche Untersuchung fristgerecht eingereicht hat. Darüber hinaus schafft die Rechtssprechung des europäischen Gerichtshofs für Menschenrecht in zunehmendem Maß eine Sachrechtsangleichung[283].

b) Außervertragliche Schuldverhältnisse aus anderer als unerlaubter Handlung

Art. 10, 11 und 12 Rom II-VO enthalten darüber hinaus besondere Regelungen für bereicherungsrechtliche Schuldverhältnisse, Schuldverhältnisse aus einer Geschäftsführung ohne Auftrag und Ansprüchen wegen Verschuldens bei Vertragsverhandlungen (culpa in contrahendo).

---

279 Änderungsvorschlag Nr. 19 der Empfehlung vom 22.12.2006, A6-0481/2006, abrufbar unter: http://www.europarl.europa.eu/sides/getDoc.do?pubRef=-//EP//NONSGML+REPORT+A6-2006-0481+0+DOC+PDF+V0//DE.

280 siehe oben: Fn. 25.

281 *Briere*, Clunet 2008, 31, 33.

282 *R. Wagner* in: Baetge u.a. (Hrsg.), FS für Kropholler (2008), S. 715, 720.

283 So *Kropholler*, IPR, S. 548.

(1) Ungerechtfertigte Bereicherung

Für bereicherungsrechtliche Ansprüche hat die Rom II-VO in Art. 10 ein eigenes Bereicherungsstatut.

Hierin ist für Ansprüche aus Leistungskondiktion akzessorisch an das Rechtsverhältnis, auf das die Leistung bezogen wurde, anzuknüpfen. Nach bisher in Deutschland geltendem Recht wurde Art. 38 EGBGB, die zentrale Kollisionsnorm für Bereicherungsansprüche im EGBGB, von Art. 32 Abs. 1, Nr. 5 EGBGB bzw. Art. 10 Abs. 1, lit. e EVÜ verdrängt. Da jedoch gem. Art. 28 Abs. 2 Rom II-VO multilaterale Verträge zwischen den Mitgliedstaaten wiederum von der Rom II-VO verdrängt werden – jedenfalls sofern kein Drittstaat beteiligt ist – genießen das EVÜ und die darauf beruhenden entsprechenden EGBGB-Artikel keinen Vorrang mehr. Art. 10 Rom II-VO ist sowohl für die Leistungs-, als auch für die Nichtleistungskondiktion einschlägig.

Das zukünftige Verhältnis zu Art. 11 Abs. 1, lit. e Rom I-VO, welcher Art. 10 Abs. 1 EVÜ entspricht, bleibt jedoch fraglich. Durch die eindeutige Regelung in Art. 10 Abs. 1 Rom II-VO – „einschließlich von Zahlungen auf eine nicht bestehende Schuld" – wird jedoch auch die Leistungskondiktion außervertraglich zu qualifizieren sein. Anwendbar ist somit die Rom II-VO.

Lässt sich kein Recht nach Art. 10 Abs.1 Rom II-VO bestimmen, findet das Recht des gemeinsamen gewöhnlichen Aufenthaltes Anwendung, Art. 10 Abs. 2 Rom II-VO.

Haben die Parteien keinen solchen gemeinsamen Aufenthalt, so erklärt Art. 10 Abs. 3 Rom II-VO das Recht am Ort des Bereicherungseintritts für anwendbar.

Für die Eingriffskondiktion gilt damit anders als in Art. 38 Abs. 2 EGBGB nicht mehr das Recht am Ort des Eingriffs, sondern das Recht am Ort des Bereicherungseintritts.

Aufgelockert wird die Anknüpfung für Kondiktionsansprüche in Art. 10 Abs. 4 Rom II-VO, wonach das Recht des Staates, zu dem das Rechtsverhältnis eine engere Verbindung hat, vorrangig Anwendung findet.

Eine Rechtswahl nach Art. 14 Rom II-VO ist zulässig.

(2) Geschäftsführung ohne Auftrag

Außervertragliche Schuldverhältnisse aus einer Geschäftsführung ohne Auftrag (negotiorum gestio) werden zunächst akzessorisch an ein bestehendes Schuldverhältnis der Parteien angeknüpft, Art. 11 Abs. 1 Rom II-VO.

Fehlt ein solches, ist gem. Abs. 2 der gemeinsame gewöhnliche Aufenthalt maßgeblich.

Fehlt auch dieser, ist der Ort der Vornahme der Geschäftsführungshandlung maßgeblich, Art. 11 Abs. 3 Rom II-VO. Im EGBGB ist dies in Art. 39 Abs. 1 die Grundregel.

Auch hier ist gem. Art. 11 Abs. 4 Rom II-VO eine offensichtlich engere Beziehung zu einem anderen Staat relevant.

Durch die Ausweichklauseln der Art. 41 Abs. 1 (engere Beziehung), Abs. 2, Nr. 1 (akzessorische Anknüpfung) und Nr. 2 (gemeinsamer gewöhnlicher Aufenthaltsort) EGBGB kam es jedoch auch im Anwendungsbereich des EGBGB zu einer Auflockerung, so dass sich inhaltlich keine Änderung durch die neue Rom II-VO ergeben wird.

Wie in Art. 42 EGBGB, so ist auch im Anwendungsbereich der Rom II-VO eine Rechtswahl zulässig.

(3) Culpa in contrahendo

Für die vorliegende Arbeit ist schließlich noch das in Art. 12 Rom II-VO geregelte Statut für Schuldverhältnisse aus Verschulden bei Vertragsverhandlungen, *culpa in contrahendo*, relevant.

Die Kommission hatte in ihrem Vorschlag von 2003 noch auf eine Spezialregelung für Schuldverhältnisse aus *culpa in contrahendo* verzichtet und stattdessen hierfür eine Lösung über die Auflockerung der Anknüpfung an eine, zwischen den Parteien möglicherweise bestehende, offensichtlich engere Verbindung bevorzugt[284]. Vor dem Hintergrund, dass eine solche Qualifikation als engere Verbindung nicht selbstverständlich ist und in vielen Fällen zweifelhaft sein kann, ist die Lösung der Rom II-VO, eine besondere Anknüpfung für solche Ansprüche zu enthalten eindeutiger und damit vorzugswürdig.

Mit der Regelung in den Art. 2 Abs. 1 und 12 Abs. 1 Rom II-VO wird der außervertragliche Charakter dieser Sonderverbindung klargestellt[285]. Unterstrichen wird dies in Erwägungsgrund Nr. 30, wonach der Begriff autonom und so auszulegen ist, dass er die „Verletzung der Offenlegungspflicht und den Abbruch von Vertragsverhandlungen" einschließt. Das Rechtverhältnis aus *culpa in contrahendo* ist somit im Anwendungsbereich der Rom II-VO deliktisch zu qualifizieren.

Damit steht die Rom II-VO im Einklang mit der vom EuGH zur internationalen Zuständigkeit bei *c.i.c.*-Ansprüchen entwickelten Tacconi-Rechtsprechung[286]. In der Rechtssache Tacconi hatte der EuGH im Falle eines Abbruchs von Vertragsverhandlungen Art. 5 Nr. 3 EuGVO für anwendbar erklärt. Eröffnet ist somit der besondere Gerichtstand für Delikte, und nicht der besondere Gerichtstand für vertragliche Ansprüche[287].

284 KOM(2003) 427, S: 14.

285 *Lagarde* in: Le Règlement Communautaire „Rome II", S. 201, 206; *Lüttringhaus*, RIW 2008, 193, 196.

286 Siehe oben FN. 56.

287 Diese Lösung wurde wegen des als zu eng verstandenen Merkmals der Freiwilligkeit kritisiert (vgl. *Kropholler*, EuZPR, Art. 5 Nr. 3 EuGVO, Rn. 18) und widerspricht der in Deutschland

Der Gemeinschaftsgesetzgeber hätte hier im Rahmen des Kollisionsrechts natürlich eine von der Bestimmung der Zuständigkeiten abweichende Regelung treffen können, übertrug jedoch die Tacconi-Rechtsprechung auf das Kollisionsrecht.

Die Rom I-VO sieht dementsprechend in Art. 1 Abs. 2, lit. i Rom I-VO vor, dass Schuldverhältnisse aus Verhandlungen vor Abschluss eines Vertrags vom Anwendungsbereich der Rom I-VO ausgeschlossen sind.

Das Vertragsstatut ist im Normalfall dennoch zu bestimmen. Gem. Art. 12 I Rom II-VO werden diese Schuldverhältnisse, wiederum sofern keine Rechtswahl getroffen wurde, an das (hypothetische) Vertragsstatut angeknüpft.

Kann das hypothetische Vertragsstatut nicht bestimmt werden, so ist nach Art. 12 Abs. 2, lit. a bzw. lit. b Rom II-VO an den Erfolgsort oder den gemeinsamen gewöhnlichen Aufenthalt anzuknüpfen.

Fraglich ist, ob es sich hierbei um ein Alternativanknüpfung oder eine Anknüpfungsleiter handelt.

G. Wagner geht von letzterem aus[288]. Hiernach wäre also immer zunächst ein vorliegender gemeinsamer Aufenthalt maßgeblicher Anknüpfungspunkt.

Das verwendete Wort „oder“ bzw. „or“ im Englischen sowie ein Umkehrschluss zu Art. 5 Abs. 1 Rom II-VO, in dem „andernfalls“; „or, failing that“ verwendet wird und eindeutig eine Anknüpfungsleiter geregelt wurde, deuten allerdings auf eine Alternativanknüpfung hin.

Eine solche Auslegung würde die Anschlussfrage eröffnen, ob dem Geschädigten ein Wahlrecht zustehen soll, bzw. das Gericht von Amts wegen das günstigere Recht ermitteln muss.

Teilweise wird dem Wortlautargument in der Literatur allerdings auch entgegengehalten, Art. 12 Abs. 2 Rom II-VO müsse als Parallelnorm zu der Regelanknüpfung in Art 4 Rom II-VO verstanden werden. Dort ist die Anknüpfung als Anknüpfungsleiter konzipiert, was sich dort jedoch auch deutlich aus dem Wortlaut ergibt. Wie in Art. 4 Rom II-VO soll daher auch Art. 12 Abs. 2 Rom II-VO eine Anknüpfungsleiter vorsehen.

Besteht zwischen dem Schuldverhältnis und einem anderen als durch Abs. 2 lit. a oder lit. b bestimmten Staat eine offensichtlich engere Verbindung, so ist gem. lit. c abweichend von Art. 12 Abs. 2, lit. a bzw. b Rom II-VO dessen Recht anzuwenden. Auch diese Regelung spricht für eine Parallelität zu Art. 4 Rom II-VO und damit für eine Anknüpfungsleiter in Art. 12 Abs. 2 Rom II-VO.

In der Praxis wird der Abs. 2 ohnehin kaum zur Anwendung kommen, da das hypothetische Vertragsstatut nur dann nicht bestimmt werden kann, wenn

herrschenden Trennung zwischen Ansprüchen wegen Verletzung von Aufklärungs- und Beratungspflichten (dann Vertragsstatut) und der Verletzung von deliktsähnlichen Obhuts- und Schutzpflichten (dann Deliktsstatut) vgl. oben B.I.1.b).

288 Siehe IPRax 2008, 1, 12.

die Parteien einen Vertragsschluss noch nicht einmal in Aussicht genommen haben[289].

Fraglich ist jedoch, ob auch vertragsferne Schädigungen wie etwa die Verletzung von Integritätsinteressen während Vertragsverhandlungen, die im deutschen Recht ebenfalls als Fälle der *c.i.c.*-Haftung angesehen werden[290], unter Art. 12 Rom II-VO qualifiziert werden sollen. Hier ist die Abgrenzung zwischen dem Anwendungsbereich von Art. 4 und Art. 12 Rom II-VO entscheidend. Das im deutschen Recht anerkannte Differenzieren zwischen vertraglicher und deliktischer Qualifikation findet sich also nun auf europäischer Ebene als Differenzierung zwischen den Anwendungsbereichen von Art. 12 und Art. 4 Rom II-VO wieder.

Erwägungsgrund Nr. 30 stellt klar, dass Körperverletzungen nicht vom Statut der *c.i.c.* in Art. 12 Rom II-VO umfasst sind. Diese Aussage ist wohl auf alle Verletzungen des Integritätsinteresses im vorvertraglichen Bereich zu verallgemeinern[291].

Der Anwendungsbereich des Art. 12 Rom II-VO ist somit auf diejenigen Schuldverhältnisse beschränkt, die sich aus dem Abbruch von Vertragsverhandlungen oder aus der Verletzung von Offenlegungspflichten, sog. transaktionsbezogene vorvertragliche Pflichtverletzungen, ergeben. In den meisten Mitgliedsstaaten ist die Haftung aus vorvertraglichem Verschulden auch nur in diesen Fällen anerkannt. Die in Deutschland ebenfalls vom Anwendungsbereich der *culpa in contrahendo* erfassten Schäden durch Verletzung der Integritätsinteressen im vorvertraglichen Bereich sind folglich nicht als *c.i.c.*-Schuldverhältnisse im Sinne des Art. 12 Rom II-VO zu qualifizieren[292].

In diesen Fällen gelten gem. Erwägungsgrund Nr. 30 die sonstigen besonderen Kollisionsregeln, also insbesondere die Regelanknüpfung aus Art. 4 Abs. 1 Rom II-VO.

Im Ergebnis sind daher die sachlichen Differenzen unter den oben geschilderten unterschiedlichen Ansichten zur Qualifikation der *c.i.c.* gering[293].

Da Art. 12 Rom II-VO nun fast ausschließlich Fälle von unerlaubtem Vertragsabbruch umfasst, wird der Anwendungsbereich von Art. 12 Abs. 2 Rom II-VO sehr klein, da regelmäßig ein hypothetisches Vertragsstatut bestimmbar sein wird. Übrig bleiben für Art. 12 Abs. 2 Rom II-VO nur noch Fälle in denen der Vertrag, dessen Verhandlungen abgebrochen, kaum inhaltlich festgehalten

289 *G. Wagner*, IPRax 2008, 1, 12.
290 BGH v. 28.01.1976, NJW 1976, 712.
291 *Lüttringhaus*, RIW 2008, 193, 197.
292 So *Leible/Lehmann*, RIW 2007, 721, 733; *G. Wagner*, IPRax 2008, 1, 13; *Lüttringhaus*, RIW 2008, 193, 197 f.
293 *G. Wagner*, IPRax 2008, 1, 12.

wurde. Auch die nach Art. 28 Abs. 2, S. 1 EGBGB/Art. 4 Abs. 2, S. 1 EVÜ/Art. 4 Rom I-VO entscheidende charakteristische Leistung darf noch nicht bestimmbar sein. Der Abbruch muss also in einem sehr frühen Stadium erfolgen[294]. In diesem Stadium wird der Vertragsabbruch jedoch selten eine Pflichtverletzung darstellen.

Daneben könnte Art. 12 Abs. 2 Rom II-VO für Dritthaftungsfälle relevant werden, sofern diese europarechtlich als vertragsähnliche culpa in contrahendo-Schuldverhältnisse qualifiziert werden[295].

Für Delikte im Zusammenhang mit Kapitalanlagegeschäften wird regelmäßig ebenfalls ein hypothetischer Hauptvertrag fehlen, an den über Art. 12 Rom II-VO anzuknüpfen wäre. Hierbei handelt es sich in der Regel um Kommissionsgeschäfte, bei denen ein Vertragsschluss zwischen Prospektverantwortlichem und geschädigtem Anleger nicht zustande kommt[296].

Eine Rechtswahl der Parteien nach Art. 14 Rom II-VO ist zulässig[297].

3. Lex domicilii communis, Art. 4 Abs. 2

Bei gemeinsamem gewöhnlichem Aufenthalt gilt gem. Art. 4 Abs. 2 Rom II-VO zwingend dessen Recht, die *lex domicilii communis*. Auf die Regelanknüpfung aus Art. 4 Abs. 1 Rom II-VO muss nicht zurückgegriffen werden.

Der Vorteil einer solchen Auflockerung der Regelanknüpfung besteht darin, dass die Parteien mit dem Recht des gemeinsamen Aufenthaltes vertraut sind und die Schadensabwicklung dadurch erleichtert wird[298]. Auch wenn der Schädiger und der Geschädigte vorher nicht in Kontakt standen und sie sich somit nicht eines gemeinsamen Aufenthaltes bewusst sind, entspricht die Anwendung des Rechts am eigenen gewöhnlichen Aufenthalt regelmäßig dem Interesse einer Partei[299].

---

294 *Lüttringhaus*, RIW 2008, 193, 198.

295 So und grundsätzlich zur Qualifizierung der Dritthaftung im Rahmen der Rom II-VO siehe *Schinkels*, JZ 2008, 272, 278 f; so auch *Lüttringhaus*, RIW 2008, 193, 198.

296 Schmitt, BKR 2010, 366, 369.

297 Sofern eine Rechtswahl vor Eintreten des schädigenden Ereignisses vorgenommen wurde, ist jedoch das Vorliegen eines Vorvertrages zu prüfen. Ansprüche aus der Verletzung der daraus resultierenden Pflichten unterlägen dann als vertragliche Ansprüche der Rom I-VO.

298 *Leible/Engel*, EuZW 2004, 7, 11.

299 *Doris*, EuLF 2007, 152, 156; *Petch*, JIBLR 21 (2006), 449, 455; jedenfalls besteht dann ein größeres Interesse an der Anwendung der *lex domicilii communis*, als an der Anwendung des Tatortrechts. In diesen Fällen ist vielmehr die Anwendung des Tatortrechts unpassend. Die Entscheidungen US-amerikanischer Gerichte, die zur sog. *conflicts revolution* im Bereich des Deliktskollisionsrechts führten, ergingen in Fällen, in denen die Parteien gemeinsames *domici-*

Besonders bei Platzdelikten, an denen nur Ausländer beteiligt sind, bietet die Anknüpfung an den gemeinsamen gewöhnlichen Aufenthalt eine gerechte Lösung, da diese sich an die Standards des gemeinsamen Heimatdeliktsrechts orientieren[300].In Fällen, in denen sich die Parteien in besonderem Maße an die Haftungsregelungen des Handlungsortes angepasst haben, kann die feste Anknüpfungsregel des Art. 4 Abs. 2 Rom II-VO jedoch zu unbilligen Ergebnissen führen[301]. Der Parlamentsentwurf, der lediglich eine in das Ermessen des Richters gestellte Anknüpfung an den gemeinsamen Aufenthalt vorsah, konnte diese Fälle auf Grund seiner Flexibilität im Einzelfall besser lösen[302]. Aber auch die endgültige Fassung der Rom II-VO bietet die Möglichkeit einer Korrektur über die Ausweichklausel der offensichtlich engeren Beziehung in Art. 4 Abs. 3 Rom II-VO. Aus diesem Grund ist die Unterwerfung des gemeinsamen gewöhnlichen Aufenthalts unter die Ausnahme der engsten Verbindung in Art. 4 Abs. 3 Rom II-VO richtig[303].

Dennoch wird die Anwendung des Rechts eines gemeinsamen gewöhnlichen Aufenthalts teilweise als ungerecht kritisiert.

Stone führt hierzu eine ganze Reihe von Fallmöglichkeiten auf, bei denen die Anwendung des Rechts eines gemeinsamen Aufenthaltes zu ungerechten Ergebnissen führe. Zunächst folge aus dem primären Gedanken des Schutzes des Geschädigten, dass das Recht des gemeinsamen gewöhnlichen Aufenthalts nur dann anzuwenden sei, wenn dessen Bestimmungen für den Geschädigten vorteilhafter sind[304]. Hiergegen spricht jedoch, dass eine solche Geschädigtenbevorzugung verkennt, dass eine Anknüpfung an den gewöhnlichen Aufenthalt auch den Schädiger vor gegebenenfalls übertriebenen Schadensersatzforderungen schützen soll.

Darüber hinaus stelle Art. 4 Abs. 2 Rom II-VO eine ungerechtfertigte Missachtung der räumlichen Hoheitsgewalt eines Staates dar[305]. Das dieses Argument nicht schlüssig ist, da staatliche Interessen zurückstehen und Art. 17 Rom II-VO ihnen ausreichend entspricht, wird unten ausführlich dargestellt[306].

---

le hatten, und die Gerichte die Anwendung der Tatortrechts als unbillig empfanden, siehe etwa Clark v. Clark, 222 A.2d 205, 210 (N.H. 1966) oder Babcock v. Jackson, 191 N.E.2d 279, 284-85 (N.Y. 1963). Eine Art. 4 Abs. 2 Rom II-VO entsprechende Regelung im ersten Restatement hätte demnach die *conflict revolution* möglicherweise verhindern können, vgl. *Weintraub*, TexILJ 43 (2008), 401, 408.

300 So *G. Wagner*, IPRax 2006, 372, 378.

301 *G. Wagner*, IPRax 2006, 372, 378.

302 *G. Wagner*, IPRax 2006, 372, 378.

303 *Lagarde* in: Le règlement communautaire "Rome II", S. 201, 206.

304 *Stone*, EuLF 2004 (E), 213, 218 (jedenfalls für Straßeverkehrsunfälle mit körperlichen Schäden für den Geschädigten).

305 *Stone*, EuLF 2004 (E), 213, 218.

306 Siehe hierzu unten: Kapitel C.II.5.a)(3)(b).

Ferner sei in Fällen, in denen dieselbe deliktische Handlung mehrere Personen schädigt, eine Anknüpfung an den gewöhnlichen Aufenthalt des Schädigers und eines Geschädigten ungerecht, sofern nicht alle Geschädigten einen mit dem Schädiger gemeinsamen gewöhnlichen Aufenthalt haben[307].

So könnte beispielsweise derselbe Straßenverkehrsunfall zur Anwendung von unterschiedlichem Recht führen, falls nur mancher Insasse mit dem Schädiger einen gemeinsamen gewöhnlichen Aufenthalt hat.

Es leuchtet jedoch nicht ein, warum die Anknüpfung an einen gemeinsamen gewöhnlichen Aufenthalt einem Geschädigten verweigert werden sollte, nur weil andere Geschädigte hinzutreten, zumal für alle Ansprüche gem. Art. 17 Rom II-VO die Sicherheits- und Verhaltensregeln des Handlungsortes gelten[308]. Der gemeinsame gewöhnliche Aufenthalt und auch eine mögliche engere Verbindung sind für jeden Betroffenen gesondert zu bestimmen[309].

Die Auflockerung des Art. 4 Abs. 2 Rom II-VO gilt gem. Art. 5 Abs. 1 Rom II-VO neben der Regelanknüpfung auch für die Anknüpfung bei den Produkthaftungsansprüchen sowie gem. Art. 6 Abs. 2 Rom II-VO für die Anknüpfung bei unlauteren Wettbewerb, sofern dieser nur einen bestimmten Mitbewerber beeinflusst.

Im Gegensatz dazu gilt die Ausnahme nicht bei sonstigem unlauteren Wettbewerb, bei Umweltschädigungen und bei Verletzungen des geistigen Eigentums. Hier sind in starker Weise gesellschaftliche Interessen berührt, die die Interessen der Parteien überwiegen[310].

Der Zeitpunkt, in dem der gemeinsame gewöhnliche Aufenthalt vorliegen muss, ist der des Schadenseintritts, also der Rechtsgutsverletzung[311].

Ob ein solcher gewöhnlicher Aufenthalt vorliegt, ist durch autonome Auslegung zu bestimmen.

Bei Verbänden liegt der gewöhnliche Aufenthalt gem. Art. 23 Abs. 1 Rom II-VO am Ort ihrer Hauptverwaltung. Entscheidend ist hier nicht der satzungsmäßige, sondern der effektive Verwaltungssitz[312]. Im Rahmen des gewöhnlichen Aufenthalts gilt für juristische Personen somit die Sitz- und nicht die Gründungstheorie[313].

Bei Rechtsgutsverletzungen durch Zweigniederlassungen kommt es auf den Sitz der Zweigniederlassung an, Art. 23 Abs. 1, S. 2 Rom II-VO.

---

307 *Stone*, EuLF 2004 (E), 213, 219; *Huber/Bach*, IPRax 2005, 73, 76.

308 Siehe mit weiteren Argumenten: *Doris*, EuLF 2007, 152, 155.

309 So *v. Hein* in: Baetge u.a. (Hrsg.), FS für Kropholler (2008), S. 553, 571 (Dies gelte „auch wenn das für das Gericht unbequem sein mag. Dies dient nicht zuletzt dem Entscheidungseinklang mit den Vertragsstaaten des HStVÜ, vgl. Art. 4, lit. a, S. 2 HStVÜ").

310 *Symeonides*, AJCompL 56 (2008), 173, 194.

311 *v. Hein*, ZVglRWiss 102 (2003), 528, 546.

312 *Alvérez*, EuLF 2007, I-77, I-83.

313 *G. Wagner*, IPRax 2008, 1, 4.

Gem. Art. 23 Abs. 2 Rom II-VO ist der Ort des gewöhnlichen Aufenthaltes bei natürlichen Personen, die in Ausübung ihrer beruflichen Tätigkeit ein Rechtsgut verletzen, der Ort der ihrer Hauptniederlassung.

Bei sonstigen natürlichen Personen ist der gewöhnliche Aufenthalt über den Mittelpunkt der Lebensinteressen zu bestimmen, welcher durch die soziale Integration einer Person in einem Land begründet wird[314]. Ob eine solche soziale Integration vorliegt, ist durch tatsächliche persönliche, familiäre und berufliche Kriterien wie etwa den Wohnsitz, den Schuldbesuch der Kinder, das Ausüben des Berufs sowie die Belegenheit der Vermögensinteressen zu entscheiden[315].

Art. 4 Abs. 2 gilt nicht analog für Fälle, in denen die Parteien einen gewöhnlichen Aufenthalt in unterschiedlichen Staaten haben, in diesen Staaten jedoch inhaltlich das gleiche materielle Recht gilt. Der Parlamentsentwurf sah in Art. 4 Abs. 3, lit. a, 2. Alt. noch die Anwendung dieses einheitlichen Rechts vor[316]. Im Falle etwa eines Jagdunfalls zwischen einem belgischen und einem französischen Jäger in Kenia, scheint die Anwendung kenianischen Rechts nicht gerecht, falls französisches und belgisches Sachrecht dem Geschädigten gleichviel Schadensersatz, kenianisches Schadensersatzrecht jedoch einen viel geringeren Anspruch zuspricht[317].

Anders als über eine analoge Anwendung des Art. 4 Abs. 2 Rom II-VO will *v. Hein* solche Fälle über Art. 4 Abs. 3 Rom II-VO lösen und einen gemeinsamen gewöhnlichen Aufenthalt auf dem Gebiet der Gemeinschaft als engere Verbindung ausreichen lassen[318]. Hiefür spreche, dass der Verordnungsgeber in Art. 14

---

314 So für einen einheitlichen europäischen Begriff des gewöhnlichen Aufenthalts *Baetge* in: ders. u.a. (Hrsg.), FS für Kropholler (2008), S. 77, 80 ff.

315 *Baetge* in: ders. u.a. (Hrsg.), FS für Kropholler (2008), S. 77; der gewöhnliche Aufenthalt wird danach regelmäßig mit dem Wohnsitz der Person zusammentreffen, so *Alvérez*, EuLF 2007, I-77, I-83; jedenfalls bestimmt sich der gewöhnliche Aufenthalt nicht nach dem im *common law*-Rechtskreis als Anknüpfungspunkt verbreiteten *domicile* einer Person. Auch die englische Fassung der Rom II-VO spricht daher nicht von *domicile*, sondern von *habitual residence*, vgl. für die Unterschiede: *North/Fawcett*, Private International Law, S. 161 ff.

316 Für eine solche analoge Anwendung auch *Stone*, EuLF 2004 (E), 213, 219, der jedoch auch eine Lösung dieser Fälle über die Anknüpfung an die engste Verbindung für gangbar hält.

317 So der Beispielsfall zur Kritik von *Symeonides*, AJCompL 56 (2008), 173, 196 („the common-domicile rule of Rome II is too narrow in that it applies only when the parties are domiciled in the same state but not when they are domiciled in different countries that have the same laws"); Symeonides will hier auch schon eine ungefähre Übereinstimmung der Schadensersatzhöhe in den jeweiligen Heimatstaaten ausreichen lassen; ebenso für eine Behandlung unterschiedlicher Staaten mit dem selben materiellen Recht jedoch für eine generelle Einschränkung falls das Recht des gemeinsamen gewöhnlichen Aufenthalts keine oder eine geringere Haftung für den Schädiger vorsieht, als es das Erfolgsortrecht täte, *Weintraub*, TexILJ 43 (2008), 401, 408.

318 *v. Hein* in: Baetge u.a. (Hrsg.), FS für Kropholler (2008), S. 553, 566. Auch *v. Hein* will hierfür eine substantielle Übereinstimmung ausreichen lassen. Gegen eine analoge Anwendung von Art. 4 Abs. 2 Rom II-VO bereits ausdrücklich *v. Hein*, ZEuP 2008, 6, 16.

Abs. 3 Rom II-VO (Einschränkung der Auswirkung der Rechtswahl) das Staatsgebiet aller Mitgliedsstaaten als einheitliches Staatsgebiet behandelt. Allerdings solle nach *v. Hein* dies nur für Unionsbürger gem. Art. 17 EGV gelten.

Die Bewertung dieser Ansicht bezieht sich auf eine grundsätzliche Fragestellung, inwiefern die Rom II-VO zwischen der Behandlung von Drittstaatlern und Unionsbürgen, bzw. zwischen Drittstaats- und reinen Binnensachverhalten unterscheidet. Grundsätzlich sieht die Rom II-VO Abweichungen vom Grundsatz der Gleichbehandlung all dieser Fälle nur sehr selten vor. Die Ausnahme des Art. 14 Abs. 3 Rom II-VO zu verallgemeinern erscheint daher nicht mit dem Willen des Verordnungsgebers vereinbar.

Hierfür spricht auch, dass der Verordnungsgeber eine Art. 4 Abs. 3, lit. a, 2. Alt. des Parlamentsentwurfs nicht – auch nicht auf Unionsbürger beschränkt – übernommen hat. Für Schadensfälle bei Personenschäden hat das Gericht ohnehin gem. Erwägungsgrund Nr. 33 die relevanten tatsächlichen Umstände des Opfers – sprich seine tatsächlich entstandenen Verluste und Kosten – zu berücksichtigen.

Sofern es sich um internationales Einheitsrecht handelt, geht dessen Anwendung ohnehin einer Kollisionsrechtsanwendung vor.

4. Regelanknüpfung

a) Art. 4 Abs. 1 Rom II-VO

Die Grundregel für die kollisionsrechtliche Anknüpfung von deliktischen Handlungen findet sich in Art. 4 Abs. 1 Rom II-VO.

Hiernach ist Anknüpfungspunkt der Ort, an dem der Schaden der unerlaubten Handlung eingetreten ist.

An dieser Stelle weicht die Rom II-VO strukturell von der Regelung des EVÜ ab. Während im EVÜ die engsten Verbindung an der Spitze der Anknüpfungsregeln bei fehlender Rechtswahl steht[319], haben sich im Rechtssetzungsverfahren der Rom II-VO die Vertreter einer Grundregelanknüpfung durchgesetzt. Für eine Generalklausel in Form der Anknüpfung an die engste Verbindung hatte sich noch die Europäische Gruppe für Internationales Privatrecht ausgesprochen, die 1998 und damit noch vor Inkrafttreten des Vertrags von Amsterdam einen Entwurf eines Kollisionsrechtsübereinkommens für außervertragliche Schuldverhältnisse vorgelegt hatten[320]. Schon lange gibt es im Deliktskollisionsrecht

319 Art. 4 Abs. 1 EVÜ.

320 Abgedruckt in IPRax 1999, 286.

Bestrebungen zu Lösungsansätzen, die vermehrt auf einer Einzelfallanalyse aufbauen. Diese vor allem im common-law-Rechtskreis vertretenen Ansichten, etwa die der Anwendung des „proper law of tort“[321] und der Anknüpfung an die „most significant relationship“, spiegelten sich auch in der teilweise aufgegebenen „double actionability rule“ des englischen Kollisionsrechts wider, nach der einer alleinigen Tatortanknüpfung nicht zugetraut wird, das anwendbare Recht einzelfallgerecht zu bestimmen.

Auch die englische Berichterstatterin des Parlaments, Diana Wallis, hatte in ihrer Stellungnahme zum Kommissionsentwurf von 2003 statt der darin enthaltenen Tatortanknüpfung eine Anknüpfung an den Ort, mit dem das gesetzliche Schuldverhältnis am engsten Verbunden ist, vorgeschlagen[322]. Dieser Grundregel folgten dann einige Vermutungsregeln. Schon der Parlamentsentwurf folgte der Stellungnahme jedoch nicht.

Im Spannungsverhältnis zwischen Einzelfallgerechtigkeit und Rechtssicherheit, in dem sich die Suche nach der geeigneten Kollisionsnorm befindet[323], stellt die Verwendung einer konkreten Anknüpfungsregel eine Entscheidung zu Gunsten der Rechtssicherheit dar. Zusammen mit der subsidiären Natur der Grundregelanknüpfung ist die Verwendung einer konkreten Anknüpfungsregel zu begrüßen. Eine gesetzliche Anknüpfung an die engste Verbindung wäre zu unbestimmt. Die mit Erlass der Rom II-VO bezweckte Rechtsvereinheitlichung wäre verfehlt, da eine solche Generalklausel vermutlich durch die mitgliedsstaatlichen Gerichte unterschiedlich ausgelegt würden, bis der EuGH die Anknüpfung konkretisiert hätte[324].

Seit der Neuregelung des europäischen Kollisionsrechts für vertragliche Schuldverhältnisse in der Rom I-VO spricht für die nun verwendete Konzeption

---

321 *Morris*, Harv.L.Rev. 64 (1950/51), 831, 881; favorisiert wurde eine solche flexible Anknüpfung auch vom Irischen Supreme Court in der Entscheidung *Grehan v. Medical Incorporated* [1986] ILRM 627; gefolgt ist diesem Ansatz auch das Restatement of the Law of Conflict of Laws, Second, 1971, Chap. 7 Torts, § 145, S. 414 ff.; nach heftiger Kritik an der zu statischen und zu ungerechten Ergebnissen führenden Tatortanknüpfung im ersten Restatement (vgl. dazu etwa *Currie*, Notes on Methods and Objectives in The Conflict of Laws, DUKE L.J. 1959, 171); lediglich zehn US-Bundesstaaten hielten an der Anknüpfung an den Tatort fest, vgl. *Gray*, Sydney L. Rev. 30 (2008), 537, 548.

322 Entwurf des Berichts des Rechtsausschusse des Europäischen Parlaments, Berichterstatterin: Diana Wallis, (Doc. Nr.: PR\546929DE), S. 14 f.: „Ist in dieser Verordnung nichts anderes vorgesehen, ist auf ein außervertragliches Schuldverhältnis aus unerlaubter Handlung das Recht des Staates anzuwenden, der mit dem außervertraglichen Schuldverhältnis die engste Verbindung aufweist“; abrufbar unter: http://www.europarl.europa.eu/meetdocs/2004_2009 / documents/pr/546/546929/546929de.pdf.

323 So *Kropholler*, RabelsZ 33 (1969), 601, 650; das ist auch europaweit anerkannt, siehe etwa Rodger, ICLQ 47 (1998), 205, 210.

324 So auch *Leible* in: Reichelt (Hrsg.), Europäisches Gemeinschaftsrecht und IPR, 31, 40

auch nicht mehr, dass sie einem möglichen Zusammenführen des Kollisionsrechts für vertragliche und außervertragliche Schuldverhältnisse entgegensteht. Auch die neue Rom I-VO in Art. 4 Abs. 1 Rom I-VO entgegen der alten Regelung des EVÜ konkrete Anknüpfungspunkte.

Inhaltlich ist für die gewählte Regelanknüpfung der Rom II-VO die Bestimmung des Begriffs „Schaden“ entscheidend.

Auch die Auslegung dieses Begriffes hat verordnungskonform zu erfolgen, und auch hier findet sich im Verordnungstext keine weitere Definition, sondern lediglich eine negative Abgrenzung. Gem. Art. 4 Abs. 1, 2. HS Rom II-VO sind mit Schadenseintritt jedenfalls nicht das schadensbegründende Ereignis oder die indirekten Schadensfolgen gemeint. Bezüglich des indirekten Schadens legt gleiches der Erwägungsgrund Nr. 17 fest.

Bei dem in Art. 4 Abs. 1, 1. Hs. Rom II-VO genannten Schaden handelt es sich folglich um die direkte Schadensfolge, worunter der haftungsbegründende Schaden zu verstehen ist[325]. Mit dem „schadensbegründenden Ereignis“ hingegen ist nach deutscher Terminologie der Ort der Handlung[326], und mit „indirekten Schäden“ sind die haftungsausfüllenden Tatbestände gemeint[327].

Alleiniger Anknüpfungspunkt ist somit der Ort der Rechtsgutsverletzung (sog. *lex loci damni*-Regel)[328]. Der Begriff der „Rechtsgutsverletzung“ selbst wird wohl nur deshalb nicht im Verordnungstext verwendet, da er den romanischen Deliktsrechten unbekannt ist[329]. Es zeigt sich hier an der Diktion der Rom II-VO also deutlich der Einfluss der romanischen Nachbarländer, die auf deliktische Generalklauseln zurückgreifen und nicht mit einem bestimmten Verletzungserfolg, sondern dem eintretenden Schaden arbeiten. Hier wird, wie etwa Artikel 1382[330] des französischen Code Civil und Artikel 2043[331] des italienischen Codice Civile, auf eine konkrete Rechtsgutsverletzung verzichtet[332].

Eine abweichende Tatortbestimmung wollte der Gemeinschaftsgesetzgeber mit der Verwendung dieser Begrifflichkeit jedoch nicht bezwecken.

---

325 *Fricke*, VersR 2005, 726, 739; *v. Hein*, ZVglRWiss 102 (2003), 528, 542; *G. Wagner*, IPRax 2008, 1, 4.

326 *Junker* in: MüKo, Anh. zu Art. 42 EGBGB, Rn. 35; *Fuchs*, GPR 2003-2004, 100, 101.

327 *Benecke*, RIW 2003, 830, 833.

328 *Garcimartín Alférez*, EuLF 2007, I-77, I-84; *Fuchs*, GPR 2003-2004, 100, 101; *Hay*, EuLF 2007, I-138, I-143; *v. Hein*, VersR 2007, 440, 443; *Leible/Engel*, EuZW 2004, 7, 10; *Leible/Lehmann*, RIW 2007, 721, 724; *Sonnentag*, ZVglRWiss 105 (2006), 256, 265.

329 *G. Wagner*, IPRax 2006, 372, 376; *Kadner Graziano*, RabelsZ 73 (2009), 1, 36 (dort Fn. 14).

330 „Tout fait quelconque de l‘homme, qui cause à autrui un dommage, oblige celui par la faute duquel il est arrivé, à le réparer”.

331 „Qualunque fatto doloso o colposo, che cagiona ad altri un danno ingiusto, obbliga colui che ha commesso il fatto a risarcire il danno”.

332 *Spickhoff* in: Baetge u.a. (Hrsg.), FS für Kropholler (2008), S. 673, 681.

Die Formulierung ist dennoch missverständlich[333], da nach deutscher Begriffsbestimmung die Begriffe „Schaden“ und „Rechtsgutsverletzung“ grundsätzlich zu trennen sind. Allerdings ist auch der Begriff der Rechtsgutsverletzung unbestimmt, und so wurde in der Vergangenheit versucht, die Rechtsgutsverletzung von dem bloßen Schadeneintritt abzugrenzen, indem der Erfolgsort als Ort der unmittelbaren Schädigung definiert wurde[334]. Gerade das in der vorliegenden Arbeit behandelte Problem der Vermögensschäden zeigt, das ein reines Abstellen auf eine Rechtsgutsverletzung nicht auf alle Delikte passt.

Unabhängig von der unterschiedlichen Begrifflichkeit kann jedoch die dabei inhaltlich einheitliche Unterscheidung zwischen relevanter unmittelbarer und irrelevanter mittelbarer Schädigung auf die Unterscheidung der Rom II-VO zwischen direktem und indirektem Schaden übernommen werden.

An diesem Punkt steht die Rom II-VO in der Tradition des in der Einleitung bereits erwähnten Übereinkommensvorentwurfs über das IPR der vertraglichen und außervertraglichen Schuldverhältnisse der EU-Kommission von 1972[335], dessen Wortlaut ebenfalls auf die Verwendung des Erfolgsortes als Anknüpfungspunkt hindeutet[336], ohne hierzu jedoch ausdrücklich Stellung zu beziehen.

Auch in den USA war die Erfolgsortanknüpfung zur Tatortbestimmung lange bevorzugt (sog. „last event rule“)[337].

Von der Auslegung des Deliktsgerichtsstands der EuGVO durch den EuGH weicht die nun in Art. 4 Abs. 1 Rom II-VO gefundene Lösung jedoch ab.

Bei dem ähnlich lautenden Art. 5 Nr. 3 EuGVO versteht der EuGH, wie schon in seiner Rechtsprechung zu Art. 5 Nr. 3 EuGVÜ[338], den Ort, an dem das schädigende Ereignis eingetreten ist (nach deutscher Terminologie) sowohl als Erfolgsals auch als Handlungsort[339].

Nach der oben erläuterten Auslegung des Art. 4 Abs. 1 Rom II-VO kann die Rom II-VO somit nur noch am Erfolgsort zu einem Gleichlauf mit der internationalen Zuständigkeit führen[340].

---

333 *Fricke*, VersR 2005, 726, 739; *Sonnentag*, ZVglRWiss 105(2006).

334 *Kegel/Schurig*, IPR, § 18 IV, a).

335 siehe Fn. 3.

336 *v. Overbeck/Volken*, RabelsZ 38 (1974), 56, 62.

337 Gem. § 377 des (ersten) Restatement of the Law of Conflict of Laws (1934) war dies in den USA sogar normiert: „The place of wrong is in the state where the last event necessary to make an actor liable for an alleged tort takes place“ – seit der „conflicts revolution“ der 1960er Jahre abgelöst durch das Konzept der „most significant relationship“ in § 145 des second Restatements.

338 EuGH – Rs. 21/76 (30. 11. 1976), Bier ./. Mines de Potasse D'Alsace, Slg. 1976, 1735 – *Rheinverschmutzungsfall*.

339 EuGH – Rs. C-18/02 (05.02.2004), DFDS Torline ./. SEKO Sjöfolk, RIW 2004, 543, 546.

340 *G. Wagner*, IPRax 2008, 1, 4; *Junker* in: MüKo, Anh. zu Art. 42, Rn. 35; *ders.*, NJW 2007, 2675, 2678.

Ein solcher fehlender Gleichlauf mit der EuGVO ist jedoch vom Verordnungsgeber bewusst gewählt und wird von der Europäischen Kommission als Korrektiv des sog. *forum shopping*[341] gerechtfertigt[342]. Durch die ausschließliche Anknüpfung an den Erfolgsort soll die *forum shopping*-Möglichkeit des Klägers durch ein einheitliches IPR eingeschränkt werden.

Alleiniger Anknüpfungspunkt ist somit der Erfolgsort. Der Handlungsort ist entgegen der Auslegung der EuGVO hier nicht mit umfasst[343].

Damit gilt auch das Günstigkeits- bzw. Ubiquitätsprinzip des Art. 40 EGBGB im Anwendungsbereich der Rom II-VO nicht mehr[344]. Ein Wahlrecht des Geschädigten zwischen dem Recht am Erfolgs- und dem Handlungsort besteht im Rahmen der Verordnung nur bei Ansprüchen aus Umweltschädigungen nach Art. 7 Rom II-VO[345]. Ein solches Wahlrecht als Regelanknüpfung würde laut Kommission „über die berechtigten Erwartungen des Geschädigten hinausgehen und ein Element der Rechtsunsicherheit einführen“[346]. Darüber hinaus wurde das Günstigkeitsprinzip des Art. 40 EGBGB bereits zuvor von manchen als mit den Grundfreiheiten des Europarechts unvereinbar eingestuft, da es nach Deutschland liefernden ausländischen Produzenten, Warenhändler oder Dienstleistende diskriminiere, da diese im Gegensatz zu inländischen Herstellern nach einem weiteren Recht, dem Handlungsortrecht haften, für inländische Akteure nur ein Recht maßgebend ist, da Handlungs- und Erfolgsortrecht regelmäßig übereinstimmen[347].

Relevant wird die Abkehr vom Handlungsort, bzw. vom Wahlrecht des Geschädigten schließlich bei Distanzdelikten. Im Unterschied zu so genannten Platzdelikten liegen hier der Erfolgs- und der Handlungsort in unterschiedlichen Staaten. Da es hierfür in der Rom II-VO keine besondere Vorschrift gibt, gilt die Regelanknüpfung auch bei solchen Distanzdelikten[348].

---

341 Vgl. hierzu unten: Kapitel C.II.2.

342 KOM(2003) 427, S. 6f.

343 *Junker* in: MüKo, Anh. zu Art. 42 EGBGB, Rn. 35; *Enneking*, E.R.P.L. 2008, 283, 296; *Fricke*, VersR 2005, 726, 739; *Fuchs*, GPR 2003-2004, 100, 101f.; *v. Hein*, ZVglRWiss 102 (2003), 528, 542; *Huber/Bach, IPRax 2005, 73, 76*; *Junker*, NJW 2007, 2675, 2678; *Kropholler*, IPR, § 53 VII, 3; *Leible/Engel*, EuZW 2004, 7, 10.

344 *Junker* in: MüKo, Anh. zu Art. 42 EGBGB, Rn. 35; *Leible/Engel*, EuZW 2004, 7, 10; *A. Staudinger*, AnwBl 2008, 8, 13.

345 *Leible/Lehmann*, RIW 2007, 721, 728.

346 KOM(2003) 427, S. 13.

347 So *Schaub*, RabelsZ 66 (2002) 18, 37 f.; bezüglich der Unvereinbarkeit mit der Warenverkehrsfreiheit aus Art. 30 EGV siehe auch: v. *Hein*, Günstigkeitsprinzip, S. 428 ff. sowie *W.-H. Roth*, RabelsZ 55 (1991), 623, 645 ff.; a.A. *Basedow*, RabelsZ 59 (1995) 1, 37 ff.; vgl. auch die Kritik von *Schurig* in: Schack (Hrsg.), GS für Lüderitz (2000), S. 699 ff.

348 *Leible/Engel*, EuZW 2004, 7, 10.

Hierzu stellt die Kommission rechtsvergleichend fest, dass die alleinige Anknüpfung an den Erfolgsort bei Distanzdelikten in den europäischen Kollisionsrechten dominiert und auch deswegen als Anknüpfungspunkt eines einheitlichen europäischen Deliktsrechts vorzugswürdig sei[349].

In Erwägungsgrund Nr. 15 der Rom II-VO wird dieser Gedanke wiederholt und ausgeführt, dass nahezu alle Mitgliedsstaaten der *lex loci delicti*-Regel folgen, gleichzeitig wird jedoch auch eingestanden, dass der Tatort in den Mitgliedsstaaten unterschiedlich bestimmt wird.

Tatsächlich endet die Gemeinsamkeit im europäischen Deliktskollisionsrecht beim Grundsatz der Tatortanknüpfung[350]. Die Auflockerung der Tatortanknüpfung ist nicht einheitlich geregelt[351], und auch die nähere Bestimmung des Tatorts erfolgt unterschiedlich.

So knüpft das österreichische[352] IPR-Gesetz an den Handlungsort an, während das britische[353], das niederländische[354] sowie das bulgarische[355] IPR-Gesetz den Erfolgsort wählen.

Der portugiesische Gesetzgeber bietet, getrennt nach bestimmten Fällen, sowohl den Handlungsort, als auch den Erfolgsort als Anknüpfungspunkt[356], während das ungarische[357] und das italienische[358] IPR-Gesetz, wie das deutsche EGBGB in Art. 40 Abs. 1, dem Geschädigten ein Wahlrecht zwischen den beiden Anknüpfungspunkten einräumen.

Der italienische Gesetzgeber gewährt dieses Wahlrecht jedoch aus deutscher Sicht bei umgekehrter Ausgangslage, die dem Opfer die Wahl des Handlungsortrechts erlaubt. Ohne Wahl findet das Recht des Erfolgsortes Anwendung.

349 KOM(2003) 427, S. 12.

350 Schon zu Begin des 20 Jahrhunderts galt die Geltung der Lex Loci Delicti als anerkannter Grundsatz zumindest aller europäischen Staaten. Vgl. aktuell die Übersicht in Kadner Graziano, EuIDR, S. 19 f.

351 Siehe zu den europaweiten Unterschieden: *Posch* in: v. Hoffman (Hrsg.), European Private International Law 1998, 87, 94 ff. (Rn. 17 f.), sowie *Kadner Graziano*, EuIDR, S. 33 ff.

352 § 48 Abs. 1, S.1 IPRG; der OGH hat jedoch klargestellt, dass entgegen der vom Gesetz bevorzugten Handlungsortanknüpfung der Erfolgsort maßgeblich ist, wenn der Täter mit dem Schadenseintritt im Ausland rechnen musste, OGH, 24.05.1995, ZfRV 36 (1995), 257. Dann bestehe zum Erfolgsort eine „stärkere Beziehung“ im Sinne der Ausweichklausel des § 48 Abs. 1, S. 2 IPRG; siehe hierzu auch ausführlich unten: Kapitel C.III.7.

353 PIL-Act von 1995: Sect. 11 (2) (a), (b).

354 Seit 01.06.2001 im Wet Conflictenrecht onrechtmatige daad kodifiziert: Gem. dessen Art. 3 Abs. 1 gilt die lex-loci-delicti-Regel, für Distanzdelikte gilt gem. Art. 3 Abs. 2 das Recht am Erfolgsort.

355 Art. 105 Abs. 1 des Gesetzbuches über das Internationale Privatrecht vom 04.05.2005, deutsche Übersetzung abgedruckt in RabelsZ 71 (2007), S. 457.

356 Portugiesischer Civ. Code, Art. 45 Abs. 1, 2.

357 IPR-Gesetz von 1979: § 32 Abs. 1, 2.

358 IPR-Gesetz von 1995: Art 62 Abs. 1, S. 1, 2.

Wieder andere IPR-Gesetze lassen die Frage der Tatortbestimmung offen und überlassen diese den Gerichten[359].

Im slowenischen IPR-Gesetz von 1999 findet sich in Art. 30 Abs. 2 das ehemalige deutsche Günstigkeitsprinzip.

Auch in Rechtsordnungen, in denen das Deliktskollisionsrecht nicht kodifiziert wurde, wird in der Rechtsprechung an den Tatort angeknüpft[360], die Bestimmung des Tatortes erfolgt jedoch auch hier nicht eindeutig[361].

So wird dieser in Frankreich sowohl durch den Handlungs- (le lieu du fait générateur) als auch durch den Erfolgsort (le lieu de dommage) bestimmt, und je nach Einzelfall überwiegt der eine oder der andere Anknüpfungspunkt. Auch hier spielt der Erfolgsort bei der Bestimmung des Tatorts in den jüngeren Entscheidungen eine wichtigere Rolle, ohne dass jedoch eine generelle Tendenz zur Anknüpfung an den Erfolgsort eingestanden wird[362].

Die europäischen Deliktskollisionsrechte knüpfen demnach einheitlich an den Tatort an, die Definition des Tatortes ist jedoch unterschiedlich.

Die Frage, zu welchem Ort generell die engste Verbindung besteht, wird also unterschiedlich beantwortet[363]. Die Differenz liegt hierbei in der Zielrichtung der Anknüpfung. Die Handlungsortanknüpfung misst den Schädiger am Recht seines Handlungsortes, die Erfolgsortanknüpfung schützt den Geschädigten mit den Maßstäben, der Umwelt, in der der Geschädigte seine Rechtsgüter platziert.

In der Rom II-VO entscheidet sich der Gemeinschaftsgesetzgeber für die Anknüpfung an den Erfolgsort. Hier sieht er einen gerechten Ausgleich zwischen den Interessen des Schädigers und den Interessen des Geschädigten.

Die Anknüpfung an den Erfolgsort begünstigt das Opfer, da das Recht des Erfolgsortes für dieses vorhersehbar ist. Darüber hinaus wird der Geschädigte auch davon ausgehen dürfen, dass die Regeln zur Anwendung kommen, die an dem Ort gelten, an dem er geschädigt wurde[364]. Die Entscheidung des Gemeinschaftsgesetzgebers, als Anknüpfungspunkt den Erfolgsort zu wählen, ist somit eine Entscheidung zu Gunsten des Geschädigten. Dessen Interesse wird Vorrang vor dem Schutz des Schädigers eingeräumt[365]. Diese Entscheidung der Opferbe-

---

359 Vgl. Griechenland: Art. 26 ZGB; Spanien: Art. 10, Nr. 9 Código Civil; Polen: Art. 31, § 1 IPR-Gesetz; Belgien: Art. 99 § 1, Abs. 2 IPR-Gesetz von 2004, vorher schon ständige Rechtsprechung vgl. Hof van Cassatie, 17.05.1957, Pasicrisie 1957, I, 1111).

360 So etwa in Frankreich (ständige Rechtsprechung begründet in der Entscheidung „Latour" des Cour de cassation vom 25.05.1948, Rev. Crit. 1949, 89), in Schweden (Högsta Domstolen NJA 1969, 163) und Norwegen (HØyesterett, Rt. 1906, 165).

361 Vgl. etwa zu Schweden: Witte, Landesbericht Schweden, S. 11, 13.

362 Siehe hierzu unten: Kapitel C.III.4.

363 Siehe dazu ausführlich unten: Kapitel C.III.

364 *Koziol/Thiede*, ZVglRWiss 106 (2007), 235, 241; *Kreuzer* in: Reichelt/Rechberger, S. 13, 31; *Leible/Engel*, EuZW 2004; *G. Wagner*, IPRax 2006, 372, 376.

365 Erwägungsgrund Nr. 16; *Junker* in: MüKo, Anh. zu Art. 42 EGBGB, Rn. 35.

günstigung steht – wenn auch abgemildert – wieder im Einklang mit der des deutschen Gesetzgebers[366].

Neben der Kompensationsfunktion des Deliktsrechts, der eine solche Opferbegünstigung entspricht, ist ein weiteres Argument für die Erfolgsortanknüpfung, dass das Opfer in seinen eigenen Sorgfalts- und Selbstschutzmaßnahmen geschützt wird[367].

Die Entscheidung des Gemeinschaftsgesetzgebers allein zu Gunsten der Interessen des Geschädigten wird jedoch teilweise auch kritisiert. Hierdurch werde die Steuerungsfunktion des Deliktsrechts vernachlässigt, wonach die jeweiligen Regeln präventiv rechtswidriges Handeln abhalten sollen, und sich der Handelnde auch im Umkehrschluss auf die Regel am Handlungsort verlassen dürfe[368]. Allerdings kann das Verhalten auch durch solche Rechtsnormen gesteuert werden, die an dem Ort gelten, an dem das Verhalten schädigende Auswirkungen hat[369]. Der Handelnde muss sein Handeln auch an den Haftungsstandards eines vorhersehbaren Erfolgsortes und dem berechtigten Vertrauen eines möglichen Geschädigten ausrichten[370].

Auch stellt die Anknüpfung an den Erfolgsort keine übermäßige Geschädigtenbegünstigung dar. Durch ein Wahlrecht des Geschädigten oder durch eine Regelanknüpfung an dessen gewöhnlichen Aufenthalt wäre dieser erheblich besser gestellt[371]Schließlich bleibt festzuhalten, dass die Regelanknüpfung an den Erfolgsort durch die bereits genannten Ausnahmen sowie durch die Anknüpfung an die offensichtlich engere Verbindung abgeschwächt wird. Die Sicherheits- und Verhaltensregeln des Handlungsortes werden ohnehin gem. Art. 17 Rom II-VO bei der Anwendung des Rechts am Erfolgsort berücksichtigt.

Die alleinige Anknüpfung an den Erfolgsort entspricht auch einer in Deutschland aufgekommenen starken Literaturmeinung[372], welche sich gegen die lange Zeit in der Literatur vorherrschende Befürwortung einer ausschließlichen Anknüpfung an den Handlungsort bzw. gegen das Ubiquitätsprinzip der Rechtsprechung aussprach.

---

366 *Lagarde* in: Le Règlement Communautaire "Rome II", S. 201, 206.

367 *G. Wagner*, IPRax 2008, 1, 5; *ders.*, IPRax 2006, 372, 376.

368 *Koziol/Thiede*, ZVglRWiss 106 (2007), 235, 242; *Symeonides*, AJCompL 56 (2008), 173, 191 f.

369 *Junker* in: MüKo, Anh. zu Art. 42 EGBGB, Rn. 35; *Leible* in: Reichelt (Hrsg.), Europäisches Gemeinschaftsrecht und IPR, S. 31, 40; *Leible/Engel*, EuZW 2004, 7, 10; *Sonnentag*, ZVglR-Wiss 105 (2006), 267; *G. Wagner*, IPRax 2006, 372, 376.

370 *Kadner Graziano*, EuIDR, S. 53; *Kreuzer* in: Reichelt/Rechberger, S. 13, 31.

371 *Fricke*, VersR 2005, 726, 739.

372 Wichtige Vertreter sind *W. Lorenz* in: v. Caemmerer, Vorschläge und Gutachten, S. 97, 122 (ausgenommen Haftung wegen Emissionen, S. 117 ff.); *Beitzke*, JuS 1966, 139, 142 f.; *Kadner Graziano*, EuIDR, S. 53 f.

Die ältere Literatur sah den Handlungsort als maßgeblich an, da der Handelnde dem Staat des Handlungsortes untersteht, und nur diesem Staat die Macht zu gesprochen werden könne, ein Verhalten zu sanktionieren[373]. Dieser, an die Anwendungsgründe des nationalen Strafrechts angelehnten Argumentation[374], wurde schon 1937 von R. Schmidt entgegengehalten, ebenso habe der Staat, in dem das Rechtsgut belegen ist, das Recht, dieses Rechtsgut nach seinen Interessen zu schützen[375].

Ohne Bezug zu den Geltungsgründen des Strafrechts wurde teilweise später dennoch eine reine Handlungsortanknüpfung bevorzugt. Wer in Rom lebe, müsse und dürfe auch wie ein Römer leben[376].

Gegen eine ausschließliche Anknüpfung an den Erfolgsort und für eine Anknüpfung an beide Orte, wenden auch *Kegel* und *Schurig* ein, materiellrechtlich seien Handlung und Erfolg gleichwertig, und ohne die rechtswidrige Handlung sei der tatbestandsmäßige Erfolg deliktsrechtlich nichts anderes als ein Blitzschlag[377].

Durchgesetzt hat sich im deutschen Kollisionsrecht dann auch letztlich die Ubiquitätslehre. Nach der Neuregelung des deutschen Deliktskollisionsrechts in Art. 40 EGBGB wurde aus dem Günstigkeitsprinzip, ein Wahlrecht des Geschädigten, wobei ohne seine Erklärung das Recht am Handlungsort Anwendung findet. In Art. 40 EGBGB hat somit der Handlungsort als primärer Anknüpfungspunkt stärkeres Gewicht.

Zu der nun in der Rom II-VO gewählten Erfolgsortanknüpfung führt der Verordnungsgeber ferner aus, die hier getroffene Interessensabwägung entspreche „der modernen Konzeption der zivilrechtlichen Haftung und der Entwicklung der Gefährdungshaftung“[378]. Diese rechtsvergleichende Argumentation des Gemeinschaftsgesetzgebers bezüglich der modernen Konzeption des europäischen materiellen Deliktsrechts ist überwiegend zutreffend. Im modernen europäischen Deliktsrecht wird der Sanktionierung des Erfolgs Vorrang vor einer Sanktionie-

373 *v. Bar*, Theorie und Praxis des IPR II, S. 120; So auch Zitelmann, IPR II, 480 f., der jedoch im IPR insgesamt eine rein völkerrechtliche Kompetenzverteilung sieht, siehe Zitelmann, IPR I, 55 ff., 68. Damit widerspricht er der heute vorherrschenden Ansicht v. Savignys nach der das IPR vom Völkerrecht zu trennen sei, da es keine völkerrechtlichen Vorgaben zur Anwendung eines bestimmten Privatrechts gebe, v. Savigny, VIII, S. 24.

374 Zum Verhältnis des internationalen Deliktsrechts zum Strafecht siehe unten: Kapitel C.II.5.a) (3)(b).

375 *R. Schmidt* in: Kölner Rechtswissenschaftliche Fakultät (Hrsg.), FS für Lehmann (1937), S. 175, 181; so auch *Beitzke*, JuS 1966, 139, 142, der so wie *R. Schmidt* parallelen zum Geltungsgrund der lex rei sitae zieht: „Wenn wir die lex rei sitae nicht nur für Erwerb und Verlust des Eigentums, sondern auch für dessen gesamten Inhalt maßgeblich sein lassen, so muss auch der Rechtsschutz des Eigentums in Form eines Ersatzanspruchs sich nach ihr richten“.

376 So *Raape*, IPR, 577.

377 *Kegel/Schurig*, IPR, § 18 IV 1 a) a), (S. 723).

378 Erwägungsgrund Nr. 16; siehe auch KOM(2003) 427, S. 13.

rung der Handlung[379] eingeräumt[380]. Dies zeigt bereits die Verbreitung der verschuldensunabhängigen Gefährdungshaftung[381]. Die Präventivfunktion im materiellen Deliktsrechts der EU-Mitgliedsstaaten weicht der Restitutionsfunktion. Erfolg und Handlung stehen damit auch nicht mehr, wie Kegel meint, gleichwertig neben einander.

Die alleinige Anknüpfung an den Erfolgsort ist somit vor dem Hintergrund dieser Begründungen im Ergebnis gerechtfertigt.

b) Geltungsbereich des Anknüpfungsgegenstands

(1) Sachliche Reichweite

Der sachliche Geltungsbereich der Anknüpfung ergibt sich aus Art. 15 lit. a – lit. h Rom II-VO.

Die einzelnen Punkte dieser nicht abschließenden[382] Aufzählung sind weit auszulegen[383] und sollen das Prinzip der einheitlichen Anknüpfung gewährleisten. Die ausführliche Aufzählung führt zu Rechtssicherheit bezüglich der teilweise in Europa uneinheitlichen Qualifikation einer Rechtsfrage als materiell- oder verfahrensrechtlich[384]. Für letztere sieht die Rom II-VO gem. Art. 1 Abs. 3 Rom II-VO ausdrücklich keine Regelungen vor. Sie bestimmt somit auch für Beweis- und Verfahrensfragen nicht etwa die Anwendung der *lex fori*, wenngleich dies in der Regel die Folge dieser Bereichsausnahme sein wird[385].

Durch die weite Fassung der Reichweite des Deliktsstatuts soll daneben eine *Dépeçage* verhindert werden, nach der einzelne Aspekte des Delikts nach unterschiedlichen Rechten behandelt wird[386].

---

379 Gemeint ist hiermit wohl vor allem die Abschreckungsfunktion im materiellen Deliktsrecht, vgl. dazu kritisch *Enneking*, E.R.P.L. 2008, 283, 309.

380 *Kadner Graziano*, EuIDR, S. 50; *Kropholler*, IPR, § 53 IV, 2 a); so auch schon *Morse*, Torts in PIL, S. 118 f.; Dies zeigt etwa auch die Rechtsprechung des OGH, der über die Ausweichklausel der „stärkeren Beziehung" an den Erfolgsort anknüpft, da die früher in Österreich vorherrschende Verhaltensunrechtslehre überholt ist, vgl. *Schiecher/Kleewein*, Landesbericht – Österreich, 16, 23.

381 So *Rohe*, Geltungsgründe, S. 238; a.A. *Kegel/Schurig*, IPR, S. 724: Hier werde gegen Handlungen in Form des „Betreibens" oder „Haltens" geschützt. Auch hier hat das Deliktsrecht daher zu erst die Funktion die Handlungsfreiheit einzuschränken.

382 *Junker*, NJW 2007, 3675, 3680; *Garcimartín Alférez*, EuLF 2007, I-77, I-89; *Illmer*, C.J.Q. 28 (2009), 237, 241.

383 Vgl. KOM(2003) 427, S. 25 (zu Art. 11 des Vorschlags).

384 *Illmer*, C.J.Q. 28 (2009), 237, 242.

385 *Illmer*, C.J.Q. 28 (2009), 237, 242.

386 *Symeonides*, Tul.LawRev. 82 (2008), 1741, 1783 f.; Fälle in denen dies nicht gelingt sind aufgelistet von *Symeonides* in: AJCompL 56 (2008), 173, 185 f.

Insbesondere wird in Art. 15 lit. c Rom II-VO „die Bemessung des Schadens oder der geforderten Wiedergutmachung" genannt, welche in Art. 15 lit. a Rom II-VO bereits mit „Umfang der Haftung" angesprochen wird. Hierunter sind alle haftungsausfüllenden Merkmale sowie mögliche gesetzliche Haftungsgrenzen, Höchstgrenzen und der Umfang der jeweiligen Haftung bei Haftungsteilung zu verstehen[387].

Fraglich ist, ob auch die Schadensbemessung umfasst ist. Der Kommissionsentwurf von 2003 enthielt in dessen Art.11 lit. e noch die Einschränkung, die Rom II-VO umfasse die Schadensbemessung nur „soweit sie nach Rechtsnormen erfolgt"[388]. Dieser Aufzählungspunkt wurde im folgenden Gesetzgebungsverfahren entgegen dem Willen der Kommission fallengelassen.

Dennoch scheint die Schadensbemessung auch im endgültigen Rom II-VO-Text unter „die Bemessung des Schadens" bzw. „the assessment of damage" zu subsumieren sein und damit in den Geltungsbereich der *lex causae* zu fallen[389].

Das Behandeln dieser Frage nach der *lex causae* entspricht dem geltenden kontinentaleuropäischen Recht[390], stellt jedoch eine Abweichung vom bisherigen englischen internationalen Privatrecht dar[391]. Hier ist die Schadensbemessung (*quantification of damages*) Teil des Verfahrensrechts und richtet sich nach der *lex fori*[392]. Die lex causae regelt hingegen nur, ob die Art des Schadens, *Head of Damage,* überhaupt ersatzfähig ist[393].

---

387 KOM(2003) 427, S. 26 (zum entsprechenden Art. 11 des Kommissionsvorschlags).

388 KOM(2003) 427, S. 40 (so übernommen von Art. 10 Abs. 1, lit. c EVÜ, bzw. Art. 12 Abs. 1, lit. c Rom I-VO).

389 So die überwiegende Ansicht vgl. *Weintraub*, TexILJ 43 (2008), 401, 411; a.A. jedoch *Hay*, EuLF 2007, I-137, I-148: „The unfortunate terminology in Art. 15(c) ("assessment") does not change what seems to have been the common understanding of all parties (Council, Parliament, and the Commission): That the *lex fori* applies".

390 Vgl. zum deutschen Recht *Junker* in: MüKo, Art. 40 EGBGB, Rn. 204.

391 Art. 15 lit. c Rom II-VO sei daher für englische Anwälte „the biggest shock", so *McParland*, J.P.I. Law 2008, 221.

392 Die genaue Abgrenzung zwischen der Qualifizierung als *procedual*, bzw. als *substantive law* ist dabei sehr umstritten. Siehe zuletzt House of Lords, *Harding v Wealands* [2006] 4 All ER 1; *Collier*, Conflict of Laws, S. 65; *Dicey/Morris/Collins*, Conflict of Laws, Rn. 35-035 ff.; *Thiede/Ludwichowska*, ZvglRWiss 106 (2007), 92, 96; Die Frage der Höchstgrenze der Schadensbemessung wurde im Report der Law Commissions zum Erlass des PIL-Acts 1995 noch der *lex causae* zugeschrieben (siehe Law Commission and Scottish Law Commission, Report on Private International Law: Choice of Law in Tort and Delict (Law Com. No 193, Scot. Law Com. No 129, 1990) Para 3.39). Auch diese Ausnahme wurde vom House of Lords in der Entscheidung *Harding v Wealands* jedoch abgelehnt, *Harding v Wealands* [2006] 4 All ER 1, 13 ff. Diese, im Anwendungsbereich der Rom II-VO nicht mehr geltende Lösung der englischen Richter stieß auch in der englischen Literatur auf Kritik, siehe Beaumont/Tang, Edin LR 12 (2008), 131, 133 f.: „The main rationale for classifying an issue as procedure, thus bringing in the lex fori, is convenience".

393 *Weintraub*, JIBFL 2008, 537: „This is incomprehensible to anyone who has not had their mind dimmed by a legal education"; *ders.*, 43 TXILJ 401, 411.

Speziell für Straßenverkehrsdelikte mit Personenschäden wollte auch der Parlamentsentwurf von 2005 eine solche Trennung des Deliktsstatuts vornehmen. Hiernach sollte die Art und die Höhe des Schadensersatzanspruches dem Recht am üblichen Aufenthaltsort des Opfers unterstellt werden[394]. Grund für diese Trennung war der Wille, bei Personenschäden eine vollständige Entschädigung des Opfers sicherzustellen. Die Anwendung der Bemessungsregeln einer Rechtsordnung, die nicht vom Prinzip der *restitutio in integrum*, also der Totalreparation, sondern die Ersatzpflicht bei Personenschäden nach Pauschalbeträgen ermittelt, kann es zu Haftungsdefiziten kommen, da die Pauschalbeträge des Rechts am Erfolgsortes nicht für den Ausgleich für Geschädigte mit gewöhnlichem Aufenthalt in anderen Staaten berechnet wurden[395].

Die von der Rom II-VO übernommene einheitliche Lösung ist dennoch zu bevorzugen, da sie den internationalen Entscheidungseinklang wahrt, indem unterschiedliche Gerichte zu gleichen Entscheidungen kommen[396]. Dadurch werden die Anreize zum *forum shopping*[397] erheblich reduziert.

Den vom Europäischen Parlament geäußerten Bedenken muss vielmehr durch eine Lösung auf materiellrechtlicher Ebene entsprochen werden[398]. Der Verordnungsgeber hat dementsprechend in Erwägungsgrund Nr. 33 der Rom II-VO klargestellt, dass der Richter bei der Bemessung des Schadensersatzes für Personenschäden die tatsächlichen Verluste und Kosten des Opfers zu berücksichtigen hat. Dort, wo die nationale Rechtslage dies den Richtern nicht gestattet, stellt Erwägungsgrund Nr. 33 einen Appell an die nationalen Gesetzgeber dar, dem Grundsatz des *restitutio in integrum* zu folgen[399].

Allerdings entsteht durch die einheitliche Lösung der Rom II-VO ferner ein Konflikt, da die Gerichte des United Kingdom die Frage des anwendbaren Rechts grundsätzlich nicht über die Rom II-VO lösen, weil es nämlich für sie eine rein prozessuale Frage ist, die gem. Art. 1 Abs. 3 Rom II-VO nicht in den Anwendungsbereich der Rom II-VO fällt. Eine europarechtskonforme Qualifikation muss jedoch auch für die englischen Richter zur materiellrechtlichen Qualifikation der Schadensbemessung führen[400].

Darüber hinaus werde nach Art. 15 lit. b Rom II-VO auch Haftungsausschlussgründe sowie jede Beschränkung oder Teilung der Haftung erfasst. Ausschluss-

394 Siehe dort Art. 4 Abs. 2 und Art. 7 Abs. 2.

395 So kann die Bemessung des Verdienstausfalls unangemessen niedrig sein, so *Kadner Graziano*, RabelsZ 73 (2009), 1, 16.

396 So *Thiede/Ludwichowska*, ZvglRWiss 106 (2007), 92, 96; gerade der internationale Entscheidungseinklang ist ein wichtiges Ziel der Rom II-VO, siehe Erwägungsgrund Nr. 6.; auch *Hay* sieht in der von ihm vertretenen Lösung „an unfortunate result“, EuLF 2007, I-137, I-148.

397 Siehe dazu unten: Kapitel C.II.2.

398 *Kadner Graziano*, RabelsZ 73 (2009), 1, 16.

399 *Kadner Graziano*, a.a.O.; McParland, J.P.I. Law, 221, 223.

400 *Beaumont/Tang*, Edin LR 12 (2008), 131, 135 f.; *Danov*, ECLR 29 (2008), 430, 432.

gründe sind insbesondere höhere Gewalt (force majeure), Notstand, das Verschulden Dritter und das Verschulden des Geschädigten.

Erfasst sind in der Aufzählung von Art. 15 Rom II-VO darüber hinaus die Fragen, ob ein Schaden vorliegt, und ob dieser auch ersatzfähig ist. Letzteres kann insbesondere bei möglichen immateriellen Schäden von den einzelnen Rechtsordnungen unterschiedlich beantwortet werden.

Hervorzuheben ist schließlich noch die Erfassung der Regeln, welche eine Haftung eines Dritten für die von einem anderen begangenen Handlungen zum Inhalt haben (lit. g). Hierzu zählt insbesondere die Haftung des Geschäftsherrn für seinen Verrichtungsgehilfen[401].

Daneben bestimmt die *lex causae* auch die Frage nach der Deliktsfähigkeit. Während das EVÜ und die Rom I-VO die Frage nach der Rechtsfähigkeit der *lex fori* überlässt, stellt der Verordnungsgeber in Art. 15 lit. a Rom II-VO und Erwägungsgrund Nr. 12 ausdrücklich klar, dass das anwendbare Recht die Deliktsfähigkeit mitregeln soll.

Dass der durch die Rom II-VO bestimmten *lex causae* ein solcher umfassender Regelungsbereich eingeräumt wird, ist zu begrüßen, da nur so das Ziel eines internationalen Entscheidungseinklangs erreicht werden kann. Insbesondere die Regelung des Haftungsumfangs durch die *lex causae* führt zur Eingrenzung des *forum shopping*, da die Höhe des geltend gemachten Schadensersatzes auf die Wahl des „besten" Gerichts einen erheblichen Einfluss hat[402]. Die Bestimmung der Höhe des Schadensersatzes durch die *lex fori*, wie derzeit in England geltendes Recht, wäre einer der wichtigsten Anreize hierzu.

(2) Eingriffsnormen

Das nach der Rom II-VO zur Anwendbarkeit berufene Recht verdrängt gem. Art. 16 Rom II-VO nicht die Eingriffsnormen, das sog. *loi de police*, des Forumsstaates.

Nach der endgültigen Fassung dieser Regelung wird also lediglich die Sonderanknüpfung inländischer Eingriffsnormen erfasst. Die Regelung entspricht der in Art. 7 Abs. 2 EVÜ, welche im deutschen Recht in Art. 34 EGBGB inkorporiert ist. Im Gegensatz zu den früheren Vorschlägen der EU-Kommission[403] sieht die endgültige Fassung damit die Anwendung ausländischer Eingriffsnormen, also solcher, die nicht zur *lex fori* gehören, nicht mehr vor.

Für den Bereich der vertraglichen Schuldverhältnisse ist dies in Art. 7 Abs. 1 EVÜ – ebenso wie in den ursprünglichen Vorschlägen der Kommission zur Rom

401 KOM(2003) 427, S. 27 (zu Art. 11 des Vorschlags).

402 *Weintraub*, JIBFL 2008, 537.

403 KOM(2003) 427, S. 40 (zu Art. 12 Abs. 1 des Vorschlags); KOM(2006) 83, S. 20 f. (zu Art. 13 Abs. 1 des Vorschlags).

II-VO – noch anders geregelt. Was Deutschland betrifft, so wurde schon Art. 7 Abs. 1 EVÜ nicht in das EGBGB übernommen[404]. Auch aus dem grundsätzlich auch ohne Inkorporierung anzuwendenden Art. 7 Abs. 1 EVÜ bestand keine Verpflichtung, ausländische zwingende Normen anzuwenden, da Deutschland einen in Art. 22 Abs. 1, lit. a EVÜ vorgesehenen Vorbehalt gegen die Anwendung von Art. 7 Abs. 1 EVÜ erklärt hatte.

Im Unterschied zu den in Art. 14 Abs. 2 Rom II-VO angesprochenen Normen, deren Anwendung nicht durch Rechtswahl umgangen werden kann (sog. *ius cogens*) handelt es sich hier um inländisches international zwingendes Recht[405]. Zur Bestimmung, welche Regeln der *lex fori* jeweils unter den Begriff des international zwingenden Rechts zu subsumieren sind, verweist die Kommission auf die bereits ergangene Rechtsprechung des EuGH[406]. Hiernach sind Eingriffsnormen „nationale Vorschriften, deren Einhaltung so entscheidend für die Wahrung der politischen, sozialen oder wirtschaftlichen Organisation des betreffenden Mitgliedstaats ist, dass ihre Beachtung für alle Personen, die sich im nationalen Hoheitsgebiet dieses Mitgliedstaats befinden, und für jedes dort lokalisierte Rechtsverhältnis vorgeschrieben ist“[407].

Lagarde hat als mögliche Beispiele des französischen Sachrechts das Gesetz zu Entschädigung für Opfer von Straftaten durch den Garantiefonds auch bei im Ausland begangenen Taten, oder, falls Pressedelikte doch in den Verordnungstext aufgenommen werden, die dreimonatige Verjährungsfrist aus Art. 65 des Gesetztes vom 29.07.1881[408].

Hauptanwendungsproblem wird hier trotz dieser ungenauen Bestimmung die Charakterisierung einer Norm als Eingriffsnorm sein[409].

Auf Grund der Schwierigkeiten die eine Subsumtion unter eine solche Definition dem jeweiligen Richter bereits für Vorschriften seiner *lex fori* bereitet, ist die jetzige Regelung, nach der ausländische Eingriffsnormen in der endgültigen Fassung der Rom II-VO keine Berücksichtigung finden, zu begrüßen[410].

---

404 Vertiefend hierzu: *Martiny*, IPRax 1987, 277 ff.; die Rom I-VO hat Art. 7 Abs. 1 EVÜ auch nur eingeschränkt übernommen, siehe Art. 9 Abs. 3 Rom I-VO. Hiernach sind nur noch die Eingriffsnormen des Rechts am Erfüllungsort ausländische Eingriffsnormen zu berücksichtigen.

405 *Junker*, NJW 2007, 3675, 3680.

406 KOM(2003) 427, S. 27.

407 EuGH – C-369/96 (23. 11. 1999), Arblade ./. Leloup, Slg. 1999, I-8453, Rn. 30.

408 *Lagarde* in: Le Règlement Communautaire "Rome II", S. 201, 207 f.

409 *Sonnenberger* in Baetge u.a. (Hrsg.), FS für Kropholler (2008), S. 227, 242 „Die Aufhellung des Gesamtthemas „Eingriffsnormen“ bleibt in der Rom II-VO weiterhin unbewältigt, so dass nicht nur die Diskussion weitergehen mag, sondern auch die Gefahr besteht, dass die einzelnen EU-Staaten weiterhin nach Belieben verfahren, solange nicht der EuGH Maßstäbe vorgibt“, wobei immerhin das Kriterium des öffentlichen Interesses der Arblade-Entscheidung eine erhoffte inhaltliche Konkretisierung darstelle.

410 *Garcimartín Alférez*, EuLF 2007, I-77, I-90.

Gegen eine Aufnahme in die Verordnung sprechen daneben noch die wahrscheinlich nur geringe Bedeutung sowie die nicht einfache Abgrenzung zu Art. 17 Rom II-VO und der Anwendung der Sicherheits- und Verhaltensregeln des Handlungsortes[411]. Es bestünde somit die erhöhte Gefahr von Rechtsunsicherheit.

Auch die in Art. 16 Rom II-VO übernommene Regelung des Art. 7 Abs. 2 EVÜ wurde jedoch schon kritisiert, da sie den interventionsfreudigen Staat belohne und eine verdeckte Aufforderung zur Schaffung international zwingender Normen darstelle[412]. Unterschiedliche Eingriffsnormen

Letztlich zeigt sich darin jedoch nur die grundlegende Funktionseinschränkung des Kollisionsrechts, das keinen Einfluss auf materielles Recht nimmt, so dass der jeweilige Staat seine Regeln selbst festsetzt[413].

Gem. Erwägungsgrund Nr. 32 ist die Anwendung von Normen der *lex fori* als Eingriffsnorm nur „unter außergewöhnlichen Umständen" und damit nur ausnahmsweise zulässig.

(3) Sicherheits- und Verhaltensregeln

Soweit es bei der Beurteilung des Verhaltens als rechtswidrig um die relevanten Verhaltens- und Sicherheitsregeln geht, kann eine diesbezügliche Anknüpfung an den Erfolgsort unzulässig sein, da diese Regeln im Zeitpunkt der deliktischen Handlung für den Täter voraussehbar sein müssen[414].

Gem. Art. 17 Rom II-VO sind daher die Verhaltens- und Sicherheitsregeln des Orts des schadensbegründenden Ereignisses, also des Handlungsortes, „faktisch und soweit angemessen" zu berücksichtigen.

Entscheidend ist dies neben den Fällen der Regelanknüpfung an den Erfolgsort in den Fällen der Anknüpfung an den gemeinsamen gewöhnlichen Aufenthalt, da hier die Verhaltens- und Sicherheitsregeln des gemeinsamen gewöhnlichen Aufenthaltsortes nicht berufen werden dürfen[415].

Art. 17 gilt für jede der in Art. 4 bis Art. 14 Rom II-VO bestimmten unterschiedlichen Anknüpfungen. Eine vom Parlamentsentwurf vorgeschlagene Nichtanwendung auf Ansprüche aus unlauterem Wettbewerb[416] wurde abgelehnt.

---

411 *Mankowski*, RIW 2008, 177, 182.

412 *Martiny* in: Europäisches Gemeinschaftsrecht und Internationales Privatrecht, v. Bar (Hrsg.), (1991), 211, 235.

413 Dies räumt auch *Martiny* ein, a.a.O.; begrenzte Ausnahmen gelten natürlich bei Konstruktionen wie der Anpassung, deren Ergebnis jedoch auch vom Sachrecht mindestens eines Staates bestimmt wird.

414 *Leible/Lehmann*, RIW 2007, 721, 725; *G. Wagner*, IPRax 2008, 1, 5.

415 *G. Wagner*, IPRax 2008, 1, 5.

416 Siehe dort Abänderung Nr. 14.

Die Kommission sah keinen Grund, „Personen, die Handlungen dieser Art begangen haben, den Schutz zu versagen, den diese Vorschrift ihnen bietet“[417].

Der deutsche Gesetzgeber hatte bei der Kodifikation des Deliktkollisionsrechts 1999 noch auf eine entsprechende Normierung verzichtet, da er den Rechtsgedanken für allgemein anerkannt, und eine Normierung daher für überflüssig hielt[418]. Auch im internationalen Deliktsrecht der Mitgliedsstaaten herrscht diesbezüglich Einigkeit[419].

Ist die jetzige Normierung in der Rom II-VO somit auch überflüssig, so kommt ihr dennoch eine Klarstellungsfunktion zu.

Gem. Art. 17 Rom II-VO sind die Verhaltens- und Sicherheitsregeln faktisch und soweit angemessen zu berücksichtigten. Sie haben als sog. „local data“ lediglich Tatbestandswirkung[420]. Sie werden also nicht als Normen der Entscheidung des Richters zu Grunde gelegt, sondern sind von diesem lediglich als Tatsachenelemente zu berücksichtigen. Die am Handlungsort geschaffene Rechtslage wird als *datum* in die Rechtsanwendung einbezogen[421].

Bedeutung erlangt dieser Unterschied dann, wenn ein Richter nach seiner Verfahrensordnung ausländische Normen von Amts wegen ermitteln und anwenden muss, hingegen Tatsachen von den jeweiligen Parteien dargelegt und bewiesen werden müssen.

Auch im Rahmen der Prüfung eines möglichen Mitverschuldens des Geschädigten sind die Sicherheits- und Verhaltensregeln des Ortes an dem die Mitverschuldenshandlung stattgefunden haben soll, zu berücksichtigen[422].

5. Offensichtlich engere Verbindung, Art. 4 Abs. 3

Gem. Art. 4 Abs. 3, S. 1 Rom II-VO wird bei offensichtlich engerer Verbindung der unerlaubten Handlung zu einem anderen Staat, von der Anknüpfung nach Art. 4 Abs. 1 und Abs. 2 Rom II-VO abgewichen. In einem solchen Fall findet nicht das Recht, welches nach Art. 4 Abs. 1 oder Abs. 2 berufen wurde, sondern das Recht des Staates, zu dem die engere Beziehung besteht, Anwendung. Art. 4 Abs. 3 Rom II-VO ist daher nicht im Sinne eines *better law approach* verfasst,

417 KOM(2006) 83, S. 4.

418 BT-Drucks. 14/343, S. 11; so auch die Darstellung durch Dörner in: Hohloch u.a. (Hrsg.), FS für Stoll (2001), S. 491, 496; *v. Hein*, ZVglRWiss 102 (2003), 528, 551.

419 *Kadner Graziano*, EuIDR, S. 110.

420 *Leible/Lehmann*, RIW 2007, 721, 725.

421 Diese Methode geht auf die von Albert A. Ehrenzweig begründete *local data theory* zurück, Ehrenzweig, Private International Law, New York, 1967, sec. 34.

422 *G. Wagner*, IPRax 2008, 1, 6.

nach dem das aus Sicht des Richters zur Verfolgung materiellrechtlicher Ziele angemessener Sachrecht angewendet werden soll[423].

Ob eine solche engere Verbindung vorliegt, ist im Einzelfall und unter Berücksichtigung der Gesamtheit der Umstände der unerlaubten Handlung zu bestimmen.

Liegt eine solche engere Verbindung zu einer anderen Rechtsordnung vor, so gilt deren Recht für alle Fragen des außervertraglichen Schuldverhältnisses. Eine *dépeçage* nach der einzelne Teilfragen des Delikts nach unterschiedlichem Recht behandelt werden, ist unzulässig[424].

Diese, schon nach dem Wortlaut („offensichtlich") nur ausnahmsweise anwendbare und restriktiv auszulegende[425] Vorschrift, wird in Art. 4 Abs. 3, S. 2 Rom II-Verordnung dadurch konkretisiert, dass sich solch eine engere Verbindung insbesondere aus einem zwischen den Parteien bestehenden Rechtsverhältnis ergeben kann, an welches dann akzessorisch anzuknüpfen ist.

Aufgeführt ist als Beispiel eines bestehenden Rechtsverhältnisses lediglich ein Vertrag zwischen den Parteien.

Ist das Vertragsstatut durch Rechtswahl bestimmt, so stellt sich die Frage, ob für eine akzessorische Anknüpfung an das Vertragsstatut bei der Rechtswahl die Voraussetzungen des Art. 14 Rom II-VO eingehalten worden sein müssen. Relevant sind hier die Voraussetzungen einer ex-ante-Rechtswahl in Art. 14 Abs. 1, lit. b Rom II-VO, da das Vertragsverhältnis, an das akzessorisch angeknüpft wird, bereits im Zeitpunkt der Vollendung des Delikts vorgelegen haben muss und damit auch eine Wahl des auf dieses Vertragsverhältnis anzuwendende Recht regelmäßig vor Eintreten des Delikts getroffen wurde.

Der mit den strengen Voraussetzungen in Art. 14 Rom II-VO für eine *ex ante*-Rechtswahl bezweckte Schutz von Verbrauchern als schwächerer Partei, würde durch die akzessorische Anknüpfung an das so bestimmte Vertragsstatut umgangen. Die vorherige Rechtwahl in Art. 3 Rom I-VO hat hingegen eigene Voraussetzungen ohne entsprechend weiten Verbraucherschutz[426]. Bei rein formaler

423 *v. Hein* in: Baetge u.a. (Hrsg.), FS für Kropholler (2008), S. 553, 565 mit Hinweis auf das Scheitern des Art. 4 Abs. 3, lit. e des Parlamentsentwurfs, nach dem eine offensichtlich engere Verbindung aus der dem anzuwendenden ausländischen Recht zugrunde liegenden Politik und der Konsequenzen der Anwendung dieses Rechts gefolgert werden konnte.

424 *v. Hein*, ZEuP 2009, 6, 18 f.; anders noch der Parlamentsentwurf in Art. 4 Abs. 4 („Bei der Prüfung der Frage des anwendbaren Rechts unterzieht das befasste Gericht erforderlichenfalls jede spezifische Frage des Rechtsstreits einer gesonderten Prüfung").

425 Dies ergibt sich auch aus Erwägungsgrund Nr. 18, S. 2; siehe auch KOM(2003) 427, S. 13 (zu Art. 3 Abs. 3 des Vorschlags); vgl. auch *Junker* in: MüKo, Anh. zu Art. 42 EGBGB, Rn. 38; *ders.*, NJW 2007, 3675, 3679.

426 Es finden jedoch für bestimmte Verbraucherverträge gem. Art. 6 Abs. 2 Rom I-VO die zwingenden vertragsrechtlichen verbraucherschützenden Vorschriften des Rechts am gewöhnlichen Aufenthalt des Verbrauchers Anwendung.

Betrachtung, könnte die Einhaltung dieser Voraussetzungen ausreichen um eine akzessorische Anknüpfung zuzulassen. Der Wertung des Verordnungsgebers, für die ex-ante-Rechtswahl im Deliktsstatut höhere Voraussetzungen aufzustellen als für die Rechtswahl im Vertragsstatut, ist jedoch entsprechend zu berücksichtigen[427].

Aus diesem Grund wird man eine akzessorische Anknüpfung an ein durch Rechtswahl bestimmtes Vertragsrecht nur dann zulassen können, wenn diese Rechtswahl auch den Voraussetzungen des Art. 14 Rom II-VO genügt[428].

Daneben stellt sich jedoch die Frage, ob die Wertung des Verbraucherschutzes in Art. 14 Rom II-VO auch insoweit auf die akzessorische Anknüpfung in Art. 4 Abs. 3 Rom II-VO einwirkt, dass für solche Verbraucherverträge, die nicht über den speziellen Art. 6 Rom I-VO besonders behandelt werden, eine akzessorische Anknüpfung ausgeschlossen wird. *Kadner Graziano* hält in diesen Fällen eine akzessorische Anknüpfung im Vergleich zu oben genannten Fällen für inkonsequent[429]. Die akzessorische Anknüpfung würde dann dazu führen, dass regelmäßig gem. Art. 4 Rom I-VO das Recht des Herkunftslandes des Unternehmers Anwendung fände.

Hier fehlt es jedoch an einer speziellen verbraucherschützenden Regelung in der Rom II-VO. Ein Vergleich der speziellen Rechtswahlvoraussetzungen zeigt, dass beide Verordnungen unterschiedlich strenge Voraussetzungen vorsehen. Daher können sich bei dieser Frage die Wertungen der Rom II-VO gegen die eigentlich gewollte akzessorische Anknüpfung an die Wertungen des Kollisionsrechts für vertragliche Schuldverhältnisse durchsetzen.

Grundsätzlich ist jedoch das durch das Kollisionsrechts für vertragliche Schuldverhältnisse gefundene Ergebnis zu respektieren und eine Einschränkung der akzessorischen Anknüpfung abzulehnen.

Schließlich ist über die akzessorische Anknüpfung an ein durch Rechtswahl bestimmtes Vertragsstatut eine *dépeçage* möglich, wenn die Parteien eine Teilrechtswahl getroffen haben und die jeweiligen Schadensersatzansprüche des Geschädigten in einem unterschiedlich engen Zusammenhang zu den Vertragsbereichen stehen[430].

Ob neben einer bestehenden Vertragsbeziehung auch Sonderbeziehungen wie die nichteheliche Lebensgemeinschaften, Gefahrengemeinschaften oder eine reine Gefälligkeitsverhältnisse eine solche „offensichtlich engere Verbindung“ zwischen den Parteien begründen, ist fraglich.

---

427 *Kadner Graziano*, RabelsZ 73 (2009), 1, 22 ff.

428 *Rushworth/Scott*, L.M.C.L.Q. 2008, 274, 280 f.

429 *Kadner Graziano*, RabelsZ 73 (2009), 1, 24.

430 *v. Hein* in: Baetge u.a. (Hrsg.), FS für Kropholler (2008), S. 553, 564.

Der Parlamentsentwurf sah ein solches faktisches Verhältnis noch ausdrücklich als Beispiel einer offensichtlich engeren Beziehung vor[431]. Auch das deutsche Kollisionsrecht knüpft gem. Art. 41 Abs. 2, Nr.1 EGBGB akzessorisch an eine „tatsächliche Beziehung“ an.

Zwar fehlt in der Endfassung der Rom II-VO das faktische Verhältnis als Verbindungsbeispiel, allerdings zeigt der Begriff „insbesondere“ in Art. 4 Abs. 2, S. 2 Rom II-VO, dass die Aufzählung nicht abschließend ist[432].

Auch die Nichtberücksichtigung dieser Verbindungen im Kommissionsentwurf von 2006 kann nicht als eine inhaltliche Entscheidung gewertet werden. Die Kommission befürchtete, dass eine zu große Ausweitung des Ausnahmekatalogs dazu führen könnte, dass zu häufig von der Regelanknüpfung abgewichen, und der Ausnahmecharakter der Vorschrift missachtet würde[433]. Gleichzeitig betont die Kommission aber, dass eine *de facto*-Verbindung zwischen den Parteien „nicht ohne Weiteres ignoriert“ werden kann[434].

Gegen eine Anknüpfung an De-facto-Verhältnisse sprechen bereits grundsätzliche Bedenken. Da es an einer sachrechtlichen Verbindung, an welche dann akzessorisch anzuknüpfen wäre, fehlt, müsste sie konstruiert werden. Für eine solche Fiktion, die die Wertungen des materiellen Rechts überspielt[435], müsste jedoch eine besondere Rechtfertigung vorliegen. Aus Sicht der Rom II-VO ist diesbezüglich festzuhalten, dass die Erfolgsortanknüpfung durch den Vorrang am Recht des gemeinsamen gewöhnlichen Aufenthalts ausreichend aufgelockert ist[436].

Die oben bereits angesprochene Formulierung der Kommission, wonach das *de facto*-Verhältnis „nicht ohne Weiters zu ignorieren“ sei, lässt sich demnach so verstehen, dass an ein fingiertes Rechtsverhältnis nur dann über die Auflockerung der offensichtlich engeren Beziehung anzuknüpfen ist, wenn noch andere Faktoren, wie etwa die berechtigten Erwartungen der Parteien, die laut Kommission ebenfalls nicht „ohne Weiteres zu ignorieren“ sind[437], eine offensichtlich engere Verbindung zu diesem Staat begründen.

---

431 Art. 4 Abs. 3, lit. b Parlamentsentwurf.

432 *Heiss/Loacker*, JBl. 2007, 613, 626 f.

433 KOM(2006) 83, S. 4 f.

434 KOM(2006) 83, S. 5. Siehe hierzu *v. Hein*, der das Fehlen des *de facto*-Verhältnisses in der Fassung der Ausweichklausel im Kommissionsentwurf 2006 entgegen der vorherigen Betonung der Bedeutung eines solchen Verhältnisses, als Redaktionsversehen bewertet, vgl. *v. Hein* in: Baetge u.a. (Hrsg.), FS für Kropholler (2008), S. 553, 562 f.

435 So *G. Wagner*, IPRax 2006, 372, 378.

436 *G. Wagner*, IPRax 2008, 1, 6.

437 KOM(2006) 83, S. 5.

Folglich kann ein faktisches Verhältnis eine offensichtlich engere Verbindung begründen[438], allerdings führt das Vorhandensein eines solchen Verhältnisses nicht von selbst zu einer Anknüpfung an dieses.

Alleine reicht ein De-facto-Verhältnis nicht zur Begründung einer Verbindung im Sinne des Art. 4 Abs. 3 Rom II-VO aus.

Über die Ausnahmevorschrift der offensichtlich engeren Verbindung kann schließlich auch der Handlungsort als Anknüpfungspunkt wieder aufleben, falls die unerlaubte Handlung im Unterschied zum Erfolgsort hierzu offensichtlich enger verbunden ist. Bei Distanzdelikten wird dies allerdings kaum der Fall sein, und bei Platzdelikten zu keinem anderen Ergebnis führen.

Dennoch ist darauf hinzuweisen, dass ein Richter der Versuchung widerstehen muss, über diese für Ausnahmen vorgesehene Korrekturmöglichkeit die vom Gemeinschaftsgesetzgeber vorgegebene Orientierung weg von der bisherigen Handlungsortregel des Art. 40 Abs. 1 EGBGB zu unterlaufen[439].

6. Sonderproblem Mosaikbetrachtung

Fraglich ist, ob auch bei sog. Streudelikten an den jeweiligen Erfolgsort angeknüpft werden sollte. Streudelikte sind hierbei Delikte die mehrere Rechtsgutsverletzungen in unterschiedlichen Staaten verursachen.

Streudelikte können einmal in der Form der Schädigung verschiedener Personen in verschiedenen Staaten und zum anderen in der Form der Schädigung nur eines Geschädigten mit Erfolgsorten in unterschiedlichen Staaten auftreten. Führt die deliktische Handlung zu mehreren Rechtsgutsverletzungen und befinden sich diese Rechtsgüter in unterschiedlichen Staaten, so liegen eine Vielzahl von Erfolgsorten vor. Durch die in Art. 4 Abs. 1 Rom II-VO gewählte Erfolgsortanknüpfung ist die Frage der Behandlung von Streudelikten im Rahmen der Rom II-VO also besonders relevant.

Die Behandlung dieses Sonderproblems des Deliktskollisionsrechts war bereits im nationalen Kollisionsrecht umstritten.

Für Streudelikte, bei der eine Handlung die Rechtsgüter eines Betroffenen in mehreren Staaten verletzt, wird vertreten, dem Geschädigten analog zu dem Wahlrecht aus Art. 40 Abs. 1, S. 2 EGBGB ein weiteres Wahlrecht einzu-

---

438 So will etwa *v. Hein* Ansprüche aus Prospekthaftung akzessorisch an das Statut der Prospektpflicht als faktisches Verhältnis zwischen Emittenten und Geschädigten anknüpfen, *v. Hein* in: von Baum u.a. (Hrsg.), Perspektiven des Wirtschaftsrechts, 371, 395.

439 *Fricke*, VersR 2005, 726, 739.

räumen[440]. Wählt der Geschädigte also das Recht des Erfolgsortes, und liegen mehrere Erfolgsorte vor, kann hiernach der Geschädigte das Recht eines dieser Erfolgsorte wählen. Dieses ist dann auf die gesamte unerlaubte Handlung anzuwenden. Andere bevorzugen eine Schwerpunktbetrachtung[441], welche den relevanten Erfolgsort bestimmen soll. Schließlich wird von der herrschenden Ansicht vertreten, bei vorliegen mehrere Erfolgsorte führen diese zu einer Aufteilung der unerlaubten Handlung, mit dem Ergebnis, dass man so viele Delikte wie Staaten hat, in denen ein Rechtsgut geschädigt wurde[442]. Jedes dieser so geschaffenen einzelnen Delikte unterliegt dann dem Recht des jeweiligen Erfolgsortes. Die Rechtsgutsverletzungen auf Grund derselben Handlung kann so nach unterschiedlichem Recht beurteilt werden. Es kommt zu einer so genannten Mosaikbetrachtung.

Als Problem sind diese Sachverhalte bisher besonders im Rahmen von Persönlichkeitsrechtsverletzungen durch Pressedelikte erkannt worden. Durch den Vertrieb von Medien in mehreren Staaten hat dieselbe persönlichkeitsrechtsverletzende Äußerung mehrere Erfolgsorte. Das Rechtsgut der persönlichen Ehre wird leicht in mehreren Ländern verletzt. Dieser klassische Hauptfall der Streuschädigung ist vom Anwendungsbereich der Rom II-VO ausgenommen, Art. 1 Abs. 2, lit. g Rom II-VO.

Allerdings sind auch bei Vermögensschädigungen Streudelikte denkbar[443]. Bei strikter Anwendung des Art. 4 Abs. 1 Rom II-VO müsste gemäß dessen Wortlaut jeder Erfolgsort gleichbehandelt werden. Aus Sicht der Rom II-VO käme es also zu einer solchen Mosaikbetrachtung. Auch die Kommission erkennt die Mosaikbetrachtung als Folge der Anknüpfung an den Erfolgsort, und spricht sich für diese und nicht etwa für eine spezielle andere Anknüpfung in solchen Fällen aus[444]. Dass der Verordnungsgeber von einer grundsätzlichen Mosaikbetrachtung ausging, zeigt ferner die Existenz des Art. 6 Abs. 3, lit. b Rom II-VO. Bei kartellrechtlich zu qualifizierenden Streudelikten hat der Verordnungsgeber dem Geschädigten eine Erleichterung geschaffen, indem er unter Umständen den gesamten Schaden nach dem Recht der *lex fori* geltend machen kann[445]. Eine solche Einschränkung erklärt sich nur vor dem Hintergrund, dass grundsätzlich das Mosaikprinzip greift[446].

440 So *Heldrich* zum autonomen deutschen Deliktsecht in: Palandt, Art. 40, Rn.4; *Spickhoff*, IPRax 2000, 1, 5.

441 So *v. Hoffmann* ebenfalls zum autonomen deutschen Deliktsecht in: Staudinger, Art. 40 EGBGB, Rn. 26; *Looschelders*, Art. 40 EGBGB, Rn. 30; diese Ansicht stimmt im Ergebnis mit der Anknüpfung an die Vermögenszentrale überein, siehe dazu unten: Kapitel C.IV.1.d).

442 Siehe für diese sog. Mosaiktheorie statt vieler: *Kegel/Schurig*, IPR, S. 732.

443 Abhängig vom gewählten Anknüpfungspunkt, siehe hierzu unten: Kapitel C.IV.1.c)(2)(d).

444 KOM(2003) 427, S. 12.

445 Vgl. hierzu oben: Kapitel B.II.2.a)(2).

446 *Mankowski*, RIW 2008, 177, 188.

Problematisch an einer solchen Berufung mehrerer Rechtsordnungen ist, dass die Anwendbarkeit verschiedener Rechtsordnungen sowohl den Interessen des Schädigers als auch denen des Geschädigten widersprechen kann.

Der Geschädigte wird sicherheitshalber vor Rechtsverfolgung ein Gutachten der verschiedenen Rechtsordnungen einholen[447]. Je nach am Forum geltendem Verfahrensrecht kann dem Geschädigten sogar eine Beibringungs- oder subjektive Beweislast für den Inhalt des jeweiligen ausländischen Rechts auferlegt sein.

Auch der vermeintliche Schädiger wird solche Gutachten zur Verteidigung einholen müssen. Die erhöhten Kosten der Rechtsermittlung verhindern eine einfache Rechtsverfolgung sowie eine einfache Verteidigung.

Daneben wird die Anforderung an den Richter erhöht, der das ausländische Recht anwenden muss. Die Mosaikbetrachtung erhöht somit auch die tertiären Rechtsdurchsetzungskosten[448].

Da der Geschädigte – regelmäßig wie in Deutschland nach § 293 ZPO – nicht zur Einholung der Gutachten verpflichtet ist, wird eine solche Mosaikbetrachtung teilweise mit dem Argument abgelehnt, sie benachteilige übermäßig den Schädiger[449]. Dieser sei in Prozessen gegen einen oder sogar mehrere Geschädigten zur Einholung mehrerer Gutachten unterschiedlicher Rechtsordnungen gezwungen, um sich angemessen verteidigen zu können.

Andere wollen hingegen diese, vor allem den Schädiger treffende Benachteiligung hinnehmen und bevorzugen grundsätzlich auch auf europäischer Ebene die Mosaiklösung[450]. Die Benachteiligung des Schädigers sei hinnehmbar, da dieser mit einer Anwendung des jeweiligen Erfolgsortrechts rechnen musste.

Wie oben aufgezeigt ist eine Lösung dieses Problems jedoch auch eine Anknüpfung an den Schwerpunkt der Rechtsgutsverletzung. Teilweise wird auch im Rahmen der Rom II-VO vorgeschlagen, jedenfalls bei EU-Binnensachverhalten generell eine Schwerpunktanknüpfung vorzunehmen[451]. Bei solchen Binnensachverhalten sei auf Grund der vorangeschrittenen Rechtsvereinheitlichung ohnehin keine große Abweichung vom Recht des jeweiligen Erfolgsortes zu befürchten; der mögliche Nachteil für den Geschädigten sei somit ohnehin nur gering. Das

447 Insofern liegt die Anwendung verschiedener Rechte nicht automatisch im Interesse des Geschädigten wie *Leible/Engel* (EuZW 2004, 7, 10) und *Sonnentag* (ZvglRWiss 105 (2006), 256, 268) dies sehen. Allerdings ist ihnen dahingehend Recht zugeben, als dass der Schädiger in der Regel ein höheres Interesse an der Anwendbarkeit nur einer Rechtsordnung hat.

448 *Mankowski*, RIW 2008, 177, 188; *Garcimartín Alférez*, EuLF 2007, I-77, I-86.

449 *Benecke*, RIW 2003, 830, 833.

450 *Sonnentag*, ZvglRWiss 105 (2006), 256, 266 f.; *Leible/Engel*, EuZW 2004, 7, 10.

451 *W.-H. Roth* in: Diskussionsbericht zum Referat von G. Wagner, IPRax 2006, 390, 391; *Heiss/ Loacker*, JBl 2007, 613, 630 fordern eine Regelung Art 6 Abs. 3 lit. b Rom II-VO vergleichbare Regelung für allgemeine *multistate*-Delikte.

Recht des Lageorts dieses Schwerpunkts regelt dann das gesamte Delikt. Dogmatisch ließe sich eine solche Lösung über die Anknüpfung an die offensichtlich engere Verbindung nach Art. 4 Abs. 3 Rom II-VO konstruieren[452].

Eine weitere Möglichkeit wäre die allgemeine analoge Anwendung der Möglichkeit der Wahl der *lex fori* des Gerichts am Beklagtenwohnsitz nach Art. 6 Abs. 3, lit. b Rom II-VO[453].

Eine solche Anknüpfungsregel für Streudelikte wäre mit dem oben geschilderten Willen des Verordnungsgebers, die Mosaikbeurteilung hinzunehmen, unvereinbar, bietet jedoch Vorteile, da ausschließlich an einen Ort angeknüpft wird.

Ein Vorteil der Abweichung vom Mosaikprinzip erklärt sich auch im Zusammenhang mit der sog. Shevill-Entscheidung des EuGH.

Für Pressedelikte hatte der EuGH im Rahmen der Auslegung der besonderen Deliktszuständigkeit nach Art 5 Nr. 3 EuGVO eine besondere Lösung gewählt[454]. Die in geringer Auflage auch in England vertriebene Zeitung „France-Soir" hatte in einem Artikel den Eindruck erweckt, die Chequepoint S.à r. l. und deren Mitarbeiterin Frau Shevill, die Ixora Trading Inc. sowie die Chequepoint International Limited seien im Auftrag eines Drogenhändlerrings als Geldwäscher tätig.

Der EuGH entschied, dass eine gerichtliche Zuständigkeit für die vorliegende Ehrverletzungen in jedem bestimmungsgemäßen Vertriebsland der Zeitung bestehe, da überall ein Erfolgsort liege. Die Begrenzung der Möglichkeit zum *forum shopping* durch den Kläger erreichte der EuGH jedoch dadurch, dass Gerichte am Ort der bestimmungsgemäßen Verbreitung (Erfolgsort) nur für den Schaden zuständig sind, der in dem Staat des aufgerufenen Gerichts verwirklicht wurde (sog. Einschränkung der Kognitionsbefugnis). Einen Ersatz des vollen Schadens kann der Kläger nur am Gericht des Handlungsortes verlangen.

Ob dies auch für andere Deliktstypen gilt, ist jedoch vom EuGH offen gelassen worden und in der Literatur zu Art. 5 Nr. 3 EuGVO umstritten[455]. Sofern die Einschränkung der gerichtlichen Kognitionsbefugnis auch für Ansprüche aus reiner Vermögensschädigung gilt, würde eine Mosaikbetrachtung die Durchsetzung des Schadensersatzanspruchs weiter erheblich erschweren und damit den

---

452 Dies erwägt *Junker*, der jedoch auch den Ausnahmecharakter dieser Vorschrift „strapaziert" sieht, *Junker* in: MüKO, Anh. zu Art. 42 EGBGB, Rn. 36; so bei einem einzelnen Geschädigten aber *Leible/Engel*, EuZW 2004, 7, 10 (siehe dazu unten).

453 Hierzu kritisch: *Lindacher*, GRURInt 2008, 453, 456; schon gegen eine analoge Anwendung auf lauterkeitsrechtliche Ansprüche: *Leible/Lehmann*, RIW 2007, 721, 729.

454 EuGH – Rs. C-68/93 (07.03.1995), Fiona Shevill, Ixora Trading Inc., Chequepoint S.à r.l. u. Chequepoint International Ltd. ./. Presse Alliance SA, NJW 1995, 1881.

455 Von einer solchen Einschränkung der Kognitionsbefugnis auch bei anderen Streudelikten ausgehend: *Kropholler*, EuZPR, Art. 5, Rn. 84, 85; gegen eine solche Generalisierung jedoch: *Geimer* in: Geimer/Schütze, Art. 5, Rn. 244.

Geschädigten benachteiligen[456]. Der Geschädigte wäre für eine einheitliche Klageführung gezwungen, am Handlungsort zu klagen, auf seine Ansprüche sind dennoch mehrere unterschiedliche Rechte anwendbar, da der Handlungsort in der Rom II-VO kein gesetzlicher Anknüpfungspunkt ist. Das Recht des Handlungsortes ließe sich nur bei offensichtlich engere Verbindung des Schuldverhältnisses zum Ort der deliktischen Handlung anwenden.

Der Vorteil der Anwendung des Handlungsortrechts läge darüber hinaus in der im Falle einer Streuschädigung regelmäßig erheblich leichteren Bestimmbarkeit des Handlungsortes gegenüber dem Erfolgsort[457].

Das bedeutet, dass insbesondere bei Vermögensschäden die Mosaikbeurteilung dazu führen kann, dass die Rechtsfindung verkompliziert wird und so keine effektive Deliktsverfolgung bei Geldwäsche und Betrug stattfinden kann[458].

Da die Mosaikbetrachtung wie gezeigt sowohl den Interessen des Schädigers widerspricht, als auch den Interessen des Geschädigten widersprechen kann, und zusätzlich eine effektive Deliktsverfolgung beeinträchtigt, wäre eine besondere Anknüpfung also geboten.

Allerdings ist die vom Verordnungsgeber gewählte Mosaikbetrachtung keine Mehrfach- sondern eine distributive Anknüpfung[459]. Es wird nicht derselbe Sachverhalt mehreren Rechten unterstellt, sondern nur einzelne Sachverhaltsausschnitte. Die Tatsache, dass in unterschiedlichen Staaten belegenes Vermögen betroffen ist, ist kollisionsrechtlich daher ebenfalls zu werten. Richtigerweise ist auch hier konkret zwischen den Interessen des Geschädigten und denen des Schädigers zu differenzieren und abzuwägen.

Das Interesse des Geschädigten liegt vor allem darin, die höheren Kosten zu vermeiden, die sich aus der Ermittlung verschiedener Rechte ergeben. Aus der Sicht des Geschädigten ändert sich durch gleichzeitige Verletzung anderer Rechtsträger grundsätzlich nichts. Durch eine Anknüpfung an den Handlungsort würde der Geschädigte somit allein dadurch besser gestellt, dass seine Handlung Auswirkungen in mehreren Ländern entfaltet.

Überzeugende Gründe für eine grundsätzlich andere Anknüpfung bestehen daher bei Streudelikten nicht, da hier wie im Falle der einfachen Distanzdelikte dem Interesse des Geschädigten Vorzug zu gewähren ist[460].

Sofern sich die Streuung jedoch auch aus Gründen ergibt, die in der Person des Geschädigten liegen, sind die Interessen neu abzuwägen.

---

456 So *Benecke*, RIW 2003, 830, 833; *Mankowski*, RIW 2008, 177, 188; *Heiss/Loacker*, JBl 2007, 613, 625; die daher wohl auch alle von einer allgemeinen Einschränkung der Kognitionsbefugnis bei allen Streudeliktstypen ausgehen.

457 *Benecke*, RIW 2003, 830, 833.

458 So *Petch*, JIBLR 21 (2006), 449, 455.

459 *Mankowski*, RIW 2008, 177, 188.

460 *Leible/Engel*, EuZW 2004, 7, 10; *Garcimartín Alférez*, EuLF 2007, I-77, I-84.

Richtigerweise ist daher zu trennen zwischen solchen unerlaubten Handlungen, die mehrere Rechtsträger in verschiedenen Staaten verletzen, und solchen, die Rechtsgüter nur eines Geschädigten in verschiedenen Ländern treffen.

Bei Handlungen, die mehrere verschiedene Rechtsträger verletzen, ist es nicht ersichtlich, warum hier von der Regelanknüpfung am Erfolgsort abgewichen werden sollte. Für den einzelnen Geschädigten war die Schädigung der anderen, bzw. der Schwerpunkt der Auswirkungen der Handlung nicht vorhersehbar[461]. Hier überwiegt das Interesse jedes einzelnen Geschädigten, aus dessen Sicht sich durch die Schädigung der anderen nichts ändert[462].

Hiergegen könnte nur sprechen, dass die Schadensstreuung ein Produkt des länderübergreifenden Tätigwerdens ist, und dieser Nutzen des Binnenmarktes gerade vom Gemeinschaftsgesetzgeber gewollt ist. Dies gilt nicht nur für die Schaffung des freien Warenverkehrs, sondern auch für einen integrierten Markt für Finanzdienstleistungen. Das Ziel der Binnenmarktintegration beinhaltet auch die Freiheit, Finanzprodukte europaweit anzubieten und so einen europäischen Finanzproduktmarkt aufzubauen. Die Gefahr einer gerichtlichen Auseinandersetzung mit Ansprüchen nach unvorhersehbar vielen Sachrechten grenzt diese Möglichkeit jedoch zu stark ein.

Aus diesem Grund ist auch hier bei unvorhersehbar vielen unterschiedlichen Rechtsordnungen an den Haupterfolgsort anzuknüpfen[463].

Im Verhältnis zu nur einem Geschädigten kann jedoch eine besondere Anknüpfung zu nur einem Lageort angemessen sein, wenn das Rechtsgut in einem Staat auf besonders schwerere Weise verletzt worden ist[464]. Sollte die Rechtsprechung des EuGH zu Persönlichkeitsrechtsverletzungen auf reine Vermögensschädigungen übertragen werden, kommt hier das Problem verstärkend hinzu, dass bei einer Klage, in der der Geschädigte Ersatz des gesamten Schadens verlangen kann, die *lex fori* nur bei Platzdelikten anwendbares Sachrecht sein kann. Bei Streudelikten ist international zuständiges Gericht das Gericht am Handlungsort, und anwendbares Recht ist das am jeweiligen Lageort geltenden Sachrechte. Dieses Problem ließe sich durch eine Schwerpunktanknüpfung vermeiden.

Eine solche wäre etwa zu erreichen, indem das Gericht den Ort des Schadens im Sinne des Art. 4 Abs. 1 Rom II-VO lediglich an einem Ort, dem Ort des schwersten Schadenseintritts, lokalisiert[465]. Eine solche Außerachtlassung der

---

461 *Leible/Engel*, EuZW 2004, 7, 10; *Sonnentag*, ZVglRWiss 105 (2006), 256, 268.

462 *Leible/Engel*, EuZW 2004, 7, 10; *Sonnentag*, ZVglRWiss 105 (2006), 256, 268.

463 Dieser sei etwa bei Ansprüchen im Zusammenhang mit Finanzprodukten der Ort an dem die Finanzprodukte angeboten werden, so zur Prospekthaftung, *Weber*, WM 2008, 1581, 1586

464 *Junker* in: MüKo, Anh. zu Art. 42 EGBGB, Rn. 36; *Spickhoff* in: Bamberger/Roth, Anh. zu Art. 42 EGBGB, Rn. 34; *Leible/Engel*, EuZW 2004, 7, 10; *Sonnentag*, ZVglRWiss 105 (2006), 256, 268.

465 So als Möglichkeit in Betracht gezogen von *Dickinson*, Rn. 4.73.

sonstigen Schadenseintritte ist jedoch mit der Bevorzugung der Mosaikbetrachtung durch den Verordnungsgeber nicht vereinbar.

Eine solche Anknüpfung zu einem besonderen Erfolgsortstaat wird aber im Ergebnis bereits die Ausweichklausel des Art. 4 Abs. 3 Rom II-VO erreicht werden können, sofern zu diesem Erfolgsort eine offensichtlich engere Verbindung besteht. Ohnehin kann nur, wenn dies der Fall ist, das Interesse des Schädigers das des Geschädigten überwiegen. Eine solche Anknüpfung für Streudelikte kann auf Grund des Ausnahmecharakters des Art. 3 Abs. 3 Rom II-VO nur im Einzelfall Anwendung finden einer gerechten Lösung.

Eine grundsätzliche Abweichung von der Erfolgsortanknüpfung in Fällen der Erfolgsstreuung ist somit grundsätzlich nicht erforderlich.

Die vom Verordnungsgeber offensichtlich akzeptierte Mosaiktheorie ist aus Sicht des Schädigers daher die krasse Folge der Verweisungsmethode, der der Verordnungsgeber in der Rom II-VO gefolgt ist. Eine gegenteilige Möglichkeit wäre eine generelle Anknüpfung an die Herkunft der Streuschädigung gewesen.

III. Inhalt der Verweisung

1. Sachnormverweisung

Gem. Art. 24 Rom II-VO sind alle Verweisungen der Rom II-Verordnung Sachnormverweisungen.

Die VO stimmt insoweit mit dem deutschen Deliktskollisionsrecht an ganz entscheidender Stelle nicht überein, da dieses in Art. 4 Abs. 1 EGBGB dem System der Kollisionsrechtsverweisung folgt.

Die gewählte Sachnormverweisung im Deliktskollisionsrecht entspricht jedoch einem internatonalen gesetzgeberischen Trend[466] und soll zum Ziel der Rechtssicherheit führen[467].

Die Frage der Verweisungsart ist aber ohnehin nur bei Verweisungen auf Drittstaaten relevant, da eine Gesamtverweisung bei innergemeinschaftlichen Sachverhalten immer auf das gleiche Kollisionsrecht verweisen würde, jedenfalls sofern in dem relevanten Mitgliedsstaat, auf dessen Recht verwiesen wird, kein spezielles Übereinkommen mit einem Drittstaat gilt[468].

---

466 Vgl. *v. Hein*, ZvglRWiss 99 (2000), 251, 253, der auf Art. 13 Abs. 2, lit. c des italienischen IPRG, auf Sec. 9 (5) des englischen PIL-Act 1995 sowie auf das Haager Straßenverkehrs- und das Haager Produkthaftungsübereinkommen verweist, (Staatsvertragliche Verweisungen sind jedoch stets Sachnormverweisungen).

467 KOM(2003) 427, S. 30.

468 *Junker* in: MüKo, Anh. zu Art. 42 EGBGB, Rn. 88.

Die Sachnormverweisung hat grundsätzlich den Nachteil, dass es unter Umständen zur Anwendung des Sachrechts eines Staates kommt, obwohl dessen Richter ihre *lex fori* nicht angewendet hätten. De Sachnormverweisung verringert demnach das Maß an internationalem Entscheidungseinklang.

In Verbindung mit dem gerade beschriebenen Vorrang von Abkommen in Art. 28 Rom II-VO gilt dies nun sogar für die Anwendung des Sachrechts eines anderen Mitgliedsstaates. Dieses Zusammenspiel verringert also auch das Maß an europäischem Entscheidungseinklang[469].

Lösen ließe sich eine solcher Wertungswiderspruch, indem im Rahmen des Art. 4 Abs. 3 Rom II-VO zur Begründung der offensichtlich engeren Beziehung die Anwendungsunwilligkeit der Rechtsordnung eines Mitgliedstaates des Haager Straßenverkehrsunfall-Übereinkommens, dessen Sachnormen Anwendung finden sollen, berücksichtigt und eine engere Verbindung zu dem Staat zieht, auf das die Kollisionsregeln des Haager Straßenverkehrsunfall-Übereinkommen verweisen[470].

Dies stellt jedoch eine Umgehung des *renvoi*-Ausschlusses in Art. 24 Rom II-VO dar[471].

2. Interlokales Privatrecht

Gem. Art. 25 Abs. 1 Rom II-VO ist auch das Interlokale Privatrecht des Staates, auf dessen Recht verwiesen wird, von der Anwendung ausgeschlossen. Stattdessen werden die Gebietseinheiten einer Mehrrechtsordnung kollisionsrechtlich verselbständigt[472]. Aus der Sicht der Rom II-Verordnung gelten die Gebietseinheiten als eigene Staaten[473]. Sofern der Erfolg bei ihnen eingetreten ist, bzw. hierzu eine engere Verbindung besteht, ist das Sachrecht dieser Gebietseinheit anzuwenden.

Eine Ausnahme vom Ausschluss der Anwendung des interlokalen Privatrechts besteht jedoch für rein interlokale Konflikte.

Hier ist gem. Art. 25 Abs. 2 Rom II-VO ein Mitgliedsstaat, dessen verschiede-

---

469 *Heinze* in: Baetge u.a. (Hrsg.), FS für Kropholler (2008), S. 105, 116; *v. Hein* in: Baetge u.a. (Hrsg.), FS für Kropholler (2008), S. 553, 568; zur Kritik an der Fassung der Konkurrenzregel in Art. 28 Rom II-VO siehe daher oben B.I.5.b).

470 *v. Hein* in: Baetge u.a. (Hrsg.), FS für Kropholler (2008), S. 553, 569.

471 *Hay*, EuLF 2007, I-138, I-144; dieses Argument lässt sich auch nicht mit *v. Hein* (a.a.O) umgehen, in dem man die Richtung des Art. 24 Rom II-VO ausschließlich auf die Rechtsfolgenseite beschränkt. Die Bestimmung der anwendbaren Rechtsordnung muss vielmehr auch verordnungskonform erfolgen. Hierbei ist die Wertung des Art. 24 Rom II-VO zu berücksichtigen.

472 *Junker*, NJW 2007, 3675, 3681.

473 *Briere*, Clunet 2008, 31, 35.

ne Gebietseinheiten ein eigenes Interlokales Privatrecht haben (gemeint ist also momentan lediglich das Vereinigte Königreich mit den Gebietseinheiten England, Schottland, Wales und Nord-Irland) nicht verpflichtet, die Rom II-VO für einen Fall, der nur Verbindungen zu den Teilrechtsordnungen dieses Staates aufweist, anzuwenden. Bei diesen Intra-UK-Sachverhalten gilt dann das autonome interlokale Privatrecht.

Auch in solchen Fällen sprechen jedoch nicht weniger Argumente für eine Anwendung der Rom II-VO, als sie oben[474] im Rahmen der universellen Anwendung der Rom II-VO für eine solche in reinen Drittstaatssachverhalten sprechen. Auch hier ist eine Abgrenzung von rein innerstaatlichen Sachverhalten zu solchen Sachverhalten mit Bezug zu anderen Staaten schwer und führt zu Rechtsunsicherheit.

Auch im Rahmen der Diskussion zum Erlass des *Private International Law Act* von 1995 für das Vereinigte Königreich wurde eine Differenzierung zwischen diesen beiden Sachverhaltstypen aus diesen Gründen abgelehnt[475]. Sec. 9 (7) PIL-Act 1995 sah dann auch ausdrücklich vor, dass die geschaffenen IPR-Regeln des *PIL-Act* auch für Intra-UK-Sachverhalte gelten.

Es ist daher sachdienlich und konsequent, wenn englische Gerichte auf das in Art. 25 Abs. 2 Rom II-VO eingeräumte Recht verzichten, und die Rom II-VO anwenden[476].

Im Rahmen der Implementierung der Rom II-VO im Vereinigten Königreich durch die *The Law Applicable to Non-Contractual Obligations (England and Wales and Northern Ireland) Regulations 2008*[477] folgt der Gesetzgeber dieser Auffassung. Gem. *regulation 6* verzichten England, Wales und Nord-Irland auf die Anwendung des eigenen Interlokalen Privatrechts und wenden stattdessen die Rom II-VO auch auf Intra-UK-Sachverhalte an. Auch das schottische Parlament hat sich dem mit Erlass der inhaltsgleichen *The Law Applicable to Non-Contractual Obligations (Scotland) Regulations 2008*[478] angeschlossen.

---

474 Siehe oben: Kapitel B.I.4.a).

475 *North*, Essays in private international law, 1993, Chapter 4, S. 86.

476 So *Carruthers/Crawford*, Edin LR 9 (2005), 65, 73, die eine Ausübung dieses Rechts auf Anwendung des autonomen Interlokalen Privatrechts vor dem Hintergrund des Sec. 9 (6) PIL-Act als ironisch bezeichnen, gleichzeitig allerdings auch ihre Bedenken äußern, die Regierung des Vereinigten Königreichs könnte dieses Recht aus Protest gegen das umfangreiche Regelungswerk ausüben.

477 Statutory Instruments 2008 No. 2986.

478 Scottish Statutory Instruments 2008 No. 404.

IV. Ordre Public-Vorbehalt

Der *ordre public*-Vorbehalt der Rom II-Verordnung findet sich in deren Art. 26.

Verstößt danach das Ergebnis der Anwendung eines fremden Rechts gegen die öffentliche Ordnung des Staates des angerufenen Gerichts, und greift damit die Vorbehaltsklausel des Art. 26 Rom II-Verordnung ein, so darf das Gericht das ausländische Privatrecht unangewendet lassen. Die so entstandene Regelungslücke ist durch Anwendung der *lex fori* zu schließen[479].

Voraussetzung ist gemäß dem Wortlaut jedoch eine offensichtliche Unvereinbarkeit des Anwendungsergebnisses mit dem ordre public des angerufenen Gerichts.

Maßstab für die Bestimmung des ordre public ist also die öffentliche Ordnung des jeweiligen Mitgliedstaates.

Die Bestimmung des Inhalts des ordre public unterliegt damit weiterhin den jeweiligen nationalen Gerichten[480]. Als Verordnungsbegriff ist der ordre-public-Begriff jedoch gleichzeitig autonom auszulegen. Die Bestimmung hat demnach gemeinschaftskonform zu erfolgen, und der EuGH überwacht die Grenzen der Anwendung dieses Versagungsgrundes[481].

Der nationale ordre-public-Begriff, als Ausfluss staatlicher Souveränität, wird um die grundlegenden Rechtsnormen des Gemeinschaftsrechts sowohl angereichert als auch durch diese begrenzt und wird somit zum gemeinschaftlichen ordre public[482]. Ohnehin bedarf ein konkreter ordre public-Vorbehalt einer genauen Begründung und wird nur ausnahmsweise zulässig sein, da im internationalen Privatrecht von der Anerkennung der anderen Rechtsordnung en als gleichwertig ausgegangen wird. Neben dieser formalen Anerkennung der Gleichwertigkeit tritt die EU-weite, möglichst weit reichende inhaltliche Anerkennung der Rechtsordnungen anderer Mitgliedsstaaten als Ausfluss des europäischen Primärrechts[483].

---

479 KOM(2003) 427, S. 31; nach einem anderen Vorschlag soll das Gericht im Falle der Ablehnung der Anwendung des ausländischen Rechts entweder international anerkannte Regeln anwenden oder, falls solche für die Rechtsfrage nicht bestehen, das Verfahren ohne Urteil beenden; nur so sei eine extensive Anwendung des *ordre public*-Vorbehalts als „wild card" zur Anwendung der *lex fori* auszuschließen, so *Weintraub*, TexILJ 43 (2008), 401, 405 f.; eine solche Lösung widerspricht jedoch dem Recht des Klägers auf effizienten Rechtsschutz. Das zuständige Gericht hat vielmehr auch über den Rechtsstreit zu entscheiden.

480 *Micklitz/Rott*, EuZW 2002, 15, 18.

481 *Junker* in: MüKo, Anh. zu Art. 42 EGBGB, Rn. 91; dies galt bereits im Rahmen des Art. 27 Nr. 1 EuGVÜ, vgl. EuGH – Rs. C-7/98 (28.3.2000), Dieter Krombach ./. André Bamberski, NJW 2000, 1853, 1854; und im Rahmen des Art. 16 EVÜ, vgl. *Martiny* in: Europäisches Gemeinschaftsrecht und Internationales Privatrecht, v.Bar (Hrsg.), 1991, 211, 231 f.

482 *v. Hoffmann*, in: ders. (Hrsg.), European Private International Law, 19, 24; *Heinze* in: Baetge u.a. (Hrsg.), FS für Kropholler (2008), S. 105, 122 f.; vgl. hierzu ausführlich: *Thoma*, Die Europäisierung und Vergemeinschaftung des nationalen ordre public, Tübingen 2007.

483 Siehe zu diesem strittigen Punkt unten: Kapitel C.I.3.

Bei reinen Binnensachverhalten ist daher das Hindernis zur Nichtanwendung ausländischen Rechts auf Grund des ordre public-Vorbehalts gesteigert. Es bedarf hier eines fundamentalen Verstoßes gegen die nationale Ordnung[484].

Der so ausgelegte ordre public-Begriff ist vom Richter von Amts wegen zu berücksichtigen.

Inhaltlich sind ein Maßstab für die *ordre public*-Bestimmung die Grundrechte der EMRK[485] sowie die Gemeinschaftsgrundrechte[486].

Gemäß Erwägungsgrund Nr. 32 kann eine Versagung der Anwendbarkeit einer Regelung, die eine über den Schadensausgleich hinausgehende Entschädigung mit abschreckender Wirkung (*exemplary damages*) oder Strafschadensersatz (*punitive damages*) gewährt, welcher neben den Ausgleich des Verlustes des Schädigers tritt, ausdrücklich noch im Rahmen einer solchen gemeinschaftskonformen Auslegung liegen.

Die Kommissionsentwürfe enthielten bezüglich der „punitive damages" noch eine eigene spezielle Vorbehaltsklausel gegen punitive damages[487], welche Art. 40 Abs. 3, Nr. 1, 2 EGBGB nachgebildet war. Hintergrund hierfür waren die verbreiteten Bedenken vor der Gewährung immens hohen Schadensersatzes, wie es in den USA der Praxis entspricht. Vor allem aus dem Vereinigten Königreich kam gegen einen solchen konsequenten Ausschluss erheblicher Widerspruch. Insbesondere wurde befürchtet, dass die Gewährung von *restitutionary damages*, also Schadensersatz der nicht am Verlust des Opfers, sondern am Gewinn des Täters bemessen wird, ausgeschlossen wäre. Ein solcher ist jedoch in England, Wales, Zypern und Irland anerkannt[488]. Darüber hinaus wurde hierin eine indirekte Angleichung des materiellen europäischen Schadensersatzrechts gesehen, welcher von der gewählten Rechtsgrundlage der Art. 61 und 65 EGV nicht gedeckt sei[489]. Der Parlamentsentwurf sah dementsprechend nur noch eine „Kann-Vorschrift"

484 *v. Hoffmann* in: ders. (Hrsg.), European Private International Law, 19, 25; *Michaels* in: Baetge u.a. (Hrsg.), FS für Kropholler (2008), S. 151, 167.

485 Europäische Menschenrechtskonvention, Konvention Nr. 005 des Europarats.

486 *Heinze* in: Baetge u.a. (Hrsg.), FS für Kropholler (2008), S. 105, 125.

487 KOM(2003) 427, S. 43 (dort Art. 24).

488 *Danov*, ECLR 29 (2008), 430; anwendung findet dieses Institut vor allem bei privaten Kartellrechtsklagen, siehe etwa Court of Appeal, Devenish Nutrition Ltd v. Sanofi-Aventis SA, [2007] EWHC 2394 (Ch); vgl. auch *Briere,* Clunet 2008, 31, 69 f. mit Verweis auf den vergleichenden sog. Ashurst-Report der Europäischen Kommission vom 31.08.2004 über Schadensersatzklagen aufgrund von Verstößen gegen europäisches Kartellrecht den Mitgliedsstaaten der EU (abrufbar unter: http://ec.europa.eu/competition/antitrust/actionsdamages /comparative_report_clean_en.pdf), welcher auf S. 48 jedoch fälschlicherweise die Staaten des gesamte Vereinigte Königreich zu denen zählt, die *exemplary damages* zusprechen.

489 So die Kritik des Scott-Report des European Union Committee des House of Lords (siehe oben: Fn. 132).

zur Ablehnung von entsprechendem Schadensersatz vor[490]. Der Rat konnte sich im Gemeinsamen Standpunkt noch nicht einmal auf einen diesbezüglichen Erwägungsgrund einigen.

Nach der Einigung im Vermittlungsverfahren sieht die endgültige Fassung der Rom II-VO nur noch eine allgemeine ordre-public-Klausel vor, die es jedoch zusammen mit Erwägungsgrund Nr. 32 ermöglicht, im Einzelfall *punitive damages* auszuschließen.

Vor dem Hintergrund, dass ein solcher, dem deutschen Deliktsrecht fremder Strafcharakter des Deliktsrechts in verschiedenen europäischen Rechtsordnungen und gerade im England anerkannt ist[491], geht die überwiegende Meinung davon aus, dass eine Nichtanwendung der Strafschadensersatzregelung nur in gravierenden Widersprüchen zur öffentlichen Ordnung (exzessive damages) zulässig sein wird[492]. So wird auch in Erwägungsgrund Nr. 32 nur der unangemessene nichtkompensatorische Schadensersatz als Beispiel genannt[493].

Diesbezüglich hatte auch die Kommission klargestellt, dass „ein Schadensersatz mit Strafcharakter nicht schon als solcher unverhältnismäßig ist“[494]. Im Ergebnis bedeutet dies, dass der Schadensersatzanspruch wie bereits bei Art. 40 Abs. 3, Nr. 1, 2 EGBGB nicht allein dadurch gegen den ordre public verstößt, dass ihm ein Sanktionsgedanke zu Grunde liegt. Vielmehr ist der Schadensersatz auf eine zulässige, nach nationalem Deliktsrecht ohne Sanktionsfunktion ebenfalls eingeräumte Höhe zu begrenzen. Der ordre public Vorbehalt wirkt in dieser Situation als Kappungsgrenze. In der praktischen Anwendung wird eine solche Deckung jedoch schwierig zu ziehen sein, da *exemplary* oder *punitive damages* per Definition neben dem Ausgleich des entstandenen Schadens stehen, es somit schwierig ist zu bestimmen ist, wann Schadensersatz dann unverhältnismäßig ist[495].

Auch eine vereinheitlichende EuGH-Rechtsprechung zu dieser Frage wird es nicht geben, da die Anwendung der ordre public Klausel vom Gemeinschaftsgesetzgeber bewusst und ausdrücklich als Einzelfallerlaubnis formuliert hat und diese jeweilige Vereinbarkeit auch nur „nach der Rechtsordnung des Mitgliedstaats des (jeweils) angerufenen Gerichts“ beurteilt werden darf[496].

490 Änderungsantrag Nr. 23.

491 Vgl. zum englischen Recht die Entscheidungen Rookes v. Barnard, [1964] All E.R. 367 (H.L.); Cassell & Co., Ltd. v. Broome, [1972] 1 All E.R. 801 (H.L.); auch der Entwurf zur Reform des Obligationenrechts des Code civil sieht in Art. 1371 einen Strafschadensersatz vor; der Entwurf ist abrufbar unter: http://www.lexisnexis.fr/pdf/DO/RAPPORTCATALA.pdf

492 *Fuchs*, GPR 2003/2004, 100, 105; *Junker*: in MüKo, Anh. zu Art. 42 EGBGB, Rn. 92; *Beaumon/Tang*, “Classification of Delictual Damages” Edin LR 12 (2008), 131, 136.

493 In der englischen Fassung: „damages of an excessive nature“.

494 KOM(2006) 83, S. 5.

495 *Danov*, ECLR 29 (2008), 430, 432.

496 So ausdrücklich Erwägungsgrund Nr. 32. Die englische Fassung verstärkt diesen Punkt noch einmal indem sie die Ablehnung nicht nur von der jeweiligen Rechtsordnung der

Der Ausnahmecharakter dieser Lösung darf jedoch nicht dazu führen, dass letztlich, wie im derzeitigen nationalen Recht Großbritanniens, wo unter anderem zur Abwendung von US-amerikanischen *punitive damages* die Schadensbemessung prozessrechtlich qualifiziert wird, die *lex fori* grundsätzlich zur Entscheidung über die Schadenshöhe herangezogen wird[497].

Auf dem Gebiet des Deliktsrechts ist die Relevanz der *ordre public*-Klausel nicht vergleichbar groß, wie etwa im Bereich des Familienrechts[498], so dass die Nichtanwendung von *punitive damages* wohl der wichtigste Anwendungsfall werden wird. Dies wird gerade bei kartellrechtlichen Klagen mit englischem Recht als *lex causae* der Fall sein[499]. Da durch Kartellrechtsverstöße oft mehrere Märkte betroffen sind, ist dies gleichzeitig ein kleiner Bereich, in dem *forum shopping* weiterhin günstig sein kann. Sofern Art. 6 Abs. 3 Rom II-VO (auch) nach England verweist, kann sich eine Klage in England für den Kläger lohnen, da andere EU Staaten den nach englischem Recht gegebenen Anspruch auf Zahlung von *exemplary* oder *punitive damages* möglicherweise begrenzen.

Ein weiterer Anwendungsfall ist eine mögliche Haftungslücke, wenn das anzuwendende materielle Deliktsrecht nicht dem Prinzip des *restitutio in integrum* folgt. Nach den oben bereits geschilderten Aussagen des Erwägungsgrunds Nr. 33[500], kann eine Haftungslücke zumindest bei Verkehrsunfällen mit Personenschäden gegen den ordre public des Gerichtsstaates verstoßen[501].

Aus rechtspolitischer Sicht ist ein gemeinschaftlicher *ordre public*-Begriff im Hinblick auf eine politische Integration zu begrüßen, damit sich die Gerichte der Mitgliedsstaaten nicht gegenseitig bescheinigen, wie unterschiedlich ihre rechtlichen und sittlichen Grundvorstellungen sind[502].

Die Voraussetzung eines hinreichenden Bezugs des Schuldverhältnisses zu dem Forumsstaat dessen ordre public zur Versagung der Anwendung einer ausländischen Norm führt, sieht Art. 26 Rom II-VO zwar nicht vor, jedoch sollte die

---

lex fori sondern auch von den Umständen des Falles (*circumstances of the case*) abhängig macht; siehe dazu auch *Beaumont/Tang*, Edin LR 12 (2008), 131, 136: „This recital is drafted in a way that seeks to avoid the European Court of Justice giving a uniform interpretation of when excessive damages are contrary to public policy by saying that the issue is not only case specific but also varies depending on the legal order of the Member State of the court seized".

497 Hiervor warnen *Beaumont/Tang*, Edin LR 12 (2008), 131, 136: „This is an unfortunate temptation to keep playing the classification game".

498 Zum ordre-public-Vorbehalt im Familienrecht ausführlich: *Lüderitz* in: Festschrift der Rechtswissenschaftlichen Fakultät zur 600-Jahr-Feier der Universität zu Köln (1988), S. 271, 289 f.

499 *Danov*, ECLR 29 (2008), 430, 432.

500 Siehe oben: B.II.4.b)(1).

501 So *Kadner Graziano*, RabelsZ 73 (2009), 1, 74 f.

502 *Blumenwitz* in: Staudinger, Art. 6 EGBGB, Rn. 79.

anerkannte Voraussetzung eines hinreichenden Inlandsbezugs auch für den *ordre public*-Vorbehalt des Art. 26 Rom II-VO als ungeschriebene Anwendungsvoraussetzung gelten.

C. Bestimmung des Erfolgsortes bei reinen Vermögensschäden

Während der Eintritt eines Vermögensschadens als bloße Folge einer Rechtsgutsverletzung in der Terminologie der Rom II-VO ein indirekter Schaden und somit für die Bestimmung des anwendbaren Rechts irrelevant ist, nimmt der Ort dieser Schädigung in Fällen einer Haftung für reine Vermögensschäden[503] eine entscheidende Stellung ein. Hier wirkt der Vermögensschaden haftungsbegründend und ist keine bloße sekundäre Folge einer Rechtsgutsverletzung.

Zur Bestimmung des anwendbaren Rechts ist der Ort entscheidend, an dem der Vermögensschaden eingetreten ist, der sogenannte Schadensort.

Bei der örtlichen Bestimmung dieses Schadensortes stellt sich das schon 1931 von *Raape* formulierte Problem, dass es sich „im Grunde [...] (beim) Begriff des Vermögens (um) eine Abstraktion" handele, bei dem eine Ortsbestimmung nicht eindeutig möglich sei[504]. Raape veranschaulicht die Problematik anhand des Falls eines Deutschen mit Wohnsitz in Berlin, der gegen ein Unternehmen mit Sitz in Spanien an einem Gericht in Lyon prozessiert und auf Grund eines Meineids eines Dritten unterliegt. In einem solchen Fall hielt *Raape* eine geeignete Erfolgsortbestimmung für unmöglich. Er umging sie, indem er vorschlug ausschließlich an den Handlungsort anzuknüpfen.

Die Schwierigkeit, einen geeigneten Anknüpfungspunkt für deliktische Schuldverhältnisse aus reinen Vermögensschädigungen zu finden, war bereits – wie unten noch darzustellen[505] – für das Reichsgericht der Grund über eine alternative Anknüpfung an den Erfolgs- und den Handlungsort das anwendbare Recht nicht ausschließlich über den Erfolgsort bestimmen zu müssen.

In den USA führte die schwierige kollisionsrechtliche Behandlung reiner Vermögensschädigungen zu einer generellen Abwendung von der *lex loci delicti*-Regel[506].

In der Tat hilft die Definition des Erfolgsortes als Ort der Rechtsgutsverletzung nicht weiter, wenn ein solches gerade nicht verletzt wurde. Betroffen ist nicht ein bestimmtes absolutes Recht, sondern das Vermögensinteresse des Geschädigten.

503 Siehe zum materiellen Haftungsrecht für reine Vermögensschäden in Europa v. a. die Beiträge in Banakas (Hrsg.), Civil Liability for Pure Economic Loss; siehe daneben *v. Bar*, Gemeineuropäisches DeliktsR II, Rn. 23 ff.

504 *Raape* in: Staudinger[9], Art. 12 EGBGB, A VI 2 b) α) (S. 203).

505 Siehe: Kapitel C.III.1(1).

506 *Reed*, Ariz.J.I.C.L. 18 (2001), 867, 874.

Da das Vermögen die gesamten geldwerten Interessen eines Inhabers, die in aller Welt belegen sein können, zusammenfasst, erscheint eine eindeutige Lokalisierung des Vermögens nicht wesensgemäß. Während die Erfolgsortanknüpfung bei Sachschäden wie Eigentums- und Körperverletzungen zu einfach festzustellenden Ergebnissen führt, da es sich hier um Rechtsgüter handelt, die leicht zu lokalisieren sind, erscheint die Vorstellung eines genau zu bestimmenden Schadensortes bei reinen Vermögensschäden als konstruiert[507]. Es fehlt gerade an einer physikalischen Manifestation des Schadens[508]. Durch die Möglichkeit der elektronischen Kontoführung etwa, resultiert ein Vermögensschaden, welcher in der Wertminderung eines Bankkontos durch elektronische Zahlungsanweisung besteht, lediglich aus einem Datenstrom[509].

In der Literatur wird daher vereinzelt die Kritik *Raapes* übernommen und eine allgemeine gerechte Erfolgsortbestimmung für reine Vermögensschäden angezweifelt[510]. Ein mögliches Versagen der Erfolgsortanknüpfung bei einer solch wichtigen Fallgruppe wie den reinen Vermögensschäden würde tatsächlich die Erfolgsortanknüpfung im Deliktskollisionsrecht in Frage stellen. Dies gilt besonders vor dem Hintergrund eines – in der Einleitung bereits erwähnten – wachsenden globalen Finanzmarktes. Eine genaue Bestimmung über den Lageort von Buchgeld und anderen Forderungen ist nur noch unter großem Aufwand möglich.

Die Zweifel an der *lex loci delicit*-Regel bei reinen Vermögensschäden haben sich im Gesetzgebungsverfahren der Rom II-VO allerdings nicht durchgesetzt. Es gibt keine Sonderregel zur Anknüpfung reiner Vermögensschäden[511].

Im Rahmen der Anwendbarkeit der Rom II-VO ist die Erfolgsortbestimmung daher grundsätzlich zwingend. Ein – möglicherweise – kompliziertes Ergebnis ist *de lege lata* hinzunehmen, auch wenn dies dem Willen des Verordnungsgebers nach Vereinfachung widersprechen mag.

Gerade die Regelung in Art. 4 Abs. 1 Rom II-VO bietet dabei aber auch begrifflich neue Möglichkeiten, da sie – unter Rücksichtnahme auf Rechtskreise, denen ein konkreter Rechtsgüterschutz fremd ist – vom Ort des Schadenseintritts

---

507 *Petch*, JIBLR 21 (2006), 449, 454.

508 *Dickinson*, Rn. 4.66.

509 *Dickinson*, Rn. 4.66 („Stream of electrons“).

510 Zum Erfolgsort bei reinen Vermögensschäden so grundsätzlich: *W. Lorenz* in: v. Caemmerer (Hrsg.), Vorschläge und Gutachten, S. 97, 112; so auch aus der englischen Literatur *Clarkson/Hill*, Conflict of Laws, S. 231: „the place where the economic loss is suffered may be somewhat fortuitous and may not represent the centre of gravity of the tort“; ausdrücklich zum Schadensort des Art. 4 Abs. 1 Rom II-VO: *Petch*, JIBLR 21 (2006), 449, 454.

511 Eine Sonderregel für reine Vermögensdelikte bei der Kodifikation eines modernen Deliktskollisionsrecht hatte beispielsweise *W. Lorenz* zur Reform des deutschen Deliktskollisionsrechts vorgeschlagen, *W. Lorenz* in: v. Caemmerer (Hrsg.), Vorschläge und Gutachten, S. 97, 98 (Art. A, Nr. 2) siehe dazu unten: Kapitel C.IV.1.d).

und nicht dem Ort der Rechtsgutsverletzung spricht. Während es schwieriger ist, Vermögensschäden einem Ort der Rechtsgutsverletzung zuzuordnen[512], weswegen zur Definition des Erfolgsortes in der deutschen Literatur auch nicht mehr die Rechtsgutsverletzung sondern der Ort des geschützten Interesses vorgezogen wird[513], scheint zumindest begrifflich die Rom II-VO durch Verwendung des Begriffs Schaden einer Lösung näher zu stehen.

Ob sich hieraus auch eine inhaltliche Vereinfachung der Lösungsfindung ergibt, ist zu ermitteln.

Die verordnungsautonome Bestimmung, welcher Schaden vom Schadensbegriffs des Art. 4 Abs. 1 Rom II-VO erfasst ist, hat dabei wie die Auslegung nationaler Rechtsbegriffe historisch, teleologisch und systematisch zu erfolgen[514]. Die historische Auslegung bezieht sich dabei hauptsächlich auf die in der Einleitung bereits erwähnten *travaux préparatoires*, also die Materialien zur Entstehung der Rom II-VO. Auf Grund des jungen Alters der Verordnung und der Vielzahl dieser Materialien, die aus dem Verlauf des Mitentscheidungsverfahrens resultieren, überwiegt dabei die historische Auslegung und damit die Orientierung am Willen des Verordnungsgebers, wobei sich diese mit der systematischen Auslegung regelmäßig decken wird, da der Zweck einer Norm in den *travaux préparatoires* ausführlich beschrieben wird. Das Primat einer historischen Auslegung hat ferner den Vorteil, eine einheitliche Auslegung zu begünstigen, da der erklärte Wille des Verordnungsgebers weniger für eine Auslegung aus nationalem Blickwinkel anfällig ist, wie etwa der Zweck der jeweiligen Vorschrift[515].

Im Folgenden werden auf dieser Grundlage zunächst die bei der Erfolgsortbestimmung zu beachtenden Auslegungsgrundsätze untersucht.

Danach wird in einem Vergleich zur Erfolgsortbestimmung im Rahmen der EuGVO eine Übertragung der dort gefundenen Lösung untersucht.

Schließlich sind die nationalen gerichtlichen Entscheidungen zur Anknüpfung bei reinen Vermögensschäden zu betrachten, sowie alle auch in der jeweiligen nationalen Literatur diskutierten Lösungsvorschläge auf die Vereinbarkeit mit den Auslegungskriterien der Rom II-VO zu untersuchen.

---

512 *v. Bar*, IPR II, Rn. 665.

513 So *Spickhoff*, IPRax 2000, 1, 5.

514 *Spickhoff* in: Bamberger/Roth, Anh. zu Art. 42 EGBGB, Rn. 12; *Rushworth/Scott*, L.M.C.L.Q 2008, 274, 275 ("*origins, objectives and scheme*").

515 *Kropholler* in: Staudinger, Vorbem. zu Art. 19 EGBGB, Rn. 14.

I. Allgemeine Grundsätze der Erfolgsortbestimmung im Rahmen der Rom II-VO

Jede Anknüpfungsregel ist das Ergebnis der Suche nach möglichen Anknüpfungen, die angemessen erscheinen, den Sachverhalt kollisionsrechtlich zu bewerten.

Hierfür hat sich bei der Bestimmung des anwendbaren Rechts eine Interessenabwägung durchgesetzt, welche im Folgenden zur Bestimmung des Deliktsstatuts herangezogen wird.

1. Zu berücksichtigende Interessen

Das Ziel der kollisionsrechtlichen Zuweisung ist die Anwendung desjenigen Rechts, welches den engsten Bezug zu dem zu beurteilenden Rechtsverhältnis aufweist. Dieses Prinzip der Anknüpfung an die engste Verbindung ist das zentrale Prinzip der allgemeinen europäischen Kollisionsrechte[516]. Die Suche nach dem „Sitz des Rechtsverhältnisses" ist Ergebnis der „kopernikanischen Wende"[517] durch Savigny in der Abkehr der Statutenlehre, welche das anwendbare Recht nach dem mutmaßlichen Geltungswillen eines Gesetzes bestimmen wollte[518].

Bestimmt wird die enge Verbindung nicht durch räumliche Bezüge, sondern durch kulturelle, soziale und politische Hintergründe des Sachverhalts. Negativ formuliert sollen im internationalen Privatrecht Gesetzesanwendungen verhindert werden, die zu einem Recht führen, das jeglichen angemessenen sachlichen und räumlichen Bezugs zum Sachverhalt entbehrt[519]. Erst die engste Verbindung eines Sachverhalts zu einem Staat rechtfertigt die Anwendung seines Rechts da sie den Beteiligteninteressen in der Regel am ehesten entspricht. Die Anwendung des Rechts, zu dem die engste Verbindung besteht, ist regelmäßig für die Beteiligten vorhersehbar, und durch die Nähe kann dieses Recht den Sachverhalt am effektivsten Regeln[520].

Die vom Verordnungsgeber gewählte Regelanknüpfung an den Schadensort ist eine verallgemeinerte Konkretisierung dieser Abwägung unter mehreren in Frage kommenden Rechten und eine Verallgemeinerung der engsten Beziehung eines deliktischen Schuldverhältnisses zu einer bestimmten Jurisdiktion. Die ge-

516 Siehe hierzu die rechtsvergleichende Feststellung von *Lagard*, Rec. des Cours 196 (1986-I), 9 ff.

517 So *Neuhaus*, RabelsZ 15 (1949/50), 364, 366.

518 *v. Savigny* VIII, S. 108.

519 *Neuhaus*, Grundbegriffe, S. 163.

520 *Kadner Graziano*, GemEuIPR, S. 143.

nauere Bestimmung dieses Schadensortes muss im Rahmen dieser allgemeinen Abwägung gefunden werden.

Die zur Begründung einer solchen engsten Beziehung zu berücksichtigten Faktoren wurden von *Kegel* als Interessen der Beteiligten beschrieben und in drei Interessengruppen eingeteilt. Hiernach sind bei der Suche nach der angemessenen Anknüpfung Partei-, Verkehrs- und Ordnungsinteressen zu berücksichtigen[521]. Das unter Abwägung dieser Interessen gefundenen Ergebnis, entspricht der internationalprivatrechlichen Gerechtigkeit (der sogenannten *conflict justice*).

a) Parteiinteressen

Träger der Parteininteressen sind alle an dem Sachverhalt aktuell beteiligten Personen[522].

Wie oben bereits bei der Darstellung der Regelanknüpfung in Art. 4 Abs. 1 Rom II-VO angesprochen, sind bei deliktischen Schuldverhältnissen die Parteiinteressen also nach denen des Geschädigten und denen des Schädigers zu unterscheiden.

Die Parteien haben daneben regelmäßig ein Interesse daran, das auf das Schuldverhältnis anzuwendende Recht leicht bestimmen und vorhersehen zu können. Daneben haben beide Parteien ein Interesse daran, ein ihnen bekanntes Recht anzuwenden. Daher liegt es regelmäßig auch im Interesse beider Parteien, das Recht anzuwenden, mit dem sie am engsten verbunden sind[523]. Dieses Recht ist den Parteien bekannt und sie können sich am leichtesten hierüber informieren. Die Anknüpfung an den gemeinsamen Aufenthalt in Art. 4 Abs. 2 Rom II-VO etwa, ist ebenfalls ein Ergebnis der Abwägung der Parteiinteressen[524].

Dort wo die Parteien jedoch keinen gemeinsamen Aufenthalt haben, sind die sonstigen Interessen des Geschädigten und des Schädigers abzuwägen. Das Kollisionsrecht hat hier die Funktion die Informationslasten und Informationsrisiken, die aus der Ermittlung unbekannten Rechts resultieren, den Erwartungen und Interessen der Parteien angemessen zu verteilen[525].

Die vom Verordnungsgeber gewählte Erfolgsortanknüpfung führt aus Sicht des Geschädigten zur Anwendung der Haftungsstandards seiner Lebensumwelt. Die Entscheidung, wessen Rechtsumfeld den Sachverhalt regeln soll, fällt damit in der Erfolgsortanknüpfung grundsätzlich zu Gunsten des Geschädigten aus.

521 *Kegel* in: Gerwig u.a. (Hrsg.), FS für Lewald (1953), S. 259, 268.
522 *Kegel/Schurig*, IPR, S. 137.
523 *Kegel/Schurig*, IPR, S. 135; *Kegel* in: Gerwig u.a. (Hrsg.), FS für Lewald (1953), S. 259, 274; *Jaffey*, Topics in choice of law, S. 96.
524 *Leible* in: Reichelt (Hrsg.), Europäisches Gemeinschaftsrecht und IPR, S. 31, 36.
525 *W.-H. Roth*, IPRax 2006, 338, 339.

Wie oben[526] bereits angesprochen, wird das Deliktskollisionsrecht der Rom II-VO hier einer Entwicklung des europäischen materiellen Deliktsrechts gerecht, in dem der Erfolgsunwert als Haftungsgrund den Handlungsunwert überwiegt[527]. Die Erfolgsortanknüpfung spiegelt diese Gewichtung des Rechtsgüterschutzes wieder.

Die Geschädigte hat daneben ein Interesse daran, das für ihn günstigste Recht anzuwenden[528]. Er hat ein Interesse an der Anwendung des Rechts, welches einen effektiven, schnellen und wirtschaftlich vorteilhaften Rechtsschutz gewährt. Gerade die Erfolgsaussichten auf Ersatz seines Schadens sind für den Geschädigten von erheblicher Bedeutung. Diesem Interesse entspricht von allen normierten Deliktskollisionsrechten am weitesten das in Deutschland bis zur Einführung des Art. 40 Abs. 1 EGBGB geltende Günstigkeitsprinzip. Hiernach musste der Richter zwischen dem Recht am Handlungs- sowie dem am Erfolgsort das für den Geschädigten günstigste Recht ermitteln und anwenden. Auch das dann in Art. 40 Abs. 1 EGBGB normierte Wahlrecht des Geschädigten zwischen dem Handlungs- und dem Erfolgsort entspricht den Interessen des Geschädigten an der Anwendung des für ihn günstigsten Rechts.

Die ausschließliche Anwendung des Rechts am Erfolgsort begünstigt zwar auch den Geschädigten durch Berufung des Rechts seiner Lebensumwelt. Es beschränkt diese Begünstigung allerdings durch eine ausschließliche Berufung dieses Rechts. Die gewählte ausschließliche Anknüpfung benachteiligt den Schädiger also nicht übermäßig. Auch die Interessen des Schädigers sind nach dem Willen des Verordnungsgebers zu berücksichtigen. Dieser muss sich nach der nun gefundenen Anknüpfungsregel lediglich dem Recht unterwerfen, das dort gilt, wo sein Handeln schädigende Auswirkungen hat. Dabei liegt ein hierbei relevantes Interesse des Schädigers darin, die Folgen einschließlich der rechtlichen Konsequenzen seines Handelns möglichst vorhersehen zu können. Gerade im hier behandelten Problem der Vermögensschädigung besteht durch die Mobilität von Vermögen ein erhöhtes Interesse möglicher Schädiger, durch undurchsichtige Transaktionen keinem unvorhersehbaren Haftungsrisiko ausgesetzt zu sein.

526 Siehe oben: Kapitel B.II.4.a).

527 *Kadner Graziano*, EuIDR, S. 50; *Kropholler*, IPR, § 53 IV, 2 a); so auch KOM(2003) 427, S. 13; dies zeigt auch die Rechtsprechung des OGH, der über die Ausweichklausel der „stärkeren Beziehung" an den Erfolgsort anknüpft, da die früher in Österreich vorherrschende Verhaltensunrechtslehre überholt ist, vgl. *Schilcher/Kleewein*, Landesbericht – Österreich, 16, 23.

528 So *Heldrich* in: v. Caemmerer (Hrsg.), Vorschläge und Gutachten, S. 361, 370.

b) Verkehrsinteressen

Träger der Verkehrsinteressen sind alle am Sachverhalt potentiell beteiligten Personen[529]. Unter dem Verkehrsinteresse wird vor allem das Verkehrserleichterungsinteresse verstanden[530]. Dem Verkehr sei laut Kegel „gedient, wenn man leicht und sicher geht"[531]. Dieses umfasst vor allem das Interesse an Rechtssicherheit (und damit wiederum auch die Vorhersehbarkeit durch die Parteien)[532]. Das Erfordernis eines vorhersehbaren Ergebnisses und der Schaffung von Rechtssicherheit ist Maxime des europäischen nationalen Kollisionsrechts[533].

In der Rom II-VO sieht der Verordnungsgeber den EU-weiten Rechtsverkehr bereits durch die einheitliche Erfolgsortanknüpfung im Deliktskollisionsrecht erleichtert.

c) Ordnungsinteressen

Die letzte Interessengruppe der Ordnungsinteressen wird von der Allgemeinheit getragen.

Hierunter ist das allgemeine Interesse an einem inneren und an einem internationalen Entscheidungseinklang zu verstehen sowie das allgemeine Interesse an schneller und funktionierender Rechtsdurchsetzung. Die Allgemeinheit hat ein Interesse an Rechtssicherheit und Vorhersehbarkeit durch die Verwendung einer praktikablen Anknüpfung[534].

Mit der gesetzlichen Regelanknüpfung an den Erfolgsort ist auch das Ziel verknüpft alle außervertraglichen Schuldverhältnisse, für die keine besondere Anknüpfung vorgesehen ist, gleich zu behandeln. Zwischen der Art der geltend gemachten deliktischen Ansprüche sollte daher grundsätzlich nicht unterschieden werden[535].

Durch die Schaffung eines einheitlichen europäischen Kollisionsrechts wird insbesondere der internationale Entscheidungseinklang erhöht, da es die Wahrscheinlichkeit, dass für denselben Sachverhalt von unterschiedlichen nationalen Gerichten dasselbe materielle Recht eines Staates berufen wird, erhöht. Dem

529 *Kegel/Schurig*, IPR, S. 137.

530 *Kegel* in: Gerwig u.a. (Hrsg.), FS für Lewald (1953), S. 259, 274.

531 *Kegel/Schurig*, IPR, S. 137.

532 *Kegel* in: Gerwig u.a. (Hrsg.), FS für Lewald (1953), S. 259, 274.

533 *Rohe*, Geltungsgründe, S. 223 f. (der diesem jedoch einen untergeordneten Stellenwert beimisst, siehe dort S. 226).

534 *Neuhaus*, Grundbegriffe, § 20, I, 3; *Kegel/Schurig*, IPR, 143.

535 *Heldrich* in: v. Caemmerer (Hrsg.), Vorschläge und Gutachten, S. 361, 373.

Ordnungsinteresse, Anknüpfungsmanipulationen auszuschließen[536], wird damit ebenfalls entsprochen.

d) Zusammenfassung

Die Darstellung der Interessengruppen zeigt, dass sich die jeweilig zu berücksichtigenden Interessen teilweise überschneiden. Gerade die Gruppe der Verkehrsinteressen ist letztlich nur eine Verallgemeinerung der Interessen der Parteien[537].

In der Gruppe der Ordnungsinteressen findet sich das Interesse an Rechtssicherheit und Vorhersehbarkeit des anzuwendenden Rechts, welches so auch im den Interessengruppen der aktuell und der potentiell am Sachverhalt beteiligten Personen zu berücksichtigen ist. Auch hier überschneiden sich die zu berücksichtigenden Interessen.

Zu einer besseren Übersichtlichkeit der folgenden Interessenabwägung ist die Unterscheidung der Gruppen dennoch beizubehalten. Auch die Verkehrsinteressen sind als eigenständige Interessengruppe weiter von den Parteiinteressen zu trennen, da der Begriff besonders das Interesse an Verkehrserleichterung unterstreicht.

Inhaltlich haben die aufgezeigten Interessen gezeigt, dass sich eine Bestimmung des Erfolgsortes an zum Teil gegensätzlichen Interessen orientieren muss. Das Ergebnis darf einzelne Interessen nicht missachten. Die Aufzählung der zu beachtenden Interessen ist lediglich der erste Schritt zur Bestimmung der Auslegungsgrundsätze. Die zu berücksichtigenden Interessen sind im zweiten Schritt zu gewichten.

2. Wertung dieser Interessen durch den Verordnungsgeber

Die Gewichtung erfolgt autonom und ist an den Zielen der Rom II-VO auszurichten. Hierfür sind zunächst die einzelnen Ziele des Verordnungsgebers zu betrachten, die er mit der Einführung der Rom II-VO verfolgt.

Bezüglich der Parteiinteressen wollte der Verordnungsgeber durch die Erfolgsortanknüpfung einen gerechten Ausgleich zwischen den Interessen des Geschädigten und denen des Schädigers schaffen. Eine Handlungsortanknüpfung wäre dem Geschädigten gegenüber nicht gerecht. Sie würde dem Schädiger einen übermäßigen Vorteil einräumen. Allerdings überwiegen die Interessen des Ge-

536 *Heldrich* in: v. Caemmerer (Hrsg.), Vorschläge und Gutachten, S. 361, 377.

537 Aus diesem Grund wird die Einteilung der Verkehrsinteressen als eigene Interessengruppe auch teilweise abgelehnt, Siehe *v. Hein*, Günstigkeitsprinzip, S. 187.

schädigten nicht der Art, dass dem Verordnungsgeber das Günstigkeitsprinzip oder ein Wahlrecht zwischen diesen beiden Anknüpfungspunkten als angemessen erschien. Der Verordnungsgeber gewichtet die Interessen zwischen Schädiger und Geschädigtem vielmehr ausgeglichener. Lediglich in der Erfolgsortanknüpfung selbst zeigt sich die Tendenz zur stärkeren Gewichtung der Interessen des Geschädigten.

Diese stärkere Gewichtung erscheint auch aus kollisionsrechtlicher Sicht gerecht, da der Schädiger das Risiko seiner Handlungen tragen soll. Darüber hinaus besteht ein Ausgleich durch die Anwendung der am Handlungsort geltenden Sicherheits- und Verhaltensregeln nach Art. 17 Rom II-VO. Der Schädiger hat sein Handeln insoweit nur an den Regeln des Handlungsortes auszurichten.

Den allgemeinen Rahmen, in dem aus Sicht des Verordnungsgebers die gerechte Anknüpfung zu finden ist, legt daneben Erwägungsgrund Nr. 6 und Nr. 14 da. Die Rom II-VO soll die Rechtssicherheit und Vorhersehbarkeit der Anknüpfung erhöhen. Diese Gewichtung zeigt sich gem. Erwägungsgrund Nr. 14 in der Verwendung von bestimmten Anknüpfungskriterien und der damit einhergehenden Ablehnung der Vorschläge des Parlamentsentwurfs[538]. Zur argumentativen Begründung der ausschließlichen Anknüpfung auf den Erfolgsort in Art. 4 Abs. 1 Rom II-VO stellt die Kommission damit ausdrücklich auf die Erhöhung der Rechtssicherheit und die Verbesserung eben dieser Vorhersehbarkeit ab[539].

Durch das wiederholte Festlegen auf die Vorhersehbarkeit des anzuwendenden Rechts widerspricht der Verordnungsgeber der vereinzelt in der Literatur geäußerten Kritik, nach der die Vorhersehbarkeit bei der Anknüpfung im internationalen Deliktsrecht nur eine untergeordnete Rolle eingeräumt werden sollte[540]. So solle die Vorhersehbarkeit zwar auch hier als allgemeine Schranke gelten, allerdings dürfe dieses Erfordernis nicht dazu führen, dass der Schädiger eine „versteckte Rechtswahlmöglichkeit" erhält[541]. Zumindest für den Schädiger solle daher die Vorhersehbarkeitsschranke nicht gelten. Er müsse sich ohne Einschränkung alle Schädigungen zurechnen lassen, die sein Handeln auf Distanz verursachen[542]. Die Vorhersehbarkeit sei ferner eine bloße Leerformel[543]. Vielmehr sei der Erfolgsort von vorneherein so zu bestimmen, dass Zufallsergebnisse ausgeschlossen sind. Das Kriterium der Vorhersehbarkeit diene nur zur Verschleierung eines zu ungenau bestimmten Erfolgsortes.

538 Sieh dazu oben: Kapitel B.II.2.a) und Kapitel B.II.4.a).

539 KOM(2003) 427, S. 7.

540 *W. Lorenz* in: v. Caemmerer (Hrsg.), Vorschläge und Gutachten, S. 97, 116; *Kadner Graziano*, EuIDR, S. 54.

541 So *Kadner Graziano* in: EuIDR, S. 54.

542 *W. Lorenz* in: v. Caemmerer, Vorschläge und Gutachten, S. 97, 116.

543 *Looschelders*, ZVglRWiss 95 (1996), 48, 72.

Hiergegen hat schon *v. Hein* dargelegt, dass der Unterschied, ob eine Regel zur Bestimmung des Erfolgsortes ausreichend genau bestimmt ist, oder aber der Erfolgsort vorhersehbar sei, nur ein begrifflicher ist[544]. In beiden Fällen sollen Zufallsergebnisse bei der Erfolgsortanknüpfung ausgeschlossen werden.

Der Verordnungsgeber hat die Vorhersehbarkeit zwar nicht in die Kollisionsnorm aufgenommen, wie es etwa der schweizerische Gesetzgeber in Art. 133 Abs. 2, S. 2 IPRG getan hat[545], aber ihre Berücksichtigung dennoch wiederholt erwähnt.

Das subjektive Element der Vorhersehbarkeit des anzuwendenden Rechts ist demnach zu berücksichtigen. Hierfür spricht auch, dass nur so die oben angesprochene[546] verhaltenssteuernde Wirkung des materiellen Deliktsrechts, wirken kann[547].

Dabei geht die vom Verordnungsgeber angesprochene Vorhersehbarkeit über die durch die aktuell am Sachverhalt beteiligten Personen hinaus. Insbesondere der allgemeine Rechtsverkehr soll das auf mögliche deliktische Handlungen anwendbare Recht bestimmen können. Die Vorhersehbarkeit durch den Rechtsverkehr als Verkehrserleichterungsinteresse ist damit ebenfalls bei der Interessenabwägung hoch zu bewerten.

Ferner sieht der Verordnungsgeber als wichtigstes Ordnungsinteresse die Herstellung eines internationalen Entscheidungseinklangs, sowie die Erleichterung der gegenseitigen Anerkennung[548]. Hieraus folgt, dass sich eine Bestimmung des Erfolgsortes nicht an dem nationalen materiellen Deliktsrecht orientieren darf. Vielmehr steht die Rom II-VO hier in der Tradition der Savigny'schen Auffassung des Kollisionsrecht, welches unabhängig von dem aufgerufenen Gericht dasselbe Ergebnis hervorbringen soll[549]. Auch ist bewusst ein Gleichlauf mit der Deliktszuständigkeit der EuGVO nicht gewählt. Vielmehr legt der Verordnungsgeber den Schwerpunkt auf deren „Flankieren“ durch Einschränkung der Auswirkungen des im Deliktsforum der EuGVO ermöglichten *forum shopping*.

544 *v. Hein*, Günstigkeitsprinzip, S. 209.

545 So bei Distanzdelikten: „wenn der Schädiger mit dem Eintritt des Erfolges in diesem Staat rechnen musste“.

546 Siehe hierzu oben: Kapitel B.II.4.a).

547 So zur Anknüpfung von Persönlichkeitsrechtsverletzungen: *v. Hinden* in: Baetge u.a. (Hrsg.), FS für Kropholler (2008), S. 573, 579.

548 *Illmer*, C.J.Q. 28 (2009), 237, 250.

549 *v. Hein*, RabelsZ 2009, S. 461, 466; *Illmer*, C.J.Q. 28 (2009), 237, 250.

3. Primärrechtliche Wertungsvorgaben

Neben dem direkten Einfluss auf die Auslegung der Rom II-VO durch den im Gesetzgebungsverfahren geäußerten Willen des Verordnungsgebers können sich auch aus dem europäischen Primärrecht Wertungen ergeben, die bei der Auslegung der autonomen Begriffe (und damit auch bei Erfolgsortbestimmung in Art. 4 Abs. 1 Rom II-VO) zu würdigen sind[550].

Aus den im EGV geregelten Grundfreiheiten, die den freien Waren-, Dienstleistungs-, Personen- und Kapitalverkehr gewährleisten[551], sowie dem im EGV enthaltenen Diskriminierungsverbot[552] könnte sich zumindest für rein innergemeinschaftliche Sachverhalte eine Verpflichtung zu konformer Interessenwertung ergeben.

So könnte sich eine Verpflichtung zur stärkeren Berücksichtigung der Schädigerinteressen bei Distanzdelikten aus dem sog. Herkunftslandprinzip ergeben.

Unter Hinweis auf der *Cassis*-Entscheidung des EuGH[553] wurde das Herkunftslandprinzip im Weißbuch der Kommission als „neue Strategie" einer gegenseitigen Anerkennung gegenüber einer vollständigen Harmonisierung zur Vollendung des Binnenmarktes übernommen[554].

Hiernach folgt aus den Grundfreiheiten, dass die rechtlichen Standards des Herkunftsstaates für eine Dienstleistung oder Ware von anderen Mitgliedsstaaten anzuerkennen sind, weshalb auch vom Annerkennungsprinzip[555] gesprochen wird[556]. Im Herkunftsland produzierte Ware soll im gesamten Binnenmarkt ver-

---

550 *Heinze*, in: Baetge u.a. (Hrsg.), FS für Kropholler (2008), S. 105, 109 (zur Problematik der autonomen Qualifikation).

551 Art. 23 EGV (Warenverkehrsfreiheit), Art. 39 ff. EGV (Personenfreizügigkeit); Art. 49 EGV (Dienstleistungsfreiheit), Art. 56 EGV (Kapitalverkehrsfreiheit).

552 Art. 12 Abs. 1 EGV.

553 EuGH– Rs. 120/78 (20.02.1979), Rewe-Zentral AG ./. Bundesmonopolverwaltung für Branntwein, NJW 1979, 1766 f. – *Cassis* (in Anlehnung an die im Verfahren von der Monopolverwaltung abgelehnte Einführung eines „Cassis de Dijon"-Fruchtsaftlikörs)

554 „Vollendung des Binnenmarktes" – Weißbuch der Kommission an den Europäischen Rat, KOM(85) 310 endgültig, 14.06.1985, Abs. 61 ff.

555 Der Begriff ist irreführend, da der Begriff der „Anerkennung" mit der verfahrensrechtlichen Bedeutung der "Wirksamkeitserstreckung" ausländischer Gerichtsentscheidungen besetzt ist, siehe: *Hepting* in: Staudinger, Art. 10 EGBGB, Rn. 220 oder *Ortino*, ICLQ 56 (2007), 309, 321 f.: Er darf mit der prozessualen Anerkennung nicht verwechselt werden. So verwendet auch der Rom II-Verordnungstext den Begriff der gegenseitigen Anerkennung (Erwägungsgrund Nr. 3 und 4), meint aber nur die Anerkennung von Gerichtsentscheidungen. Gegen diesen Begriff wegen Ungenauigkeit auch *Jayme/Kohler*, IPRax 2001 501, 502.

556 Die Begrifflichkeit ist hier von der Rechtswissenschaft noch nicht präzisiert. Es finden sich daneben noch folgende Begriffe: „Ursprungslandprinzip" (*Dauses*, EuZW 1990, 8, 10; *Sack*, WRP 1994, 281, 288 f.); „Niederlassungsprinzip" (*Berger*, NJW 2001, 1530, 1531; *Mankowski*, EWS 2002, 401) mit denen zum Teil inhaltlich vom Herkunftsland abgewichen wird (Ur-

kehrsfähig sein[557]. Gleiches gilt für Dienstleistungen, die im gesamten Markt zu den Bedingungen des Herkunftslandes angeboten werden sollen. Die nationalen Regeln sollen innerhalb der EU von den Mitgliedstaaten als gleichwertig anerkannt werden.

Das Prinzip der gegenseitigen Anerkennung ersetzt dabei jedoch nicht vollständig das Ziel der Harmonisierung, es setzt vielmehr eine – wenn auch geringe – bereits vollzogene Harmonisierung voraus und soll im nächsten Schritt ebenfalls indirekt zur weiteren Harmonisierung führen. So fördert das Herkunftslandprinzip etwa die Angleichung des Sachrechts indem ein Mitgliedsstaat auf Grund des durch die erzwungene Anerkennung eines geringeren Schutzniveaus erlittenen Schutzverlusts gegen Waren und Dienstleistungen aus dem europäischen Ausland auf Rechtsangleichung innerhalb der Europäischen Union auf höherem Schutzniveau drängt[558]. Auf der anderen Seite kann ein Staat mit starker Exportwirtschaft und hohen Schutzstandards zur Angleichung angehalten werden[559].

Auf europäischer Ebene tritt das Prinzip der gegenseitige Anerkennung nicht mehr nur noch als Prinzip zur Erleichterung der Verkehrsfähigkeit von Waren und Dienstleistungen auf, sondern wurde auch auf Rechtsbereiche wie das Personal-, Familien und Erbrechtsstatut ausgedehnt[560]. Das Prinzip der gegenseitigen Anerkennung der Schutzstandards dringt vielmehr aus dem reinen Produkt- und

---

sprungsland soll das Land der Herstellung eines Produkts sein, Herkunftsland hingegen das Land in dem sich eine Ware befand, bevor sie in den Verkehr gebracht wurde) oder auch das Herkunftsland bestimmt wird (Herkunftsland sei der Staat in dem der Dienst- oder Warenanbieter niedergelassen ist). Im Folgenden soll der Begriff des Anerkennungsgrundsatzes als Oberbegriff für die unterschiedlichen Begriffe verwendet werden. Demnach führt das so verstandene Anerkennungsprinzip zur Anwendung des Rechts des Herkunftslandes.

557 Ausnahmen gelten für gerechtfertigte Fälle der Warenverkehrsbeschränkung.

558 So argumentiert *Grundmann*, RabelsZ 67 (2003), 246, 256 und verweist hierzu insbesondere auf ähnliche Reaktionsmechanismen nach öffentlichen Skandalen der 1990er Jahre im Verbraucherrecht, sog. Gran-Canaria-Fälle, hierzu *Jayme*, IPRax 1990, 220 ff. Hier reagierte der Gemeinschaftsgesetzgeber mit Harmonisierung.

559 So *Mansel* in: Baur/Mansel (Hrsg.), Systemwechsel, S. 1, 13 f. Dies zeigt sich etwa an der Abschaffung des deutschen Rabattgesetzes (RGBl. I S. 1011) und der deutschen Zugabeverordnung (RGBl. I S. 121), welche bei gleichzeitigem Herkunftslandprinzip der E-Commerce-Richtlinie zu einem enormen Wettbewerbsnachteil deutscher Unternehmen geführt hätten.

560 So etwa im Rahmen der Anerkennungserleichterung der EuGVO, *Jayme/Kohler*, IPRax 2001, 501; siehe aber auch zum Kollisionsrecht EuGH – Rs. C-356/06 (14.10.2008), Stefan Grunkin (u.a.) ./. Standesamt Niebüll, NJW 2009, 135 ff.: Verpflichtung des Standesamtes Niebüll aus Art. 18 (EGV) einen Nachnahmen anzuerkennen und einzutragen, der in einem anderen Mitgliedsstaat eingetragen wurde („Die Verpflichtung, in dem Mitgliedstaat, dessen Staatsangehörigkeit der Betr. besitzt, einen anderen Namen als den zu führen, der bereits im Geburts- und Wohnsitzmitgliedstaat erteilt und eingetragen wurde, kann aber die Ausübung des Rechts aus Art. 18 EG behindern, sich im Hoheitsgebiet der Mitgliedstaaten frei zu bewegen und aufzuhalten", EuGH, NJW 2009, 135, 136).

Dienstleistungsschutzrecht als allgemeiner Grundsatz in das Kollisionsrecht vor[561]. So kann auch bei dem in der Rom II-VO geregelten Deliktskollisionsrecht eine Beeinflussung durch die Grundfreiheiten des primären Europarechts nahe liegen, da mit dem zur Anwendung berufene Deliktsrecht Verhaltensnormen verknüpft sind, und eine mögliche gemeinschaftsrechtsrelevante Diskriminierung oder Freiheitseinschränkung vorliegt[562]. Diskutiert wurde die Relevanz der Grundfreiheiten im internationalen Deliktsrecht vor allem speziell im Produkthaftungsrecht.

Wie oben[563] angesprochen ist daneben umstritten, ob dieser Grundsatz der gegenseitigen Anerkennung des primären Europarechts bereits als Kollisionsrecht Einzug in das sekundäre Europarecht der E-Commerce-Richtlinie gefunden hat.

Die Frage, ob die E-Commerce-Richtlinie kollisionsrechtlichen Gehalt hat, bzw. ob die Regelung des Herkunftslandes nur als Maßstab dafür dienen soll, ob eine nationale Sachrechtsregelung den freien Binnenmarktverkehr einschränkt, kann hier jedoch dahinstehen.

Daneben ist ein anderer Konflikt, welcher aus der Europäischen Dienstleistungsrichtlinie[564] hätte resultieren können, entschärft worden. Ein früherer Kommissionsvorschlag von 2004 sah in Art. 16 Abs. 4 eine Herkunftslandanknüpfung vor. Dienstleistungsanbieter sollten danach nur nach dem Recht am Herkunftsland behandelt werden. Diese Anknüpfung hätte offensichtlich der europäischen Erfolgsortanknüpfung für Delikte widersprochen und diese für unanwendbar erklärt[565]. Schließlich wurde aus der strittigen Regel nur noch eine allgemeine Pflicht, die Dienstleistungsfreiheit zu achten[566]. Hieraus lässt sich die Intention des Gemeinschaftsgesetzgebers vermuten, das Herkunftslandprinzip im internationalen Deliktsrecht nicht anzuwenden.

In welchem Umfang das aus den Grundfreiheiten abgeleitete Anerkennungsprinzip selbst Einfluss auf das europäische Kollisionsrecht nimmt, ist umstritten.

561 *Mansel* in: Baur/Mansel (Hrsg.), Systemwechsel, S. 1, 11.

562 *Schaub*, RabelsZ 66 (2002), 19, 24; *Basedow* führt hierzu das Beispiel an, dass für manche europäischen Hersteller der Export in die USA durch hohe Prämien für Haftpflichtversicherer auf Grund des dortigen Produkthaftungsrisikos unrentabel ist. Dieses Beispiel zeigt, dass das Deliktskollisionsrecht auch Einfluss auch auf die wirtschaftliche Betätigungsfreiheit nimmt, *Basedow*, RabelsZ 59 (1995), 1, 37.

563 Siehe oben: Kapitel B.I.5.a).

564 Richtlinie 2006/123/EG des Europäischen Parlaments und des Rates über Dienstleistungen im Binnenmarkt, 12. Dezember 2006 (im Folgenden: Europäische Dienstleistungsrichtlinie), abrufbar unter: http://eur-lex.europa.eu/LexUriServ/site/de/oj/2006/l_376/l_37620061227de00360068.pdf.

565 *Michaels*, Journal of PIL 2 (2006), 195, 203; *Muir Watt*, Edin LR 9 (2005), 6, 29.

566 Siehe Art. 16 Europäische Dienstleistungsrichtlinie.

Das europäische Primärrecht enthält zwar unstrittig Kollisionsnormen, jedoch handelt es sich hierbei um Rangkollisionsnormen, die das Verhältnis des nationalen zu europäischem Recht regeln. Inwiefern das Primärrecht neben diesem subordinationsrechtlichen auch koordinationsrechtliches Kollisionsrecht enthält, ist fraglich.

Einer Ansicht nach enthält das Primärrecht selbst (versteckte) Kollisionsregeln[567]. Aus der Zusammenschau der primärrechtlichen Vorgaben – einmal des Diskriminierungsverbots des Art. 12 EGV[568] und zum anderen der Binnenmarktfreiheiten – sei im Rahmen binneneuropäischer Sachverhalten zwingend das Recht des Herkunftslandes der Ware, Dienstleistung oder Person anzuwenden. Hiernach stellt das Anerkennungssystem ein ganzes eigenes Kollisionsrechtssystem dar. In Anlehnung an die Keck-Formel[569] sei eine anderweitige Anknüpfung nur dann europarechtskonform, sofern sie ausnahmsweise gerechtfertigt ist, oder das Recht des Herkunftslandes strenger ist als das Recht des Bestimmungsstaates[570]. Diese Ansicht, das Herkunftslandprinzip gelte als eigenes primärrechtliches Kollisionsrecht, bezieht sich überwiegend auf die Warenverkehrs- und die Niederlassungsfreiheit in Art. 43 EGV und kam insbesondere nach der Centros-Entscheidung[571] des EuGH auf, in der der EuGH die Versagung der Rechtsfähigkeit einer Gesellschaft in einem Mitgliedsstaat für mit der Niederlassungsfreiheit aus Art. 43, 48 EGV nicht vereinbar hielt, da die Gesellschaft nach dem Recht eines anderen Mitgliedstaats rechtmäßig gegründet worden ist und dort ihren satzungsmäßigen Sitz hat. Die Rechtsfähigkeit der Gesellschaft war von anderen Mitgliedsstaaten anzuerkennen.

Nach dieser Ansicht geht es demnach nicht mehr um die Frage, wie das Anerkennungsprinzip in das Kollisionsrecht integriert werden kann, also beispiels-

567 *Basedow*, RabelsZ 59 (1995), 1, 13 ff.; *ders.*, NJW 1996, 1921, 1927; *Drasch*, Herkunftslandprinzip im IPR, S. 205 ff.

568 Siehe hierzu und insbesondere zum Charakter des Verbots als absolutes oder relatives Verbot: *Epiney* in: Callies/Ruffert Art. 12 EGV, Rn. 1 ff., 40 sowie *Zuleeg* in: v.d.Groeben/Schwarze, Art. 12 EGV, Rn. 1. Das Diskriminierungsverbot des Art. 12 EGV greift jedoch nur bei Regelungen, welche die Angehörigen eines Staates gegenüber Ausländern begünstigen, sowie nach herrschender Meinung bei kollisionsrechtlicher Anknüpfung an die Staatsangehörigkeit und ferner auch nur falls ein spezielleres Diskriminierungsverbot der Grundfreiheiten nicht eingreift. Art. 12 EGV ist daher nur bei grenzüberschreitenden Delikten ohne Bezug zu Grundfreiheiten anwendbar und ist für das Deliktskollisionsrecht daher überwiegend irrelevant, vgl. *Schaub*, RabelsZ 66 (2002), 18, 25.

569 Diese wurde vom EuGH in der Keck-Entscheidung bezüglich der Einschränkbarkeit der Grundrechte entwickelt, EuGH – Rs. C-267/91 u. C-268/91 (24.11.1993), Keck und Mithouard, Slg. 1993, S. I-6097 ff. – *Keck*.

570 So insbesondere *Basedow*, RabelsZ 59 (1995), 1, 13 ff., aus den Grundfreiheiten ergibt sich laut Basedow also ein Günstigkeitsprinzip zugunsten des ausländischen Anbieters, sog. „favor offerentis".

571 EuGH – Rs. C-212/97 (9. 3. 1999), Centros Ltd. ./. Erhvervs-og Selskabsstyrelsen, EuZW 1999, 216 – *Centros*.

weise im Personen-, Familien und Erbrecht die Anknüpfung an die Staatsangehörigkeit auf Grund des Diskriminierungsverbots in Art. 12 EGV, wonach jede Diskriminierung aus Gründen der Staatsangehörigkeit unzulässig ist, durch eine Anknüpfung an den gewöhnlichen Aufenthalt zu ersetzen. Die Vertreter dieser Ansicht gehen vielmehr von einem grundsätzlichen Paradigmenwechsel aus, nach dem im Anwendungsbereich der Grundfreiheiten die Privatisierung des Kollisionsrechts und die Suche nach dem Sitz des Rechtsverhältnisses aufgegeben werden.

Nach herrschender Literaturansicht entfalten die Grundfreiheiten sowie das Diskriminierungsverbot jedoch lediglich eine mittelbare kollisionsrechtliche Relevanz[572]. Im Anwendungsbereich eine systematische Maßgeblichkeit etwa des Rechts des Herkunftslands zu verlangen, sei hingegen nicht gerechtfertigt. Vielmehr werde die Wirkung nationaler Regelungen auf die Vereinbarkeit mit der Wahrnehmung der Grundfreiheiten kontrolliert. Das Kollisionsrecht, welches diese nationalen Regelungen zur Anwendung beruft, wird dadurch nicht überflüssig, sondern soll durch die grundfreiheitsrelevante mittelbare Wirkung deren Wahrnehmung fördern[573].

In der Tat scheint das Herkunftslandprinzip keine Merkmale einer herkömmlichen Kollisionsregel aufzuweisen. Die oben aufgezeigte Suche nach der engsten Verbindung eines Sachverhalts zu einem Staat wäre hier aufgegeben. So hat der EuGH in der Centros-Entscheidung englisches Recht nicht aus dem Grunde angewendet, weil hierzu eine engere Verbindung als zu dänischem Recht bestand, sondern gerade mit dem Ziel, das Recht zu dem tatsächlich die engste Verbindung bestand, zu beschränken[574].

Dieser Paradigmenwechsel alleine kann jedoch nicht gegen das Herkunftslandprinzip als eigenes Kollisionsrecht sprechen[575]. Vielmehr sprechen gegen eine unmittelbare Anwendung der Grundfreiheiten als Kollisionsnormen der fehlende Charakter als Verweisungsnorm[576]. Das Primärrecht enthält nach rich-

572 *Bernhard*, EuZW 1992, 437, 439 ff.; *Ortino*, ICLQ 56 (2007), 309, 320 f.; *W.-H. Roth* in: Schack (Hrsg.), GS für Lüderitz (2000), S. 635, 643 ff.; *ders.* in: Baur/Mansel (Hrsg.), Systemwechsel, S. 47, 56 ff.; *Schaub*, RabelsZ 66 (2002), 18, 34.

573 *W.-H. Roth*, IPRax 2006, 338, 344.

574 *Michaels* in: Baetge u.a. (Hrsg.), FS für Kropholler (2008), S. 151, 170.

575 *Michaels*, Journal of PIL 2 (2005), 195, 211; der vor Allem auf die Ähnlichkeit mit dem *vested rights*-Ansatz im Common law eingeht, nach dem die Anwendung ausländischen Rechts nur die Anerkennung von im Ausland subjektiv erworbenen Rechten darstellt, siehe hierzu *Kegel/Schurig*, IPR, 192; Die bereits gegen die *vested rights theory* vorgebrachte Kritik, wie etwa die ungenaue, zu Rechtsunsicherheit führende Anknüpfung, wird auch gegen das Herkunftslandprinzip vorgebracht, siehe Michaels, a.a.O., 226 ff.; Hierzu haben *Jayme/Kohler* bemerkt, dass die abgelehnte *vested rights thoery* lediglich in abgewandelter Form wieder vertreten wird, *Jayme/Kohler*, IPRax 2004, 481, 484.

576 So Fezer in: Staudinger, IntWR, Rn. 433.

tigem Verständnis keinen Befehl zur Anwendung des Rechts des Herkunftsstaates.

In der Rom II-VO hat sich der Gemeinschaftsgesetzgeber gegen das Anerkennungsprinzip als Ersatz eines speziellen Kollisionsrechts ausgesprochen und sich stattdessen für ein Verweisungssystem mit allseitigen Kollisionsregeln entschieden. Das Herkunftslandprinzip findet sich darin nicht[577].

Allerdings finden sich auch in der Rom II-VO Differenzierungen zwischen der Kollision rein mitgliedsstaatlicher Rechte und der Kollision mit drittstaatlichen Rechten. Dies zeigt sich etwa in der Beschränkung der Wirkung einer Rechtswahl in Art. 14 Abs. 3 Rom II-VO bei reinen Binnensachverhalten oder in den geforderten höheren Hürden zur Anwendung des *ordre public*-Vorbehalts gegen die Anwendung des Rechts eines anderen Mitgliedsstaates[578]. Eine solche Trennung des Kollisionsrechts findet sich in der Rom II-VO jedoch nur sehr vereinzelt. Zwischen Mitgliedsstaaten wird die Anwendung des Kollisionsrechts also nur sehr begrenzt allseitiger[579]. Grundsätzlich ist die Rom II-VO *loi uniforme.* Die Erfolgsortbestimmung innerhalb der Rom II-VO beruht vielmehr – wie oben dargestellt[580] – auf der Suche nach der engsten Verbindung, stellt also klassisches Kollisionsrechts dar[581].

Es stellt sich hier also nur die Frage, inwiefern das Anerkennungsprinzip auf die Anwendung dieses Verweisungssystems Einfluss nimmt.

Im Folgenden ist daher zu untersuchen, wie sich der Einfluss der Grundfreiheiten auf die Auslegung der Rom II-VO und die dargelegte grundsätzliche Abwägung deliktskollisionsrechtlicher Interessen auswirkt.

Die Grundfreiheiten des Binnenmarktes, also die Warenverkehrs-, Personen-, Dienstleistungs- und Kapitalverkehrsfreiheit gelten innerhalb der EU-Mitgliedsstaaten zunächst sowohl für den Geschädigten als auch für den Schädiger. Speziell für die Warenverkehrs- und die Dienstleistungsfreiheit ist neben der aktiven Freiheit auch die passive Freiheit anerkannt. Umschrieben wird dieses Verständ-

---

577 Siehe *Leible* in: Reichelt (Hrsg.), Europäisches Gemeinschaftsrecht und IPR, S. 31, 45, der dies begrüßt, da durch eine allgemeine Maßgeblichkeit des Handlungsortes die Opferinteressen nicht hinreichend berücksichtigt werden; ebenso *Sonnenberger* in: Baetge u.a. (Hrsg.), FS für Kropholler (2008), S. 227, 236.

578 Siehe hierzu oben: Kapitel B.IV.

579 Die von *Michaels* angeführten Beispiele einer weiteren Trennung zwischen mitgliedstaatlichen und Drittstaatssachverhaltendrittstaatssachverhalten finden sich in der Rom II-VO jedoch nicht. So gilt der Renvoi auch im Verhältnis zu Mitgliedsstaaten und insbesondere im Verhältnis zu Dänemark weiter und es besteht auch keine (jedenfalls keine positiv normierte) gesteigerte Pflicht zur Ermittlung und richtigen Anwendung fremden, mitgliedsstaatlichen Rechts. So *Michaels* in: Baetge u.a. (Hrsg.), FS für Kropholler (2008), S. 151, 167.

580 Siehe oben: Kapitel C.I.

581 *v. Hinden* in: Baetge u.a. (Hrsg.), FS für Kropholler (2008), S. 573, 579; *Lagarde* in: Le Règlement Communautaire „Rome II", S. 201, 205

nis mit dem Begriff der Angebots- und Nachfragefreiheit[582]. Übertragen auf das Deliktskollisionsrecht können die Grundfreiheiten also auf Seiten des Schädigers und gleichzeitig auf Seiten des Geschädigten wirken und würden demnach keine Interessegewichtung zulassen.

Im Hinblick auf eine effektive Binnenmarktintegration ist allerdings ein stärkeres Gewicht der aktiven Seite der Grundfreiheiten als sog. *favor offerentis*, anerkannt[583]Im Folgenden ist daher ein Einfluss dieses *favor offerentis* auf die Anknüpfung im Deliktskollisionsrecht zu untersuchen. Die konkrete Frage ist, ob sich aus dem Annerkennungsprinzip das Erfordernis zur Begünstigung oder zumindest stärkeren Berücksichtigung der Interessen des Schädigers ergibt, damit dem Interesse am erleichterten Rechtsverkehr stärker Rechnung getragen wird.

Zum Teil wird diese Frage bereits beantwortet und es wird vertreten, dort wo sich die deliktische Haftung aus einer von den Grundfreiheiten erfassten grenzüberschreitenden Wirtschaftstätigkeit resultiert, von den Anknüpfungen in Art. 4 ff. Rom II-VO abzuweichen und an den Herkunftsstaat anzuknüpfen[584].

Die Schwierigkeit der Vereinbarkeit von Anerkennung und gerechtem Interessensausgleich speziell im internationalen Deliktsrecht hat jedoch bereits *W.-H. Roth* angesprochen.

Nach seiner Auffassung sei etwa für den Produktvertrieb innerhalb der europäischen Union das deutsche Ubiquitätsprinzip mit Art. 28 EGV (Ex-Art. 30 EGV) unvereinbar, falls das Recht des Handlungsortes für den Geschädigten günstiger sei als das Recht des Vertriebsortes des Produkts als Erfolgsort[585]. Ausländische Anbieter würden gegenüber einheimischen benachteiligt, da die ausländischen Haftungsregeln strenger seien und diese für einheimische Anbieter nicht gelten. Aus diesen Gründen sprach er sich auch im Anwendungsbereich

582 Dieses Verständnis der Grundfreiheiten geht zurück auf die Rechtsprechung des EuGH der 1980er Jahre. Zur Dienstleistungsfreiheit: EuGH – Rs. 286/82 (31. 1. 1984), Luisi und Carbone, Slg. 1984, 377; EuGH – Rs. 186/86 (2. 2. 1989), Cowan, Slg. 1989, 195; zur Warenverkehrsfreiheit: EuGH – Rs. C-362/88 (7.3.1990), GB-INNO-BM, GRUR-Int 1990, 955.

583 Vgl. *Basedow*, RabelsZ 59 (1995), 1, 18 f.: „favor offerentis"; *Schaub*, RabelsZ 66 (2002), 18, 27; kritisch dazu *Mankowski*, IPRax 2004, 385, 386.

584 So *Tschäpe/Kramer/Glück*, RIW 2008, 657, 665 f. für Ansprüche aus gesetzlicher Prospekthaftung. Eine solche Lösung würde die Rom II-VO jedoch aushöhlen. Deren Regeln stünden nur noch auf dem Papier. Anders hingegen *v. Hein*, der für Emittenten aus EU-Mitgliedsstaaten akzessorisch an das Statut der Prospektpflicht anknüpfen will. Für die Haftung von Emittenten aus Drittstaaten soll hingegen das Recht des Marktortes entscheidend sein. Rechtstechnisch will *v. Hein* beide Anknüpfungen über die Auflockerung des Art. 4 Abs. 3 Rom II-VO lösen, vgl. *v. Hein* in: von Baum u.a. (Hrsg.), Perspektiven des Wirtschaftsrechts, S. 371, 392 ff.; *ders.*, ZEuP 2009, 6, 32.

585 *W.-H. Roth*, RabelsZ 55 (1991), 623, 645 f.; *ders.* in: Schack (Hrsg.), GS für Lüderitz (2000), S. 635, 650 ff.; *v. Hein*, Günstigkeitsprinzip, S. 423 f.; kritisch auch *Kadner Graziano*, ICLQ 54 (2005), 475, 480.

der Grundfreiheiten für eine alleinige Anwendbarkeit des Rechts am Erfolgsort aus[586]. Er sieht bereits grundsätzlich die Grundfreiheiten des EGV nicht durch eine Anknüpfung an den Ort des Sitzes des Herstellers verwirklicht. Vielmehr führe diese zu einer Wettbewerbsverzerrung am Absatzmarkt, da ausländische Hersteller aus einem Staat mit höherem Schutzniveau benachteiligt würden. Eine aus dem Herkunftslandprinzip gefolgerte alleinige Anknüpfung an den Sitz des Schädigers führe also ihrerseits wieder zu einer Verfälschung des Wettbewerbs und zu Ausländerdiskriminierung[587].

Aber auch eine Abwägung mit den Interessen der Geschädigten unterstreicht laut *W.-H. Roth* dieses Ergebnis, da die „Belastungen für einen Produzenten, der den ganzen Binnenmarkt beliefern will" im Vergleich zu den Belastungen des Geschädigten durch eine Herkunftslandanknüpfung „erträglich und von diesem besser zu bewältigen [erscheinen] als für den Geschädigten"[588].

Auch wenn *Basedow* hier schon den Anwendungsbereich der Warenverkehrsfreiheit aus Art. 28 EGV (Ex-Art.30 EGV) nicht eröffnet sieht, da aus seiner Sicht die Warenverkehrsfreiheit nicht den Handel mit fehlerhaften Erzeugnisse schütze[589], zeigt die Ansicht *W.-H. Roth'*, dass es im Deliktskollisionsrecht einer sensibleren Abwägung zwischen den Interessen des Geschädigten und denen des Schädigers bedarf, dem eine Berücksichtigung des Rechts des Herkunftsortes nicht durchgängig gerecht wird[590]. Schließlich hat sich der Verordnungsgeber in Abwägung der Parteiinteressen für die Anknüpfung an den Erfolgsort und damit für das Gegenteil der Anwendung des Herkunftslandsprinzips entschieden[591]. Eine Bevorzugung des Schädigers konterkariert zu stark den Gerechtig-

---

586 a.a.O., 669; ebenso allgemein zum Anlegerschutzrecht allerdings ohne Bezug zu den Freiheitsrechten *Grundmann*, RabelsZ 54 (1990) 283, 307: „Den international platzierenden Emittenten würde" das Wahlrecht des Geschädigten „schlechter stellen als den national (am heimischen Markt) platzierenden, bei dem Auswirkungsort und Handlungsort zusammenfallen und damit Haftung nur nach einem Recht eintreten kann", genauso *Bischoff*, AG 2002, 489, 493 f.; hierzu ist zu sagen, dass der EuGH eine Wettbewerbsverzerrung auf einem inländischen Markt durch im Ausland gegründete Gesellschaften jedenfalls in seinen Entscheidungen zum Gesellschaftsstatut ignoriert hat.

587 So auch *Mankowski*, IPRax 2004, 385, 387.

588 *W.-H. Roth*, RabelsZ 55 (1991), 623, 669.

589 *Basedow*, RabelsZ 59 (1995), 1, 38; so auch *Sonnenberger*, ZVglRWiss 95 (1996), 3, 17 f.; richtigerweise dagegen neben *W.-H. Roth* jedoch auch *Taupitz*, ZEuP 1997, 986, 995. Das Recht auf freien Warenverkehr umfasst nicht ein erst durch fehlerfreie Produktion entstehendes Recht zur Schädigung Dritter, sondern richtete sich gegen alle Behinderungen der Verkehrsfreiheit. Marktteilnehmer können ebenso ein Interesse an freiem Verkehr von fehlerhaften Produkten haben, da diese einen eigenen Marktwert besitzen.

590 *v. Hein*, VersR 2007, 440, 441; *Leible* in: Reichelt (Hrsg.), Europäisches Gemeinschaftsrecht und IPR, S. 31, 46.

591 *Leible* in: Reichelt (Hrsg.), Europäisches Gemeinschaftsrecht und IPR, S. 31, 46; *v. Hein*, Tul.L.Rev. 82 (2008), 1663, 1678.

keitsausgleich, der der Suche nach der engsten Verbindung zu Grunde liegt. Im internationalen Deliktsrecht tritt dem Bedürfnis der Verkehrsfreiheit das Schutzinteresse des Geschädigten gegenüber, der grundsätzlich auf den Schutz des ihm bekannten Rechts vertrauen darf, wenn er unbeteiligt und überraschend geschädigt wurde.

Der Vergleich mit dem Gesellschaftsstatut hat zwar gezeigt, dass auf europäischer Ebene das Prinzip der engsten Verbindung verlassen werden kann, um primärrechtlichen Vorgaben zu entsprechen. Diese spezielle Wertung des EuGH, der Gründungstheorie zu folgen, zeigt jedoch nur, dass sich im europäischen Kollisionsrecht ein Konflikt zwischen Kollisionsrechtsmethoden entstanden ist, der für den konkreten Kollisionsrechtsbereich entschieden werden muss[592]. Hierbei hat die vorstehende Interessenwertung gezeigt, dass das Anerkennungsprinzip im Deliktskollisionsrecht zu unbefriedigenden Ergebnissen führen kann, weil es die Interessen des Geschädigten ignoriert[593]. Demnach muss sich hier die traditionelle Suche nach der engsten Verbindung durchsetzen.

Für diese Lösung spricht schließlich auch hier die Ausgestaltung der Rom II-VO als *loi uniforme*. In der Abwägung zwischen gewollter Binnenmarktfreiheit und allgemeinen Grundsätzen des Kollisionsrechts, wie etwa dem Sachzusammenhang zwischen Sachverhalt und anwendbaren Recht, müssen hier letztere überwiegen. Wie gezeigt, setzt die Anerkennung ein geringes Schutzgefälle voraus. Die Anerkennung anderer Rechtssätze setzt inhaltliche Nähe in der Grundauffassung und Vertrauen in die Kontrolle der Rechtsanwendung in anderen Mitgliedsstaaten voraus[594]. Innerhalb der Gemeinschaft kann von einem solchen stärkeren Angleichungsniveau ausgegangen werden. Für die Anwendung der Rom II-VO als loi uniforme kann dieses Prinzip allerdings kein allgemeiner Auslegungsgrundsatz darstellen. Das Prinzip der wechselseitigen Anerkennung und damit die Relevanz des Rechts am Herkunftsstaat führt also zu einem nach Binnen- und Drittstaatensachverhalten geteilten Kollisionsrecht[595]. Ein Beispiel eines solchen getrennten Kollisionsrechts ist die zweite Schadensversicherungsrichtlinie von 22.06.1988[596], deren Kollisionsnormen nur für solche Direktversicherungsverträge gelten, die innerhalb des EWR belegene Risiken betreffen. Man bräuchte in diesem Falle auch für die Anwendung der Rom II-VO eine solche Meta-Kollisionsregel, die bestimmt, wann das Herkunftslandprinzip An-

---

592 *Michaels* in: Baetge u.a. (Hrsg.), FS für Kropholler (2008), S. 151 170.

593 *Muir Watt*, Edin LR 9 (2005), 6, 29.

594 Vgl. *Klinke* in: Krüger/Mansel (Hrsg.), Liber Amicorum Gerhard Kegel, (2002), S. 1, 23. Nicht zu verwechseln ist diese inhaltliche Gleichwertigkeit von der allgemeinen formalen Gleichwertigkeit fremder Rechtsordnungen, von der das Kollisionsrecht immer ausgeht.

595 So *W.-H. Roth*, IPRax 2006, 338, 346; *Leible* in: Reichelt (Hrsg.), Europäisches Gemeinschaftsrecht und IPR, S. 31, 46; *Heiderhoff*, GPR, S. 96.

596 Richtlinie 88/357/EWG, ABl.EG 1988 Nr. L 172, 1.

wendung findet[597]. Diese Lösung würde die Kollisionsrechtsanwendung weiter erschweren[598].

Auch ganz grundsätzlich spricht gegen eine Infragestellung der von der Rom II-VO gewählten Anknüpfungen, dass dadurch weitere Rechtsunsicherheit unvermeidbar wäre[599].

Insofern können die Grundfreiheiten im Rahmen der Anwendung der Rom II-VO keine besondere Interessenwertung begründen. Vielmehr sollte die Berücksichtigung der Sicherheits- und Verhaltensregeln des Handlungsortes gem. Art. 17 Rom II-VO also eine auf der Abwägung der Beteiligteninteressen gegründete Anwendung als Faktum ausreichen um den primärrechtlichen Wertungsvorgaben zu genügen[600]. Die Bestimmung des Haftungsrechts sollte davon jedoch nicht beeinflusst werden. Andernfalls droht ein „race to the bottom" der Haftungsstandards[601].

Das Anerkennungsprinzip kann hier daneben lediglich als „Feinsteuerung"[602] über den gemeinschaftlichen *ordre public* das Ergebnis der Anknüpfung mitbestimmen und ein über die Anknüpfung nach der Rom II-VO gefundenes Ergebnis auf die Vereinbarkeit mit den europäischen Grundfreiheiten hin kontrollieren. Hierzu passt auch die Regelungsrichtung der Grundfreiheiten, die sich grundsätzlich nicht gegen die Anwendung einer ganzen Rechtsordnung richten, sondern ebenso wie der *ordre public*-Vorbehalt sich nur gegen konkrete Ergebnisse dieser Rechtsanwendung richtet[603]. Wie der Anerkennungsstaat zu einem mit den Grundfreiheiten zu vereinbarenden Ergebnis kommt, bleibt ihm überlassen. Hierzu geben die Grundfreiheiten selbst keine Anwendungsgebote in Form von Kollisionsrecht. Daher ist eine *ordre public*-Prüfung des Ergebnisses der Sachrechtsanwendung hier eine taugliche Möglichkeit[604].

Ferner ist damit nicht die Frage entschieden, ob das Recht des Herkunftslandes möglicherweise über Art. 27 Rom II-VO i.V.m. Art. 3 der E-Commerce-Richtlinie für bestimmte online-Delikte relevant werden kann. Auf Grund des Gesagten ist dies jedoch inhaltlich abzulehnen.

Festzuhalten bleibt, dass die Abwägung der Interessen zur Bestimmung des Erfolgsortes ohne Gewichtung durch den primärrechtlichen Anerkennungsrundsatz erfolgt.

---

597 So *Mankowski*, IPRax 2004, 385, 391.
598 *Leible* in: Reichelt (Hrsg.), Europäisches Gemeinschaftsrecht und IPR, S. 31, 46.
599 *Briere*, Clunet 2008, 31, 71.
600 *Muir Watt*, Edin LR 9 (2005), 6, 29 f.
601 *Muir Watt*, Edin LR 9 (2005), 6, 29.
602 So *W.-H. Roth*, IPRax 2006, 338, 347.
603 So *Bruinier*, Einfluss der Grundfreiheiten, S. 55.
604 *Mansel*, RabelsZ 70 (2006), 651, 681.

4. Ergebnis

Der Gemeinschaftsgesetzgeber hat in der Rom II-VO zur Angleichung des europäischen Deliktskollisionsrechts klassisches Kollisionsrecht gewählt, welches nach der engsten Verbindung des Sachverhalts zu einem bestimmten Recht sucht[605]. Die Anknüpfung für reine Vermögensschäden muss diesem Prinzip der engsten Verbindung Rechung tragen. Hierzu sind Partei-, Verkehrs- und Ordnungsinteressen zu berücksichtigen, die diese engste Verbindung begründen.

Da der Schädiger aus Sicht des Kollisionsrechts nur potentieller Schädiger ist, soll hierbei eine allgemeine Interessengewichtung zu Gunsten des Geschädigten nicht stattfinden. Dennoch sind die Interessen des Geschädigten als Betroffener stärker zu gewichten. Die Rom II-VO folgt dieser Interessenwertung durch eine ausschließliche Anknüpfung an den Erfolgsort mit Einschränkung durch die Berücksichtigung bestimmter Regeln des Handlungsortes.

Eine Anwendung des für den Geschädigten günstigsten Rechts wird jedoch vom Verordnungsgeber bewusst vermieden.

Die Bestimmung des Erfolgsortes für reine Vermögensschäden darf daher weder den Geschädigten noch – und erst Recht nicht – den Schädiger bevorzugen.

Die Rom II-VO soll ferner die Auswirkungen des *forum shoppings* einschränken. Ein Gleichlauf mit der Auslegung der EuGVO folgt daraus nicht zwingend. Eine gewollte Gesetzgebungskoordination scheint dennoch beabsichtigt. Die Bestimmung des Erfolgsortes für reine Vermögensschäden ist daher auch immer auf das Zusammenspiel mit der Eröffnung des Deliktsforums der EuGVO zu untersuchen.

Daneben soll der internationale Entscheidungseinklang gefördert werden. Hierfür sind die Verordnungsbegriffe autonom zu bestimmen. Ein Rückgriff zur Erfolgsortbestimmung auf das Deliktsrecht der *lex fori* ist daher unzulässig[606]. Das bedeutet, dass der Schaden im Sinne des Art. 4 Abs. 1 Rom II-VO nicht an dem speziellen Schaden eines bestimmten nationalen Delikts ausgerichtete werden darf. Insbesondere auf Grund der unterschiedlichen Anforderungen an eine deliktische Haftung für reine Vermögensschäden muss für die Vorprüfung des Eintritts eines deliktischen Erfolgs eine durch das nationale Deliktsrecht eingefärbte strenge Sichtweise vermieden werden. Ob und wo der Erfolg eingetreten ist, darf nicht an der Verwirklichung von Merkmalen eines Deliktstatbestands der *lex fori* abhängen.

---

605 Insofern erweist sich die Rom II-VO „in methologischer Hinsicht als eher konservativ“, so *v. Hein*, ZEuP 2009, 6, 9, das Prinzip der engsten Verbindung zeige sich in Art. 4 Abs. 3, Art. 5 Abs. 2, Art.10 Abs. 4, Art. 11 Abs. 4 und Art. 12 Abs. 2, lit. c.

606 *Illmer*, C.J.Q. 28 (2009), 237, 250 f.

Schließlich ist auch die Vorhersehbarkeit bei der Erfolgsortbestimmung zu berücksichtigen. Die Anknüpfung für reine Vermögensdelikten muss ebenfalls vorhersehbar sein. Ob dies für reine Vermögensschäden auch im Rahmen einer Erfolgsortanknüpfung gewährleistet werden kann, erscheint fraglich[607]. Grundsätzlich ist im nationalen Kollisionsrecht nämlich anerkannt, dass der bloße Schadensort als Zufallsort keinen Erfolgsort begründet, sofern der Vermögensschaden bloße Folge der Verletzung eines anderen Rechtsguts ist. Als irrelevanter Folgeschaden wird dieser zur Statutbegründung abgelehnt. Dies gilt selbst dann, wenn das nationale Kollisionsrecht über eine deliktische Generalklausel wie die des Art. 1382, 1383 des französischen Code Civil oder Art. 2043 des italienischen Codice civile unabhängig von einer konkreten Rechtsgutsverletzung Schadensersatz gewährt[608]. Eine Anknüpfung an den Vermögensschaden entspricht damit normalerweise nicht dem Ergebnis der geforderten Interessenabwägung und ist abzulehnen.

Zur Beantwortung der in der vorliegenden Arbeit behandelten Frage muss vor dieser Interessenabwägung eine Anknüpfungsregel gefunden werden, die den aufgezeigten Anforderungen an die kollisionsrechtliche Gerechtigkeit entspricht.

Hierzu sind im Folgenden im internationalen Verfahrensrecht sowie im Kollisionsrecht diskutierte Anknüpfungspunkte aufzuzeigen.

II. Forumsbegründende Erfolgsortbestimmung bei Vermögensdelikten in der EuGVO

Wie gezeigt hat der Verordnungsgeber eine Annäherung mit der Tatortbestimmung in Art. 5 Nr. 3 EuGVO gewählt.

Ziel einer koordinierten europäischen Gesetzgebung zwischen internationaler Zuständigkeit und anwendbarem Recht ist das Verhindern eines grundsätzlichen Auseinanderfallens von international zuständigem Gericht und anwendbarem Recht[609]. Die Behandlung grenzüberschreitender Vermögensschäden im Rahmen der Begründung einer Deliktszuständigkeit der EuGVO ist daher für die Suche nach der richtigen kollisionsrechtlichen Anknüpfung zu beachten, da der Erfolgsort bestenfalls gleich zu bestimmen ist. Hierfür ist zunächst die Situation im Rahmen der EuGVO darzustellen.

Die EuGVO wählt ebenfalls den Erfolgsort als einen Anknüpfungspunkt zur

607 *Kadner Graziano*, GemEuIPR, S. 148.

608 *Stoll* in: Schack (Hrsg.), GS für Lüderitz (2000), S. 733, 738; so auch der EuGH zum Internationalen Zuständigkeitsrecht in seiner Marinari-Entscheidung.

609 *Spickhoff* in: Baetge u.a. (Hrsg.), FS für Kropholler (2008), S. 673, 675.

Bestimmung der internationalen Zuständigkeit bei Klagen aus Delikt. Das Problem der Bestimmung des Schadensortes bei reinen Vermögensschäden ist hier auf europäischer Ebene bereits aufgetreten. Möglicherweise lässt sich eine in Art. 5 Nr. 3 EuGVO gefundene Lösungen auf die Bestimmung des Schadensortes im Rahmen des Art. 4 Abs. 1 Rom II-VO übertragen.

Da die Auslegungskompetenz für beide Verordnungen beim EuGH liegt[610], sind daher speziell dessen Entscheidungen über die Auslegung von Art. 5 Nr. 3 EuGVO auf die Übertragbarkeit hin zu untersuchen.

1. Der Deliktsgerichtsstand in der EuGVO

Der allgemeine Gerichtsstand der EuGVO ist, ebenso wie der in § 13 ZPO, gem. Art. 2 Abs. 1 EuGVO am Beklagtenwohnsitz. Diese Grundregel des *actor sequitur forum rei* soll dem Beklagten die Verteidigung gegen Klagen erleichtern[611]. Hierzu soll das ihm bekannte Verfahrensrecht sowie dass ihm bekante Kollisionsrecht zur Anwendung kommen.

Eine Abweichung von diesem Grundsatz sieht die EuGVO nur für bestimmte Fälle vor, in denen besondere Gründe gegen einen ausschließlichen Beklagtengerichtstand sprechen. In solchen Fällen sind in den Art. 3 ff. EuGVO für einige Klagen besondere oder ausschließliche Gerichtstände vorgesehen.

Einer dieser besonderen Gerichtsstände besteht gem. Art. 5 Nr. 3 EuGVO bei Klagen wegen unerlaubter Handlung. Auch hier wird – wie im europäischen internationalen Deliktsrecht – zur Begründung der internationalen Zuständigkeit auf das Tatortprinzip zurückgegriffen.

Behauptet der Kläger hinreichend das Bestehen eines deliktischen Anspruchs, so ist hiernach das Gericht desjenigen Staates international zuständig, in dem „das schädigende Ereignis eingetreten ist". Nach der bereits erläuterten Terminologie der Rom II-VO wäre hierunter der Handlungsort zu verstehen.

Die Begriffe sind jedoch jeweils verordnungskonform – und damit gegebenenfalls unterschiedlich – auszulegen. Wie oben in Kapitel B.II.4.a) bereits angesprochen versteht der EuGH den „Ort, an dem das schädigende Ereignis eingetreten ist", vom Begriffsverständnis der Rom II-VO abweichend sowohl als Handlungs- als auch als Erfolgsort[612].

---

610 Leible/Staudinger, EuLF 2000/01, S. 225, 226; sowohl die EuGVO als auch die Rom II-VO sind auf die Kompetenznorm des Art. 61 i.V.m. 65 EGV gestützt. Die Vorlagebefugnis ist demnach gem. Art. 68 EGV in beiden Fällen auf letztinstanzliche Spruchkörper beschränkt.

611 *Weth* in: Musielak, Art. 2 VO (EWG) 44/2001, Rn. 1; *Kropholler* EuZPR, Art.2 EuGVO, Rn. 1.

612 Zuerst und noch zu Art. Art. 5 Nr. 3 EuGVÜ: EuGH – Rs. 21/76 (30. 11. 1976), Bier ./. Mines de Potasse D'Alsace, Slg. 1976, 1735 – Rheinverschmutzungsfall.

In der Begründung ihres ersten Verordnungsvorschlags zeigt die Kommission, dass ihr dieser Unterschied der Begriffsdefinition im Rahmen der Rom II-VO sowie der EuGVO bewusst war. Im Rahmen der EUGVO könne der Geschädigte in Fällen, in denen „das schädigende Ereignis" (also die deliktische Handlung) „und der Schaden" (die Rechtsgutsverletzung) an unterschiedlichen Orten" eingetreten sind (gemeint sind also Distanzdelikte), zwischen den Gerichten an diesen beiden Orten wählen[613].

Der Grund für diese Abweichung vom allgemeinen Beklagtengerichtsstand durch einen besonderen Gerichtsstand liegt in der Unbilligkeit, den Geschädigten ausschließlich an ein Gericht am Wohnort desjenigen zu verweisen, von dem er behauptet, geschädigt worden zu sein. Die möglicherweise unvorhergesehene Schädigung soll nicht dazu führen, dass der Geschädigte sein Recht nur am, gegebenenfalls weit vom Tatort entfernten, Wohnort des Geschädigten verfolgen kann[614]. Der Geschädigte solle seine Ansprüche vielmehr dort geltend machen können, wo das Unrecht begangen wurde oder sich ausgewirkt hat[615]. Aus diesem Grund muss der *favor defensoris* des Art. 2 Abs. 1 EuGVO weichen.

Gleichzeitig verbietet die Konzeption der EuGVO einen reinen, für den Geschädigten regelmäßig günstigen Gerichtsstand am Klägerwohnsitz, da ein solcher das Regel-Ausnahme-Verhältnis zwischen dem allgemeinen Gerichtsstand aus Art. 2 Abs. 1 EuGVO und den Art. 3 ff. EuGVO konterkariert und der Beklagte darüber hinaus möglicherweise an einem Ort verklagt wird, der für ihn nicht vorhersehbar war[616]. Gerade die Vorhersehbarkeit durch den Beklagten ist bei der Bestimmung möglicher Gerichtsstände der EuGVO zu beachten[617].

Der besondere Gerichtsstand am Tatort im Sinne von Handlungs- und Erfolgsort ist somit das Ergebnis einer Abwägung zwischen den Interessen des Geschädigten und denen des Schädigers. Der *favor defensoris* weicht also nicht vollständig zwecks Begünstigung des Klägers, er wird vielmehr nur eingeschränkt.

Darüber hinaus soll der Gerichtsstand am Tatort dem Interesse der Parteien an Sach- und Beweisnähe dienen[618]. Das Gericht am Tatort ist durch die vereinfach-

613 KOM(2003) 427, S. 6.

614 *Hausmann* in: Wieczorek/Schütze, Art. 5 EuGVÜ, Rn. 49.

615 *Weth* in: Musielak, Art. 5 VO (EWG) 44/2001, Rn. 14.

616 *Weth* in: Musilak, Art. 5 VO (EWG) 44/2001, Rn. 14; *Leible* in: Rauscher, Art. 5 Brüssel I-VO, Rn. 74; *Pointer/Burg*, EU Principles on Jurisdiction, S. 119 f. („hostility to the *forum actoris*").

617 EuGH – C-256/00 (19.2.2002), Besix SA ./. Wasserreinigungsbau Alfred Kretzschmar GmbH & Co. KG (u.a.), NJW 2002, 1407, 1408; Pontier/Burg, EU Principles on Jurisdiction, 92.

618 EuGH – C-167/00 (1.10.2002), Verein für Konsumenteninformation ./. Karl Heinz Henkel, NJW 2002, 3617, 3619; *Hausmann* in: Wieczorek/Schütze, Art. 5 EuGVÜ, Rn. 49; *Gottwald* in: MüKo, Art. 5 EuGVÜ, Rn. 53; *Pfeiffer*, S. 168 f.; *Schröder*, S. 108 f.; *Heldrich*, S. 113.; dagegen *Geimer* in: Geimer/Schütze EuZVR, Art. 5 Nr. 3 EuGVVO, Rn. 202, der der Beweisnähe nur eine untergeordnete Rolle beimisst.

te, weil ortsnahe Beweisaufnahme besonders geeignet, den Rechtsstreit zu entscheiden. Da bei Distanzdelikten sowohl am Handlungs- als auch am Erfolgsort eine solche Sach- und Beweisnähe besteht, kommt der EuGH in diesem Fall zu einem Wahlrecht des Klägers zwischen diesen beiden Gerichtsorten. Das Forum am Schadensort fördert jedoch aus Sicht des EuGH nicht mehr die Beweissicherung und Beweiserhebung und begründet daher auch aus diesem Grunde keinen Erfolgsort[619].

Gleiches gilt auch hier gem. § 32 ZPO im autonomen deutschen Prozessrecht[620].

Die Wahl zwischen mehreren Gerichtsständen soll die Rechtsverfolgung vereinfachen und zur Rechtsverfolgung ermutigen[621]. Kommt daneben noch das autonome deutsche internationale Deliktsrecht zur Anwendung, kann die Wahlmöglichkeit auch zu einem Gleichlauf von Zuständigkeit und anwendbarem Recht führen, da auch das deutsche internationale Deliktsrecht ein Wahlrecht zwischen Erfolgs- und Handlungsortrecht vorsieht. Hierfür müsste lediglich der Geschädigte die Anwendung der *lex fori* des Deliktsforums wählen, und der gewählte Anknüpfungspunkt, also Handlungs- oder Erfolgsort, im IPR und IZVR zum gleichen Ergebnis führen. Natürlich kann auch bei Anwendung der Rom II-VO ein solcher Gleichlauf vorliegen, wenn der Kläger das Gericht am Erfolgsort wählt, und der Erfolgsort des Art. 5 Nr. 3 EuGVO mit dem des Art. 4 Abs. 1 Rom II-VO übereinstimmt.

Neben diesen Vorteilen führt die Wahlmöglichkeit ebenfalls zur Möglichkeit eines *forum shopping* durch den Kläger.

Die ausschließliche Anknüpfung an den Erfolgsort in Art. 4 Abs. 1 Rom II-VO wird von der Kommission auch gerade damit begründet, dass im Zusammenspiel mit der EuGVO die Auswirkung der Möglichkeit zum Forum Shopping dadurch eingeschränkt werden müsse, dass in den wählbaren Foren jeweils nur das Recht des einheitlich zu bestimmenden Erfolgsortes zur Anwendung kommt[622]. Hier bezweckt das internationale Deliktsrecht – so weit wie möglich – durch die Festlegung des anwendbaren Rechts die Eingrenzung des erst durch die weite Auslegung des Art. 5 Nr. 3 EuGVO ermöglichten *forum shopping*[623].

Zum Verständnis ist daher zunächst das Problem des *forum shopping* zu erläutern, um dann die im Rahmen der EuGVO diskutierten Lösungen zur Bestimmung des Erfolgsortes reiner Vermögensschäden zu betrachten.

619 Hier andere Ansicht: *Davì*, IPRax 1999, 484, 487.
620 BGH NJW 1980, 124, 125.
621 *Schack*, IZVR, Rn. 293.
622 KOM(2003), S. 6.
623 *v. Hein*, ZVglRWiss 102 (2003), 528, 545.

2. Die Problematik des forum shopping in der EuGVO

Forum shopping beschreibt die Möglichkeit des Klägers, sich unter mehreren international zuständigen Gerichten dasjenige herauszusuchen, nach dessen Verfahrens- und Kollisionsrecht er sich einen für ihn selbst günstigen Verfahrensablauf, die Anwendung des aus seiner Sicht günstigsten Sachrechts und damit schließlich die günstigste Entscheidung erhofft. Das Problem des *forum shopping* ist also nicht nur ein Problem des Verfahrensrechts- und Kollisionsrechtsshopping, sondern im Ergebnis auch ein Problem der Möglichkeit des Sachrechtsshopping[624].

Durch die oben genannte weite Auslegung des EuGH von Art. 5 Nr. 3 EuGVO, besteht für den Kläger eine Möglichkeit, bei Deliktsgerichtsständen zwischen dem Forum am Beklagtenwohnsitz, dem Forum am Handlungs- und dem Forum am Erfolgsort der unerlaubten Handlung zu wählen.

Auf Grund dieses Vorteils, dessen Ausnutzen durch den Kläger zwar legal und legitim ist[625], dem jedoch keine entsprechende Verteidigungsmöglichkeit des Beklagten gegenübersteht[626], ist das *forum shopping* rechtspolitisch unerwünscht[627].

Ein Grund hierfür ist daneben die Abneigung des Forumsstaates gegen eine Inanspruchnahme für Rechtstreitigkeiten ohne hinreichenden Bezug zum Forumsstaat, da die Kosten der Justizgewährung nicht vom Zweck des staatlichen Regelungsanspruches gedeckt sind.

Die Schaffung eines europäischen Kollisionsrechts kann die Anreize zum *forum shopping* zumindest hinsichtlich der Wahlmöglichkeiten verschiedener Kollisionsrechte einschränken. Eine Beschneidung aller ungewollten Klägervorteile ist dadurch jedoch nicht möglich, da die prozess- und beweisrechtlichen Vorteile einer Wahl zwischen mehreren Verfahrensrechten bestehen bleiben[628].

Festzuhalten bleibt, dass alleine die Vereinheitlichung des europäischen Deliktskollisionsrechts bereits die Auswirkungen des zulässigen aber unerwünschten *forum shopping* einschränkt. Das von der Kommission angeführte Ziel wird somit bereits alleine durch eine vereinheitlichte Anknüpfung an den Erfolgsort erreicht. Eine darüber hinausgehende Auslegungsmaxime, nach der der Schadensort des Art. 4 Abs. 1 Rom II-VO enger zu bestimmen ist als der in Art. 5 Nr.

---

624 *Kreuzer* in: Reichelt/Rechberger, S. 13, 23.

625 *Schack*, IZVR, Rn. 222.

626 Zu den möglichen Verteidigungsmöglichkeiten, etwa einer *antisuit injunction*, einer negativen Feststellungsklage im Inland oder schlicht einer Gerichtsstandsvereinbarung vor Prozessbeginn vgl. *Schack*, IZVR, Rn. 230 f.

627 *Kropholler*, IPR, § 58 VI, 2; v. Bar/Mankowski, IPR I, § 5, Rn. 157; *v. Hein*, ZvglRWiss 102 (2003), 528, 536.

628 *Jünger*, RabelsZ 46 (1982), 708, 712, der daher als Ausweg neben einem einheitlichen Kollisions- oder Sachrecht die Schaffung eines weltweit einheitliches Prozessrechts sieht.

3 EuGVÜ, lässt sich daraus nicht ableiten. So lange Art. 4 Abs. 1 Rom II-VO von allen Gerichten einheitlich ausgelegt wird, ist das Ziel der Einschränkung des *forum shopping* mit Erlass der Rom II-VO erreicht. Dieses Ziel deckt sich somit mit dem allgemeinen Ziel der Schaffung eines internationalen Entscheidungseinklangs sowie der Schaffung von Rechtssicherheit.

3. In der Literatur diskutierte Lösungen zu Art. 5 Nr. 3 EuGVO

Zur Bestimmung des Erfolgsortes bei reinen Vermögensschäden werden in der Literatur zu Art. 5 Nr. 3 EuGVO unterschiedliche Lösungen vertreten.

Ein Teil der Literatur entzieht sich der Fragestellung in Gänze. Hiernach sollen in Fällen, in denen nicht lediglich ein konkreter Vermögensgegenstand, wie etwa ein einziges Bankkonto des Geschädigten, betroffen, und damit kein konkreter Schadensort zu gewinnen ist, nur Klagen am Handlungsort zugelassen werden[629]. Ein Wahlrecht des Geschädigten hin zum Erfolgsort bestehe dann nicht mehr. Nur so sei ein *forum shopping* des Klägers bei reinen Vermögensschäden ganz zu verhindern.

Dem gegenüber belässt es die herrschende Lehre bei einem Wahlrecht des Geschädigten. Lediglich die dann aufkommende Frage nach dem Erfolgsort der Vermögensschädigung wird unterschiedlich beantwortet.

Weller[630] und *Kiethe*[631] sehen den Erfolgsort bei reinen Vermögensschäden immer dort, wo sich die Vermögensinteressen des Geschädigten konzentrieren, mithin regelmäßig am Wohnort des Geschädigten[632]. Er könne daher immer auch an diesem Ort klagen. Zwar sei die EuGVO (bzw. das EuGVÜ) gegen einen Gerichtsstand am Klägerwohnsitz, jedoch überwiege hier das Geschädigteninteresse.

V. Hein hingegen differenziert nach Deliktstypen und will etwa für Schäden aus fehlerhafter Kapitalanlageberatung auf den jeweiligen Lageort des geschädigten Vermögensteils abstellen, während bei Schäden aus Anlagebetrug auf den Verfügungsort abzustellen sei[633]. Der Ort der Vermögensverfügung sei für den

629 *Schack*, IZVR, Rn. 305; *Schwarz*, S. 160.

630 IPRax 2000, 202, 203 (dort Fn. 4).

631 NJW 1994, 222, 226.

632 Ebenso *v. Hoffmann* in: Staudinger, Vorb. zu Art. 40 ff. EGBGB, Rn. 105, begründet dies jedoch mit der Parallelität zur kollisionsrechtlichen Lösung. Zu Wertungsdifferenzen zwischen dem Kollisionsrecht und dem Internationalen Zuständigkeitsrecht siehe jedoch unten: Kapitel C.II.5.a).

633 *v. Hein*, IPRax 2005, 17, 21; *ders.*, IPRax 2006, 460, 461.

Schädiger vorhersehbar und führe zu Beweisnähe, da das Beweismittel des geschädigten Verfügenden, also in der Regel ein Zeuge für die getätigte Verfügung, am Verfügungsort belegen ist.

Die überwiegende Lehre sieht den Erfolgsort dagegen am jeweiligen Lageort des geschädigten Vermögensteils[634]. Umstritten ist im Rahmen dieser Ansicht jedoch, welcher bei mehreren möglichen der betroffene Vermögensteil ist. Während allgemein der letzte Lageort des jeweils betroffenen Vermögensteils als Anknüpfungspunkt gewählt wird, fürchten manche eine einfache Manipulierbarkeit durch Verlagerung des Vermögensteils noch vor Schädigung und stellen daher auf den Vermögensteil ab, aus dem der letztlich geschädigte Teil des Vermögens abgezogen wurde[635]. Die Vertreter der letzten Variante stellen so also auch häufig auf die Vermögenszentrale ab.

4. Kronhofer-Entscheidung

In seiner Leitentscheidung zu dieser Frage hat der EuGH in Sachen Kronhofer am 10. Juni 2004[636] den Erfolgsort des Art. 5 Nr. 3 EuGVO im Bereich der reinen Vermögensdelikte konkretisiert.

a) Sachverhalt und Vorlagefrage

Die Frage der internationalen Zuständigkeit stellte sich in diesem Verfahren, nachdem Herr Kronhofer, mit Wohnsitz in Österreich, durch die fehlerhafte Anlageberatung einer in Deutschland ansässigen Vermögensverwaltungsgesellschaft einen Vermögensschaden erlitten hatte. Sein Geld hatte er auf ein eigens für die Vermögensgeschäfte angelegtes deutsches Anlegerkonto bei der Verwaltungsgesellschaft überwiesen. Von hier aus wurden dann von der Gesellschaft Call-Options-Geschäfte an der Londoner Börse getätigt. Diese Geschäfte waren verlustreich und führten zu einem Teilverlust des von Herrn Kronhofer eingezahlten Vermögens. Daraufhin klagte Herr Kronhofer vor dem LG Feldkirch in Österreich gegen eine Reihe von jeweils in Deutschland lebenden Gesellschaf-

634 *Ahrens*, IPRax 1990, 128 ,132; *Hohloch*, IPRax 1997, 312, 314; *Kropholler*, EuZPR, Art. 5, Rn. 90; *Leible* in: Rauscher Art. 5 Brüssel I-VO, Rn. 86b; *Linke* in: Bülow/ Böckstiegel, 606.71; *Mankowski*, RIW 2005, 561, 562; *Schlosser*, JR 1987, 160; vgl. auch *Geimer*, IZPR, Rn. 1505 ff.; *ders.*, EuZVR, A.1, Art. 5, Rn. 258, der jedoch zusätzlich auf die lex causae abstellen will.

635 So *v. Hein*, IPRax 2005, 17, 21; *Mankowski*, RIW 2005, 561, 562; *Raucher* in Leible in: Rauscher, Art. 5 Brüssel I-VO, Rn. 86b.

636 EuGH – C-168/02 (10. 6. 2004), Kronhofer ./. Maier, Möller, Hofius und Karan, IPRax 2005, 32 – *Kronhofer*.

tern und Beratern der Vermögensverwaltungsgesellschaft auf Ersatz seines entstandenen Vermögensschadens wegen Verletzung der Aufklärungspflicht.

Zur Begründung der internationalen Zuständigkeit des LG Feldkirch müsste also nach dem oben beschriebenen Deliktsforum entweder der Erfolgs- oder der Handlungsort in Österreich liegen.

Der Handlungsort als Ort der schädigenden Handlung lag hier in Deutschland. Es kam also nur der Erfolgsort zur Begründung der Zuständigkeit in Österreich in Betracht. In Österreich wurde jedoch das Vermögen des Kronhofer direkt nicht geschädigt. Der konkret durch die Anlage geschädigte Vermögensteil befand sich vielmehr auf einem Konto bei einer in Deutschland ansässigen Gesellschaft und wurde an der Londoner Börse investiert[637]. Herr Kronhofer tätigte die Investitionen in den USA auf Grund der fehlerhaften Beratung mit in Deutschland belegenem Vermögen.

Dennoch lag nach Argumentation des Klägers der Erfolgsort der Vermögensschädigung in Österreich. Seine Argumentation formulierte gleichzeitig die Vorlagefrage des OLG Innsbruck als Gericht weiter Instanz[638].

Die Frage war demnach, ob „die in Art. 5 Nr. 3 des Übereinkommens enthaltene Wendung „Ort an dem das schädigende Ereignis eingetreten ist" so auszulegen (ist), dass sie in Fällen reiner Vermögensschäden, die bei der Veranlagung von Vermögensteilen des geschädigten eingetreten sind, jedenfalls auch den Ort umfasst, an dem sich der Wohnsitz des Geschädigten befindet"[639]

Da Herr Kronhofer in Österreich wohnte, wären die österreichischen Gerichte international zuständig, wenn in diesem Fall der Wohnort zumindest auch der Erfolgsort ist.

Der Klägerwohnsitz kam hier als Erfolgsort in Betracht, weil er den Mittelpunkt des Vermögens des Geschädigten, die sog. Vermögenszentrale, darstellen kann. Wird ein bestimmter Vermögensteil, der auf einem Konto einer ausländischen Bank angelegt ist, geschädigt, mindert sich auch das Vermögen des Geschädigten insgesamt.

Die konkrete Vorlagefrage war folglich, ob es zur Begründung des besonderen Gerichtsstands am Klägerwohnsitz nach Art. 5 Nr. 3 EuGVÜ ausreiche, dass sich der finanzielle Schaden, den Herr Kronhofer in einem anderen Vertragsstaat

637 So der vorlegende OGH: „da der Schaden nach dem Klagevorbringen nicht durch die Überweisung des Geldes an die Anlagegesellschaft, sondern daraus erwachsen ist, dass nicht, wie mit dem Kläger angeblich besprochen, eine sichere Anlage gewählt, sondern spekulative Optionsgeschäfte durchgeführt wurden, die mit Verlusten für den Kläger verbunden waren", OHG, 09.04.2002, 4 Ob 40/02i.

638 Herr Kronhofer hatte gegen die Zurückweisung seiner Klage beim LG Feldkirch Rechtsmittel eingelegt.

639 EuGH – C-168/02 (10.06. 2004), Kronhofer ./. Maier, Möller, Hofius und Karan, IPRax 2005, 32.

erlitten zu haben behauptete, gleichzeitig auf dessen Gesamtvermögen in Österreich ausgewirkt hat[640].

b) Entscheidungsgründe und Wertungen

Der EuGH folgte in seiner Entscheidung den Empfehlungen des Generalanwalts Philippe Léger in dessen Schlussantrag vom 15. Januar 2004[641].

Hiernach sei nur das Gericht an dem Ort zuständig, an dem „das ursächliche Geschehen stattgefunden hat, und der Schaden insgesamt eingetreten ist, d. h. sämtliche Tatbestandsmerkmale der Schadensersatzpflicht sich verwirklicht haben"[642].

Der EuGH hat die Vorlagefrage somit verneint. Die Schädigung an der Vermögenszentrale zählt als Auswirkung der unmittelbaren Vermögensschädigung nicht mehr zum schädigenden Ereignis i. S. v. Art. 5 Nr. 3 EuGVO.

(1) Rückgriff auf die Marinari-Entscheidung

Zur Abgrenzung zwischen relevantem und irrelevantem Vermögensschaden wurde sowohl vom EuGH als auch von Léger auf die Entscheidung des EuGH in Sachen Marinari verwiesen.

Zum Verständnis ist daher auf diese Entscheidung genauer einzugehen.

In diesem Rechtsstreit klagte in Italien Antonio Marinari, wohnhaft in Italien, gegen die Lloyds Bank mit Geschäftssitz in London auf Ersatz eines Vermögensschadens, der durch die Nicht-Rückgabe eines Pakets Eigenwechsel (*promissory notes*) entstanden war. Auf Grund der zweifelhaften Herkunft der *promissory notes* im Gegenwert von 752.500.000,00 US-$ hatte die Bank statt der Herausgabe an Herrn Marinari die Polizei verständigt, welche die Wechsel beschlagnahmte und Herrn Marinari verhaftete.

Die Klage vor einem italienischen Gericht war neben der Zahlung des Wechsel-Gegenwerts auch auf Ersatz des Schadens gerichtet, den Herr Marinari durch die Auflösung mehrerer Verträge in Italien auf Grund der Rufschädigung erlitten hatte. Zur Begründung der internationalen Zuständigkeit eines italienischen Gerichts kam lediglich der besondere Deliktsgerichtsstand des Art. 5 Nr. 3 EuGVÜ in Betracht. Zwar erfasste Art. 5 Nr. 3 EuGVÜ nach einhelliger Ansicht nicht den Ort der mittelbaren Folgeschäden, hier war jedoch fraglich, ob Italien als Ort der Auflösung der Verträge nicht selbst Erfolgsort sein könne, da das italie-

640 EuGH, a.a.O., Nr. 11.

641 Der Schlussantrag ist abrufbar unter: http://eur-lex.europa.eu/LexUriServ/LexUriServ .do?uri. =CELEX:62002C0168:DE:HTML.

642 *Léger*, Nr. 46.

nische Recht in Art. 2043 des italienischen Codice civile unabhängig von einer Rechtsgutsverletzung Schadensersatz gewähre. Der EuGH verneinte nach Vorlage durch das italienische Gericht die internationale Zuständigkeit.

Die vom EuGH in der Kronhofer-Entscheidung zitierte Aussage der Marinari-Entscheidung war, dass der Erfolgsort nicht den Ort umfasse, an dem die „schädlichen Folgen eines Umstands spürbar werden können, der bereits einen Schaden verursacht hat, der tatsächlich an einem anderen Ort entstanden ist“[643]. Der Schaden ist also sogar dann irrelevant, wenn die *lex causae* dem Geschädigten wegen eines Folgeschadens einen eigenständigen Schadensersatzanspruch einräumt. Der Vermögensschaden in Italien ist somit nicht erfolgsortbegründend, auch wenn er aus Sicht des Klägers ein Erstschaden ist.

Für die Relevanz des Vermögensschadens in Italien hatte die deutsche Regierung in ihrer Stellungnahme argumentiert, das nationale Recht sei bei der Erfolgsortbestimmung zu berücksichtigen. Gewähre dieses unabhängig von einer konkreten Rechtsgutsverletzung Schadensersatz (so wie die deliktischen Generalklausel des Art. 1382, 1383 des französischen Code civil oder Art. 2043 des italienischen codice civile), so könne jeder Schadensort auch Erfolgsort sein[644]. Ein Rückgriff auf die Regeln *lex causae* ist jedoch vom EuGH mit Verweis auf eine autonome Bestimmung des Erfolgsortes abgelehnt worden[645].

Die relevanten Erwägungen der Marinari-Entscheidung auf den Fall Kronhofer übertragen, stellt die Schädigung des Gesamtvermögens des Herrn Kronhofer aus Sicht des EuGH also lediglich die nachteilige Folge der Schädigung des konkreten Vermögensgegenstands dar und ist daher für Art. 5 Nr. 3 EuGVO irrelevant.

Die in der Kronhofer-Entscheidung aufgeführten Gründe für diese Trennung zwischen relevanten und irrelevanten Vermögensschäden sind nach solchen zu unterscheiden, die sich aus der Systematik des EuGVÜ ergeben, solchen, die die geordnete Rechtspflege und sachgerechte Prozessgestaltung betreffen, sowie solchen, die eine sichere und voraussehbare Zuständigkeitszuweisungen verlangen[646].

643 EuGH – C-364/93 (19.09.1995), Marinari ./. Lloyds Bank plc und Zubaidi Trading Company, IPRax 1997, 331, 332 – *Marinari*.

644 Siehe die in der Marinari-Urteilsbegründung in Nr. 16 und 17 wiedergegebene Stellungnahme der Bundesregierung.

645 Damit folgte er nicht der eigenen Tessili-Rechtsprechung zum Erfüllungsortgerichtsstand des Art. 5 Nr. 1 EuGVÜ (EuGH – Rs 12/76 (6. 10. 1976), Tessili ./. Dunlop, NJW 1977, 491 – *Tessili*) sondern dem bereits in der Entscheidung *Bier* aufgestellten Grundsatz, dass der Begriff des Erfolgsortes vertragsautonom zu erfolgen habe.

646 *Léger*, Nr. 22.

(2) Systematik des EuGVÜ

Wie oben[647] gezeigt missbilligt die EuGVO eine allgemeine Zuständigkeit am Klägerwohnsitz. Grundsatz ist vielmehr die Zuständigkeit am Beklagtenwohnsitz. Da von diesem Grundsatz abweichenden Bestimmungen – wie Art. 5 Nr. 3 EuGVO – eng auszulegen sind, dürfe der Erfolgsort keine Folgeschäden, sondern nur die Erstschädigung umfassen[648]. Eine andere Auslegung würde eine systemwidrige Ausdehnung der Ausnahmevorschrift bedeuten.

(3) Geordnete Rechtspflege und sachgerechte Prozessgestaltung

Eine Rechtfertigung zur Forumseröffnung besteht ferner nur an dem Ort, an dem eine besonders enge Beziehung zum Sachverhalt gegeben ist. Nur hier seien die Gerichte objektiv am besten in der Lage, über den Rechtsstreit zu entscheiden. Auch aus diesem Grund ist der Ort des Eintritts eines Folgeschadens irrelevant, da hier keine Nähe mehr zwischen dem Schaden und dem Deliktssachverhalt besteht[649].

(4) Vorhersehbarkeit

Als wesentliches Ziel der EuGVO hat der EuGH auf die Vorhersehbarkeit der möglichen Foren den Schwerpunkt seiner Argumentation gelegt[650].

Der Ort des Mittelpunkts des Vermögens als Erfolgsort führe zu Rechtsunsicherheit, da sowohl der Kläger als auch der Beklagte einen solchen ungewissen Umstand nur schwer feststellen können[651]. Insbesondere der Beklagte könne den Vermögensmittelpunkt nicht ohne weiteres feststellen. Die Bestimmung der Gerichtszuständigkeit müsse jedoch einem verständigen Beklagten erkennbar sein[652].

Bezogen auf die Vorhersehbarkeit durch den Kläger ist diese Ausführung nur dann sinnvoll, wenn der Mittelpunkt des Vermögens auch an einem anderen Ort als dem Wohnort des Geschädigten liegen kann. Der Mittelpunkt des Vermögens ist also „rechtlich und tatsächlich nicht notwendigerweise identisch“ mit dem

---

647 Siehe: Kapitel C.II.1.

648 EuGH – C-168/02 (10.06. 2004), Kronhofer ./. Maier, Möller, Hofius und Karan, IPRax 2005, 32, 33 (Nr. 13 f.); *Léger*, Nr. 28.

649 EuGH, a.a.O., Nr. 18; *Léger*, Nr. 29.

650 EuGH, a.a.O., Nr. 20; *Léger*, Nr. 49.

651 EuGH, a.a.O., Nr. 20; so auch *Kropholler*, EuZVR, A.1 Art. 5 EuGVO, Rn. 90.

652 EuGH, a.a.O., Nr. 20 (Eine Anknüpfung an die Vermögenszentrale „liefe folglich einem der Ziele des Übereinkommens zuwider, nämlich den Rechtsschutz der in der Gemeinschaft ansässigen Personen dadurch zu stärken, dass ein Kläger ohne Schwierigkeiten festzustellen vermag, welches Gericht er anrufen kann, und dass einem verständigen Beklagten erkennbar wird, vor welchem Gericht er verklagt werden kann“).

Wohnort des Geschädigten[653], sondern wohl der Ort, an dem sich der Schwerpunkt, d. h. der überwiegende Teil des Vermögens befindet. Dieser Ort wird jedoch in der Regel der Wohnsitz des Geschädigten sein[654]. Dass dies auch der EuGH so sieht, zeigt ja das Argument, die Erfassung des Vermögensmittelpunkts führe zu einem Gerichtsstand am Klägerwohnsitz, welcher, wie bereits oben dargelegt, mit der Konzeption der EuGVO nicht vereinbar wäre[655].

c) Ergebnis der Erfolgsortbestimmung

Die Entscheidung des EuGH in Sachen Kronhofer hat den Erfolgsort bei reinen Vermögensschäden dahingehend konkretisiert, dass er nicht alleine deswegen am Wohnort des Geschädigten liege, weil dieser hier seinen Vermögensmittelpunkt habe.

In vorherigen Entscheidungen hatte der EuGH bereits die Literaturansicht, die bei reinen Vermögensschäden lediglich auf den Handlungsort abstellt (siehe die Entscheidung im sog. Rheinverschmutzungsfall)[656], sowie die Ansicht von *Geimer*, die Zuständigkeit sei nur unter Rückgriff auf die *lex causae* zu bestimmen (in Sachen Marinari)[657], abgelehnt. Die Ablehnung dieser, in dieser Sache auch von der deutschen Bundesregierung vorgetragenen Ansicht, wurde in der Kronhofer-Entscheidung bestätigt.

Vielmehr folgt der EuGH zumindest im Fall einer veruntreuenden Anlageberatung der bereits in der Literatur herrschenden Ansicht, die auf den Lageort des jeweils geschädigten Vermögensgegenstands abstellen will.

Die Betonung, der Wohnort sei hier „nicht schon deshalb" Erfolgsort, weil hier die Vermögenszentrale liege, bestätigt auf den ersten Blick die Ansicht *v. Heins*, dass bei anderen Deliktstypen möglicherweise nicht an den Lageort, sondern doch an die Vermögenszentrale des geschädigten Vermögensgegenstandes anzuknüpfen sei, noch mit der Erfolgsortbestimmung des EuGH vereinbar erscheinen. Allerdings ist diese Formulierung des EuGH wohl nur als Reaktion auf die konkrete Vorlagefrage, ob in diesem Falle der Erfolgsort am Wohnort des Geschädigten liege, zu verstehen. Ferner wollte der EuGH inhaltlich betonen, dass der Wohnort nicht kategorisch ausgeschlossen ist, sondern bei Zusammentreffen mit dem Lageort des Vermögens auch Erfolgsort sein kann.

Die Entscheidung des EuGH erschöpft sich zwar konkret als Verneinung der Vorlagefrage, kann jedoch auf Grund der allgemeinen Ausführungen als ein „Be-

---

653 So auch *Léger*, Nr. 49.

654 *Blobel*, EuLF 2004, 187, 189.

655 EuGH, a.a.O., IPRax 2005, 32, 33 (Nr. 20).

656 EuGH – Rs. 21/76 (30.11.1976), Bier ./. Mines de Potasse D'Alsace, Slg. 1976, 1735 – *Bier*.

657 EuGH – C-364/93 (19.09.1995), Marinari ./. Lloyds Bank plc und Zubaidi Trading Company, IPRax 1997, 331, 332.

kenntnis zum Lageort als maßgebliches Kriterium" verstanden werden[658]. Der Lageort ist der zentrale Anknüpfungspunkt in den Ausführungen des EuGH. Eine Erfolgsortbestimmung, die den Lageort ignoriert, kann daher nicht mit der Auslegung des EuGH vereinbar sein. Auf Grund des Einzelfallcharakters der Entscheidung, dient sie aber nicht als Schlusswort der Suche nach der richtigen Anknüpfung[659]. Ausgehend von den Wertungen des EuGH ist auch für die übrigen Fälle der Vemögensschädigungen, denen kein klassischer Untreuetatbestand zu Grunde liegt, nach einer passende Anknüpfung zu suchen.

Demgemäß hat der BGH, wie gezeigt, bereits die Kronhofer-Rechtsprechung übernommen und in einem ähnlichen länderübergreifenden Sachverhalt einer Veruntreuung von Kapitalanlagen den Vermögensmittelpunkt als für Art. 5 Nr. 3 LugÜ[660] unbeachtlichen Folgeschaden eingestuft. Er hat jedoch auch angedeutet, dass Umstände denkbar wären, unter denen auch in der konkreten Schädigung eines Vermögensgegenstandes (hier die Entwertung einer bestimmten Forderung) das Vermögen als ganzes betroffen sei, und der Erfolgsort an der Vermögenszentrale liegen kann[661]. Welches solche Umstände sein könnten, lässt der BGH offen, da das OLG Bamberg als Berufungsgericht diesbezüglich und ohne nachträgliche Beanstandung durch den BGH, keine Feststellungen getroffen hat.

Auch der EuGH hat die Frage, unter welchen Umständen dennoch ein Forum am Vermögensmittelpunkt bestehen kann, offen gelassen. Die Betonung des EuGH, der Wohnort des Geschädigten sei nicht schon deshalb Erfolgsort, weil hier der Vermögensmittelpunkt liege, zeigt, dass auch für den EuGH Umstände denkbar sind, in denen der Wohnort Erfolgsort ist. Dies gilt aber nur in den Fällen, in denen der Wohnort mit dem Lageort des konkret geschädigten Vermögensgegenstands übereinstimmt[662]. Der Wohnort als Vermögenszentrale ist irrelevant[663].

---

658 So *Mäsch*, IPRax 2005, 509, 515.

659 *Wagner/Gess*, NJW 2009, 3481, 4383.

660 Übereinkommen über die gerichtliche Zuständigkeit und die Vollstreckung gerichtlicher Entscheidungen in Zivil- und Handelssachen, Lugano, 16.09.1988.

661 BGH NJW-RR 2008, 516, 518; siehe hierzu auch unten: Kapitel C.III.1.

662 Dies verkennt *Fuchs*, indem sie die Kronhofer-Regel bei Eingehungsbetrug für nicht überzeugend hält. Da in solchen Fällen der Täter von vorneherein eine betrügerische Absicht hat, beginne die unerlaubte Handlung hier schon am Ort, an dem die Anlageempfehlung ausgesprochen werden, mithin regelmäßig der Wohnsitz des Geschädigten, siehe ihre Anmerkung zum Kronhofer-Urteil in: ERA 2004, 466, 469. Zutreffender ist jedoch auch hier, von dem Lageort des Vermögens auszugehen, das dann geschädigt ist, sobald es sich dem Machtbereich des Geschädigten entzieht. Erst dann ist der deliktische Erfolg eingetreten. Übergibt der Geschädigte den Vermögensteil an seinem Wohnsitz aus seinem Machtbereich, dann ist der Lageort des Vermögens im Zeitpunkt der Schädigung der Wohnsitz. Dies führt jedoch nicht zu einer Wohnsitzanknüpfung, sondern der Wohnsitz ist irrelevant.

663 Insofern treffen die Aussagen *Rauschers* (EuZPR I, Art. 5 EuGVO, Rn.85 ff.) und *Webers* (WM 2008, 1581, 1585) nicht zu, die Kronhofer-Entscheidung hätte keine Klarheit gebracht. Der

Die Bestimmung des Lageorts des betroffenen Vermögensgegenstands obliegt dabei als Tatfrage den nationalen Gerichten[664].

5. Übertragung der Kronhofer-Entscheidung

Im Folgenden wird die Frage erörtert, inwiefern die Auslegung der EuGVO durch den EuGH auf die Auslegung der Rom II-VO zu übertragen ist.

Wie dargestellt liegt ein vollständiger Gleichlauf nicht vor, da der Tatort in der Rom II-VO ausschließlich über den Erfolgsort bestimmt wird. Dennoch ist zumindest eine gleichlaufende Erfolgsortbestimmung wünschenswert. Für die Frage, ob eine solche gleiche Auslegung auch von den Verordnungsgebern gewollt und mit der Systematik und den Wertungen der Verordnungen vereinbar ist, ist entscheidend, ob die Anknüpfung des Deliktsgerichtsstands der EuGVO aus ähnlichen Motiven erfolgt und ähnlichen Zwecken dient, wie die Anknüpfung im Deliktsstatut der Rom II-VO.

a) Vergleich der Auslegung im IPR und IZPR

(1) Gleichrangigkeit der Rechtsordnungen

Zunächst ist die Ausgangsposition des IZPR zur Eröffnung verschiedener Foren und die des IPR zur Berufung der Anwendung einer Rechtsordnung dieselbe. Sowohl das internationale Zuständigkeits- als auch das internationale Privatrecht gehen von der Gleichrangigkeit der jeweiligen nationalen Rechtspflege bzw. der nationalen Rechtsordnungen aus[665].

Im Kollisionsrecht hat sich diese maßgeblich durch v. Savigny entwickelte Konzeption im 19. und 20 Jahrhundert sowohl im deutschen, als auch im restlichen europäischen IPR durchgesetzt[666]. Sie zeigt sich nicht zuletzt in der Rom II-VO durch die Verwendung von allseitigen Kollisionsnormen.

Die internationale Zuständigkeit darf daher genauso wie die Frage des anwendbaren Rechts keiner Tendenz zur Begründung der eigenen Zuständigkeit bzw. zur Anwendung des eigenen Rechts folgen[667].

Wohnort wird nicht dadurch relevant, dass der getäuschte Anleger über seine Heimatbank und dort geführte Konten und Depots die Finanzanlagen tätigt (so aber Weber, a.a.O.). Vielmehr ist auch hier der Lageort entscheidend, welcher nur zufällig mit dem Wohnort übereinstimmt.

664 EuGH – Rs. 18/02 (05.02.2004), DFDS Torline A.S. ./. SEKO Sjöfolk Facket för Service och Kommunikation, RIW 2004, 543, 546 (Rn 43).

665 *I. Roth*, 4. Teil, B II; *Schack*, Rn. 293; nur zum IPR *Hohloch*, S. 249.

666 *v. Hoffmann/Thorn*, § 2 H, I; *Kadner Graziano*, GemEuIPR, S. 54 f.; *Morse*, Torts in PIL, S. 7 f.; zumindest sofern es sich nicht um ausschließliche Zuständigkeiten handelt.

667 *I. Roth*, 4. Teil, B II.

(2) Anknüpfungsergebnis

Im Ergebnis dieser Suche unterscheidet sich jedoch das Zuständigkeits- von dem Kollisionsrecht.

Während das Kollisionsrecht eine Rechtsordnung auswählt, die für das konkrete Rechtsverhältnis Anwendung findet, kommt es im Recht der internationalen Zuständigkeit regelmäßig im Interesse der Rechtsschutzgewährung zu flexiblen konkurrierende Zuständigkeiten[668]. Das Kollisionsrecht sucht nach Einheit und will ein „Wertungs-Patt" zwischen zwei Rechten notfalls gewaltsam auflösen[669]. Dies zeigt sich im Kollisionsrecht der Rom II-VO auch in der Abkehr vom im Verfahrensrecht weiterhin angewandten Ubiquitätsprinzip[670].

(3) Interessensausgleich

Daneben ergibt ein Systemvergleich weiter, dass beide Rechtsbereiche auf dasselbe Prinzip des Interessenausgleichs zurückgreifen.

Ebenso wie die Anknüpfung im Kollisionsrecht der sog. international-privatrechtlichen Gerechtigkeit dient, wonach das Ergebnis der Suche nach dem anwendbaren Recht auf einer gerechten Abwägung der Beteiligteninteressen beruhen soll, folgt die Auslegung der Gerichtsstände der EuGVO dem gerechten Interessenausgleich zwischen den Interessen des Klägers und denen des Beklagten[671].

Auch die zu berücksichtigenden Interessen sind ähnlich. So kennen beide Rechtsordnungen ein Interesse an einem Forum mit engem Bezug zum Sachverhalt bzw. an einem engen Sachzusammenhang zwischen Sachverhalt und anwendbaren Rechts[672].

Eine Aussage über mögliche Auslegungsparallelen kann jedoch erst nach einem genauen Vergleich dieser Interessen, an denen sich die Abwägung orientiert, sowie nach einer Betrachtung der Gewichtung der Interessen getroffen werden. Um das Ergebnis der Kronhofer-Entscheidung übernehmen zu können, müssten die aufgezeigten Partei-, Verkehrs- und Ordnungsinteressen und deren Gewichtung im Kollisionsrecht den Interessen des IZPR entsprechen.

---

668 *Bitter*, IPRax 2008, 96, 98; *Geimer*, IZPR, Rn. 1043; *Heldrich*, S. 161; *Kropholler*, IPR, S. 48, 612; *Schack*, IZVR, Rn. 218.

669 *Mankowski* in: Lorenz u.a. (Hrsg.), FS für Heldrich (2005), S. 867, 869, 884.

670 *Mankowski* in: Lorenz u.a. (Hrsg.), FS für Heldrich (2005), S. 867, 884.

671 *Kegel/Schurig*, IPR, §2, I.

672 *Heldrich*, S. 114.

(a) Parteiinteressen

Ein grundsätzlicher Unterschied zwischen der Konzeption der EuGVO und dem internationalen Privatrecht besteht hier bereits bei der Gewichtung der Beteiligteninteressen.

Der erwähnte *favor defensoris*[673] als Grundprinzip der EuGVO ist das Ergebnis einer rein prozessualen Interessengewichtung. Eine solche grundsätzliche Begünstigung einer Partei, auf deren Beachtung der EuGH in seiner Auslegung der besonderen Gerichtsstände Wert gelegt hat, ist dem IPR fremd[674]. Die Suche nach dem anwendbaren Recht zielt im Kollisionsrecht stattdessen ausgehend vom Prinzip der Gleichrangigkeit aller Rechtsordnungen auf die engsten Verbindung jedes einzelnen Rechtsverhältnisses zu einer Rechtsordnung ab, ohne dabei einer Grundtendenz zugunsten einer bestimmten Partei zu folgen[675]. Allein die engste Verbindung führt zur Anwendbarkeit des räumlich gesehen besten und somit angemessensten Rechts[676].

Im Kollisionsrecht werden die Interessen der Beteiligten wertungsneutral abgewogen. Im internationalen Zuständigkeitsrecht besteht eine generelle Gewichtung der Beklagteninteressen.

Allerdings stellt der Deliktsgerichtsstand der EuGVO einen Ausgleich zum *favor defensoris* in Form des allgemeinen Gerichtsstands am Beklagtenwohnsitz dar. Durch die Möglichkeit, neben dem Beklagtenwohnsitz auch am Erfolgsort sowie am Handlungsort zu klagen, wird dem Kläger wie oben[677] dargestellt ein *forum shopping* ermöglicht. Diese Begünstigung des Klägers führt dazu, dass die allgemeine Beklagtenbegünstigung bei Klagen aus Delikten abgeschwächt gilt.

Gleichzeitig bevorzugt das nationale deutsche Kollisionsrecht mit dem Ubiquitätsprinzip in Art. 40 EGBGB den Geschädigten – ohne entsprechenden Ausgleich für die andere Partei. Hier gilt somit im Ergebnis die oben beschriebene Interessenneutralität des IPR nur abgeschwächt. Stattdessen werden die Interessen des Geschädigten stärker gewichtet.

Im Vergleich der Interessengewichtung der EuGVO mit dem autonomen deutschen Deliktsstatut hebt sich die oben gezeigte Differenz bezüglich der Wertungsneutralität also teilweise auf. Bezweckt wird mit der Wahlmöglichkeit in beiden Fällen eine Besserstellung des Geschädigten, bzw. des Klägers.

Diese Parallelität lässt sich auf das Deliktskollisionsrecht der Rom II-VO nur bedingt übertragen. Die Anknüpfungswahlfreiheit des Geschädigten aus Art. 40 EGBGB kennt die Rom II-VO nicht. Eine solche geht aus Sicht der Kommission

---

673 Siehe oben: Kapitel C.II.1.

674 *Bitter*, IPRax 2008, 96, 98.

675 *v. Savigny*, VIII, S. 28, 108; *Kropholler*, IPR § 4 II, 1; *v. Hoffmann/Thorn*, § 1 A, II, 1

676 *Kegel/Schurig*, IPR § 2, I.

677 Kapitel C.II.2.

über die berechtigten Erwartungen des Geschädigten hinaus. Eine mögliche Besserstellung des Geschädigten zeigt sich hier einzig in der Anknüpfung an den Erfolgsort selbst, da diese – wie gezeigt – zur Anwendung des Rechts führen soll, das der Geschädigte kennt. Allerdings soll die Anknüpfung ausdrücklich nicht über die berechtigten Erwartungen des Geschädigten hinausgehen, sondern einen gerechten Interessenausgleich schaffen.

Zusammenfassend lässt sich die Interessengewichtung daher folgendermaßen darstellen:

Die EuGVO begünstigt grundsätzlich den Beklagten, lockert diese Begünstigung jedoch durch ein Wahlrecht des Klägers im Rahmen der besonderen Deliktszuständigkeit auf.

Die Rom II-VO hingegen will ebenso einen Interessenausgleich schaffen, der sowohl Interessen des Geschädigten, als auch des Schädigers berücksichtigt.

Im Ergebnis sind somit auch hier die Interessen vergleichbar gewichtet. Als entscheidender Unterschied bleibt jedoch die Auslegungsgrenze des *favor defensoris*, der – wenn auch durch die besondere Deliktszuständigkeit abgeschwächt – als Grundprinzip der EuGVO jede mögliche Auslegung begrenzt und nicht ausgehöhlt werden darf. Zwar zeigt das oben genannte Argument der Kommission gegen ein kollisionsrechtliches Wahlrecht des Geschädigten zwischen Handlungs- und Erfolgsort, dass die Begünstigung des Geschädigten durch die Interessen des Schädigers begrenzt sind, das Interesse des Geschädigten ist bei der Auslegung der Rom II-VO allerdings nur im Rahmen der Interessenabwägung zu berücksichtigen, während der Grundsatz der Beklagtenbevorzugung, des Actor sequitur forum rei, als strukturelle Grenze unabhängig von jeder Interessenabwägung beachtet werden muss.

Die Bestimmung des Erfolgsortes bei Vermögensschäden kann daher im Deliktsstatut der Rom II-VO auf einer freien Interessensabwägung beruhen. Strenge Auslegungsgrenzen sind nicht zu berücksichtigen.

(b) Verkehrs- und Ordnungsinteressen

Auch im Recht der internationalen Zuständigkeit finden sich Interessen, die nicht an den aktuell am Verfahren beteiligten Personen ausgerichtet sind, sondern abstrahierte allgemeine Ziele verfolgen.

Ein gemeinsames Interesse ist die Schaffung von klaren Regeln, die vorhersehbare Entscheidungen produzieren[678]. Die im Kollisionsrecht zu beachtende Vorhersehbarkeit des anzuwenden Rechts[679] bestimmt auch das IZPR im Interesse einer geordneten Rechtspflege[680].

678 *Bitter*, IPRax 2008, 96, 99.
679 Siehe oben: Kapitel C.I.1.
680 Siehe *Heldrich*, S. 130.

So wurde auch vom EuGH in der Kronhofer-Entscheidung die Auslegungsgrenze der Vorhersehbarkeit der möglichen internationalen Zuständigkeit angeführt[681]. Insofern verfolgt die Auslegung in beiden Rechtsgebieten das gleiche Ziel.

Zwar soll nach überwiegender Meinung die Vorhersehbarkeit im Kollisionsrecht nur eine untergeordnete Rolle spielen. Grundsätzlich ist also die Vorhersehbarkeit im Zuständigkeitsrecht stärker zu gewichten[682].

Da der Verordnungsgeber die Bedeutung der Vorhersehbarkeit des anzuwenden Rechts jedoch wiederholt betont hat, ist diese bei der Wahl des anzuwenden Rechts nach der Rom II-VO ähnlich zu gewichten wie bei der Eröffnung eines Forums.

Wie bereits angesprochen spiegelt sich ferner das Interesse an einer geordneten Rechtspflege und sachgerechten Prozessgestaltung in der Suche nach einem Forum mit engem Bezug zum Sachverhalt mit dem kollisionsrechtlichen Ziel eines engen Sachzusammenhangs zwischen Sachverhalt und anwendbaren Recht[683]. Das Ziel der Sachverhaltsnähe wird sowohl in der Anknüpfung an den Erfolgsort in Art. 4 Abs. 1 Rom II-VO als auch in der Auslegung des Tatortbegriffs in der EuGVO verfolgt.

Ein Ergebnis der Suche nach Sachverhaltsnähe ist etwa die Unterscheidung zwischen Erst- und Folgeschäden. Ebenso wie bei der Frage des anwendbaren Rechts ist die bloße Folge des Schadenseintritts für die Forumseröffnung irrelevant.

Die Einschränkung auf Erstschäden findet sich somit bei beiden Erfolgsortbestimmungen als Auslegungsgrenze.

Es gibt nach beiden Auslegungen grundsätzlich keine „money pocket rule", nach der bei der Erfolgsortbestimmung nicht die erste Verletzung relevant ist, sondern ein erst sekundär eintretender Vermögensschaden[684].

Das unter dem Begriff der Sachverhaltsnähe umschriebene Ziel der Anknüpfung ist jedoch unterschiedlich.

Die Sicherung einer geordneten Rechtspflege soll durch Sachverhaltsnähe gewährleistet sein, da das Gericht mit Sitz am räumlichen Schwerpunkt des zu beurteilenden Sachverhalts die Tatsachenfeststellung auf Grund der Sach- und Beweisnähe in der Regel am schnellsten und kostengünstigsten vornehmen kann.

---

681 Aus Gründen der Rechtssicherheit hat sich auch eine im *common law*-Rechtskreis verwendete *forum non conveniens* Ausnahme, nach der Richter die eigene Zuständigkeit ablehnen können, wenn aus ihrer Sicht ein Gericht zur Regelung des Sachverhalts besser geeignet erscheint, in der EuGVO nicht durchgesetzt, vgl. Pontier/Burg, EU Principles on Jurisdiction, 92.

682 Siehe *v. Hein*, IPRax 2005, 17.

683 *Bitter*, IPRax 2008, 96, 99; *Kropholler*, IPR, S. 611; *Mankowski* in: Lorenz u.a. (Hrsg.), FS für Heldrich (2005), S. 865, 873 f.

684 So zum Zuständigkeitsrecht *Geimer*, JZ 1995, 1108, unter Zitierung der Aussage des Geschädigten im Fall Marinari: „the damage was suffered in my pocket" .

Die Nähe zum entsprechenden Sachverhalt entspricht damit der Prozessökonomie und dem allgemeinen Interesse an schnellem, einfachem, preiswertem und zuverlässigem Rechtsschutz. Auf Grund dieses einheitlichen Beteiligteninteresses hat die Sachverhaltsnähe bei der Zuständigkeitsbestimmung Priorität[685].

Das Tatortforum besteht auch auf Grund des staatlichen Interesses an der Aufrechterhaltung des Rechtsfriedens im Rahmen seiner territorialen Ordnungsgewalt. Dort, wo der Rechtsfrieden durch eine unerlaubte Handlung gestört wurde, sollen auch die örtlichen Gerichte zuständig sein. Dieses staatliche Interesse zeigt sich ebenfalls in § 7 Abs. 1 StPO, wonach das Strafgericht des Tatortes örtlich zuständig ist. Bei deliktischen Handlungen wird der Rechtsfrieden sowohl am Handlungs- als auch am Erfolgsort gestört[686]. Daher ist auch die weite Auslegung des Art. 5 Nr. 3 EuGVO durch den EuGH gerechtfertigt.

Kollisionsrechtlich ist die Sachverhaltsnähe hingegen Ergebnis der Suche nach dem räumlich besten Recht, also der engsten Verbindung des Rechtsverhältnisses zu einer Rechtsordnung. Hierbei ist nicht einfach die räumlich engste Verbindung des Rechtsverhältnisses zu einer Rechtsordnung maßgeblich. Darin liegt ein begrifflich kleiner, jedoch systematisch wesentlicher Unterschied zum Ziel der Sachverhaltsnähe im internationalen Zuständigkeitsrecht[687]. Der räumliche Zusammenhang ist für sich alleine nämlich irrelevant[688]. Insofern ist auch der Begriff des „räumlich besten Rechts" im internationalen Privatrecht ungenau[689]. Entscheidend ist vielmehr der soziale Zusammenhang des Rechtsverhältnisses zu einem Staat. Dieser begründet die maßgebliche engste Verbindung[690]. Staatliche Ansprüche können daher nicht vergleichbar gewichtet werden, da sich diese nur auf das eigene Territorium beziehen können. Dieser rein räumliche Ansatz spielt jedoch im IPR nur mittelbar eine Rolle.

Auch wenn die so bestimmte engste Verbindung oftmals mit der räumlich engsten Verbindung zusammenfällt, und es so oft einen Gleichlauf zwischen Erfolgsortbestimmung zur Forumsbegründung und Erfolgsortbestimmung zur Findung des anwendbaren Rechts geben wird, ist zu beachten, dass die enge Beziehung der IPR-Anknüpfung nicht vergleichbare staatliche Interessen verfolgt, wie es bei der Forumsbegründung im internationalen Verfahrensrecht der Fall ist.

Zwar wurde auch im internationalen Deliktsrecht die Tatortanknüpfung lange mit dem territorialen Souveränitätsanspruch des Tatortstaates begründet[691].

---

685 *Pontier/Burg*, EU Principles on Jurisdiction, S. 115.

686 *Schack*, IZVR, Rn. 296.

687 *Heldrich*, § 7, 3, b); *I. Roth*, 4. Teil, C.V.

688 *Kropholler*, IPR, §4, 1.

689 *v. Hein*, Günstigkeitsprinzip, § 2, II.

690 *v. Hein*, Günstigkeitsprinzip, § 2, II.

691 Vgl. *v. Hoffmann* in: Staudinger, Art. 40 EGBGB, Rn. 2; *Hohloch*, S. 250; *Kadner Graziano*, EuIDR, S. 21; *Kegel/Schurig*, IPR, § 18, IV, 1, a).

Auch hier wurden staatliche Interessen an einer Anwendung seines Rechts bei Delikten, welche eine räumliche Verbindung zu dem staatlichen Territorium aufweisen. Danach soll ein Staat einen Anspruch darauf haben, Ausgleich für die auf seinem Gebiet erfolgte Verletzung der Rechtsordnung gewähren zu können[692]. In diesen Fällen einer Überschneidung der Straf- und Zivilrechtsfunktion diene die Tatortanknüpfung auch der Wahrung des Rechtsfriedens und begründe so den Anspruch des Tatortstaates auf Anwendung seines Rechts.

Es gilt insofern nichts anderes als für die allgemein anerkannte *lex rei sitae* Regelung des Sachenrechtsstatuts, nachdem der Staat die Rechtsbeziehungen zu auf seinem Territorium belegenen Grundstücken selbst bestimmen darf.

Das Argument der Wahrung von territorialern Ordnungsinteressen des Staates stammt jedoch ursprünglich aus der Zeit, als sowohl das materielle als auch das internationale Deliktsrecht noch als Annex zur strafrechtlichen Beurteilung von grenzüberschreitenden Delikten verstanden wurde[693]. Im modernen materiellen Recht ist die Aufgabe der Sicherung des Rechtsfriedens fast vollständig auf das Strafrecht übergegangen[694].

Auch das moderne Kollisionsrecht trägt heute vor allem privaten Parteininteressen Rechnung[695]. Die Suche nach dem Sitz des Rechtsverhältnisses ist vom Geltungswillen des materiellen Rechts und dessen Gehalt abstrahiert. Für das Kollisionsrecht kann man „den Zweck der Sachnorm (...) streichen“[696].

---

692 *v. Bar*, Theorie und Praxis des IPR II, S. 116 f.; *Beitzke*, JuS 1966, 139, 142.

693 *Rohe*, Geltungsgründe, S. 239; *Kadner Graziano*, GemEuIPR, S. 140.

694 BGH NJW 1992, 3096, 3103 (im Rahmen der Ablehnung der Anerkennung eines punitive damages Urteils des Superior Court of the State of California); *Kegel/Schurig*, § 18 IV 1, a), aa); *Kadner Graziano*, GemEuIPR, S. 140 f.; siehe zum angloamerikanischen Recht: *Reed*, Ariz.J.I.C.L. 18 (2001), 867, 871.

695 So zumindest in der Regelanknüpfung auch die Rom II-VO: *Symeonides*, Tul.LawRev. 82 (2008), 1741, 1791; siehe zu dieser auf *v. Savigny* zurückgehenden sog. Privatisierung: *v. Bar*, IPR I, Rn. 512.

696 So *Kegel* in: Gerwig u.a. (Hrsg.), FS für Lewald (1953), S. 259, 268; allerdings zeigt die Berücksichtigung der Steuerungsfunktion des materiellen Deliktsrecht bei der Suche nach der richtigen Anknüpfung im Deliktsstatut (siehe oben B.II.4.a), insbesondere bei Markt- und Umweltschädigungen), dass diese Trennung zwischen Regelungsgehalt des materiellem Rechts und Kollisionsrecht bei der Berücksichtigung von staatlichen Ordnungsinteressen nicht strikt ist. Vielmehr wurde die Privatisierung durch v. Savigny um die sog. Staatlichkeit ergänzt, nach der die Kollisionsregeln zwar staatliches Recht sind, und staatlicher Regulierung unterliegen, jedoch kein Sachrecht darstellen und international ausgerichtet sind, d. h. internationale Wertungen zu Grunde liegen. Das öffentliche Allgemeininteresse ist relevant, wird jedoch in spezifisch privatrechtlicher Weise berücksichtigt, d. h. durch die Konkretisierung der engste Verbindung, etwa durch eine entsprechende Anknüpfung zum Schutz des Schwächeren oder des Marktes, vgl. *Michaels* in: Baetge u.a. (Hrsg.), FS für Kropholler (2008), S. 151, 155 ff.; dieser Art der Berücksichtigung von sozialen, öffentlichen und sogar staatlichen Interessen liege manchen der speziellen Anknüpfungen der Rom II-VO zu Grunde, so Symeonides, Tul.

An der Tatortanknüpfung wurde trotz dieses Paradigmenwechsels festgehalten. Die Anknüpfung an den Tatort wurde – zum Teil ohne weitere Begründung – als selbstverständlich angesehen[697].

Es bestehen auch im heutigen materiellen europäischen Deliktsrecht allerdings noch Verbindungen zwischen den Rechtsgebieten. Im deutschen Recht finden durch § 823 Abs. 2 BGB strafrechtliche Schutzvorschriften Eingang in das materielle Deliktsrecht. Die im Common-Law-Rechtskreis verwendeten *punitive damages* sind ebenfalls zivilrechtliche Institute mit Strafcharakter[698]. Auch die anerkannte Genugtuungsfunktion des Schmerzensgeldes aus Präventionszwecken zeigt, dass eine strickte Trennung von Ausgleichs- und Strafzwecken nach Rechtsgebieten nicht vorgenommen werden kann[699].

Schon die Berücksichtigung der Genugtuungsfunktion wird jedoch heftig wegen der Vermischung von Straf- und Zivilrecht kritisiert[700] und spielt bei der Schmerzensgeldberechnung eine zunehmend untergeordnete Rolle[701]. Auch § 823 Abs. 2 BGB gilt nur noch als eigentlich systemwidrige „poröse Stelle", an der öffentliche Strafnormen, in das ansonsten private Deliktsrecht eintreten[702].

Auch die vielfältige Auflockerung der Tatortanknüpfung zeigt, dass ein Interesse des Tatortstaates nicht berücksichtigt wird. Sofern etwa die Beteiligten einen gemeinsamen gewöhnlichen Aufenthalt haben, gilt dessen Recht. Bestünde hier ein Ordnungsanspruch des Tatortstaates, liefe dieser leer.

Dies zeigt, dass das öffentliche Interesse eines Staates an der Regelung des Delikts in vielen Fällen reine Fiktion ist[703]. Auch die Möglichkeit der Wahl des anzuwendenden Rechts bestätigt dieses Ergebnis.

Sofern man jedoch auch im heutigen Deliktskollisionsrecht noch die Verwirklichung eines staatlichen Ordnungsanspruches sehen will, so genügt diesem Ordnungsanspruch die Anwendung der Eingriffsnormen sowie die Anwendung die Abwehrklausel des ordre public[704].

LawRev. 82 (2008), 1741, 1791 f.; grundsätzlich ist jedoch auch das Kollisionsrecht der Rom II-VO und insbesondere die Regelanknüpfung in Art. 4 Rom II-VO *country-selecting* und nicht *rule-selecting,* siehe *Stone*, EuLF 2004 (E), 213, 216; so auch Lagarde in: *Lagarde* in: Le Règlement Communautaire „Rome II", S. 201, 205.

697 So *Hohloch*, S. 260.

698 *Müller*, S. 11; *Rohe*, Geltungsgründe, S. 240.

699 *Deutsch*, JZ 1966, 244, 246; *Kern*, AcP 191 (1991), 247, 251 f.; eine Übersicht über die materiellen Deliktsrechte der einzelnen EU-Mitgliedsstaaten unter dem Gesichtspunkt der Straffunktion findet sich in: *Wurmnest*, S. 100 ff.

700 Vgl. die Meinungsübersicht bei *Spindler* in: Bamberger/Roth, § 253, Rn. 16.

701 *Kunschert* in: Geigel, 25. Kapitel, Rn. 89.

702 So die Worte von *Deutsch* in: Müller/Soell (Hrsg.), FS für Wahl (1973), 339 f.

703 So *Rohe*, Geltungsgründe, S. 244.

704 *Jaffey*, Topics in choice of law, 97.

Die Auswirkungen des Delikts berühren am stärksten den Staat, in dem die Handlung begangen wurde[705]. Hier besteht somit am ehesten das Ordnungsinteresse eines Staates. Die Anwendung der Verhaltens- und Sicherheitsregeln dieses Staates müssen dessen Ordnungsinteresse genügen.

Ein darüber hinaus gehendes staatliches Regelungsinteresse des Erfolgsortsstaates an der Anwendung seines materiellen Deliktsrechts bei Rechtsgutsverletzungen auf seinem Hoheitsgebiet besteht seit der Trennung von zivilem Deliktsrecht und Strafrecht im 19. Jahrhundert nicht mehr.

Im Ergebnis wird die räumlich engste oft mit der kollisionsrechtlichen Verbindung zusammentreffen. Die Motive der Sachverhaltsnähe sind jedoch unterschiedlich. Die Auslegung bezüglich dieses Ziels muss daher nicht übereinstimmen.

(4) Ergebnis

Wie gezeigt bestehen zwischen dem internationalen Zuständigkeitsrecht und dem Kollisionsrecht zwar parallele Wertungen, allerdings finden sich in den Geltungsgründen der Erfolgsortanknüpfung auch Abweichungen und Unterschiede. Ein allgemeiner Wertungsgleichlauf besteht nicht[706]. Eine mögliche Parallele liegt dennoch gerade im Deliktskollisions- und Deliktsforum nahe, da die zu berücksichtigenden Interessen des Geschädigten und des Schädigers vergleichbar sind.

Beide Anknüpfungssysteme gleichen sich, indem sie einen Ausgleich der Interessen der Beteiligten suchen und dabei von der Gleichrangigkeit der internationalen Rechtspflege, bzw. Rechtsordnung ausgehen.

Auch die Vorhersehbarkeit des möglichen Gerichtsstands, sowie die Vorhersehbarkeit des möglichen Ergebnisses der Anwendung der Kollisionsregel, sind bei der Auslegung gleichrangig zu berücksichtigen.

Die Auslegungsgrenze des *favor defensoris* besteht jedoch im Kollisionsrecht nicht. Einzige Auslegungsgrenze ist hier die gerechte Interessenabwägung, nach der ein Beteiligter nicht ohne Abwägung mit den Interessen eines anderen Beteiligten bevorzugt werden darf. Die Auslegung kann hier also auf einer reinen Interessensabwägung beruhen und ist nicht strukturell begrenzt.

Die strukturellen Unterschiede schwächen sich in der Behandlung von Deliktssachverhalten etwas ab.

Das beabsichtigte Ziel der Erfolgsortanknüpfung ist zunächst vergleichbar. Sie soll den Parteierwartungen und -interessen entsprechen und im Ergebnis das Gericht für zuständig erklären bzw. das Recht zur Anwendung berufen, das den Sachverhalt durch die Nähe am effektivsten, bzw. gerechtesten bewerten kann. Darüber hinaus begründen jedoch auch staatliche Interessen das Forum am Er-

705 *Kadner Graziano*, GemEuIPR, S. 144.
706 So auch: *v. Bar/Mankowski*, IPR, § 5, Rn. 171; *v. Hein*, Günstigkeitsprinzip, S. 55, 56.

folgsort. Ein solches staatliches Interesse findet sich als Geltungsgrund der Erfolgsortanknüpfung der Rom II-VO nicht.

Daneben werden die Beteiligteninteressen in beiden Fällen vergleichbar abgewogen. Es überwiegt das Interesse des Geschädigten. Die Anknüpfung an den Erfolgsort ist im Verfahrensrecht Teil des Wahlrechts des Klägers. Die Erfolgsortanknüpfung in Art. 4 Abs. 1 Rom II-VO ist ebenfalls Ausdruck einer – wenn auch abgeschwächten – Geschädigtenbegünstigung.

Der Verordnungsgeber der Rom II-VO zielt jedoch gerade auf die Einschränkung der Auswirkungen eines solchen Wahlrechts des Klägers. Dieses, von der Kommission ausdrücklich genannte Ziel der Begrenzung der internationalen Zuständigkeiten, wird bereits durch die Vereinheitlichung der Kollisionsrechtsanknüpfung erfüllt. Ein zwingender Auslegungsunterschied zwischen der Bestimmung des Erfolgsortes im Rahmen von Art. 5 Nr. 3 EuGVO und Art. 4 Abs. 1 Rom II-VO lässt sich daraus nicht herleiten. Vielmehr ist die Begrenzung des *forum shopping* auch für die Bestimmung des Erfolgsortes des Art. 5 Nr. 3 EuGVO in den jüngsten Entscheidungen des EuGH zur Auslegungsmaxime geworden[707]. Insofern lässt sich an dem Ziel der Eingrenzung des Forums-Shoppings eine mögliche einheitliche Auslegung des EuGH bezüglich der Erfolgsortbestimmung bei Vermögensschäden herleiten[708].

Auf Grund der gezeigten Wertungsdifferenzen muss die Bestimmung des jeweiligen Erfolgsortes aber nicht zwangsläufig übereinstimmen. Eine Identität der Begriffe wird nicht vollständig zu erreichen sein[709]. Dieses Ergebnis trägt auch die Entscheidung des Verordnungsgebers, bewusst keinen Gleichlauf mit der Deliktszuständigkeit der EuGVO herzustellen.

Das vom Verordnungsgeber gewollte Flankieren der EuGVO sowie die genannten Wertungsparallelen rechtfertigen es jedoch, die Wertungen des EuGH in der Kronhofer-Entscheidung zur Auslegung der besonderen Deliktszuständigkeit zu betrachten, sie mit den Wertungen des Deliktsstatuts der Rom II-VO zu vergleichen und die einzelnen Argumente der Kronhofer-Entscheidung auf ihre Übertragbarkeit auf die Auslegung der Rom II-VO hin zu untersuchen.

Schließlich kann aus der Rechtsprechung zu Art. 5 Nr. 3 EuGVO Inspiration für die Abgrenzung beachtlicher Schäden von unbeachtlichen Folgeschäden Rom II-VO gezogen werden[710].

Für eine einheitliche Auslegung spricht jedenfalls auch, dass auf Grund der Vielzahl von europäischen Maßnahmen zur Vereinheitlichung des Kollisions-,

707 Siehe dazu unten: Kapitel C.II.5.b).

708 So auch *Bitter*, IPRax 2008, 96, 99; *Girsberger* in: Basedow u.a. (Hrsg.), Liber Amicorum Kurt Siehr (2000), S. 219, 226.

709 *Bitter*, IPRax 2008, 96, 99.

710 *Kadner Graziano*, RabelsZ 73 (2009), 1, 37.

Verfahrens- und Sachrechts ein Bedürfnis nach makrosystematischer Auslegung besteht, die also über den einzelnen Rechtsakt hinaus gilt[711].

b) Übertragbarkeit der Entscheidungsgründe

Die Gründe des EuGH in der Kronhofer-Entscheidung zur Ablehnung eines Forums an der Vermögenszentrale des Geschädigten waren eingeteilt in solche resultierend aus der Systematik des EuGVÜ, aus der geordneten Rechtspflege sowie aus der Rechtssicherheit.

Das System-Argument, nach dem die Begriffe des Deliktsforums des EuGVÜ als Ausnahmeforum eng auszulegen sind, ist auf die Erfolgsortbestimmung im Rahmen von Art. 4 Abs.1 Rom II-VO nicht zu übertragen. Sofern der EuGH mit seiner einschränkenden Auslegung des Art. 5 Nr.3 EuGVO als besonderen Gerichtsstand die Aushöhlung der allgemeinen Zuständigkeit am Wohnsitz des Beklagten verhindern will, orientiert sich diese Auslegungsgrenze an dem Grundsatz des *actor sequitur forum rei.* Diese Auslegungsschranke besteht so ausschließlich für die Zuständigkeitsbestimmung. Das Argument des EuGH basiert somit auf einer rein prozessualen Güterabwägung und kann auf das in dieser Arbeit behandelte Problem in dieser Form nicht übernommen werden.

Hiermit einher geht jedoch auch das Ziel, einen Gerichtsstand am Klägerwohnsitz zu vermeiden, um den Kläger nicht übermäßig zu begünstigen.

Zum Verständnis dieses Arguments ist zunächst die Entwicklung der EuGH-Rechtsprechung zu Art. 5 Nr. 3 EuGVO zu betrachten. Die einschränkende Auslegung des EuGH in der Kronhofer-Entscheidung auf Grund des Ausnahmecharakters der Vorschrift lässt sich in wesentlichen Teilen nur vor dem Hintergrund der vorherigen Rechtsprechung zu Art. 5 Nr. 3 EuGVO verstehen.

Nach der weiten Auslegung des Tatortbegriffs durch den EuGH in Sachen Mines de Potasse d'Alsace (Rheinverschmutzungsfall)[712], in welchem er die ubiquitäre Auslegung des Art. 5 Nr. 3 EuGVÜ begründet hat, war der EuGH bemüht, die Vielzahl der möglichen Gerichtsorte und ein darauf beruhendes weites *forum shopping* einzuschränken.

Die Beschränkung auf den tatsächlichen Belegenheitsort des Vermögens in der Kronhofer-Entscheidung steht in diesem Zusammenhang lediglich in der Reihe anderer, die Wahlmöglichkeit des Klägers einschränkender Entscheidungen.

Schon zuvor hatte der EuGH im Fall Dumez France entschieden, dass ein durch eine schädigende Handlung nur mittelbar Geschädigter nicht am Ort kla-

711 *Heinze* in: Baetge u.a. (Hrsg.), FS für Kropholler (2008), S. 105, 110.

712 EuGH – Rs. 21/76 (30. 11. 1976), Bier ./. Mines de Potasse D'Alsace, Slg. 1976, 1735.

gen kann, an dem sein eigener Schaden eingetreten ist[713]. Darauf folgte die bereits oben erwähnte Eingrenzung in der Entscheidung in Sachen Marinari, wonach der Ort des weiteren Schadenseintritts auf Grund eines Umstands, der bereits einen Schaden verursacht hat, keinen neuen Erfolgsort begründen kann.

Der EuGH legte in Folge der weiten Definition des Tatortes in der Mines de Potasse d'Alsace-Entscheidung den Wertungsschwerpunkt hin zur Sachverhaltsnähe und zur Eindämmung der Vermehrung von Gerichtständen[714].

Die restriktivere Auslegung des Art. 5 Nr.3 EuGVO ist ebenso wie die alleinige Anknüpfung an den Erfolgsort in Art. 4 Abs. 1 Rom II-VO also ein Mittel das *forum shopping* einzugrenzen. Diese Ziele stimmen überein. Es kann davon ausgegangen werden, dass auch hier eine zu weite Auslegung des Schadensbegriffs, welche das mit der alleinigen Anknüpfung an den Erfolgsort bezweckte Ziel der Einschränkung des *forum shopping* unterläuft, nicht gewollt ist.

Das Argument des EuGH der zahlenmäßigen Begrenzung der möglichen Erfolgsorte zur Einschränkung des *forum shopping* kann daher für die Auslegung des Art 4. Abs. 1 Rom II-VO im Ansatz übernommen werden.

Die Ablehnung der Vermögenszentrale als Ort der Vermögensschädigung ist somit auf die Bestimmung des Erfolgsortes im Rahmen der Rom II-VO übertragbar,

Ferner lässt sich die Wertung, nach der der Kläger nicht einen Klägergerichtsstand erhalten soll, auf die Auslegung der Rom II-VO übertragen, in deren Rahmen ebenfalls keine ungerechtfertigte Bevorzugung der Interessen einer Partei stattfindet.

Die aus dem Ausnahmecharakter resultierende enge Auslegung des Art. 5 Nr. 3 EuGVO als besonderer Gerichtsstand kann so jedoch nicht übertragen werden.

Bezüglich des zweiten Arguments des auf Grund des Schutzes einer geordneten Rechtspflege sowie einer sachgerechten Prozessgestaltung geforderten Sachverhaltsnähe des Forums ist dem Kollisionsrecht zwar begrifflich nicht fremd, weicht jedoch inhaltlich von der kollisionsrechtlichen Sachverhaltsnähe ab und gründet ferner auch auf abweichenden Motiven. Insofern läuft diese Wertung nur begrenzt gleich.

---

713 EuGH – C – 220/88 (11.1.1990), Dumez France u. a. ./. Hessische Landesbank (u. a.), NJW 1990, 631, 632 – *Dumez France*. Der vom EuGH als lediglich „mittelbar“ bezeichnete Schaden des Klägers war hier die Auswirkung einer unmittelbaren Schädigung der Tochtergesellschaften in der Bilanz der Muttergesellschaft. Der geltend gemachte Anspruch beruhte auf der Generalklausel des Art. 1383 Code civil, welcher Schadensersatz unabhängig von einer konkreten Rechtsgutsverletzung ermöglicht. Dadurch erst entstanden die Schwierigkeiten bei der Erfolgsortbestimmung. In der Begrifflichkeit der Rom II-VO handelte es sich hierbei also um einen direkten Schaden eines indirekt Geschädigten. Der EuGH sah eine solche Schädigung als Schaden im Sinne des Art. 5 Nr. 3 EuGVO an.

714 *Pointer/Burg*, EU Principles on Jurisdiction, S. 302 f.

Letztes Argument des EuGH ist die fehlende Vorhersehbarkeit eines Forums am Vermögensmittelpunkt und die dadurch entstehende Rechtsunsicherheit. Der Vermögensmittelpunkt müsse schon deshalb als Erfolgsort ausscheiden, weil er als Merkmal der Zuständigkeitsbegründung mit allzu vielen Unsicherheiten behaftet sei.

Den Zweck der Schaffung von Rechtssicherheit haben der Erlass der EuGVO und der Rom II-VO gemeinsam. Die Überlegungen des EuGH sind daher diesbezüglich grundsätzlich in die Bestimmung des Erfolgsort des Art. 4 Abs. 1 Rom II-VO einzubeziehen. Aus dem Ziel der Erreichung von Rechtssicherheit lässt sich eine Anknüpfung an den Vermögensmittelpunkt für die Bestimmung des anwendbaren Rechts somit ausschließen.

Die Argumente des EuGH für eine entsprechend Anknüpfung sind somit nur begrenzt zu übernehmen und bei der Suche nach der kritischen Würdigung der einzelnen Anknüpfungsmöglichkeiten nur von eingeschränkter Relevanz. Sofern sich ein möglicher Gleichlauf jedoch anbietet, ist dieser als Lösung Vorzuziehen.

III. Erfolgsortbestimmung in Entscheidungen nationaler Gerichte

Im Folgenden wird die Praxis der Bestimmung des Erfolgsortes durch die nationalen Gerichte zu untersucht.

1. Deutschland

(1) Ansprüche aus Kapitalanlagebetrug

Die in Deutschland in Art. 40 Abs. 1 EGBGB normierte Ubiquitätslösung wurde in der Rechtsprechung des Reichsgerichts in Fällen reiner Vermögensschäden entwickelt.

So hatte das Reichsgericht bereits im Jahre 1887 die Frage des anwendbaren Rechts auf Ansprüche aus fehlerhafter Kreditauskunft zu beantworten[715]. Badische Firmen hatten auf Bestellung eines Londoner Geschäftsmann Waren an diesen geliefert. Zuvor wurde dieser den badischen Firmen von einer Firma aus Hanau bewusst fälschlicherweise als kreditwürdig empfohlen. Kurz nach der Lieferung ging der Londoner Geschäftsmann Konkurs. Die Empfehlung der

715 v. 23.09.1887, RGZ 19, 382.

Hanauer Gesellschaft erfolgte in Briefen, die jeweils in Hanau geschrieben und abgeschickt worden waren. Im Prozess machten die badischen Firmen Ansprüche gegen die Hanauer Gesellschaft auf Ersatz ihrer ausgefallenen Forderungen gegen den Londoner Geschäftmann geltend.

Dieser Anspruch war nach dem „am Orte der That geltenden Rechte zu beurteilen“[716].

Die Bestimmung dieses Tatortes war unklar. Fraglich war, ob auf diesen Anspruch das in Hanau geltende gemeine Recht anwendbar ist, weil hier die Briefe abgeschickt wurden, oder ob das in Pforzheim geltende badische Recht angewandt werden sollte, weil hier der Brief empfangen wurde.

Das Reichgericht urteilte, dass die deliktische Handlung erst an dem Ort abgeschlossen und vollendet sei, an dem die Erklärung ihrer Bestimmung nach empfangen wurde[717].

Hier wurde die ubiquitäre Anknüpfung noch nicht klar herausgestellt. Ob dieses Urteil tatsächlich als reines „Bekenntnis zum Erfolgsort“ angesehen werden kann, wie *W. Lorenz* es formuliert hat[718], ist daher fraglich, da keine Ausführungen zu der Frage gemacht werden, ob der Ort des Empfangs der Erklärung als Erfolgsort oder vielmehr noch als Handlungsort verstanden wird. Diese Frage wird auch von der späteren deutschen Rechtsprechung unterschiedlich behandelt[719].

Im Jahre 1888 schließlich entwickelte das Reichgericht in der Leitentscheidung die Ubiquitätslösung in einem vergleichbaren Fall eines grenzüberschreitenden reinen Vermögensschadens[720].

Der Beklagte, ein französischer Unternehmer aus Lyon hatte dem Kläger, einem schweizerischen Unternehmer aus Zürich, brieflich wider besseres Wissen eine fehlerhafte Auskunft über die Kreditwürdigkeit eines Kunden erteilt. Genauso wie im 1887 entschiedenen Fall erlitt der Kläger einen Verlust, da der angeblich kreditwürdige Kunde insolvent wurde und die Forderungen des Klägers nicht mehr begleichen konnte.

Die Vorinstanzen[721] hatten französisches Recht angewandt, woraufhin das beklagte französische Unternehmen in der Revisionsbegründung mit Verweis auf das oben dargestellte Urteil des Reichsgerichts von 1887 die Anwendung schweizerischen Rechts verlangte, da hier der Empfangsort der brieflichen Kreditauskunft lag.

716 RGZ 19, 382, 383.

717 RGZ 19, 382, 383.

718 So *W. Lorenz* in: v. Caemmerer (Hrsg.), Vorschläge und Gutachten, S. 97, 105; so auch die Auslegung des BGH, 20. 12. 1963 , NJW 1964, 969, 970.

719 Siehe unten: Kapitel C.III.1.

720 20.11.1888, RGZ 23, 305.

721 Landgericht Düsseldorf und Oberlandesgericht Köln.

Hierzu urteilte das Reichsgericht zunächst, dass es sich bei der falschen Kreditauskunft um ein einheitliches Delikt handelte, dessen „Thatbestand sich örtlich an zwei verschiedene Punkte knüpft“[722]. Neben dem Handlungsort in Lyon, stellt das RG fest, dass der Erfolgsort am Ort der Entgegennahme der brieflichen Kreditauskunft liegt. Beide Orte seien Orte der Begehung des Delikts, und der Kläger könne zwischen den entsprechenden Rechten wählen. In konkretem Fall kam daher französisches Recht als für den Kläger günstigeres Recht zur Anwendung.

Bezogen auf die Revisionsbegründung der Beklagten und die darin enthaltene Bezugnahme auf das RG-Urteil von 1887 legte das RG sein damaliges Urteil dahingehend aus, dass das in jenem Urteil maßgebliche Recht des Empfangsortes nicht das allein maßgebliche Recht sei. Auch die damalige Entscheidung ist daher nicht als Bekenntnis zum Erfolgsort zu verstehen, das RG versteht vielmehr alle Tatbestände als gleichwertig für die Bestimmung des Tatortes. Diese Gleichwertigkeit rechtfertige im Folgenden die alternative Anknüpfung.

Das Ubiquitätsprinzip wurde vom RG hier also als Günstigkeitsprinzip entwickelt. Dieses Günstigkeitsprinzip galt danach im deutschen Recht als gewohnheitsrechtlicher Grundsatz bis zur Einführung des heutigen Wahlrechts in Art. 40 EGBGB fort.

In einem späteren Urteil[723] des RG zum Tatortgerichtsstand in § 32 ZPO urteilte dieses entsprechend den im Urteil von 1888 für die Tatortbestimmung im IPR aufgestellten Grundsätzen.

In diesem Fall führten die in betrügerischer Absicht gegebenen falschen Angaben über die Vermögenssituation eines Unternehmens durch die Beklagte in der Aufforderung zur Zeichnung dessen Aktien in der „Kölner Zeitung“ zu einem Aktienerwerb durch den Kläger, welcher die Zeitung in Mainz abonniert und auch dort gelesen hatte. Bald darauf sank der Wert der Aktien. Der Kläger verlangte Schadensersatz wegen Betruges, bzw. groben Verschuldens der Beklagten.

Unter Verweis auf die oben gezeigte Rechsprechung des RG zum internationalen Privatrecht stellte das RG klar, dass auch im Verfahrensrecht der Begehungsort eines Delikts jeder Ort sei, „an welchem eine der Handlungen verübt, ein wesentliches Merkmal des Tatbestandes hervorgetreten ist“[724]. Aus Sicht des RG war das vom Kläger gewählte LG Mainz zuständig, da für die Verbreitung durch Zeitungen dieselben Grundsätze gelten, wie für die Täuschung durch Briefe. Folglich war in folgendem Fall Begehungsort sowohl der Handlungsort in Köln als Ort der bestimmungsmäßigen Verbreitung der betrügerischen Kaufempfehlung, als auch der Erfolgsort in Mainz als Ort der Zeitungslektüre.

722 RGZ 23, 305, 306.
723 RG v. 15.05.1891, RGZ 27, 418.
724 RG v. 15.05.1891, RGZ 27, 418, 419, 420.

Zusammenfassend ist festzuhalten, dass das RG den Erfolgsort als den Ort des Empfangs der falschen Erklärung bestimmt. Auch bei betrügerischen Täuschungserklärungen ist der Ort der Entgegennahme der Erklärung und die Hervorrufung des Irrtums maßgeblich. Auf den Ort der vermögensschädigenden Verfügung stellt das RG jedoch nicht ab. Vielmehr ist der Ort entscheidend, an dem der Betroffene „zu der sein Vermögen benachteiligenden Handlung (...) bestimmt worden ist“[725]. Auch der Lageort des betroffenen Vermögensteils und der Ort der Vermögenszentrale spielt bei der Bestimmung des Erfolgsortes keine Rolle.

Die Mehrzahl der folgenden Gerichtsentscheidungen deutscher Gerichte zur Erfolgsortbestimmung behandelte ebenfalls die Frage des Erfolgsortes von betrügerischen Vermögensschädigungen.

In einer frühen, viel zitierten[726] Entscheidung des OLG Kiel hatte dieses dabei den Handlungsort als Ort der Täuschung und den Erfolgsort als Ort der schädigenden Verfügung bestimmt[727]. Der Schadensort sei für die Bestimmung des Erfolgsortes irrelevant[728].

Der BGH nahm erstmals 1964 in einem Fall länderübergreifenden betrügerischen Handelns zu der Frage der Erfolgsortbestimmung bei reinen Vermögensschäden Stellung[729].

Ein deutsches Unternehmen, mit Sitz in Düsseldorf, wurde in Deutschland von einem Bevollmächtigten eines iranischen Unternehmens durch unrichtige Angaben auf Orderbögen, die in Teheran gefertigt und abgeschickt wurde, zu einer Warenlieferung veranlasst, welche, wie bereits bei Veranlassung zur Lieferung beabsichtigt, nicht bezahlt wurde.

Das OLG Düsseldorf hatte als Vorinstanz deutsches Recht angewandt, mit der Begründung der Schaden der deutschen Gesellschaft sei in Deutschland eingetreten. Der BGH kam zum gleichen Ergebnis, stellte jedoch fest, dass es „sachlich richtiger“ sei, den Erfolgsort in Deutschland mit der hier vorgenommenen Vermögensverfügung des Getäuschten zu begründen[730].

Das OLG Köln hatte später ebenfalls die Frage des anwendbaren Rechts in einem Kapitalanlagebetrugsfall zu entscheiden[731].

Ein deutscher Kläger verlangte von einer Kapitalgesellschaft türkischen Rechts die Rückzahlung der in Aktien einer türkischen Gesellschaft angelegten Geldsumme, nachdem er von Vertretern dieser durch vorsätzlicher Falschberatung zur Investition verleitet wurde.

---

725 RGZ 27, 418, 420.

726 So *Ahrens*, IPRax 1990, 128, 132.

727 OLG Kiel, 26.09.1946, SchlHA 1946, 501.

728 OLG Kiel, a.a.O., 502.

729 BGH v. 23.06.1964, NJW 1964, 2012.

730 BGH, a.a.O.

731 OLG Köln v. 25.10.2007 – 18 U 164/06 (abrufbar bei *juris*).

In Anlehnung an die Entscheidung des BGH v. 24.02.1994[732] stellt das OLG fest, dass der Ort „des Schadenseintritts (...) den Verletzungs- und den Begehungsort dieses Delikts festlegt“[733]. Dieser Ort wird unter Bezugnahme auf eine Entscheidung des BayObLG von 2003 (zum Erfolgsort im internationalen Zuständigkeitsrecht)[734] präzisiert als der „Ort der Bank des Geschädigten bei Anweisung zum Geldtransfer“[735].

Das OLG Köln stellt somit alleine auf den Lageort des betroffenen Vermögensteils ab. Dieser befinde sich im Falle von Buchgeld auf einem Bankkonto am Geschäftssitz der kontoführenden Bank.

1989 hat der BGH in einem Fall des Kapitalanlagebetrugs schließlich auch den Lageort des betroffenen Vermögensteils als allein maßgeblichen Anknüpfungspunkt bezeichnet[736].

Die beklagte Dean Witter Reynolds Inc. (im Folgenden D. Inc.), ein amerikanisches Brokerunternehmen, tätigte für den Kläger Warentermingeschäfte in Form eines Direktgeschäfts an Börsenplätzen in den USA. Zuvor wurde der Kläger zur Tätigung der Investitionen durch eine deutsche Tochtergesellschaft der Beklagten – eine rechtlich selbstständige GmbH – an die deutsche Niederlassung einer englischen Limited vermittelt. Diese englische Limited war jedoch lediglich ein sog. Schwindelunternehmen in Form einer Briefkastenfirma, mit der die Beklagte ohne Kenntnis des Kunden Provisionsrückvergütungen (sog. Kick-Backs) vereinbart hatte. Die englische Limited unterhielt bei der D. Inc. ein Konto, über das sie im eigenen Namen die Geschäfte ihrer Kunden und insbesondere die des Klägers führte[737]. Hierzu wurde der Kläger mit der betrügerischen Versprechung von Gewinnchancen zwischen 40 und 60 % zu Einzahlung des zu investierenden Betrages mittels Übergabe eines Schecks in Deutschland verleitet.

Der Kläger verlangte nach dem Verlust des investierten Geldes Schadensersatz sowohl von der D. Inc., als auch von dem Leiter der deutschen „Repräsentanz“ des englischen Schwindelunternehmens.

Der BGH wandte auf beide Ansprüche deutsches Recht an, da sich hier das „das nach dem Klagevorbringen geschädigte Vermögen des Klägers“ befände.

---

732 Siehe hierzu Kapitel C.III.1.

733 OLG Köln – 18 U 164/06, Nr. 26 mit Verweis auf die Ausführungen zur internationalen Zuständigkeit in Nr. 23.

734 BayObLG v. 27.03.2003, ZIP 2003, 1864 zum Erfolgsort nach § 32 ZPO: „wo die Bank des Klägers dessen Anweisung zum Geldtransfer erhalten und zu Lasten seines dort geführten Kontos ausgeführt hat“.

735 OLG Köln, 18 U 164/06, Nr. 26 mit Verweis auf Nr. 23.

736 BGH v. 28.02.1989, WM 1989, 1047, 1049.

737 Zu der Praxis der Brokerfirmen und der Ausgliederung der Betreuung von Privatspekulanten auf umsatzstarke Vermittlungsfirmen siehe ausführlich die Urteilsanmerkung von *Wach*, EWiR 1989, 765.

Der Schaden des Kunden entstehe nicht erst durch die konkreten Verlustgeschäfte, sondern bereits durch die Hingabe des Schecks.

Fraglich ist, ob der BGH Amerika als Erfolgsort bestimmt hätte, wenn das Konto bei der D. Inc. nicht auf den Namen der englischen Limited, sondern auf den des Klägers geführt worden wäre. Nach dem hier vertretenen Verständnis der Entscheidung, dass der BGH hier erstmals ausschließlich auf den Lageort des Vermögens als erfolgsortbestimmendes Merkmal abstellt, hätte er in einer solchen Sachverhaltsabwandlung Amerika als Erfolgsort bestimmen müssen[738].

Leider büßt auch diese, im Vergleich zu anderen Entscheidungen bei reinen Vermögensschäden schon recht ausführliche Auseinandersetzung mit dem Erfolgsort[739] und die Anknüpfung an den Lageort an präjudizieller Wirkung ein, da letztlich für die Anwendung deutschen Rechts nicht die Erfolgsortanknüpfung, sondern eine vom BGH angenommene konkludente Rechtswahl wegen des übereinstimmenden Parteivorbringens auf Grundlage deutschen Rechts entscheidend war. Die Bestimmung des Erfolgsortes erfolgte somit lediglich als *obiter dictum* und diente nur der Bestätigung der angenommenen Rechtswahl.

Schließlich hatte das OLG Stuttgart über einen Sachverhalt zu entscheiden, bei dem der Kläger auf Grund falscher bzw. unterlassener Beratung anlässlich seiner Beteiligung an einer türkischen Aktiengesellschaft von dieser Schadensersatz verlangte[740]. Die Zahlung des Anlagebetrags erfolgt als Bargeldübergabe in Deutschland. Das OLG lokalisierte den Ort des mit der Zahlung eingetretenen deliktischen Erfolgs in Deutschland. Eine akzessorische Anknüpfung an das Gesellschaftsstatut lehnte das Gericht ab, da sich vorliegend die Haftung aus allgemeinen zivilrechtlichen Erwägungen ergebe[741].

Auch im Rahmen des IZPR wurde das Problem der Bestimmung des Erfolgsortes für Ansprüche aus betrügerischer Vermögensauskunft bereits gerichtlich

738 Anders: *Weller*, IPRax 2000, 202, 203 (dort Fn. 4), der in der Entscheidung des BGH eine Anknüpfung an die Vermögenszentrale und damit an den Wohnsitz des Klägers sieht. Auch *Ahrens* IPRax 1990, 128, 132 stellt fest, dass man dieses Urteil wegen der Wortkargheit und der Ungenauigkeit des beurkundeten Klägervortrags als Argument für eine Wohnsitzanknüpfung verstehen könnte; so wohl auch v. Hoffmann in: Staudinger, Art. 40 EGBGB, Rn. 283. So wie hier aber *v. Bar*, IPR II, S. 482; *Girsberger* in: Basedow u.a. (Hrsg.), Liber Amicorum Kurt Siehr (2000), S. 219, 227 (dort Fn. 44); *Looschelders*, Art. 40, Rn. 30.

739 Dennoch kritisch zu der hier fehlenden Sorgfalt und zu der „befremdlichen Argumentationskette“ des BGH, der bei der Zuständigkeitsfrage nur den deutschen Handlungsort prüfe und bejahe, dann bei der Bestimmung des anwendbaren Rechts jedoch als Handlungsort den Sitz der Beklagten und deren deutscher Niederlassungs-GmbH in Erwägung zieht, um schließlich das Ergebnis über eine stillschweigende Rechtswahl zu finden: *Ahrens*, IPRax 1990, 128, 131 (dort Fn.7).

740 OLG Stuttgart v. 28.04.2008, NZG 2008, 951.

741 OLG Stuttgart, a.a.O., 952.

behandelt. Das OLG Frankfurt[742] hatte hierbei einen Fall zu entscheiden, der die Auswirkungen der Kronhofer Rechsprechung besonders deutlich aufzeigt.

Der Kläger klagte gegen eine britische Brokergesellschaft mit Sitz in London auf Ersatz seiner Verluste aus Finanztermingeschäften. Er behauptete nicht ausreichend über die Risiken der Geschäfte informiert worden zu sein. Der Kläger überwies Geld an eine deutsche Vermittlerfirma mit Sitz in Frankfurt. Diese eröffnete auf eigenen Namen ein Konto bei der Beklagten in England, auf das Gelder von mehreren Anlegern eingezahlt wurden. Durch diese Konstruktion lag der Erfolgsort in Deutschland und nicht in England. Unter Anlehnung an die Kronhofer-Entscheidung stellte das OLG Frankfurt ausdrücklich klar, dass der Erfolgsort nur dann in England läge, wenn der Kläger ein eigenes Konto bei dem Londoner Broker geführt hätte[743].

Nur weil hier das Gericht den Lageort des Vermögens im Zeitpunkt der Schädigung am Vermögensmittelpunkt lokalisierte, der geschädigte Vermögensteil also von der Vermögenszentrale abgeflossen war, legt das OLG Frankfurt das Kronhofer-Urteil nicht dahingehend aus, dass von dem Lageort als bestimmendem Merkmal abgewichen werden kann[744]. Vielmehr zeigt dieses Urteil, dass sowohl die Anknüpfung an den Lageort als auch die Anknüpfung an den Verfügungsort zu dem gleichen Ergebnis kommen können.

Auch im Rahmen der internationalen Zuständigkeit entschied das BayObLG[745] ferner, bei einer betrugsbedingten vermögensschädigenden Anweisung zum Geldtransfer sei der Deliktsgerichtsstand aus § 32 ZPO an dem Ort begründet, an dem die Bank die vermögensschädigende Anweisung zum Geldtransfer erhalten und zu Lasten seines dort geführten Kontos ausgeführt hat. Die Beschädigung des Vermögens stelle hier die Rechtsgutsverletzung dar, und der Erfolgsort sei daher der Geschäftssitz der die Überweisung tätigenden und das Konto des Geschädigten belastenden Bank. Das BayObLG stellt insoweit auf den Lageort des betroffenen Vermögensteils ab und bestimmt diesen über den Geschäftssitz der kontoführenden Bank.

Auch das OLG Köln hatte zur Bestimmung der internationalen Zuständigkeit über einen Fall von Kapitalanlagebetrug zu entscheiden. Hier klagte ein Kläger mit Wohnsitz in Deutschland gegen eine Aktiengesellschaft schweizerischen Rechts mit Geschäftssitz in der Schweiz auf Ersatz des ihm durch einen Anlagebetrug zugefügten Vermögensschadens[746]. In diesem Fall wurde der Anlagebetrag jedoch nicht auf ein schweizerisches Konto überwiesen, sondern als Bar-

742 OLG Frankfurt v. 08.06.2006, AG 2006, 859.

743 OLG Frankfurt, a.a.O., 860.

744 So versteht dieses Urteil jedoch *Becker*, EWS 2008, 228, 232.

745 BayObLG v. 27.03.2003, MDR 2003, 893.

746 OLG Köln v. 05.04.2005, IPRax 2006, 479.

betrag in Deutschland übergeben, so dass der Ort der Vermögensschädigung aus Sicht des Gerichts in Deutschland lag[747]. Ausführungen über die Anwendbarkeit deutschen Rechts beschränkten sich auf de Annahme einer konkludenten Rechtswahl der Parteien. Der Sachverhalt lag hier somit anders als im Falle Kronhofer, da dort das Vermögen durch Untreue gemindert wurde und Herr Kronhofer das Vermögen auf ein eigenes Konto im Ausland überwies und hierüber noch verfügen konnte[748]. Nach *v. Hein* zeigt diese Entscheidung, dass bei der Erfolgsortbestimmung bei reinen Vermögensschäden nach Deliktstypen unterschieden werden müsse. Zwar stimmt er der Entscheidung des OLG Köln im Ergebnis zu, die Anknüpfung an den Lageort hätte jedoch im Falle, in dem der Kläger das Geld nicht bar in Deutschland übergeben, sondern von einem ausländischen Konto an den Beklagten überwiesen hätte, zur internationalen Unzuständigkeit deutscher Gerichte und damit zu einem falschen Ergebnis geführt. Vielmehr seien auch in diesem Falle deutsche Gerichte international zuständig, da hier der Verfügungsort in Deutschland liegt. Dieser soll nach *v. Hein* bei Betrugsdelikten maßgeblich sein[749].

Auch der BGH hat die Frage nach der Bestimmung des Erfolgsortes bei reinen Vermögensschäden zur Begründung der internationalen Zuständigkeit behandelt.

Im Rahmen der internationalen Anerkennungszuständigkeit und der Prüfung der internationalen Zuständigkeit des Urteilsstaates entschied der BGH im Jahre 1993[750], der „Begehungsort" eines Betruges liege überall da, wo ein wesentliches Tatbestandsmerkmal des Betruges erfüllt sei, also auch dort, wo der Irrtum des Geschädigten und/oder dessen Vermögensverfügung stattgefunden haben[751].

In einer späteren Entscheidung des BGH (der sog. Verlöbnisbruchentscheidung) von 1996 hatte dieser über das anwendbare Recht für Ansprüche aus einem Verlöbnisbruch zu entscheiden[752].

Ein Deutscher klagte gegen eine Brasilianerin auf Ersatz der von ihm nach Brasilien überwiesenen Geldbeträge, welche er in Erwartung einer Hochzeit getätigt hatte, die ihm von seiner brasilianischen Verlobten in betrügerischer Absicht versprochen worden Eine zunächst in Betracht kommende akzessorische Anknüpfung an das Verlöbnisstatut lehnte der BGH ab, da das Verlöbnis anders als ein Vertragsverhältnis kein vergleichbar stabiles durch äußere Merkmale gekennzeichnetes Rechtsverhältnis ist[753]. Ferner komme dem Verlöbnis keine den

747 OLG Köln, a.a.O., 481.

748 v. Hein, IPRax 2006, 460, 461

749 v. Hein, IPRax 2006, 460, 461

750 BGH v. 25.11.1993, NJW 1994, 1413.

751 BGH, a.a.O., 1414.

752 BGH v. 28.02.1996, NJW 1996, 1411.

753 Siehe hierzu die Kritik von *Mankowski*, IPRax 1997, 173, 180: Mit dieser Argumentation des BGH stelle man „in letzter Konsequenz nämlich das Institut des Verlöbnisses insgesamt in

Sachverhalt prägende Wirkung zu. Schließlich sei der strafrechtliche Unrechtsgehalt eines Betruges bei der kollisionsrechtlichen Anknüpfung zu berücksichtigen, was ebenfalls eine akzessorische Anknüpfung ausschließe.

Daher war im vorliegenden Fall selbstständig an den Tatort anzuknüpfen. Laut BGH lag der Erfolgsort in Deutschland, da der Kläger „von hier aus die Banküberweisungen und den Transfer des Pkw vorgenommen hat und sein Vermögensschaden hier eingetreten ist“[754].

Der BGH ging somit nicht auf die genaue Anknüpfung ein, sondern verbandt die schädigenden Vermögensverfügungen und den Vermögensschaden des Klägers zu einem aus seiner Sicht angemessenen Anknüpfungspunkt. Ob einer der beiden alleine zur Erfolgsortbegründung ausreicht, falls die beiden Orte auseinander fallen, wurde offen gelassen.

Im Jahr 2010 hat sich der BGH dann in zwei Entscheidungen mit der Kronhofer-Rechtsprechung auseinandergesetzt.

Im erst entschiedenen Rechtsstreit klagte ein in Deutschland ansässiger Anleger gegen einen in England ansässiges Brokerunternehmen, das für diesen Terminoptionsgeschäfte vorgenommen hatte[755]. Hierzu hatte der Kläger einen Geschäftsbesorgungsvertrag mit einem deutschen Finanzdienstleister abgeschlossen. Dieser vermittelte die Aufträge des Klägers dem Beklagten Broker. Der Kläger überwies einen Geldbetrag auf ein hierfür eröffnetes Konto bei einer in London ansässigen Bank. Der Kläger erlitt in Folge der durch den Beklagten Broker vorgenommenen Geschäfte erhebliche Verluste. Finanzdienstleister und Broker arbeiteten dabei bewusst und gemeinsam unter Ausnutzung des Gewinnstrebens uninformierter, leichtgläubiger Menschen wie dem Kläger[756].

Unabhängig von der Bestimmung des Handlungsortes, welcher hier auf Grund eines gemeinsamen Tatplans wohl über eine Zurechnung der Handlungen des Finandienstleisters auch in Deutschland belegen sein könnte, bejaht der BGH jedenfalls einen Erfolgsort in Deutschland. Da das Geschäftsmodell einen Kenntnisrückstand des Geschädigten voraussetzt, „ohne den ein vernünftig denkender Anleger sich auf die Geldanlage nicht eingelassen hätte, erweist sich bereits die durch den Anleger veranlasste Überweisung des Anlegerkapitals als Deliktserfolg, so dass gerichtsstandsbegründender Erfolgsort i. S. des Art. 5 Nr. 3 EuGVVO der Ort der Minderung des Kontoguthabens ist“[757].

Frage“. *Mankowski* verkennt jedoch, dass für die kollisionsrechtliche Bewertung die materiellrechtliche Einordnung und Akzeptanz eines Sonderverhältnisses irrelevant ist. Es muss vielmehr unabhängig bestimmt werden, ob ein bestehendes Sonderverhältnis einen sachgerechteren Anknüpfungspunkt bietet oder nicht.

754 BGH NJW 1996, 1411, 1414.

755 BGH v. 13.07.2010, NJOZ 2010, 2277.

756 BGH NJOZ 2010, 2277, 2279.

757 BGH NJOZ 2010, 2277, 2279f.

Der BGH erkennt die mögliche Abweichung von der Kronhofer-Rechtsprechung des EuGH, sieht jedoch ebenfalls, dass nach dessen Entscheidungsbegründung „unter Umständen der Erfolgsort durchaus im Wohnsitzstaat des Klägers gelegen sein kann“[758]. Nach Ansicht des BGH lag hier der Ort des Schadenseintritts in Deutschland, da sich bereits die erste Vermögensschädigung als Deliktserfolg darstellte. Er widerspricht daher nach eigener Auffassung nicht der in der Kronhofer-Entscheidung vorgegebenen Lageortanknüpfung, sondern knüpft lediglich an einen früheren Lageort des Vermögens an. Aus diesem Grund der Offenkundigkeit der Richtigkeit der Auslegung hält er auch eine Vorlage an den EuGH nicht für notwendig.

Der BGH bestätigte diese Auslegung durch Entscheidung vom 12.10.2010 im Rahmen einer Klage eines anderen Anlegers gegen denselben Broker[759]. Hierin ging er darüber hinaus auf ein neues, vom Beklagten gegen die Zuständigkeit deutscher Gerichte vorgebrachtes Argument ein. Der Broker war der Ansicht, die erste Überweisung stelle bereits deshalb noch keinen Deliktserfolg dar, da der Anleger bis zur tatsächlichen Durchführung des Optionsgeschäfts noch eine Kompensation in Form des Rückzahlungsanspruchs hielt. Ob dieser jedoch tatsächlich bestand und auch werthaltig und realisierbar war, ließ sich jedoch aus dem maßgeblichen Sachvortag des Klägers nicht entnehmen[760].

(2) Ansprüche aus Untreue

Schon vor der Kronhofer-Entscheidung des EuGH, in der er den Erfolgsort im Rahmen von Art. 5 Nr. 3 EuGVO auf den Lageort des betroffenen Vermögensteils festlegte, hatte das OLG Stuttgart[761] 1998 einen Fall zu entscheiden, in dem ein deutsches Ehepaar mit Wohnsitz in Deutschland auf ein Treuhandkonto bei einer schweizerischen Bank, der T-AG, 25.000 DM eingezahlt hatte und vom Einzelvertretungsberechtigten der F-AG mit Geschäftssitz in der Schweiz den daraufhin entstandenen Verlust ersetzt verlangte. Treuhänderin des Treuhandkontos war die T-AG. Die F-AG sollte den eingegangenen Betrag dann für Investitionen in Aktienfonds verwenden. Der Beklagte, schweizerischer Staatsbürger mit Wohnsitz in der Schweiz, veruntreute jedoch den Investitionsbetrag. Sowohl über die F-AG als auch über die T-AG war daraufhin die Insolvenz eröffnet worden.

Das OLG Stuttgart lehnte die Zuständigkeit deutscher Gerichte nach Art. 5 Nr. 3 LuGÜ ab und argumentierte hierbei exakt wie der EuGH in der

758 BGH NJOZ 2010, 2277, 2279

759 BGH v. 12.20.2010, WM 2010, 2214.

760 BGH WM 2010, 2214, 2217.

761 OLG Stuttgart v. 06.07.1998, NJW-RR 1999, 138.

Kronhofer-Entscheidung mit der Unbeachtlichkeit von Folgeschäden. Der Schaden am Wohnsitz der Geschädigten sei ein bloßer Folgeschaden, der in Übereinstimmung mit den in der Marinari-Entscheidung aufgestellten Regeln des EuGH für die Forumsbegründung irrelevant sei. Das OLG Stuttgart stellte dementsprechend auf den Lageort des Vermögens ab[762].

In einer späteren Entscheidung hatte der BGH über die internationale Zuständigkeit für die Klage eines Deutschen gegen einen Portfolio-Manager einer Vermögensverwaltungsgesellschaft mit Wohnsitz in der Schweiz auf Ersatz des Schadens, der ihm durch dessen Veruntreuung entstanden sei, zu entscheiden[763].

Zuvor hatte der Kläger ein Konto bei einer Bank mit Sitz in der Schweiz eröffnet, auf dieses Konto den Anlagebetrag eingezahlt und dem Beklagten eine Vollmacht zur Verwaltung dieses Kontos erteilt. Die diesbezügliche Anlageberatung erfolgte durch den Beklagten in seiner deutschen Wohnung. Hierin versprach der Beklagte dem Kläger eine weitgehend risikofreie Anlage.

Der BGH verneinte wie die Vorinstanzen[764] die Zuständigkeit deutscher Gerichte gem. Art. 5 Nr. 3 LugÜ für die Ansprüche aus der behaupteten Untreue.

Unter Bezugnahme auf die Kronhofer-Rechtsprechung des EuGH zu Art. 5 Nr. 3 EuGVO stellt der BGH klar, dass der Erfolgsort in Fällen reiner Vermögensschäden der Schadensort ist, und dieser „in diesem Zusammenhang an dem Ort verwirklicht (wird), an dem die schädigenden Auswirkungen des haftungsauslösenden Ereignisses zu Lasten des Betroffenen eintreten“[765]. Diese Auswirkungen lägen jedoch ausschließlich in der Schweiz. Der Fall zeigt als Parallele zur Kronhofer-Entscheidung, dass der Lageort in diesem Sinne durch den Schädiger leicht zu beeinflussen ist[766]. Der Wohnort des Klägers kommt als Erfolgsort hier nicht in Betracht. Der BGH erkennt jedoch, dass es den nationalen Gerichten obliegt, den Ort des Vermögensschadens zu bestimmen und erklärt, Umstände könnten dazu führen, dass durch ein Delikt „das Vermögen des Kl. als Ganzes betroffen ist“[767]. Welches solche Umstände sein könnten, lässt der BGH offen, da das OLG Bamberg als Berufungsgericht dahingehend und ohne Beanstandung durch die Revision keine Feststellungen gemacht hat.

---

762 Siehe hierfür auch die Urteilsanmerkung von *Mankowski* der ebenfalls bei Veruntreuung von Anlagevermögen immer auf den konkreten Vermögensgegenstand abstellen will und die Bestimmung des Erfolgsortes bei einem reinen Vermögensschaden als schwierigste Frage im Rahmen des Art. 5 Nr. 3 EuGVÜ ansieht, *Mankowski*, EWiR 1998, 1085, 1086.

763 BGH v. 06.11.2007, NJW-RR 2008, 516.

764 LG Bamberg v. 28. Oktober 2005 – 2 O 688/04 (n.v.); OLG Bamberg v. 17.01.2007 – 3 U 339/05 (n.v.).

765 BGH NJW-RR 2008, 516, 518.

766 So zur Kronhofer-Entscheidung:*Mankowski*, RIW 2005, 561, 562; *Kindler*, ZVglRwiss 105 (2006), 243, 247.

767 BGH, a.a.O.

Bezüglich der Ansprüche aus einem möglichen Betrug des Klägers bejahte der BGH jedoch die Zuständigkeit der deutschen Gerichte, da die Täuschungshandlung in Deutschland stattfand, mithin sich hier der Handlungsort befand. Der BGH sah in dem Klägervorbringen auch eine hinreichende Darlegung eines möglichen Betruges.

Ausführungen zur Bestimmung des Betrugserfolgsortes machte der BGH nicht. Offen bleibt demnach, ob auch der Erfolgsort des Betruges in Deutschland lag, weil hier die Vermögensverfügung des Klägers stattfand, oder etwa der Lageort des Vermögens im Zeitpunkt der (Betrugs)Schädigung in Deutschland lag, macht der BGH nicht.

(3) Sonstige Vermögensschädigungen

In einem Fall einer missbräuchlich in Anspruch genommenen Garantie hatte das Bayerische Oberste Landesgericht den Tatort zu bestimmen[768]. Die Bank eines in Konkurs gegangenen belgischen Generalunternehmers, selbst ebenfalls mit Sitz in Belgien, hatte rechtsmissbräuchlich per Telefax die Bankgarantie des Klägers in Anspruch genommen.

Das Bayerische Oberste Landesgericht stellt im *obiter dictum* klar, dass der Erfolgsort in Köln liege[769]. Leider fehlen in der Sachverhaltswiedergabe jedoch die Angaben zu dem Wohn- oder Geschäftssitz des Klägers und dessen Bank. Zwar ist davon auszugehen, dass diese ihren Sitz in Deutschland hat, jedoch lässt sich die Feststellung des Bayerische Oberste Landesgericht nicht verwerten, da keine Bestimmung der Erfolgsortanknüpfung erfolgt. Das Bayerische Oberste Landesgericht hat knüpfte also wohl entweder an den Schadensort oder an die Vermögenszentrale an.

In einer späteren Entscheidung hatte der BGH den Erfolgsort einer rechtswidrigen Masseverkürzung zu bestimmen und lokalisierte diesen ganz ohne Begründung in Deutschland[770]. Ein Insolvenzverwalter (damals sog. Konkursverwalter) des Vermögens eines deutschen Kaufmanns machte Ansprüche auf Erstattung einer Aussonderung aus dem Vermögen des Kaufmanns an eine in Hamburg ansässige Gläubigerbank geltend. Die unberechtigte und sittenwidrige Aussonderung stelle eine rechtswidrige Masseverkürzung da und habe die auch ausländischen Gläubiger des Kaufmanns geschädigt.

Hier erfolgte vom BGH lediglich die Feststellung, dass die Frage, ob eine Masseverkürzung vorläge „nach deutschem Recht zu beurteilen (sei), weil der

768 BayObLG v. 31.10.1984, WM 1985, 189.
769 BayObLG, a.a.O., 191.
770 BGH v. 30.04.1992, NJW 1992, 2026.

Erfolgsort und damit der Tatort in Deutschland“ liege[771]. Damit ist diese Entscheidung ein weiteres Beispiel für eine Ungenauigkeit bei der Behandlung der Frage des anzuwendenden Rechts.

Im Rahmen einer Klage auf Grund rechtswidrigen Vertragsbruchs machte eine Gesellschaft mit Sitz in Schweden Schadensersatzansprüche gegen einen deutschen, ehemaligen Leiter und Prokuristen ihrer Zweigniederlassung in Deutschland geltend[772]. Dieser hatte vor der Beendigung seines Anstellungsverhältnisses die deutschen Kunden abgeworben und gebeten, von nun an mit ihm die vorher mit der schwedischen Gesellschaft vereinbarten Geschäfte abzuschließen. Die Klägerin verlangte nun vom Beklagten sowohl wegen Verletzung der vertraglichen und nachvertraglichen Pflichten aus dem Dienstvertrag, als auch wegen sittenwidrigen Wettbewerbshandlungen den Ersatz des ihr durch den Verlust des Vertragspartners entgangenen Gewinns.

Der BGH wandte auch auf die deliktischen Ansprüche deutsches Recht an mit dem Hinweis, hier läge der „Begehungsort“[773]. Auch hier wurde die Erfolgsortbestimmung demnach nicht ausdrücklich vorgenommen. Es bleibt lediglich festzuhalten, dass der BGH zur Bestimmung des Erfolgsortes die Vermögenszentrale der schwedischen Mutter-Gesellschaft außer Acht ließ. Eine akzessorische Anknüpfung an das Vertragsstatut, die über Art. 28 Abs. 2 EGBGB ebenso zur Anwendung deutschen Rechts geführt hätte, wurde nicht erwogen.

Innerhalb der Rom II-VO wäre der vom Kläger geltend gemachte Anspruch schließlich auch nicht über Art. 4 Abs. 1 Rom II-VO sondern über die spezial Regeln des unlauteren Wettbewerbs zu behandeln. Hierbei wird nicht an den Tatsondern an den Marktort angeknüpft wird. Gleiches galt bereits in der deutschen Rechtsprechung zum nationalen Deliktskollisionsrecht, so dass der vom BGH verwendete Begriff des Begehungsortes wohl nicht über den Handlungs- und Erfolgsort bestimmt wurde. Insofern ist die Entscheidung für die in der vorliegenden Arbeit behandelte Frage nicht relevant.

b) Zusammenfassung

Die Darstellung der ergangenen Entscheidungen zur Bestimmung des Erfolgsortes bei reinen Vermögensschäden hat gezeigt, dass die Gerichte häufig die Beantwortung der relevanten Fragen umgehen und die Festlegung an welchen Ort anzuknüpfen sei, offen lassen. Stattdessen wird auf mehrere unterschiedliche Sachverhaltsbeziehungen zu einem bestimmten Staat zurückgegriffen, um die

---

771 BGH, a.a.O., 2029 f.

772 BGH v. 24.02.1994, NJW-RR 1994, 728.

773 BGH, a.a.O., 729.

Anwendung von dessen Recht oder dessen internationale Zuständigkeit zu begründen.

So hat der BGH in der oben geschilderten Entscheidung der Gläubigerschädigung durch rechtswidrige Aussonderung vom 30.04.1992[774] den Erfolgsort ganz ohne Begründung in Deutschland lokalisiert. Dieses Offenlassen der genauen Erfolgsortbestimmung zeigt gleichzeitig, dass trotz der Vielzahl der Fälle dieser Fallgruppe oftmals die unterschiedlichen Anknüpfungspunkte zusammentreffen und so auch ohne genaue Erfolgsortbestimmung eine aus Sicht des Gerichts angemessene Lösung gefunden wird.

Auch die Tendenz des BGH, dort wo ihm die Anwendung der *lex fori* angemessen erscheint, eine konkludente Wahl deutschen Rechts anzunehmen, führt im Ergebnis dazu, dass die Frage der Erfolgsortbestimmung reiner Vermögensschäden an Relevanz verliert[775].

Es scheint hier, als verließen die Gerichte bei reinen Vermögensschäden die gesetzlich vorgegebene Erfolgsortbestimmung und folgten einer allgemeinen, davon losgelösten Interessenabwägung.

Die hierbei von den Gerichten verwendeten Sachverhaltselemente sind hauptsächlich der Ort der Vornahme der Vermögensverfügung sowie der konkrete Lageort. Die Tendenz lässt sich dahingehend zusammenfassen, dass im Falle eines Betrugs häufiger der Ort der Verfügung des Geschädigten entscheidend ist, während in sonstigen Fällen der Lageort des betroffenen Vermögensteils maßgeblich ist.

2. Niederlande

In den Niederlanden regelt seit dem 01.06.2001 das *Wet conflictenrecht onrechtmatige daad* (WCOD) das anwendbare Recht für Ansprüche aus unerlaubter Handlung.

Gem. Art. 3 Abs. 1 WCOD gilt auch hier die *lex loci delicti*-Regel. Anwendbar ist demnach das Recht des Landes, in dem sich die Tat ereignet hat[776]. Aufgelockert wird die Tatortanknüpfung ebenfalls bei gemeinsamem gewöhnlichem Aufenthalt[777] und bei bereits vorher zwischen den Parteien bestehender Rechtsbeziehung[778].

---

774 BGH v. 30.04.1992, NJW 1992, 2026.

775 Eine solche Annahme ist bei Anwendung des Art. 14 Rom II-VO nach richtiger Auffassung ausgeschlossen, siehe oben: Kapitel B.II.1.

776 Siehe die Übersetzung des WCOD von *Kadner Graziano*, IPRax 2004, 157.

777 Art. 3 Abs. 3 WCOD.

778 Art. 5 WCOD.

Eine Bestimmung des relevanten Tatorts erfolgt gesetzlich nur für Distanzdelikte bei Schädigung einer Person, einer Sache oder der natürlichen Umwelt. Hier ist gem. Art. 3 Abs. 2 WCOD das Recht des Erfolgsortes anwendbar, sofern der Täter eine Schädigung an diesem Ort redlicherweise vorhersehen konnte.

Grundlage für die 2001 erfolgte gesetzliche Konzeption war das bisher richterrechtlich entwickelte Deliktskollisionsrecht[779]. Dieses beruhte wesentlich auf einer Entscheidung des Hoge Raad zur Bestimmung des Tatortes eines Betrugsdelikts, der sog. Cova-Entscheidung von 1993.

Die schweizerische Niederlassung der niederländischen Mittelstandsbank (Nederlandse Middenstandsbank, NMB), zahlte auf Aufforderung eines Mitarbeiters der Klägerin, einer niederländischen Stiftung namens COVA[780], im Rahmen einer bestehenden Kreditfazilität einen Kredit in Höhe von NGL 10.000.000 auf ein Konto bei der Züricher Niederlassung der Banque Générale du Luxembourg aus. Tatsächlich war das Fernschreiben, das der NMB die Kontodaten mitteilte, jedoch in betrügerischer Absicht des Mitarbeiters gefälscht, und das Zielkonto bei der Banque Générale du Luxembourg nach Eingang der Zahlung von einem Komplizen des Mitarbeiters aufgelöst worden. Die COVA-Stiftung verlangte nun von der NMB aus Delikt die erneute Zahlung des Geldbetrages als Ersatz für den erlittenen Schaden, da diese die Kontodaten fahrlässigerweise nicht kontrolliert hatte.

Die besondere Relevanz der Frage des anwendbaren Rechts bestand in der Tatsache, dass der geltend gemachte deliktische Anspruch nach niederländischem Recht noch durchsetzbar, jedoch nach schweizerischem Recht bereits verjährt war. Das Interesse der Klägerin lag also darin, niederländisches Recht auf den Anspruch anzuwenden. Hierfür argumentierte der Klägeranwalt, in den Niederlanden sei der Vermögensschaden und damit der deliktische Erfolg eingetreten.

Der Hoge Raad stellte klar, dass Anwendung „het recht van het land waar de onrechtmatige daad heeft plaatsgevonden", also des Tatortrechts, gewohnheitsrechtlich anerkannt sei. Der Hoge Raad entschied sich vorliegend für die Anwendbarkeit schweizerischen Rechts, weil hier aus Sicht des Gerichts der Handlungsort lag und dieser bei reinen Vermögensschäden entscheidend sei. Die Anwendung niederländischen Rechts prüfte der Hoge Raad nur auf Grund einer möglichen Abweichung von der Tatortanknüpfung über die Auflockerung der Anknüpfung an eine engere Verbindung in Form des gemeinsamen gewöhnlichen Aufenthaltes, nicht jedoch als möglichen Erfolgsort. Da jedoch nur eine Partei ihren Wohn- oder Geschäftssitz in den Niederlanden hatte, schied eine solche enge Verbindung zu den Niederlanden aus. Der Hoge Raad hielt somit zumindest für Betrugsdelikte den Handlungsort für entscheidend.

---

779 *Kramer*, IPRax 2002, 537, 540.

780 COVA steht für *Centraal Orgaan Voorraadvorming Aardolieproducten*. Die COVA-Stiftung ist demnach die zentrale Agentur zur Verwaltung des niederländischen Öl-Vorrats.

Dies widerspricht auch nicht dem neuen WCOD, da dieser nur im Falle von Distanzdelikten für bestimmte Rechtsgüter eine Erfolgsortanknüpfung vorschreibt. Es ist somit davon auszugehen, dass niederländische Gerichte in Zukunft bei Anwendung des WCOD für reine Vermögensschäden weiterhin ausschließlich an den Handlungsort anknüpfen.

3. Italien

Das italienische internationale Deliktsrecht räumt, ähnlich wie das deutsche EGBGB in Art. 40 Abs. 1, dem Geschädigten in Art. 62 Abs. 1, S. 1, 2 IPR-Gesetz[781], ein Wahlrecht zwischen dem Handlungs- und dem Erfolgsort ein, jedoch bei umgekehrter Ausgangslage. Der Täter kann hier vielmehr das Handlungsortrecht wählen.

Eine Entscheidung des Corte di Cassazione zur Erfolgsortbestimmung bei reinen Vermögensschäden, dem *danno meramente patrimoniale*, ist nicht bekannt. Allerdings hat der Corte di Cassazione den Tatort hierfür im Rahmen der Bestimmung der internationalen Zuständigkeit im Anwendungsbereich des EuGVÜ konkretisiert.

Ursprünglich hatte der Kassationshof den Schadensort des Art. 5 Nr. 3 EuGVÜ weit ausgelegt und selbst Folgeschäden ausreichen lassen um das *forum damni* zu begründen[782]. Damit stand dieser nach der Entscheidung des EuGH in Sachen Dumez France im Widerspruch zur EuGH-Rechtssprechung. Daher legte er in Sachen Marinari auch die oben geschilderte und vom EuGH bejahte Frage, ob die enge Auslegung des EuGH auch Schäden ausschließe, die zwar bloße Folge eines Delikts ohne Beteiligung des Betroffenen sind, beim Geschädigten jedoch einen Erstschaden darstellen, vor[783].

1996 lehnte der Kassationshof dann gleich in zwei Entscheidungen ein italienisches Forum ab, weil hier der Vermögensschaden nur als irrelevanter Folgeschaden (beide Male in Form des Verlustes von Vermögen einer italienischen Muttergesellschaft durch Rechtsgeschäfte einer eigenständigen Tochtergesellschaft im Ausland) eingetreten sei[784]. Es handelte sich vergleichbar dem Marinari-Sach-

781 Gesetz v. 31.05.1995, Nr. 218/1995

782 Vgl. etwa Corte di Cassazione v. 22.06.1990, Riv.dir.int.pri.proc. 16 (1991), 772 ff.

783 Siehe hierzu nach Entscheidung des EuGH das Urteil des Corte di Cassazione v. 04.11.1996, Riv. dir. int. pri. proc. 32 (1997), 722 ff.

784 Corte di Cassazione v. 27.11.1996, Nr. 1052910524, Baloise Partipitations Holding BV ./. Girelli (u.a.), Riv.dir.int.pri.proc.) 32 (1997), 726 ff.; Corte di Cassazione, 29.11.1996, Nr. 10676, Crédit Lyonnais Bank Nederland N.V. (u.a.) ./. Paretti (u.a.), Riv.dir.int.pri.proc. 32 (1997), 729 ff., jeweils mit Anmerkung von *Callori*, Riv.dir.int.pri.proc. 32 (1997), 615 ff. und *Davi*, IPRax 1999, 484 ff.

verhalt in beiden Fällen um Klagen von Zweitgeschädigten. Diese Tatsache hat der Corte die Cassazione jedoch nicht betont[785]. Auch in Fällen, in denen der Kläger Erstgeschädigter ist, soll somit eine folgende negative Auswirkung auf sein Gesamtvermögens am Wohn- oder Geschäftssitz irrelevant sein[786]. Damit lag er schon vor schon vor der Kronhofer-Entscheidung auf der Auslegungslinie des EuGH.

4. Frankreich

In Frankreich gab es bislang keine umfassende IPR-Kodifikation. In ständiger Rechtsprechung war jedoch auch hier für alle Gruppen der deliktischen Haftung die Tatortregel anerkannt[787]. Abgeleitet wurde diese Grundregel aus Art. 3 Abs. 1 Code civil, welcher die Verpflichtung aller Personen mit Wohnsitz in Frankreich an die *loi de police* vorschreibt.

Unabhängig von dieser umstrittenen Gleichsetzung des Deliktsrechts mit dem *loi de police*, hat sich die Tatortanknüpfung im Deliktsstatut seit der Leitentscheidung des Cour de cassation[788] von 1984 (sog. Latour-Entscheidung) jedenfalls als Grundregel durchgesetzt und ist seit dem ständige Rechtsprechung[789].

In der Latour-Entscheidung ging es um die Frage des anwendbaren Rechts auf Ansprüche auf Angehörigenschmerzensgeld. Der Cour de cassation urteilte anwendbar sei „la loi du lieu òu le délit a été commis" also das Recht des Tatortes[790]. Dieser Tatort der Schädigung der Witwe des Erstgeschädigten wurde vom Gericht am Tatort der Erstschädigung, in diesem Fall ein LKW-Verkehrsunfall[791] zweier französischer Fahrer in Spanien, lokalisiert. Der Tatort dieses Delikts lag unzweifelhaft in Spanien. Einer Anknüpfung an das gemeinsame Heimatrecht der an der Erstschädigung beteiligten Fahrer wurde nicht gefolgt[792]. Damit wur-

785 Callori, Riv.dir.int.pri.proc. 32 (1997), 615, 639; *Davi*, IPRax 1999, 484, 487.

786 Callori, Riv.dir.int.pri.proc. 32 (1997), 615, 639 ff.; *Davi*, IPRax 1999, 484, 487.

787 *Gotthardt*, Landesbericht – Frankreich, 7, 12.

788 Cour de cassation v. 25.05.1948, Rev.crit. 38 (1949), 89 – *Latour*.

789 *Loquin* in: Le Règlement Communautaire "Rome II", S. 35, 36.

790 Cour de cassation, a.a.O., 90.

791 Das Haager Übereinkommen über das auf Straßenverkehrsunfälle anzuwendende Recht wurde am 04.05.1971 geschlossen und trat in Frankreich erst am 03.06.1975 in Kraft.

792 Ob eine solche zumindest für die Erstschädigung in Betracht kommt ist ebenfalls fraglich: Eine Auflockerung der Tatortanknüpfung kommt nur im Falle einer als akzessorische Anknüpfung an einen zwischen den Parteien bestehenden Vertrag in Betracht. Eine Anknüpfung an die gemeinsame Staatsangehörigkeit oder den gemeinsamen Wohnsitz kommt gem. der in Frankreich herrschenden Literaturansicht nur in Betracht, wenn eine gemeinsame Sonderverbindung hinzutritt, vgl. *Gotthardt*, Landesbericht – Frankreich, 7, 12.

den auch letzte Zweifel ausgeräumt, ob nicht doch grundsätzlich die Anwendung der *lex fori* zu bevorzugen sei[793].

Bei Distanzdelikten *(délits complexes)* wird der Tatort in der neueren Rechtsprechung wahlweise über den Handlungs- oder den Erfolgsort bestimmt, ohne dass eine genaue begriffliche Definition des Handlungs- oder Erfolgsort vorgenommen wird[794]. Inspiriert wurden die Gerichte hierzu wohl durch die ubiquitäre Auslegung des Tatorts des Art. 5 Nr. 3 EuGVO durch den EuGH in der bereits oben[795] zitierten Entscheidung in Sachen Mines de Potasse d´Alsace[796].

Die Ubiquitätslösung unterscheidet sich von der Auslegung des EuGH und der deutschen Ubiquitätslösung in Art. 40 EGBGB lediglich durch die Tatsache, dass dem Geschädigten kein Wahlrecht hinsichtlich des Anknüpfungspunktes eingeräumt wird. Eine solche in der französischen Literatur teilweise geforderte Wahlmöglichkeit des Opfers wurde vom Cour de cassation ausdrücklich mangels gerechten Interessenausgleichs abgelehnt[797].

Das Gericht bestimmt den maßgeblichen Ort, also entweder den Handlungs- oder den Erfolgsort über den *centre de la responsabilité* als den Ort, mit dem das Rechtsverhältnis die engste Verbindung (*principe de proximité*) hat, vielmehr selbst. Auch hier wird zwischen Erstschädigung und irrelevantem Folgeschaden (*dommage par ricochet*) unterschieden[798].

Eine generell bevorzugte Anknüpfung an den Handlungs- oder aber an den Erfolgsortes lässt sich nicht finden. Vielmehr hat der Cour de cassation dem Cour d´appel de Paris ausdrücklich widersprochen[799], nachdem dieser eine generelle Tendenz der engsten Verbindung eines Sachverhalts am Erfolgsort angenommen hatte[800].

Über das Problem der Erfolgsortbestimmung bei reinen Vermögensschäden entschied der Cour de cassation 1984[801].

Die beiden beklagten Banken Banque Veuve Morin-Pons und Crédit Lyonnais verkauften die durch einen ihrer Kunden unterschlagenen Aktien einer spa-

793 *Rohe*, Geltungsgründe, S. 77 (dort Fn. 109).

794 *Rohe*, Geltungsgründe, S. 82; die Beschreibungen des Erfolgsortes etwa reichen von „lieu où le fait dommageable s´est produit" (so Cour de cassation v. 16.04.1985, Rev.crit. 76 (1987), 584), „lieu du dommage est réalisé" (so Cour de cassation, Clunet 1984, 123) bis schlicht „lieu de dommage".

795 Siehe oben: Fn. 338.

796 So *Kadner Graziano*, IPRax 2006, 307, 310.

797 Hierzu *Bischoff*, Rev. crit. DIP 89 (2000), 201, 206.

798 Cour de Cassation v. 28.10.2003, PA 23.12.2003, Nr. 255, S. 11. Hier ging es wiederum um Angehörigenschmerzensgeld, nachdem ein Touristenboot in Kambodscha auf dem Mekong gekentert war.

799 *Bischoff*, Rev. crit. DIP 89 (2000), 201, 204.

800 Cour d´appel de Paris v. 16.01.1997, Clunet 2000, 990.

801 Cour de Cassation v. 08.02.1983, Banque veuve Morin Pons c. Javier Horn y Prado et Crédit Lyonnais, Clunet 1984, 123.

nischen Gesellschaft im Auftrag dieses Kunden an den Börsen in Madrid und Barcelona. Der ursprüngliche Eigentümer der Aktien klagte daraufhin gegen die Banken auf Schadensersatz, da diese fahrlässig gehandelt hatten, in dem sie die Rechtmäßigkeit des Aktienbesitzes ihres Kunden nicht überprüften.

Der Cour de cassation wählte als Tatort den Erfolgsort, also den Ort, an dem sich der Schaden realisiert hatte („la loi du lieu où le dommage a été réalisé"). Dieser lag hier wiederum aus Sicht des Gerichts an dem Ort, an dem die Verkaufsorder des Kunden den Banken gegenüber erteilt wurde, die Banken also die Verkaufsorder entgegennahmen und akzeptierten. Er lag also nicht dort, wo die Aktien tatsächlich verkauft wurden. Entscheidend war damit zwar der Erfolgsort. Der konkrete Lageort dieses Vermögens in Form der Aktien war jedoch irrelevant.

5. Vereinigtes Königreich

In England hat die Frage nach dem anwendbaren Recht eine im Vergleich zu Kontinentaleuropa kurze Geschichte.

Delikte, die sich im Ausland zugetragen hatten, konnten lange Zeit nicht vor englischen Gerichten vorgebracht werden. Die englischen Geschworenengerichte durften lediglich über sog. *local torts* entscheiden. Im 16. Jahrhundert wurden das erste mal auch ausländische Delikte von englischen Gerichten behandelt, in dem sie zu sog. *transitory torts* erklärt wurden, es sich danach also um Delikte mit Schädigungen von Personen oder mobiliarem Eigentum handelte, welche sich überall hätten ereignen können. Auch danach war das Delikt jedoch ausschließlich der *lex fori* unterstellt. Bis in die zweite Hälfte des 19. Jahrhunderts hinein wurde ausländisches Recht als Prozessrecht bezeichnet und daher nicht berücksichtigt.

Erst durch die Zunahme des wirtschaftlichen und sozialen Austauschs mit Kontinentaleuropa wurde der Bedarf an der Regelung des *conflict of laws* erkannt[802].

a) Situation im Common Law

Als sich die Überzeugung von der Richtigkeit der Anwendung auch ausländischer Normen durchgesetzt hatte, wurde in der High Court Entscheidung *Phillips v. Eyre*[803] die einseitige kollisionsrechtliche Grundregel für deliktische und quasi-

802 Siehe zur Entwicklung *Dicey/Morris/Collins*, Conflict of Laws, Rn. 1-018; *North/Fawcett*, Private International Law, 16 f.; Hood, Conflict of Laws within the UK, S. 12 ff.

803 [1870-71] LR 6 QB 1 (Court of Exchequer Chamber); vgl. zuletzt *Red Sea Insurance Co. Ltd. v. Bouygues SA* [1994] 3 W.L.R. 926 (PC).

deliktische Ansprüche in Form der sog. „*Double Actionability Rule*“ entwickelt. Hiernach war die Anwendung eines fremden Rechts an zwei Voraussetzungen gebunden war. Zum einen musste die im Ausland vorgenommene Handlung nach englischer *lex fori* zur Haftung des Handelnden führen und zum anderen durfte die Handlung nach dem Recht am Tatort nicht gerechtfertigt sein:

> „*First, the wrong must be of such a character that it would have been actionable if committed in England (...) Secondly, the act must not have been justifiable by the law of the place where it was done*”[804].

Der Tatort, nach dessen Recht die Tat nicht gerechtfertigt sein durfte, sollte dabei vom Richter über einen *substance test* ermittelt werden[805].

Die zweite Voraussetzung wurde vom House of Lords später in der Entscheidung *Boys v. Chaplin* dahingehend konkretisiert, dass „justifiable by the law of the place where it was done“ als „civilly actionable in the place where it was done” zu verstehen ist[806]. *Criminal liability* reicht demnach nicht aus.

Gleichzeitig deutete Richter Wilberforce an, dass in Ausnahmefällen eine Handlung auch zu Schadensersatz berechtigen kann, wenn sie nach dem Recht des Tatortes gerechtfertigt ist. In Ausnahmefällen kann also allein die *lex fori* angewandt werden. Die Anwendung der *lex fori* ohne jeglichen Inlandsbezug wurde jedoch nicht vom Gericht in Frage gestellt, obwohl die geäußerte Kritik daran bekannt war[807].

Eine solche Ausnahme wurde danach vom Court of Appeal in zwei Entscheidungen auch untersucht, jedoch nicht angewandt[808].

In der Entscheidung Red Sea Insurance Co Ltd v. Bouygues SA[809], wurde die *double actionability rule* kurz vor ihrer weitgehenden gesetzlichen Abschaffung

---

804 So Richter Willes in der Entscheidung *Phillips v. Eyre* [1870-71] LR 6 QB 1, 28 f.; der erste Teil dieser Regel wurde von einer Entscheidung des Privy Council in Sachen *The Halley* übernommen, [1868] L.R. 2 P.C. 193, weswegen vereinzelt nicht von der *double actionability rule*, sondern der *The Halley rule* gesprochen wird.

805 So ausdrücklich Richter Pearson in der Entscheidung *Distillers Co (Biochemicals) v. Thompson* [1971] A.C. 458, 468 (PC): “The right approach is, when the tort is complete, to look back over the series of events constituting it and ask the question, where in substance did this cause of action arise?”.

806 *Boys v. Chaplin* [1971] A.C. 356; siehe für Richter Hodson S. 377, für Richter Guest S. 381 und Richter Wilberforce S. 389.

807 Wilberforce räumte ein, dass “*(the) decision has been criticised and may have been wrong or decided on the wrong ground, but at least the judgment is clear as to its foundation*”, a.a.O.

808 Church of Scientology v. Commissioners of the Metropolis [1976] 120 SJ. 690; Couptand v. Arabian Gulf Oil Ltd [1983] 3 W.L.R. 1136.

809 [1994] 3 W.L.R. 926; das Privy Council war nicht an die Entscheidungen des House of Lords gebunden, in Revision eines Urteils des Hong Kong Court of Appeal ist die Entscheidung jedoch auch nicht bindend für englische Gerichte. Allerdings wurde ausdrücklich betont, dass das englische mit dem Recht Hongkongs übereinstimmte.

durch den Private international Law (miscellaneous) Act 1995 dann schließlich durch Anwendung einer flexiblen Ausnahme eingeschränkt. Allerdings nicht in der bereits in *Boys v. Chaplin* angedeuteten, sondern in genau entgegen gesetzter Richtung[810]. Hier war ausnahmsweise alleine das Recht des Tatortes für die Beurteilung der Rechtswidrigkeit maßgeblich. Einschlägig sei diese Ausnahme dann, wenn es im Interesse der Gerechtigkeit geboten sei[811]. Im vorliegenden Sachverhalt war dies aus Sicht der Richter der Fall, da kaum Bezug zum Forumsstaat (Hongkong) bestand, sondern im Gegenteil der Tatort die „most significant relationship with the occurrence and the parties" hatte.

Auf Grund der Anwendung der *lex fori* unabhängig von einem bestehenden Inlandsbezug, wurde die *double actionability rule* stark kritisiert[812] und in Sect. 10 (a) des PIL Act 1995 ausdrücklich (außer für Ansprüche aus Persönlichkeitsrechtsverletzungen, Sect. 13 (1) aufgegeben.

Die Lokalisierung des Tatortes zur Bestimmung des neben der *lex fori* anwendbaren Rechts erfolgte bis 1987 regelmäßig bei der Prüfung der internationalen Zuständigkeit englischer Gerichte[813].

Seit der Änderung von 1987[814] in Rules of the Supreme Court (RSC) Ord. 11, rule 1 (1), (f) sind englische Gerichte zuständig, "if (...) the claim is founded on a tort and the damage was sustained, or resulted from an act committed, within the jurisdiction". Diese Neuregelung unter dem Einfluss der Mines de Potasse d'Alsace-Rechtsprechung des EuGH[815] knüpft also ebenso wie Art. 5 Nr. 3 EuGVO sowohl an den Erfolgs- als auch an den Handlungsort an. Die alte Regelung in RSC Ord. 11, Rule 1 (1), (h) von 1920[816] bestimmte den Begehungsort dagegen nicht. Hiernach wurde die jurisdiction englischer Gerichte bejaht, sofern die Klage „(was) founded on a tort committed within the jurisdiction". Zur

---

810 *Reed*, C.J.Q. 1996, 305, 310 f.

811 a.a.O., Richter Lynn: "*necessary in the interests of justice*".

812 Vgl. *Anton/Beaumont*, PIL, S. 397f., m.w.N.; auch hier wurde die in den USA angewandte Theorie von der Anknüpfung an das „proper law of tort" vertreten, wonach das anwendbare Recht, das Recht desjenigen Staates ist, mit dem die engste Verbindung besteht siehe *Dicey/ Morris/Collins*, Conflict of Laws, 12. Auflage, Rule 202; bis zuletzt wurde eine solche Anknüpfung vom Gericht jedoch auf Grund der resultierenden Rechtsunsicherheit ausdrücklich abgelehnt, so auch in der Entscheidung *Red Sea Insurance Co. Ltd. v. Bouygues SA* [1994] 3 W.L.R. 926, 933. Die hier bevorzugte und auch in anderen Deliktskollisionsrechten anerkannte Ausnahme der Anknüpfung an eine offensichtlich engere Beziehung beinhaltet natürlich ebenso Rechtsunsicherheit. Da es sich hier jedoch nur um eine Ausnahmeregel handelt, ist die Unterscheidung nachvollziehbar.

813 *Rohe*, Geltungsgründe, S. 123.

814 Amendment No. 2, 1983/1181.

815 Siehe *Metall und Rohstoff AG v. Donaldson Lufkin & Jenrette Inc* [1990] 1 Q.B., S. 391, 437 (EWCA).

816 RSC 1920 Ord XI r 1(ee).

Beantwortung dieser Frage wandten die Richter dann den *substance test* an[817]. Hiernach war dasjenige Gericht zuständig, in dessen Bereich sich das Delikt im Wesentlichen ereignet hatte. Zur Bestimmung des Tatorts im Rahmen der *double actionability rule* verwiesen die Richter dann auf die Feststellung im Rahmen der Begründung ihrer *jurisdiction*. Daher ist die Zahl der Entscheidungen, in denen der Tatort eines Delikts im Rahmen des anwendbaren Rechts eigenständig diskutiert wurde, gering[818].

Auch nach Änderung durch Einführung der RSC Ord. 11, Rule 1 (1), (h) haben die Gerichte zur Tatortbestimmung im Rahmen der *double actionability*-Prüfung überwiegend weiterhin den alten *substance test* der jursidiction-Bestimmung angewendet[819]. Eine alternative Anknüpfung an Erfolgs- oder Handlungsort hatte sich im Rahmen der Gerichtsentscheidungen nicht durchgesetzt[820].

Im Folgenden sind vor diesem Hintergrund relevante Entscheidungen zur Tatortbestimmung bei reinen Vermögensschäden zu untersuchen.

(1) Diamond v. Bank of London & Montreal Ltd

Für die vorliegende Arbeit war hierbei die Entscheidung Diamond v. Bank of London & Montreal Ltd.[821] relevant.

In dieser Entscheidung ging es um Ansprüche eines Londoner Maklers gegen eine bahamesische Bank wegen einer falsch erteilten Auskunft.

Die Bank mit Sitz in Nassau auf den Bahamas hatte telefonisch und per Fax dem Kläger, einem Londoner Warenmakler, falsche Auskünfte über den Vertragspartner des Klägers, einem US-Makler, erteilt. Der Direktor der Beklagten hatte erklärt, der US-Makler sei rechtmäßig bevollmächtigt („respectably constituted“) und die 2 Mio. Tonnen Zucker, die Gegenstand des Kaufvertrags werden sollten, seien verfügbar. Die bahamesische Bank war als Auskunftsgeber zwischengeschaltete worden, um – wie bei solchen Maklergeschäften üblich – die Identität des Klienten des US-Maklers geheim zu halten.

Der Zucker, welchen der Londoner Warenmakler für seinen Klienten erwerben wollte, existierte in Wahrheit jedoch nicht, und der US-Makler konnte seine vertragliche Verpflichtung nicht erfüllen.

---

817 *Distillers Co (Biochemichals) Ltd v. Thompson*, AC [1971] 458, 468 (PC)

818 *North/Fawcett*, Private International Law, S. 635.

819 Siehe etwa die Entscheidung des Court of Appeal in *Metall und Rohstoff AG v. Donaldson Lufkin & Jenrette Inc* [1990] 1 Q.B. 391, 437 (EWCA) mit dem Argument, dies erfordere der Fall, da Handlung und Erfolg teilweise innerhalb und teilweise außerhalb der englischen Jurisdiktion stattfanden.

820 Siehe *Rohe*, Geltungsgründe, S. 141 f.

821 *Diamond v. Bank of London & Montreal* [1979] 1 All ER 561 (EWCA, Lord Denning, Lord Stephenson and Shaw Ljj).

Da der Londoner Makler auf Grund des Vertrages mit dem US-Makler bereits das Angebot eines anderen Zuckerlieferanten abgelehnt hatte, klagte er in England gegen die bahamesische Bank auf Ersatz seiner verlorenen Provision im Wert von 2 Mio. £.

Das Gericht wandte daraufhin englisches Recht an. Hier läge der Ort der Entgegennahme der *misrepresentation,* und hier hätte der Kläger die schädigenden Handlungen veranlasst.

> *"The tort of fraudulent or negligent misrepresentation when made by telephone or telex were committed at the place where the message was received and acted on, and not the place from which it was sent"*[822].

Entscheidend war demnach der Erfolgsort. Dieser ist jedoch nicht mit dem Lageort des geschädigten Vermögens identisch. Der Ort des Eintritts des Vermögensschadens ist vielmehr ausdrücklich irrelevant[823]. Vielmehr ist der Ort des Empfangs der fehlerhaften Auskunft sowie der Ort, an dem der Geschädigte die schädigende Handlung vornimmt, mithin der Erfolgsort, ausschlaggebend. Später im Urteil wird die Anknüpfung an den Verfügungsort noch stärker betont[824].

Richter Denning wies schließlich noch darauf hin, dass die Bestimmung des richtigen Anknüpfungspunktes für jeden deliktischen Haftungstatbestand selbständig vorzunehmen, und eine allgemeingültige Regel nicht zu entwickeln sei[825].

(2) Armagas Ltd. v. Mundogas S.A.

Bestätigt wurde die Anknüpfung an den Ort, an dem die relevante Erklärung entgegengenommen wurde, bzw. der Geschädigte auf Grund dieser gehandelt hat, für Fällen der *misrepresentation* in der Entscheidung Armagas Ltd. v. Mundogas S.A.[826].

In diesem Fall ging es um den Ersatz eines Vermögensschadens, den eine dänische Reederei durch die falschen Angaben eines Mitarbeiters eines panamaischen Unternehmens bei einem Treffen in Dänemark erlitten hatte. Durch den Kauf eines Schiffes von diesem Unternehmen erlitt die dänische Rederei den Schaden, da das Schiff durch das panamaische Unternehmen nicht – wie von dem Mitarbeiter beim Treffen in Dänemark zugesagt – für drei Jahre, sondern nur für ein Jahr zurückgechartert wurde.

---

822 So Richter Denning, a.a.O., 561.

823 So ausdrücklich Richter Stephenson, a.a.O., 566.

824 Richter Stephenson: the misrepresentation "does not become tortious until B not merely receivs it, but acts on it", a.a.O, 566.

825 Schon zuvor nannte er die Tatortbestimmung als "one of the most vexed questions in conflict of law" in: *Boys v. Chaplin* [1968] 2 Q.B. 1.

826 *Armagas Ltd. v. Mundogas SA* [1986] A.C. 717 (EWHL).

Die Sachverhaltsdifferenz zu Diamond v. Bank of London & Montreal lag lediglich darin, dass die falschen Aussagen hier in einem Gespräch mit physischer Anwesenheit beider Parteien in Dänemark statt fanden. Anwendbares Recht war entsprechend der Grundsätze von Diamond v. Bank of London & Montreal das Recht Dänemarks[827].

Im Fall der *fraudulent* oder *negligent misrepresentation* war somit bei Geltung des *common law* eine Anknüpfung an den Erfolgsort richterrechtlich anerkannt[828]. Dieser wurde durch den Ort der Entgegennahme der fehlerhaften Erklärung, sowie der eigenen schädigenden Verfügung bestimmt[829].

(3) Metall und Rohstoff AG v. Donaldson Lufkin & Jenrette Inc.

Allerdings kommt in einer anderen Entscheidung, in der es um Ansprüche aus einem Vertragsbruch ging, auch dem Lageort des Vermögens eine entscheidende Rolle bei der Tatortbestimmung zu.

Im Fall *Metall und Rohstoff AG v. Donaldson Lufkin & Jenrette Inc.*[830] klagte ein schweizerisches Unternehmen gegen zwei US-amerikanische Muttergesellschaften einer insolventen Londoner Maklergesellschaft auf Ersatz des Schadens, der dem schweizerischen Unternehmen durch einen Vertragsbruch der Londoner Maklergesellschaft entstanden war. Die Muttergesellschaften mit Sitz in den USA hatten zuvor mit dem Londoner Maklerunternehmen bei Treffen in New York vereinbart, dem schweizerischen Unternehmen Verluste zuzuschlagen. Diese Verluste waren durch den betrügerischen sog. *transfer of equity* des verkaufenden Aluminiumhändlers entstanden. Dieser hatte mit Wissen der Maklergesellschaft und deren Muttergesellschaften Geld der Geschädigten auf eigene Konten überwiesen, die er zuvor bei der Londoner Maklergesellschaft eröffnet hatte.

Auf Grund der unberechtigten Zuschlagung dieser Verluste wurden vom Londoner Makler geschuldete Zahlungen an das schweizerische Unternehmen nicht vorgenommen, und das Konto des schweizerischen Unternehmens bei der Londoner Maklergesellschaft zeitweise geschlossen. Hierdurch entstand diesem ein hoher Vermögensschaden, welchen es in der Klage vor einem englischen Gericht wegen deren Verleitung zum Vertragsbruch (*inducing breaches of contract*) von den Muttergesellschaften ersetzt verlangte. Ein möglicher Anspruch war nur

827 So Richter Robert Goff: "the tort of fraudulent misrepresentation was committed when the representation was made, i.e. when it was communicated (…) and when it was acted upon".

828 So auch zuletzt: Ennstone Building Products Ltd v Stanger Ltd [2002] 1 WLR 3059, 3071 (EWCA); *Base Metal Trading Ltd v Shamurin* [2004] C.L.C. 912, 938, (EWCA); in beiden Fällen war das *common law* Anwendbar, da das Delikt vor Inkrafttreten des PIL-Act 1995 vollendet war.

829 *Hörnle*, IJLIT 12 (2004), 333, 359.

830 [1990] 1 Q.B. 391 (EWCA).

nach englischem Recht durchsetzbar. Nach dem Recht des US-Bundesstaates New York war dieser verjährt.

Richter Slade nahm in diesem Fall an, der Schwerpunkt der Verleitung zum Vertragsbruch liege in England, da hier die wesentlichen Vertragsbrüche in Form der Handlungen, zu denen der Schädiger angestiftet hatte, stattfanden und hier auch – das folgende Argument ist für eine mögliche Bestimmung des Erfolgsortes entscheidend – der Vermögensschaden des Geschädigten eingetreten war[831]. Dieser Schwerpunkt liege jedenfalls ausdrücklich nicht am Hauptverwaltungssitz der Klägerin in Zug. Auf diesen Ort als Ort der Vermögenszentrale wollte der Anwalt einer Beklagten abstellen, da sich hier der Schaden ausgewirkt habe („damage was suffered in his pocket"). Andernfalls müssten bei *economic torts,* bei denen der Schaden in verschiedenen Staaten eingetreten sei (also bei Streuschädigungen), verschiedene Prozesse geführt werden, was dem Geschädigten nicht zuzumuten sei[832].

Hiergegen sprach Richter Gatehouse mit dem Argument, der „immediate damage" sei in London eingetreten, so dass sich das Problem einer Vielzahl von Foren nicht stelle[833].

Das Gericht entschied sich demnach gegen eine Anknüpfung an die Vermögenszentrale. Die Ausführungen im Rahmen der Prüfung der *jurisdiction* wurden auf die Frage des neben der *lex fori* maßgeblichen Sachrechts übernommen.

Im Vergleich zur oben dargstellten Entscheidung in Sachen Diamond v. Bank of London & Montreal Ltd. dient dieser Fall sowohl als Beispiel dafür, dass die englischen Richter den tatsächlichen Lageort des Vermögens nicht außer Acht lassen, als auch dafür, dass sie unter Umständen jeden deliktischen Haftungstatbestand unterschiedlich anknüpfen. Nach den Regeln, die oben für Ansprüche aus *fraudulent* und *negligent misrepresentation* galten, wäre eigentlich im Fall Metall und Rohstoff AG v. Donaldson Lufkin & Jenrette Inc. US-amerikanisches Recht anwendbar, da hier die Anstiftungserklärung empfangen wurde.

(4) Arab Monetary Fund v. Hashim

Im Fall Arab Monetary Fund v. Hashim (u.a.) ging es um einen Vermögensschaden des Arab Monetary Fund (AMF), den dieser auf Grund einer Untreuehandlung seines Präsidenten erlitt[834]. Der Präsident hatte im Namen des AMF mit einer Baufirma aus Abu Dhabi den Vertrag zum Bau des neuen Gesellschaftssitzes in Abu Dhabi geschlossen, nachdem er von der Baufirma hierfür Gelder

831 A.a.O., S. 447 ff.
832 A.a.O., S. 410.
833 A.a.O., S. 410.
834 [1996] 1 Lloyd's Law Rep. 589 (EWCA).

erhalten hatte. Richter Saville lokalisierte den Tatort des Vermögensschadens des AMF in Abu Dhabi, da die Leistung hier ausgeschrieben wurde, die Leistung hier erbracht werden sollte, der Vertrag hier unterschrieben wurde und die schädigenden Zahlungen hier an den Auftragnehmer erfolgten[835].

Auch in diesem Fall fand demnach eine Gesamtbetrachtung statt. Der Lageort des Vermögensgegenstandes stellt nur ein relevantes Sachverhaltsmerkmal unter anderen dar.

b) Änderungen durch den Private international Law (miscellaneous) Act 1995

Seit dem ab dem 01.05.1996 geltenden Private international Law (miscellaneous) Act 1995 (im Folgenden PIL Act 1995), ist das Kollisionsrecht in Großbritannien gesetzlich geregelt und das des Common Law ersetzt worden[836].

Hierin gipfelte ein Reformprozess der insbesondere durch die Arbeit der *Law Commission* und deren *Consultation Paper on Private International Law: Choice of Law in Tort and Delict* von 1984[837] vorangetrieben wurde. Darin war die *lex loci delicti* Anknüpfung eine von vier vorgeschlagenen Möglichkeiten[838].

Anwendbar ist nach dem PIL-Act 1995 im Deliktsstatut grundsätzlich gem. Sect. 11 (1) nur noch die Tatortanknüpfung. Die erste Anforderung der *Phillips v. Eyre*-Regel ist somit entfallen. Stattdessen wurde die zweite zur Grundregel ausgebaut. Das Deliktskollisionsrecht in Großbritannien wurde damit durch die Kodifizierung von 1995 an das kontinentaleuropäische angepasst.

Im Falle eines Distanzdeliktes ist der Tatort im PIL-Act 1995 genauer bestimmt. So gilt für Delikte bezüglich *personal injury* und *damage to property* das Recht am Ort, an dem das Rechtsgut (*property*) sich befand, als es durch die deliktische Handlung geschädigt wurden, Sect. 11 (2) (a) und (b). Diese Anknüpfung kann über die displacement-Regel der Sect. 12 (1) verdrängt werden, falls in einem Staat die signifikantesten Elemente des Delikts liegen[839].

---

835 [1996] 1 Lloyd's Law Rep. 589, 597.

836 Lediglich mit der Ausnahme von Schuldverhältnissen die sich aus *defamation claims* ergeben, für sie gelten gem. Sect. 13 (1) PIL-Act 1995 weiterhin die Regeln des common law.

837 Working Paper No. 87, Consultative Memorandum No. 62.

838 Die anderen Vorschläge bestanden aus der Anwendung der *lex fori,* einer Bestimmung des anwendbaren Rechts auf der Basis der Interessen der beteiligten Staaten sowie eine reine *proper law of tort* Regel, wobei die ersten beiden Vorschläge von den Commissions selbst abgelehnt wurden.

839 Bereits im common law anerkannt war die Auflockerung im Falle eines gemeinsamen Personalstatuts von Schädiger und Geschädigten, siehe House of Lords, *Boys v. Chaplin* [1971] A.C. 356, sowie die Möglichkeit einer akzessorischen Anknüpfung, siehe *Sayers v. International Drilling Co. N.V.* [1971] 1 W.L.R. 1176 (C.A.).

Im Falle eines Schadens, der keine *personal injury* oder *property damage* darstellt, ist gem. Sect. 11 (2) (c), der Ort maßgeblich, an dem sich die signifikantesten Teile, *„the most significant elements"* des Delikts ereignet haben.

Eine solche *proper law exception* war von der *Law Commission* insbesondere auf Grund der Gruppe der *economic torts* vorgschlagen worden, da hier die Bestimmung eines Tatortes regelmäßig Fiktion sei[840]. Diese Ansicht wurde in der Literatur überwiegend geteilt[841].

Wo dieser Ort liegt, hat der jeweilige Richter selbst frei zu entscheiden, es fehlt an einer beispielhaften Aufzählung von Kriterien[842]. Der neue Begriff der *significance* darf jedoch nicht mit *substance* gleichgesetzt werden[843]. *Significance* ist weiter zu verstehen als *substance* und bietet eine weite Auslegungsmöglichkeit durch den Richter[844]. Es sind also zuerst die Elemente des Delikts zu bestimmen und dann bezüglich der *significance* zu bewerten[845]. Die Gewichtung der Elemente des Delikts erfolgt jedoch unabhängig von der besonderen Nähe einer oder mehrerer Elemente zu einem Ort, sondern entsprechend dem Wesen des jeweiligen Delikts und dessen Elementen[846]. Auch wenn sich also die überwiegende Zahl der Elemente eines Delikts an einem Ort ereignet haben, und nur das aus Sicht des Richters wesentliche Element an einem anderen Ort ereignet hat, ist dennoch letzterer Ort entscheidend[847]. Auch hierbei soll eine Interessenabwägung zur Anwendung des angemessenen Rechts führen[848].

Der Ort an dem die Elemente oder das Element des Delikts liegen, die aus Sicht des Richters *significant* sind, muss also nicht mit dem Ergebnis des *substan-*

---

840 Consultation Paper on Private International Law: Choice of Law in Tort and Delict, Paras. 438 ff., 557 f.,

841 Siehe etwa *Fawcett*, Modern Law Review 84 (1985), 439, 446 ("Economic torts and delicts may be so multi-state in character that fixing the locus delicti becomes a fiction"); Auch die Mehrzahl der über 50 eingegangenen Kommentare zum Vorschlag der *Law Commissions* befürwortete diese Anknüpfung, vgl. Para. 1.8 des Reports von 1990 zum Consultation Paper von 1984 (Law Com. Report No 193, Scot. Law Com. Report No 129).

842 *Jaffey*, Topics in choice of law, S. 116.

843 *Morin v. Bonhams & Brooks Ltd.* [2003] EWCA 1802; *Protea Leasing Limited v Royal Air Cambodge Company Limited (u.a.)* [2002] EWHC 2731.

844 *Protea Leasing Ltd. v. Royal Air Cambodge Co Ltd.* [2002] EWHC 2731.

845 *Morin v. Bonhams & Brooks Ltd.* [2003] EWCA 1802: "What is required is an analysis of all the elements constituting the tort as a matter of law, and a value judgment regarding their significance".

846 *Morin v. Bonhams & Brooks Ltd.* a.a.O.: "the intrinsic nature of the element(s) of the tort – and not the nature of closeness of any tie between those elements and the country where they occurred".

847 Ein solcher Ausnahmefall kann jedoch über die Verknüpfung der engsten Verbindung in Sec. 12 korrigiert werden.

848 *Jaffey*, Topics in choice of law, S. 116.

ce test übereinstimmen[849]. Auf der anderen Seite können diese Entscheidungen als Richtlinie dienen[850]. So ist die Anwendung des Rechts am Ort weiterhin geboten, an dem etwa eine *misrepresentation* empfangen, und auf deren Grundlage gehandelt wurde, wie es in den Entscheidungen Diamond v. Bank of London & Montreal sowie Metall und Rohstoff AG v. Donaldson Lufkin & Jenrette Inc. dargelegt wurde[851].

Es wird teilweise auch vertreten, da Sec. 11 (2) (a) und (b) PIL-Act 1995 den Ort der jeweiligen Schädigung, also den Erfolgsort, als Anknüpfungspunkt wählen, auch das *most significant element* im Sinne von Sect. 11 (2) (c) PIL-Act 1995 des Sachverhalts müsse eher am deliktischen Erfolgsort liegen[852]. Letztlich ist der Richter jedoch hier frei in der Wahl des aus seiner Sicht relevanten Deliktselements.

Ferner wird *property* im Sinne des 11 (2) (b) auch als reines Vermögen missverstanden[853]. Hiergegen sprechen jedoch bereits die unten dargestellten Entscheidungen etwa in Sachen Morin v. Bonhams & Brooks Ltd., in der die Richter einen Anspruch wegen *misrepresentation* unter Anwendung der Sec. 11 (2) (c) PIL-Act 1995 gelöst haben[854]. Bei reinen Vermögensschäden wird somit vielmehr die Schwerpunktanknüpfung der Sect. 11 (2) (c) PIL-Act 1995 vorzunehmen sein.

Im Unterschied zum Aufbau der Rom II-VO wird eine Bestimmung des Erfolgsortes dadurch umgangen, dass dieser nicht bestimmt werden muss, sondern direkt eine Bestimmung der engsten Beziehung zu einem Ort vorgenommen werden darf. Im Rahmen der Rom II-VO muss jedoch der Erfolgsort auch für reine Vermögensschäden immer bestimmt werden. Der Verordnungsgeber hat bewusst konkrete Anknüpfungspunkte gewählt und lässt eine Abweichung von diesen nur in Ausnahmefällen zu. Zwar kennt auch die Rom II-VO eine Anknüpfung an eine offensichtlich engere Verbindung, die aus der „Gesamtheit der Umstände" folgt, allerdings kann sich eine solche immer nur in Relation zur Verbindung des Erfolgsortes zum übrigen Deliktssachverhalt angenommen werden. Der Erfolgsort muss also in jedem Falle bestimmt werden. Als Erfolgsortkonkretisierung selbst, ist diese Anknüpfung wiederum ungeeignet[855]. Davon auszugehen, dies sei keine Ausnahme von der Erfolgsortkonkretisierung, sondern bei reinen Vermögens-

849 Siehe so ausdrücklich: Richter Moore-Bick in der Entscheidung des High Court of Justice, *Protea Leasing Limited v Royal Air Cambodge Company Limited* [2002] EWHC 2731 .

850 So *Clarkson/Hill*, Conflict of Laws, S. 232; *Collier*, Conflict of Laws, S. 230.

851 *Houseman*, LMCLQ 2004, 426, 433.

852 So *Jaffey*, Topics in choice of law, 116; siehe auch Nachweise bei *North/Fawcett*, Private International Law, 643.

853 *Girsberger* in: Basedow u.a. (Hrsg.), Liber Amicorum Kurt Siehr (2000), S. 219, 227 f.

854 So auch: *Dicey/Morris/Collins*, Conflict of Laws, Rn. 35-089; *Collier*, Conflict of Laws, S. 230; *North/Fawcett*, Private International Law, S. 635 f.

855 Siehe unten: Kapitel C.IV.1.a).

schäden sei der Erfolgsort über eine Würdigung aller Umstände des Sachverhalts zu bestimmen, ist mit dem Erfolgsortbegriff der Rom II-VO nicht vereinbar. Zwar wird eine solche Anknüpfung auf Grund der Freiheit auch als europäische Regel für reine Vermögensschäden vorgeschlagen[856], aber eine solche ungenaue Anknüpfung, ohne Festlegung, welche diese *significant elements* sein sollen, ist zu offen und damit nur eine scheinbare gesetzliche Lösung[857].

Die problematische[858] *significance*-Bestimmung wird so in der Rom II-VO zur Ausnahme und nicht zur Regel.

(1) Protea Leasing Limited v. Royal Air Cambodge Company Limited

Im vorliegenden Fall wurde bewusst eine Abweichung von den *common law* -Regeln im Allgemeinen und den in der Entscheidung Metall und Rohstoff AG aufgestellten Regeln im Speziellen vorgenommen. Wie schon oben angesprochen legte Richter Moore-Bick besonderen Wert auf die geänderte Rechtslage seit Einführung des PIL-Acts 1995. Die Bestimmung der *most significant elements* sei flexibler als der *substance*-Test. Daher wurde in vorliegenden Fall, in dem es – wie im Fall Metall und Rohstoff AG v. Donaldson – um deliktische Ansprüche aus *inducing or procuring breach of contract* ging, nicht das Recht am Ort des Vermögensschadens berufen.

Zwar liege in der Vermögensschädigung der Klägerin – hier in Form des Ausbleibens der Leasingratenzahlungen – einer der relevanten Schäden. Diesen Schaden lokalisierte das Gericht auch am Sitz der kontoführenden Bank, auf die die Zahlung hätte geleistet werden sollen. Darüber hinaus lag ein Schaden jedoch auch in der Unmöglichkeit, den Leasinggegenstand, das Flugzeug, vereinbarungsgemäß zur Verfügung zu stellen. Letzterer sei stärker zu gewichten als der reine Vermögensschaden[859]. Danach war im konkreten Fall kambodschanisches Recht anwendbar.

(2) Morin v. Bonhams & Brooks Ltd.

Hier ging es wieder um die Bestimmung des anwendbaren Rechts für Ansprüche aus *fraudulent misrepresentation* über den Zustand eines Automobils die der Ge-

---

856 Graziano, EuIDR, S. 105.

857 *Jaffey*, Topics in choice of law, S. 95 f.: "To adopt such a formula, without stating what these criteria are, is to duck the problem: to seem to be laying down a rule, without actually doing so", mit Verweis auf die Kritik an der *Proper Law of Tort*-Regel von *Mann* in: The proper law in the conflict of laws, ICLQ 1987, 437, 438.

858 *Turner*, NLJ 156 (2006), 1666.

859 A.a.O., Rn. 80.

schädigte in England entgegennahm[860]. Auf Grund dieser Täuschung reiste er nach Monaco, um dort das Auto zu ersteigern, welches sich in England befand. Die Richter entschieden, dass „by far the most significant elements“ in Monaco stattgefunden hatten, räumten jedoch in einem *obiter dictum* ein, diese würden in England liegen, hätte der Geschädigte per Telefon aus England an der Auktion teilgenommen.

Auch in diesem Fall widersprachen die Richter ausdrücklich einer Übernahme des *substance test* zur Bestimmung der *most significant elements* des Delikts, allerdings wurde hier an der Anknüpfungsregel des *common law* für *fraudulent misrepresentation* insofern festgehalten, als dass der Ort an dem auf Grund der *misrepresentation* gehandelt wurde, entscheidend war[861].

(3) Dornoch Ltd. v. Mauritius Union Assurance Co Ltd.

Auch hier stellte Richter Aikens klar, dass die alte Rechtsprechung zum Common Law nicht ohne weiteres zu übernehmen sei. Vielmehr müsse das anwendbare Recht nach den Erfordernissen des Sec. 11 (2) (c) PIL Act-1995 neu bestimmt werden. Er kam jedoch auch hier wiederum in einem Fall einer Klage wegen *misrepresentation* zum selben Ergebnis wie die oben zitierten Entscheidungen in Sachen Diamonds und Armagas. Die signifikantesten Elemente der betrügerischen Auskunft einer bahmesischen Gesellschaft an die RBS in London, und bei Weitergabe dieser Daten an die Rückversicherer, lagen hier aus Sicht des Gerichts dort, wo die geschädigten Rückversicherer die Angaben erhielten, die Verträge geschlossen hatten sowie dort, wo der Vermögensschaden eingetreten war[862]. Die Gewichtung lag hier aus Sicht von Richter Aikens jedoch anders als im Falle Morin v. Bonhams & Brooks Ltd. eindeutig auf dem Ort, an dem auf die falschen Angaben vertraut wurde[863].

(4) Trafigura Beheer BV v. Kookmin Bank Co

In einem ähnlichen Fall wählte Richter Aikens denselben Ansatz zur Bestimmung des anwendbaren Rechts[864].

Im Kern ging es um Ansprüche auf Ersatz eines Vermögensschadens, den eine

860 *Morin v. Bonhams & Brooks* [2003] EWCA Civ, 1802.

861 Zuletzt bestätigt in *FFSB Ltd v. Seward & Kissel LLP* [2007] All ER (D) 218 (PC); sowie *4 Eng Ltd v Harper and Simpson* [2007] All ER (D), 56 (EWHC).

862 *Dornoch Ltd v Mauritius Union Assurance Co Ltd*, [2005] EWHC 1887.

863 „The reliance, which is the most significant element of all, in my view, takes place in England. (...) Although the loss was also significant, it was not the most significant element"so Richter Aikens" so Richter Aikens, a.a.O.

864 *Trafigura BV v. Kookmin Bank Co.*, [2006] 2 Lloyd's Rep. 455 (EWHC).

südkoreanische Bank erlitten hatte. Die Bank hatte einen Akkreditiv abgeschlossen und forderte nun vom Begünstigten den Ersatz des Vermögensausfalls. Die Sicherungsgüter wurden an den Akkredetivantragssteller ausgeliefert, ohne dass von diesem verlangt wurde, die Zahlungsbestätigung vorzulegen. Die verschiedenen Ereignisse, die für dieses Delikt relevant waren, fanden in einer Reihe von unterschiedlichen Staaten, insbesondere in Korea, Singapur, Indonesien, England und Japan, statt[865]. Zwar sahen die Richter die signifikantesten Elemente nicht in England, letztlich wurde aber hier über Sec. 12 (1) PIL-Act 1995 dennoch englisches Recht angewendet, da der Sachverhalt mit England am engsten verbunden war, da alle bestehenden Verträge zwischen den einzelnen Parteien englischem Recht unterlagen.

c) The Law Applicable to Non-Contractual Obligations (England and Wales and Northern Ireland) Regulations 2008

Ähnlich wie der deutsche Gesetzgeber hat auch das englische Parlament im Zuge des Inkrafttretens der Rom II-VO eine Änderung des Gesetzestextes seines nationalen Kollisionsrechts beschlossen.

Gem. Regulation 2 der The Law Applicable to Non-Contractual Obligations (England and Wales and Northern Ireland) Regulations 2008, wurde Sec. 15A in den PIL-Act 1995 eingeführt. Dieser stellt in Sec. 15A (1) und (2) deklaratorisch den Anwendungsvorrangs der Rom II-VO klar. Gem. Sec. 15A (3) gelten diese Änderung des PIL-Act 1995 zwar nicht in Schottland, das schottische Parlament hat jedoch ebenfalls inhaltsgleiche The Law Applicable to Non-Contractual Obligations (Scottland) Regulations erlassen.

d) Zusammenfassung

Der Überblick hat gezeigt, dass reine Vermögensschäden in der Rechtssprechung im Vereinigten Königreich abhängig vom Deliktstyp unterschiedlich angeknüpft werden. Für reine Vermögensschäden aus *information torts* sehen die Gerichte das *most significant element* an dem Ort, an dem auf die Information vertraut und auf Grund dieser gehandelt wurde[866]. Dies gilt auch nach Einführung des PIL-Act 1995 bei *fraudulent misrepresentation* und *negligent misrepresentation* weiter[867].

865 Siehe so auch die Zusammenfassung des Sachverhalts von *McKnight*, J.I.B.L.R. 22 (2007), 187, 210.

866 *Hörnle*, IJLIT 12 (2004), 333, 359.

867 Siehe etwa *Morin v. Bonhams & Brooks* [2003] EWCA Civ, 1802; zuletzt bestätigt in *FFSB Ltd v. Seward & Kissel LLP* [2007] All ER (D) 218 (PC); sowie *4 Eng Ltd v Harper and Simpson*

Letztlich ist die Anknüpfung an den Ort an dem die signifikantesten Elemente des Delikts liegen jedoch zu unbestimmt, um eine einheitliche Rechtsprechung zu begründen.

6. Belgien

In Belgien ist das Kollisionsrecht erst seit 2004 im belgischen IPRG kodifiziert[868]. Seitdem ist die vorher bereits gewohnheitsrechtlich entwickelte Tatortanknüpfung[869] in Art. 99 § 1, Abs. 2 des belgischen IPRG gesetzlich normiert[870]. Für Distanzdelikte ist in Art. 99 § 1, Abs. 3 eine Anknüpfung an die engste Verbindung vorgesehen[871].

Der Cour d'appel de Bruxelles wandte auf einen Sachverhalt, in dem Grundstücke eines belgischen Unternehmens in Zaire verstaatlicht wurden, zairisches Recht an, da hier der Handlungsort der Enteignung lag, und Zaire der Ort war an dem ein Schaden in Form ausbleibender Gewinne[872] eingetreten war.

Zwar handelt es sich hierbei nicht um eine Schädigung des reinen Vermögens, allerdings ist dieses Urteil insofern relevant, als dass eine Anknüpfung an die Vermögenszentrale des Klägers als Anknüpfungspunkt ausdrücklich abgelehnt wurde. Insofern ist auch hier eine Trennung von relevanten Erst- und irrelevanten Folgeschäden anerkannt.

7. Österreich

Seit Inkrafttreten der Änderung in § 48 IPRG am 01.01.1979 ist auch hier die *lex loci delicti*-Anknüpfung normiert. Der Tatort wurde in der Rechtsprechung jedoch ausschließlich über den Ort des die Verletzung unmittelbar auslösenden Ereignisses, also über den Handlungsort bestimmt.

[2007] All ER (D), 56 (EWHC); so auch *North/Fawcett*, Private International Law, 635, m. w. N. in Fn. 18.

868 Englische Übersetzung abgedruckt in RabelsZ 70 (2006), 358 ff.

869 Vgl. die ständige Rechtsprechung: Hof van Cassatie v. 17.05.1957, Pasicrisie 1957, I, 1111.

870 Hiernach gilt „het recht van de Staat op wiens grondgebied de schadelijke handeling en de schade zelf zich helemaal hebben voorgedaan of dreigen zich te zullen voordoen".

871 Das Delikt soll „in de overige gevallen", also da, wo Handlungs- und Erfolgsort nicht im selben Staat liegen, „door het recht van de Staat waarmee de betrokken verbintenis de nauwste banden heeft" beurteilt werden.

872 Cour d'appel de Bruxelles v. 16.03.1989, Journal des tribonaux 1989, 550, 551.

Dementsprechend urteilte der OGH in einer Entscheidung über das auf einen behaupteten Anspruch auf Schadensersatz wegen einer fehlerhaften Bonitätsauskunft anwendbare Recht, dieses sei österreichisches Recht, da hier der Ort des „gesetzten schädigenden Verhaltens“ lag[873].

Die Anknüpfung an den Handlungsort wurde über die Ausweichklausel der „stärkere(n) Beziehung“ in § 48 Abs. 1, S. 2 IPRG jedoch regelmäßig dann durchbrochen, wenn das den Schaden verursachende Verhalten typischerweise zu einer Schädigung jenseits der Grenze führt und der Schädiger daher damit rechnen musste[874].

Daneben besteht inländische Gerichtsbarkeit nach § 27a Jurisdiktionsnorm (i. d. F. nach österr. BGBl 1997 I/140) in bürgerlichen Rechtssachen ohne weitere Voraussetzung immer dann, wenn die örtliche Zuständigkeit eines Gerichts gegeben ist, und Völkerrecht nichts anderes bestimmt. Nach der Vorlage an den EuGH durch den OGH[875] wurde hier bei reinen Vermögensschäden auch die Kronhofer-Regel übernommen[876]. Vorlagefrage war hier konkret, ob bei reinen Vermögensschäden auch der Sitz der geschädigten Gesellschaft erheblich ist, weil ihr die Aufwendungen „weiterverrechnet“ wurden, oder nur jener Ort verstanden wird, an dem sich die Vermögensteile befunden haben, die die Klägerin verloren hat. Diese hat der EuGH verneint.

8. Exkurs: Schweiz

Die Schweiz ist zwar nicht Teil des räumlichen Anwendungsbereich der Rom II-VO, jedoch ist eine Darstellung der in der Schweiz gefundenen Lösungen zur Erfolgsortbestimmung für reine Vermögensschäden aufschlussreich, da hier seit der Einführung des Bundesgesetzes über das internationale Privatrecht vom 18.12.1987 gem. dessen Art. 133 Abs. 2 der Tatort ebenfalls ausschließliche über den Erfolgsort bestimmt wird[877].

---

873 OGH v. 30.06.1988, IPRE 3/49.

874 OGH v. 24.05.1995, ZfRV 1995, 47.

875 OGH v. 09.04.2002, ZfRV 2002, 232.

876 OGH v. 18.08.2004, ZfRV 2005, 7.

877 Auch Diana Wallis hat sich als Berichterstatterin mit dem schweizerischen Kollisionsrecht beschäftigt, siehe Entwurf des Berichts des Rechtsausschusse des Europäischen Parlaments, Berichterstatterin: Diana Wallis, (Doc. Nr.: PR\546929DE), S. 44 („Die Berichterstatterin hat eingehend das Schweizer Bundesgesetz über das internationale Privatrecht, das US Second Restatement und andere Instrumente von Bundesstaaten geprüft, bevor sie die Entscheidung darüber traf, welcher Ansatz gewählt werden sollte“). Der föderale Staatsaufbau der Schweiz scheint demnach für eine Vergleichbarkeit mit den Regeln der europäischen Union besonders geeignet.

Zur Erfolgsortbestimmung für reine Vermögensschäden führte das Bundesgericht aus, grundsätzlich sei zwischen Erfolgs- und Schadensort zu unterscheiden[878]. Letzterer scheide als Anknüpfungspunkt aus. In der Entscheidung war das anwendbare Recht auf Ansprüche von Gläubigern einer Bank mit Sitz in Kingstown, St. Vincent and the Grenadines, gegen einen dritten Gläubiger der Bank, welcher nach der Insolvenz der Bank, Guthaben dieser bei einer anderen Bank verarrestieren und rechtzeitig durch Betreibung prosequieren ließ. Dadurch erlangte er an diesem verarrestierten Guthaben der insolventen Bank eine etwa 85 %-ige Insolvenzquote. Eine solch hohe Quote erlangte er nur, da die anderen Gläubiger es versäumten das konkrete Guthaben der insolventen Bank mit zu verarrestieren. Die übrigen Gläubiger ließen daraufhin den Anteil des Beklagten an dem Guthaben ihrerseits verarrestieren und klagten nun auf Arrestprosequierung.

Die Kläger sahen den Erfolgsort an ihrem Wohnsitz in Deutschland, da ihr Vermögen hier geschädigt worden sei. „Das Rechtsgut Vermögen (werde) in erster Linie am Ort verletzt, wo das Opfer und der Inhaber des betreffenden Rechtsgutes domiziliert seien. Dort werde das Vermögen auch steuerlich und erbfallmäßig erfasst“[879].

Hiergegen führte das Schweizerische Bundesgericht aus, jede Schädigung treffe in letzter Konsequenz das Vermögen der berechtigten Person. Die steuerliche und erbfallmäßige Auswirkung ist demnach keine Besonderheit des reinen Vermögensschadens. Schließlich gehe das Argument der steuerrechtlichen Auswirkung am Wohnsitz auch fehl, da das schweizerische Steuerrecht auch an den (schweizerischen) Lageort des zu besteuernden Vermögens anknüpft, Art. 4 i.V.m. Art. 22 Verrechnungssteuergesetz[880].

Anzuknüpfen sei vielmehr an den konkreten Lageort des Vermögensteils. Nur wenn sich ein konkreter Vermögensteil nicht bestimmen ließe, sei der Sitz des Hauptvermögens anwendbar, welcher regelmäßig am Wohnsitz des Geschädigten liegen wird[881]. Wann eine solche Unbestimmbarkeit vorliegen könnte, wurde jedoch nicht besprochen.

In einer späteren Entscheidung zum anwendbaren Recht auf Ansprüche aus Geldwäsche folgten die Bundesrichter dieser Entscheidung[882]. Eine Bank mit Sitz in den Golfstaaten klagte hier gegen eine Genfer Bank auf Zurückzahlung von

878 BG v. 02.11.1998, SZIER 2000, S. 351, in Weiterführung und Konkretisierung der Rechtssprechung zur Anknüpfung bei reinen Vermögensschäden in BGE 113 II 476, 479.

879 BG, SZIER 2000, S. 351, 353.

880 BG, SZIER 2000, S. 351, 353.

881 So auch die Auslegung in der Urteilsanmerkung von *Schwander*, SZIER 2000, S. 354, 355; sowie die Besprechung von *Girsberger* in: Basedow u.a. (Hrsg.), Liber Amicorum Kurt Siehr (2000), S. 219 ff.

882 BG v. 18.04.2007, BGE 133 III, 323.

Geldern, da die Genfer Bank die Herkunft der im Auftrag eines Kunden der Bank an die Genfer Bank überwiesenen Gelder fahrlässigerweise nicht überprüft habe und so die von dem Auftraggeber begangene Geldwäsche nicht erkannt wurde. Der Erfolgsort dieses Vermögensschadens der Bank aus den Golfstaaten lag aus Sicht der Bundesrichter in Genf, da hier der Erfolg des Geldverlusts für diese eingetreten ist, in dem die Genfer Bank die Gelder n verschiedene andere Länder weiter transferierte.

9. Zwischenergebnis

Die Darstellung der Situation in ausgewählten Mitgliedsstaaten zeigt, dass die Tatortanknüpfung zur Bestimmung des anwendbaren Rechts anerkannt ist. Auch der Erfolgsort als alleinige Konkretisierung des Tatortes überwiegt. Dies unterstreicht nochmals die Richtigkeit der Wahl dieses Anknüpfungspunktes in Art. 4 Abs. 1 Rom II-VO.

Dieser Erfolgsort oder der *place of injury* (Verletzungsort) wird in den europäischen Kollisionsrechten einheitlich als der Ort gesehen, an dem sich das unmittelbar betroffene Rechtsgut oder im vorliegenden Fall des Vermögensschadens das Vermögensinteresse befindet. Die auch von der Rom II-VO vorgesehene Unterscheidung zwischen relevantem und irrelevantem Vermögensschaden ist durchgehend anerkannt. Der Vermögensschaden als bloßer Folgeschaden ist kollisionsrechtlich unbeachtlich und vom haftungsbegründenden Vermögensschaden in Fällen reiner Vermögensschädigungen abzugrenzen[883]. Insbesondere rührt diese Differenzierung also nicht aus einem nationalen Blick auf § 823 Abs. 1 BGB her.

Schon das Problem der der Erfolgsortbestimmung wird von den nationalen Gerichten oft unzulässigerweise umgangen. Der zur Bearbeitung der komplexen Distanzdelikte erforderliche Zeit- und Begründungsaufwand wird offensichtlich von den Gerichten gescheut[884]. Das sich anschließende Problem der Erfolgsortbestimmung bei reinen Vermögensschäden wird so erst Recht vernachlässigt.

Dort, wo es dennoch von den Gerichten als entscheidungserheblich erkannt wird, erfolgt die Erfolgsortbestimmung ungenau und mit unterschiedlicher Begrifflichkeit.

Insbesondere findet sich in diesen Entscheidungen kein einheitlicher Anknüpfungspunkt für Vermögensschäden. Dies gilt selbst innerhalb der einzelnen Rechtsordnungen. Auch hier finden sich für unterschiedliche Fallgestaltungen

883 Hier ist zu unterscheiden zwischen dem *pure* und dem *consequential economic loss.*

884 So *Junker/Schramm*, IPRax 2001, 482, 485.

noch unterschiedliche Anknüpfungskriterien zur Bestimmung des Erfolgsortes, was teilweise von unterschiedlichen sachrechtlichen Tatbeständen abhängt. Die Erfolgsortbestimmung erfolgt also häufig durch die „nationale Brille“. So hat Richter Denning in der Entscheidung Diamond v. Bank of London ausdrücklich eine gesonderte Anknüpfung für unterschiedliche Haftungstatbestände vertreten. Gemeinsame Regeln für alle Deliktstypen seien kaum zu entwickeln.

Eine Verwertung dieser Lösungen für die Erfolgsortbestimmung innerhalb der Rom II-VO ist daher nicht möglich.

Auch wenn sich eine zögerlich verbreitende Anknüpfung an den Lageort des betroffenen Vermögensinteresses durchzusetzen scheint, wird dieser Ort oftmals nur als zusätzliches Argument zur Bestätigung eines Ergebnisses, das über eine teilweise freie Abwägung der relevanten Umstände gefunden wurde, herangezogen. Besonders zeigt sich dies im Vereinigten Königreich. Hier hat der Gesetzgeber gerade diese freie Abwägung der Sachverhaltselemente gewollt.

Auch die Rechtsprechung des BGH zeigt die oben genannten Schwächen und schwankt überwiegend zwischen einer Anknüpfung an den Verfügungsort und den Lageort des Vermögensteils. Da diese Orte in den vom BGH zu entscheidenden Fällen häufig zusammentrafen, umging der BGH regelmäßig die Erfolgsortbestimmung, da aus seiner Sicht kein Anlass bestand, auf die Frage genauer einzugehen.

Damit gilt auch nach Durchsicht der aktuellen Entscheidungen die bereits 1990 von Ahrens zur selben Frage im internationalen Zuständigkeitsrecht geäußerte Feststellung, dass eine überzeugende Lösung des Problems noch ausstehe[885].

Generell zeigt die Übersicht, dass die Bestimmung des anwendbaren Rechts bei Vermögensschäden erhebliche Probleme bereitet, und die Gerichte diesen ausweichen und eine genaue Anknüpfung umgehen[886].

IV. In der Literatur vorgeschlagene Lösungen

Im Folgenden werden die in der Literatur diskutierten und überwiegend zum autonomen deutschen Kollisionsrecht entwickelten Anknüpfungsvorschläge dargestellt und auf ihre Vereinbarkeit mit den Auslegungsgrundsätzen des Deliktsstatuts der Rom II-VO hin untersucht. Hierbei wird im Rahmen der vorgeschlagenen Anknüpfung zwischen einer Erfolgsortbestimmung und einer Anknüpfung

885 *Ahrens*, IPRax 1990, 128, 131.

886 Vgl. *Kadner Graziano*, EuIDR, S. 105: „Für die zukünftige Diskussion im europäischen IPR wäre viel zu gewinnen, wenn die Gerichte das Schweigen, in das sie sich bei der Anknüpfung der Vermögensdelikte zurzeit oft noch hüllen, brechen würden“.

an eine engere Verbindung zu differenziert. Es wird zunächst auf Vereinbarkeit mit der Erfolgsortbestimmung in Art. 4 Abs. 1 Rom II-VO geprüft. Sofern der Anknüpfungspunkt nicht als Erfolgsort im Sinne der Rom II-VO in Betracht kommt, wird untersucht ob der Anknüpfungspunkt dennoch über die Ausweichklauseln im Einzelfall relevant werden kann.

1. Vorschläge zur Erfolgsortbestimmung

Zunächst sollen die Ansichten dargestellt und auf eine Vereinbarkeit mit den Grundsätzen der Rom II-VO überprüft werden, die eine Lösung zur Konkretisierung des Erfolgsortes anbieten.

a) Ort des berechtigten Interesses

Stoll hat zur Tatortbestimmung im Rahmen des deutschen Ubiquitätsprinzips eine rein normative Anknüpfung entwickelt. Hiernach sei in den Täuschungsfällen, die hier unter dem Begriff der Haftung für reine Vermögensschäden zusammengefasst werden, nicht das Vermögen selbst, sondern allgemein die wirtschaftliche Handlungsfreiheit des Vermögensinhabers das relevante betroffene Interesse[887]. Dessen Freiheit, sich wirtschaftlich zu betätigen, und nicht etwa das Vermögen selbst, werde in Fällen einer falschen Auskunft bzw. einer Täuschung primär beeinträchtigt.

Da die allgemeine wirtschaftliche Handlungsfreiheit nicht an einem bestimmbaren Ort, sondern vielmehr überall geschützt werde, sei die Tatortregel mit ihrer territorialen Anknüpfung eigentlich nicht zur Lösung des Problems geeignet. Anwendbar sein müsse jedenfalls das Recht des Staates, „von dessen Rechtsordnung der Betroffene nach den gesamten Umständen den Schutz des im konkreten Falle verletzten Rechtsguts billigerweise erwarten konnte“[888].

Dieses Recht sei aus der Sicht *Stolls* bei betrügerischen Schädigungen grundsätzlich das Recht des Wohn- oder Niederlassungsortes des Geschädigten sowie das Recht des Wohn- oder Niederlassungsortes des Schädigers[889]. Die Bestimmung eines Handlungs- und Erfolgsortes sei zu formal und führe nur dann zu tragbaren Ergebnissen, wenn die Tatortbestimmung ausreichend weit verstanden

887 *Stoll* in: Heldrich u.a. (Hrsg.), FS für Ferid (1978), S. 397, 413; *ders.* in: Schack (Hrsg.), GS für Lüderitz (2000), S. 733, 743 ff.

888 *Stoll* in: Heldrich u.a. (Hrsg.), FS für Ferid (1978), S. 397, 413.

889 Die Rechtsordnung „unter deren Herrschaft der die Auskunft erteilende Kaufmann sein Gewerbe betreibt“, so *Stoll* in: Heldrich u.a. (Hrsg.), FS für Ferid (1978), S. 397, 413.

würde, um ein Ergebnis zu rechtfertigen, das in Wirklichkeit nicht auf einer vermeintlich exakten territorialen Bestimmung, sondern auf einer reinen Interessenabwägung beruhe. Das weite Verständnis des Tatortes der Ubiquitätslösung sei daher auch nicht zufällig in Fällen der reinen Vermögensschädigung und damit bei Verletzung eines Rechtsguts ohne räumlichen Schutzbereich entwickelt worden, sondern entspreche dem Bedürfnis einer Einzelfallentscheidung. Insofern habe diese Fallgruppe auch die Anwendung des deutschen Günstigkeitsprinzips gerechtfertigt, welches eine Wertung in Form der Suche nach dem günstigsten Recht enthält.

Eine solche setzt jedoch voraus, dass der Erfolgs- und Handlungsort jeweils auch bestimmt wird, um dann das günstigere Recht zu ermitteln. Eine reine Interessenwertung kann also auch bei Geltung des Günstigkeitsprinzips nicht stattfinden.

Festzuhalten bleibt, dass im Mittelpunkt der Ansicht *Stolls* eine fallabhängige Interessenwertung unter besondere Berücksichtigung des kollisionsrechtlichen Vertrauensschutzes stand.

Nach Inkrafttreten der Neuerung des Art. 40 EGBGB und der Reduzierung auf ein Wahlrecht des Betroffenen, hat *Stoll* den Erfolgsort einer Verminderung der wirtschaftlichen Handlungsfreiheit und die abstrakte Interessenwertung für Täuschungsdelikte jedoch ebenfalls konkretisiert. Um der territorialen Anknüpfung der Tatortregel nun zu entsprechen, sei das jeweilige Recht anwendbar, in dessen Geltungsbereich auf das geschützte Interesse des Geschädigten eingewirkt wurde[890]. Abzustellen sei auf den Ort der Veranlassung zur täuschungsbedingten benachteiligenden Vermögensposition[891]. Hier finde die Rechts- bzw. Interessenverletzung statt.

Die zunächst von *Stoll* vorgezogene freie Interessenwertung hat immer den Vorteil, dass die jeweiligen Besonderheiten eines Falls ausreichend gewürdigt werden können. Richtig an diesem Ansatz ist daher auch, dass die Besonderheiten der jeweiligen deliktischen Schädigung – also etwa im Rahmen von Betrugsfällen die typische Einwirkung auf das Opfer – bei der Erfolgsortbestimmung zu berücksichtigen sind. Eine reine fallabhängige Interessenwertung ist jedoch mit dem Anknüpfungssystem der Rom II-VO und den damit verfolgten Zielen nicht zu vereinbaren. Zwar beruht die Erfolgsortbestimmung im Rahmen der Regelanknüpfung in Art. 4 Abs. 1 Rom II-VO ebenfalls auf einer Abwägung der Interessen. Diese Abwägung muss jedoch zu einer Bestimmung des Erfolgsortes führen und darf diese nicht vollständig ersetzen. *Stoll* sieht zwar das deutsche Günstigkeitsprinzip durch die Problemdarstellung gerechtfertigt, das Problem, dass innerhalb des Günstigkeitsprinzips der Handlungs- und Erfolgsort trotzdem

890 *Stoll* in: Schack (Hrsg.), GS für Lüderitz (2000), S. 733, 743.
891 *Stoll* in: Schack (Hrsg.), GS für Lüderitz (2000), S. 733, 745.

bestimmt werden muss, übergeht er jedoch. Ein Abstellen alleine auf dasjenige Recht, auf dessen Anwendung der Betroffene berechtigterweise vertrauen durfte (und damit eine Umgehung der territorialen Anknüpfung in Art. 4 Abs. 1 Rom II-VO), ist somit jedenfalls nicht mit dem Ziel des Verordnungsgebers der Schaffung von Rechtssicherheit zu vereinbaren. Ein besonderes Vertrauen kann somit nur in Form der Anknüpfung an ein mögliches bestehendes Vertrauensverhältnis über Art. 4 Abs. 3 Rom II-VO relevant werden. Als Auslegungsregel zur Bestimmung der Regelanknüpfung in Art. 4 Abs. 1 Rom II-VO eignet sich diese, zum deutschen Günstigkeitsprinzip entwickelte, Anknüpfung nicht.

Stolls Analyse des Problems, Schädigungen durch Beeinflussung mit Fehlinformationen nicht als einfache Vermögensschädigung, sondern als eigentliche Einschränkung der wirtschaftlichen Handlungsfreiheit zu verstehen, kann jedoch für solche Irrtumsdelikte überzeugen. Betroffen ist hier nämlich nicht direkt ein einzelner Vermögensteil. Auch wenn die Täuschung sich auf einen solchen einzelnen Vermögensteil bezieht, ist zunächst betroffen die Möglichkeit des Geschädigten über sein Vermögensinteresse frei zu verfügen. Der Erfolgsort muss in diesen Fällen also da liegen, wo die wirtschaftliche Freiheit eingeschränkt wurde. Die dann von *Stoll* vorgeschlagene Anknüpfung an den Ort der Veranlassung zur schädigenden Vermögensdisposition und damit dem Irrtumsort, scheint hierzu ein überzeugender Ansatz, welcher auf eine Vereinbarkeit hin mit den Wertungen des in Art. 4 Abs. 1 Rom II-VO zu überprüfen ist.

b) Deliktstypen-differenzierte Anknüpfung

Daneben will *von Hein* den Erfolgsort bei Vermögensschäden deliktsspezifisch bestimmen, um für einzelne Deliktstypen eine gerechte Anknüpfung zu finden[892].

Eine solche Differenzierung wurde bereits von Richter Denning im nationalen englischen Kollisionsrecht bevorzugt und deckt sich mit dessen Ausführungen im Fall Diamond v. Bank of London & Montreal[893], wonach die Bestimmung des richtigen Anknüpfungspunktes für jeden deliktischen Haftungstatbestand selbständig vorzunehmen und die Entwicklung einer allgemeingültigen Regel nicht möglich sei[894].

Hier soll zunächst die jeweils vorgeschlagene Anknüpfung dargestellt werden.

892 So zum deutschen autonomen Kollisionsrecht: *v. Hein*, Günstigkeitsprinzip, S. 350 ff.

893 *Diamond v. Bank of London & Montreal* [1979] 1 All ER 561; siehe dazu oben: Kapitel C.III.5.a) (1).

894 Schon zuvor nannte Richter Denning die Tatortbestimmung als “one of the most vexed questions in conflict of law“ in: *Boys v. Chaplin* [1968] 2 Q.B. 1.

(1) Selbstschädigungsdelikte

Für Delikte, bei denen der Geschädigte auf Grund einer Täuschung selbst den Schaden mit verursacht, also in der Regel bei Betrugsdelikten, liege der Erfolgsort dort, wo der Geschädigte die schädigende Verfügung vorgenommen hat. Diese spezielle Anknüpfung ist in der Literatur zum deutschen Deliktskollisionsrecht herrschend[895] und findet sich auch in einigen der oben erwähnten BGH-Entscheidungen zu grenzüberschreitenden Betrugsdelikten wieder, die den Ort der Vermögensverfügung zumindest als ein Argument aufführten, wenn dieser mit dem vom Gericht gefundenen Statut übereinstimmte. In der Entscheidung vom 23.06.1964 sprach sich der BGH sogar ausdrücklich gegen eine Anknüpfung an den konkreten Lageort und für eine Anknüpfung an den Ort der Vermögensverfügung aus. Auch in seiner Verlöbnisbruch-Entscheidung vom 28.02.1996 führte der BGH zunächst den Verfügungsort an, um erst als zweiten Anknüpfungspunkt den Ort des Schadenseintritts zu nennen.

Zwar hat sich der BGH in seiner Schwindelunternehmen-Entscheidung vom 28.02.1989 für den Lageort des geschädigten Vermögensteils entschieden. Allerdings hatte er den Sachverhalt hier als sittenwidrige Schädigung und nicht – wie ebenfalls möglich – als Betrugsdelikt gewertet. Ferner stimmte in diesem Fall der Lageort mit dem Verfügungsort überein, und schließlich führte ohnehin eine konkludente Rechtswahl zu deutschem Recht.

Auch in England wird unter Anwendung der nationalen Kollisionsregeln allgemein für alle Auskunftsdelikte an den Ort angeknüpft, an dem auf Grund der fehlerhaften Auskunft die Vermögensverfügung vorgenommen wurde. Die englischen Gerichte knüpfen bei Schädigungen durch *fraudulent* oder auch *negligent misrepresentation* ausdrücklich an den Ort an, an dem auf Grund der fehlerhaften Auskunft gehandelt wurde, mithin die Verfügung getätigt wurde.

Allerdings wird in der allgemeinen Regel zur Anknüpfung von Ansprüchen aus *misrepresentations* sowohl der Ort, an dem der Geschädigte handelte, als auch der Ort des Irrtumseintritts genannt[896]. Auch in der Literatur zum deut-

895 Zum autonomen deutschen Begriff des Erfolgsortes: *Beitzke* JuS 1966, 139, 142; *Binder* RabelsZ 20 (1955), 401, 496; *Delachaux*, Anknüpfung der Obligationen, S. 181 mit Vergleich der Lösung des ersten US Restatement of the Law of Conflict of Laws (1934) in § 377, Rule 4: „When a person sustains loss by fraud, the place of wrong is where the loss is sustained, not where fraudulent representations are made", wobei die Lösung des (ersten) Restatements auch, anders als durch *Delachaux*, als eine Anknüpfung an den Lageort zu verstanden wird; *Fischer*, S. 15; *v. Hein*, Günstigkeitsprinzip, S. 358; *Hohloch*, S. 111 f.; *ders.* JuS 1996, 850, 851; *Kreuzer* in: MüKo, Art. 38 EGBGB, Rn. 54a; *Rabel*, IPR II, 334; Zur Rom II-VO: *Schaub* in: Prütting/Wegen/Weinreich, Art. 4 Rom II-VO, Rn. 7 (mit der Einschränkung bei Streudelikten die Vermögenszentrale als Erfolgsort heranzuiehen).

896 *"the place where the message was received and acted on, and not the place from which it was sent"*, so Lord Denning, [1979] 1 All ER (The All England Law Reports) 561.

schen Kollisionsrecht wird für Betrugsdelikte teilweise der Ort des Irrtums als maßgeblich erachtet, da hier der erste Einfluss des Schädigers auf die Interessen des Geschädigten stattfinde[897]. Für die Relevanz des Ortes der Irrtumserzeugung kann auch die BGH Entscheidung vom 25.11.1993 zur Anerkennungszuständigkeit angeführt werden, nach der jedes wesentliche Tatbestandsmerkmal zur Tatortdefinition herangezogen werden kann.

Möglicherweise ist eine Anknüpfung an den Ort der Irrtumserzeugung auch durch einen Vergleich mit der Anknüpfung im internationalen Unlauterkeits- und Kartelldeliktsrecht in Art. 6 Rom II-VO geboten. Die hier normierte Anknüpfung an den Ort, an dem die wettbewerblichen Interessen aufeinander treffen, stellt eine Konkretisierung des Erfolgsortes in Art. 4 Abs. 1 Rom II-VO dar. Die Anknüpfung an diesen Ort liegt also noch im Rahmen der zulässigen Erfolgsortbestimmung. So könnte man den Ort der Interessenkollision möglicherweise mit dem Ort der Irrtumserzeugung gleichstellen. Am Ort, an dem der Irrtum des Opfers erzeugt wurde, wirkt der Schädiger erstmals schädigend auf das Opfer ein. Da der Betrug als Wirtschaftsdelikt dem Bereich des deliktischen Wettbewerbsrechts sehr nahe steht, scheint der Ort der Irrtumserzeugung nach einem Vergleich mit Art. 6 Rom II-VO einen angemessenen Anknüpfungspunkt darzustellen. Hier ist die Unterscheidung zwischen den kollisionsrechtlichen Schutzrichtungen entscheidend. Das internationale marktbezogene Lauterkeitsrecht und das internationale Kartellrecht der Rom II-VO verfolgen nicht wie das allgemeine internationale Deliktsrecht den Rechtsgüterschutz, sondern vorrangig die Durchsetzung der Verhaltensanforderungen eines bestimmten Marktes[898]. Daher ist hier ein spezieller Erfolgsort als Anknüpfungspunkt gerechtfertigt.

Aus diesem Grund geht ein Vergleich der Regelungsbereiche fehl. Die Anknüpfung an den jeweiligen Irrtumsort ist vielmehr nicht mit den Auslegungsgrundätzen der Regelanknüpfung der Rom II-VO vereinbar. Zum einen wird der Ort der Irrtumserregung oft mit dem Handlungsort zusammentreffen. Eine solche mittelbare Anknüpfung an den Handlungsort stellt eine ungerechtfertigte Begünstigung des Schädigers dar. Aber auch wenn Irrtums- und Handlungsort auseinander fallen, ist eine Anknüpfung an den Ort der Irrtumserregung zufälliger Natur und leicht durch den Schädiger zu manipulieren. Dem Ort, an dem sich der Geschädigte zufälligerweise aufhielt, als er vom Schädiger getäuscht wurde, wird regelmäßig ein Bezug zu dem Delikt fehlen.

Schließlich ist durch die Irrtumserregung selbst noch kein Schaden in Form der Vermögensminderung entstanden[899]. Der Schadenseintritt ist vielmehr

897 So *Hillgenberg*, NJW 1963, 2198, 2200.

898 *W.-H. Roth* in: Baetge u.a. (Hrsg.), FS für Kropholler (2008), S. 623, 638.

899 *Dickinson*, Rn. 4.66.

im Stadium des bloßen Irrtums noch zu verhindern. Dahingehend ist auch die Rechtssprechung der englischen Gerichte zu verstehen, welche den Ort „*where the message was received and acted on*"[900] so als Tatort favorisieren. Der Ort an dem die Täuschung empfangen wurde, mithin der Irrtum eintrat, soll alleine gerade nicht über das anwendbare Recht entscheiden[901].

Ein Anknüpfen an den zufälligen Ort der Irrtumserregung scheidet damit aus.

Im Folgenden ist daher nur die Variante dieser Ansicht der Anknüpfung an den Verfügungsort zu untersuchen.

(a) Bestimmung des Verfügungsortes

Entscheidende Frage ist hierfür zunächst, ob der Ort gemeint ist, an dem die Verfügung getätigt wurde, oder der Ort, an dem sie als empfangsbedürftige Willenserklärung durch Zugang wirksam wurde[902]. Überwiegend wird als Verfügungsort der Ort der Abgabe der Verfügungserklärung verstanden[903].

Dies ist auch sachlich richtig, da eine Anknüpfung an den Ort des Empfangs der Verfügungserklärung eine übermäßige Täterprivilegierung darstellen würde[904]. Ein gerechter Interessenausgleich liegt dann nicht mehr vor. Der Ort des Empfangs der Verfügungserklärung scheidet demnach bereits als Anknüpfungspunkt aus. Im Folgenden ist zu untersuchen, ob auch der Verfügungsort als Ort der Abgabe der Verfügungserklärung ausscheidet.

(b) Kritische Würdigung

Für eine Anknüpfung an den so definierten Verfügungsort spricht, dass dieser Ort regelmäßig für die konkret am Schuldverhältnis beteiligten Parteien erkennbar ist, und somit auch die Anwendung des dort geltenden Rechts für die Parteien vorhersehbar war. Der Geschädigte muss damit rechnen, dass das Recht zur Anwendung kommt, welches an dem Ort gilt, an dem er über sein Vermögen verfügt. Auch der Schädiger weiß in der Regel, wo seine Täuschungshandlung zu einer Verfügung führt[905].

Ferner geht die Anknüpfung auf die Besonderheit der Betrugsfälle ein. Diesen liegt als Selbstschädigungsdelikt eine Verfügung des Geschädigten zu Grunde. Ein Anknüpfen an den Ort der Vornahme dieser Verfügung wird der Eigenschaft

900 Lord Denning, [1979] 1 All ER (The All England Law Reports) 561.
901 So auch die Interpretation von *Dickinson*, Rn. 4.66.
902 Da diese Frage ungeklärt sei zu dieser Ansicht grundsätzlich kritisch: *v. Hoffmann* in: Staudinger, Art. 40 EGBGB, Rn. 282.
903 So etwa BGH v. 23.06.1964, NJW 1964, 2012.
904 So auch zum deutschen autonomen Kollisionsrecht: *v. Hein*, Günstigkeitsprinzip, S. 354.
905 *v. Hein*, Günstigkeitsprinzip, S. 353.

dieser Fallgruppe gerecht. Der Ort steht insofern zumindest abstrakt betrachtet im Zusammenhang mit dem verwirklichten Delikt.

(i) Zufälligkeit des Anknüpfungspunktes

Auch hier sind allerdings Fälle denkbar, in denen der Schädiger den Ort der Abgabe der Verfügungserklärung nicht vorhersehen konnte, und der Verfügungsort aus Sicht des Schädigers rein zufällig ist. Der Verfügungsort ist durch den Geschädigten manipulierbar[906]. Der Schädiger selbst kann möglicherweise nicht erkennen, an welchem Ort der Geschädigte verfügt. Aber auch ohne bewusstes Mitwirken des Geschädigten kann der Verfügungsort etwa in Fällen einer Geschäftsreise rein zufällig sein[907]. Schließlich wird daher auch gegen eine Erfolgsortkonkretisierung am Verfügungsort die Zufälligkeit des Anknüpfungsergebnisses angeführt[908].

(ii) Mehrheit der Erfolgsorte bei Streuschädigungen

Auch sind Fälle denkbar, in denen nicht nur eine, sondern mehrere schädigende Verfügungen vorliegen. Liegen einer Schädigung jedoch mehrere Verfügungen zu Grunde, und wurden diese an unterschiedlichen Orten getätigt, so führt diese Ansicht zu mehreren Erfolgsorten[909] und damit zur Mosaikbetrachtung. Allerdings wurde bereits oben gezeigt, dass die Mosaikbetrachtung vom Verordnungsgeber als notwendige Folge der ausschließlichen Erfolgsortanknüpfung in der Regelanknüpfung hingenommen wird. Ferner wird die Wahrscheinlichkeit von mehreren Erfolgsorten durch die Anknüpfung an den Ort der Vermögensverfügung deutlich geringer als etwa bei der Anknüpfung an den Lageort des konkret geschädigten Vermögensteils, da der Ort der Verfügung über unterschiedliche Vermögensteile regelmäßig unverändert sein wird, während das Vermögen selbst an unterschiedlichen Orten belegen sein kann.

906 So *Mankowski*, RIW 2005 561, 562.

907 So mit dem Beispiel einer Verfügung eines Prokuristen einer deutschen Bank während einer Geschäftsreise in London, *v. Hoffmann* in: Staudinger[13], Art. 38 EGBGB, Rn. 498.

908 *v. Hoffmann* in: Staudinger, Art. 40 EGBGB, Rn. 282; *Looschelders*, Art. 40 EGBGB, Rn. 30; *W. Lorenz* in: v. Caemmerer (Hrsg.), Vorschläge und Gutachten, S. 97, 110 f.; *Girsberger* in: Liber Amicorum Kurt Siehr (2000), S. 219, 229; *v. Hein* will diesen Vorwurf durch eine akzessorische Anknüpfung umgehen, siehe dazu unten: Kapitel C.IV.2.c)(1).

909 *W. Lorenz* in: v. Caemmerer (Hrsg.), Vorschläge und Gutachten, S. 97, 124.

(c) Zusammenfassung

Nach dieser Ansicht liegt der relevante Schaden in der Verfügung. Ort des Eintritts des Schadens ist demnach der Ort der Vornahme der Verfügung.

Die Variante der Anknüpfung an den Ort des Irrtums ist mit den Wertungen der Rom II-VO nicht vereinbar. Den Ort der Irrtumserzeugung als Ort des relevanten Schadens anzusehen, begünstigt den Schädiger, da dieser den Ort leicht durch eigene Handlungen bestimmen kann, und der Ort der Irrtumserzeugung regelmäßig mit dem Handlungsort zusammentreffen wird.

Es bleibt somit als mögliche deliktsspezifische Anknüpfung nur eine Anwendung des Rechts am Verfügungsort. Dieser steht entgegen, dass sie zu unvorhersehbaren Ergebnissen führen, und der Geschädigte den Schadensort willkürlich bestimmen kann. Das Problem der Vorhersehbarkeit ist ein generelles, mit der hohen Beweglichkeit von Vermögen zusammenhängendes Problem der Schadensortbestimmung bei reinen Vermögensschäden. Durch die Anknüpfung an den Verfügungsort wird nur die hohe Beweglichkeit von Vermögen gegen die Beweglichkeit von Personen getauscht.

Dass der Geschädigte den Ort der Verfügung bestimmen kann, ist hingegen auch kein überzeugendes Argument gegen die Anknüpfung an den Verfügungsort. Entweder er bemerkt die Täuschung nicht, dann ist die Möglichkeit der Ortsveränderung irrelevant. Ist er sich der Täuschung bewusst, wird er die Selbstschädigung ganz unterlassen[910]. Das Problem ist demnach zu vernachlässigen.

Dennoch scheidet eine Anknüpfung an den Verfügungsort auf Grund der Zufälligkeit aus.

(2) Untreue und Fälle sonstiger sittenwidriger Schädigung

Um in Fällen der Untreue sowie den Fällen der sonstigen sittenwidrigen Schädigung zu einheitlichen und gerechten Ergebnissen zu kommen, will *v. Hein* über eine akzessorische Anknüpfung die Erfolgsortbestimmung umgehen und an die Vermögensbetreuungspflicht anknüpfen[911].

Nur, wenn kein solcher Zusammenhang zu anderen Statuten zu finden ist, sei subsidiär der Erfolgsort maßgeblich. Dieser ist über den Lageort des geschädigten Vermögens zu bestimmen[912].

Eine Erfolgsortbestimmung kann im Rahmen des Art. 4 Rom II-VO jedoch nicht umgangen werden, sondern muss vielmehr stets erfolgen, da das Vorliegen

910 *v. Hein*, Günstigkeitsprinzip, S. 356.

911 Siehe unten: C.IV.2.c).

912 *v. Hein*, Günstigkeitsprinzip, S. 375. entwickelt zum autonomen deutschen Deliktskollisionsrecht.

einer engeren Beziehung im Sinne des Art. 4 Abs. 3 Rom II-VO ja nur in Relation zu der bereits festgestellten Beziehung bejaht werden kann.

Schließlich bestehen auch gegen eine Anknüpfung an den Lageort als Erfolgsort Bedenken[913].

(3) Zusammenfassende kritische Würdigung

Die Darstellung hat gezeigt, dass eine deliktsspezifische Anknüpfung den jeweiligen Besonderheiten des Delikts gerecht wird. Der Erfolg ist in deren Rahmen jeweils gesondert zu bestimmen.

Die Bestimmung des Erfolgsortes über den Verfügungsort bei Betrugsdelikten scheidet allerdings auf Grund der Zufälligkeit dieses Ortes aus. Da hier charakteristisch das Einwirken auf den Geschädigten ist, scheint eine Anknüpfung an den Ort, an dem er auf Grund der Täuschung gehandelt hat, willkürlich.

Gegen eine Unterscheidung der Anknüpfung nach Deliktstypen der *lex fori* spricht daneben auch schon grundsätzlich die vom Verordnungsgeber bezweckte Schaffung des internationalen Entscheidungseinklangs. Die Deliktssachverhalte werden in den Mitgliedsstaaten unterschiedlich rechtlich eingeordnet. Das Abstellen auf die einzelnen Tatbestandsmerkmale eines Haftungstatbestands führt zu einer Zersplitterung der Anknüpfung im internationalen Rahmen[914]. Durch eine strenge deliktsspezifische Anknüpfung würde letztlich der Erfolgsort mit Hilfe der *lex fori* bestimmt. Ein Rückgriff auf die *lex fori* führt zu unterschiedlichen Ergebnissen der Anwendung der Rom II-VO. Um dies zu verhindern, benötigte man letztlich bei deliktsspezifischer Anknüpfung eine Durchführungsverordnung zur Rom II-VO, die einzelne Delikte aufführt und rechtlich einordnet. Ohne eine solche Durchführungsverordnung birgt die spezifische Anknüpfung potentielle Unsicherheit für Kläger, da diese nicht beurteilen können, welcher Deliktstyp einschlägig ist.

Es muss vielmehr unabhängig von den nationalen tatbestandlichen Voraussetzungen des materiellrechtlich den Schadensersatzanspruch bestimmenden Deliktsrechts darauf abzustellen sein, in welchem Staat der Ort liegt, an dem das schädigende Ereignis den unmittelbar Betroffenen direkt geschädigt hat.

Das anwendbare Recht muss sich alleine aus den Regeln des Kollisionsrechts bestimmen. Entsprechende Fallgruppen müssen dementsprechend vertragsautonom gebildet werden. Eine Fallgruppenbildung darf ferner auch nicht zu differenziert sein, um die Vorhersehbarkeit des Anknüpfungsergebnisses nicht durch eine komplizierte Anknüpfung zu erschweren.

---

913 Siehe hierzu ausführlich unten: Kapitel C.IV.1.c).

914 *Kadner Graziano*, EuIDR, S: 104; *Stoll* in: Schack (Hrsg.), GS für Lüderitz (2000), S. 733, 736 f.; *ders.*, IPRax 1989, 89, 90.

Es bietet sich dementsprechend eine Abgrenzung nach objektiven Kriterien an, wie sie *von Hein* bereits umschrieben hat. Die Einteilung in solche Delikte, in denen der Geschädigte auf Grund vorsätzlichen einer Täuschung oder sonstigen Fehlinformation durch den Schädiger die Vermögensverfügung vornimmt, sowie solchen, bei denen der Schädiger die Schädigung wie in den Untreuefällen selbst vornimmt, scheint als Abgrenzung geeignet.

Die Anknüpfung in den beiden Fallgruppen muss schließlich auch den Wertungen in Art. 4 Abs. 1 Rom II-VO entsprechen.

Hierbei aber ist der Verfügungsort kein geeigneter Anknüpfungspunkt für Fälle der Selbstschädigung. Der Ort der Verfügung steht in keinem kollisionsrechtlichen Zusammenhang mit dem Delikt, welches auf einer Täuschung des Geschädigten beruht und als Ziel regelmäßig abstrakt das Vermögen des Geschädigten hat. Ein Abstellen auf den Ort des Einwirkens des Geschädigten auf einen von ihm ausgewählten Teil dieses Vermögens schlägt dementsprechend fehl.

Als Erfolgsort für Fälle der Untreue und der sonstigen sittenwidrigen Schädigung, schlägt *von Hein* vor an den Lageort des betroffenen Vermögensgegenstandes anzuknüpfen, sofern eine akzessorische Anknüpfung ausscheide. Dieser Anknüpfungspunkt wird im Folgenden einer genaueren Betrachtung unterzogen.

c) Lageort des jeweils betroffenen Vermögensgegenstands

Eine in der Literatur zum deutschen autonomen Deliktskollisionsrecht weit verbreitete Literaturmeinung entspricht der vom EuGH in der Kronhofer-Entscheidung gewählten Erfolgsortbestimmung im Rahmen des Art. 5 Nr. 3 EuGVO und bestimmt den Erfolgsort bei reinen Vermögensschäden durch den Belegenheitsort des jeweilig betroffenen Vermögensgegenstandes[915].

Wie bei der Verletzung von anderen Rechtsgütern mit räumlichem Schutzbereich – also etwa bei Personen- oder Sachschädigungen – sei hier der Belegenheitsort des geschützten Interesses entscheidend. Dort, wo sich der konkrete Ver-

---

915 Zum EGBGB: *Ahrens*, IPRax 1986, 355, 358; *v. Bar*, IPR II, Rn. 665; *Heldrich* in: Palandt, Art. 40, Rn. 4; *Hohloch* in: Erman, Art. 38 EGBGB, Rn. 19 (außer für Betrugsdelikte); *Junker* in: MüKo, Art. 40, Rn. 32 (hilfsweise Vermögenszentrale); *Kreuzer* in: MüKo Art. 38 EGBGB, Rn. 54a (außer bei Betrug); *Looschelders*, Art. 40 EGBGB, Rn. 30; *Lüderitz* in: Soergel Art. 38, Rn. 11; *Siehr*, IPRax 2005, 435, 437 (zumindest für Betrugsdelikte); *Spickhoff* in: Bamberger/ Roth, Art. 40 EGBGB, Rn. 21; *ders.*, NJW 1999, 2209, 2213; *ders.*, IPRax 2000, 1, 5; *Spindler*, IPRax 2001, 153, 155; *Wagner* in: AnwK-BGB, Art. 40 EGBGB, Rn. 21; zum englischen Kollisionsrecht des PIL-Act 1995: *Jaffey*, Topics in choice of law, S. 116; zum Rom II-VO-Entwurf KOM(2003) 427: *Stone*, EuLF 2004 (E), 213, 220; zu Art. 4 Abs. 1 Rom II-VO: *Dicey/Morris/ Collins*, Conflict of Laws, 2. Suppl., Rn. S35-195; *Dickinson*, Rn. 4.67; *Spickhoff* in: Bamberger/Roth, Anh. zu Art. 42 EGBGB, Rn. 33; *Thorn* in: Palandt, Art. 4 Rom II-VO, Rn. 9 (jedenfalls wenn sich die Tat auf eine geographisch klar abgrenzbaren Vermögensteil bezieht).

mögensgegenstand befand, als er durch die deliktische Handlung verletzt wurde, liege auch der relevante Erfolgsort.

Die Anknüpfung an den konkreten Lageort eröffnet das Problem der Bestimmung dieses Lageortes. Um die Ansicht an die Rom II-VO spezifischen Anforderungen an Erfolgsortbestimmung zu messen, ist daher zunächst zu untersuchen, wie dieser Lageort im Einzelnen zu bestimmen ist.

(1) Bestimmung des Lageortes

Die Schwierigkeit im Rahmen der Bestimmung des Lageortes zeigt sich hierbei bereits in dem in der Einleitung zu diesem Kapitel angesprochenen, von Raape gebildeten Fall des Forderungsverlustes wegen Meineids. Gegenstand der Schädigung war eine bestehende Forderung, die aufgrund der schädigenden Handlung nicht durchgesetzt werden konnte. Der Anspruch des Inhabers der Forderung wurde wirtschaftlich wertlos. Als Schadensort wäre hier also nach dieser Ansicht der Lageort dieser Forderung zu bestimmen.

Bei Bargeld ist die Bestimmung eines Lageortes, an dem sich die Vermögensinteressen kollisionsrechtlich lokalisieren lassen, einfach. Dieser liegt an dem Ort, an dem sich das Bargeld als Sachgegenstand befindet.

Bei Buchgeld als Guthaben auf Bankkonten und anderen Rechten und Forderungen hingegen ist der Lageort im eigentlichen Wortsinne nur durch eine Fiktion zu gewinnen. Buchgeld hat aus „vorrechtlich-natürlicher Betrachtungsweise" keinen Lageort[916]. Da eine Forderung also keinen solchen räumlichen Bezugspunkt hat, wird gegen die Anknüpfung an den Lageort vorgebracht, dieser sei nicht zu bestimmen und damit unbrauchbar[917].

(a) Belegenheitsfiktion des § 23, S. 2 ZPO

Die Vertreter dieser Ansicht aus Deutschland stellen hingegen im Rahmen des Art. 40 EGBGB überwiegend auf eine entsprechende Anwendung der Belegenheitsfiktion des § 23, S. 2 ZPO ab, wonach Forderungen am Wohn- oder Geschäftssitz des Schuldners belegen sind[918].

§ 23, S. 1 ZPO gewährt eine besondere örtliche (und damit auch die internationale) Zuständigkeit für Klagen wegen vermögensrechtlicher Ansprüche gegen Personen, die im Inland keinen Wohnsitz haben. Zuständig ist dann das Gericht, in dessen Bezirk sich Vermögen dieser Person befindet.

916 *v. Hein*, IPRax 2005, 17, 22.

917 *W. Lorenz* in: v. Caemmerer (Hrsg.), Vorschläge und Gutachten, S. 97, 112, 124.

918 So ausdrücklich: *Gruber*, DZWiR 1993, 237; *Lüderitz* in: Soergel[12], Art. 38 EGBGB, Rn. 11; *R. Schmidt* in: Kölner Rechtswissenschaftliche Fakultät (Hrsg.), FS für Lehmann (1937), S. 175, 185. So zur Belegenheit von Forderungen im Enteignungsrecht auch BGHZ 32, 97, 99.

Der Vermögensgerichtsstand aus § 23 ZPO wird jedoch überwiegend auf Grund der Beziehungsarmut zum Belegenheitsstaat als exorbitanter Gerichtsstand abgelehnt[919]. Auch das europäische Zuständigkeitsrecht der EuGVO schließt deklaratorisch eine internationale Zuständigkeit aus § 23 ZPO für Klagen gegen Beklagte mit Wohnsitz in einem Mitgliedsstaat aus, Art. 3 Abs. 2 EuGVO i. V. m. Anhang I zur EuGVO[920]. Der BGH selbst verlangt nach anhaltender Kritik aus der Literatur[921] einen über die bloße Belegenheit des Vermögens im Inland hinausgehenden Inlandsbezug zur Begründung der internationalen Zuständigkeit aus § 23 ZPO[922].

W. Lorenz begründet mit dieser Kritik an dem exorbitanten Vermögensgerichtstands auch seine Ablehnung der Übernahme der Belegenheitsfiktion auf die Erfolgsortbestimmung[923]. Allerdings bezieht sich die Kritik auf die fehlende enge Verbindung zum zwischen den Parteien bestehenden außervertraglichen Schuldverhältnis.

Dem Forum am Sitz eines Schuldners des Beklagten scheint tatsächlich die im internationalen Zuständigkeitsrecht geforderte Sachverhaltsnähe zu fehlen. Wie oben aufgezeigt[924] ist für die Frage der Erfolgsortbestimmung im Kollisionsrecht jedoch nicht die einfache räumliche Sachverhaltsnähe entscheidend, sondern ein inhaltlicher Sachzusammenhang zwischen Schuldverhältnis und Rechtsordnung.

Bei der kollisionsrechtlichen Erfolgsortbestimmung für reine Vermögensschäden ist daher ein geforderter Zusammenhang zwischen Lageort des Vermögens und deliktischer Schädigung grundsätzlich gegeben. Die Forderung des Geschädigten ist dann ja selbst Bezugspunkt der deliktischen Schädigung. Dem Lageort der jeweiligen Forderung oder sonstiger Vermögensstände fehlt es hier nicht an einer Beziehung zu dem Schuldverhältnis zwischen dem Schädiger und dem Geschädigten.

So hat auch das OLG Köln in seiner Entscheidung zur kollisionsrechtlichen Erfolgsortbestimmung vom 25.10.2007[925] klargestellt, der Lageort von Vermögen in Form eines Guthabens auf einem Bankkonto befinde sich am Geschäftssitz der kontoführenden Bank.

---

919 Sieh etwa *Kropholler*, § 58 III, 7 (S. 624).

920 Da die EuGVO in ihrem Anwendungsbereich die nationalen Regeln über die internationale Zuständigkeit verdrängt, ist die Aufzählung von § 23 ZPO und anderen exorbitanten Gerichtsständen im Anhang I der EuGVO nur deklaratorisch.

921 Siehe *Heldrich*, S. 117, 142, 161.

922 BGH v. 02.07.1991, NJW 1991, 3092, 3093: Der Zweck der Norm ist der Rechtsschutz des Klägers. „Sie war jedoch nicht darauf gerichtet, Rechtsstreitigkeiten zwischen Ausländern ohne jeglichen Inlandsbezug vor deutschen Gerichten zu ermöglichen".

923 *W. Lorenz* in: v. Caemmerer (Hrsg.), Vorschläge und Gutachten, S. 97, 112.

924 Siehe oben: Kapitel C.II.5.a)(3).

925 Siehe oben: Kapitel C.III.1.

Die Belegenheitsfiktion des § 23, S. 2 ZPO ist somit zur Lageortbestimmung von Forderungen heranzuziehen.

Für Bankkonten bestimmt demnach der Sitz der Kontoführenden Bank den Lageort[926]. Hat die Bank mehrere Niederlassungen, so ist entscheidend die Niederlassung bei welcher der Geschädigte das Konto eröffnet hat. Ist eine solche nicht zu bestimmen, weil die Kontoeröffnung etwa über elektronische Medien erfolgte, liegt der Lageort am Ort der Hauptnierderlassung[927].

(b) Zeitpunkt der Lageortbestimmung

Selbst wenn so der Lageort auch von Buchgeld und Forderungen bestimmbar wird, ergibt sich die Anschlussfrage, in welchem Zeitpunkt dieser Lageort so zu bestimmen ist. Der Schaden muss nicht nur räumlich, sondern auch zeitlich bestimmt werden. Mit anderen Worten ist die entscheidende Anschlussfrage, wann das Vermögen als geschädigt gilt. In der Literatur findet sich hierzu keine genaue Ausführung.

Entscheidend muss der Zeitpunkt sein, in dem sich das Vermögen des Geschädigten um den Vermögensteil mindert, er also die Verfügungsmacht über den Vermögensteil verliert.

Hier kommen zwei Zeitpunkte in Betracht. Zum einen bereits der Zeitpunkt, in dem der Vermögensteil in den Herrschaftsbereich des Schädigers übergeht, also regelmäßig der Zeitpunkt der Bargeldübergabe, der Scheckhingabe[928], der Einzahlung oder der Überweisung, oder aber erst der Zeitpunkt, in dem der Schädiger schädigend auf den Vermögensteil einwirkt.

Grundsätzlich gilt, dass die Unterscheidung zwischen direktem und indirektem Schaden innerhalb des Art. 4 Abs. 1 Rom II-VO zeigt, dass der Ort des direkten Schadens nicht der Ort des Vermögensfolgeschadens ist. Entscheidend ist somit die erste deliktische Beeinträchtigung des Vermögens[929]. Hier ist aber gerade zweifelhaft, wann die erste Schädigung stattfindet. Die Zeitpunkte können etwa im Falle von typischen Untreue-Sachverhalten auseinander fallen. Die Auswirkungen hat *v. Hein* am Beispiel des sog. *churning* (dt. Spesenreiterei) bzw. *churning*-ähnlichen Sachverhalten beschrieben[930].

Hierbei überlässt zunächst ein Kunde einem Vermögensverwalter oder Berater einen Geldbetrag zur Geldanlage, welcher eigenständig (oder nach jeweiliger Genehmigung) Verfügungen über das Vermögen trifft und durch die damit

926 So auch zur Lageortbestimmung bei Anwendung der Rom II-VO: *Dickinson*, Rn. 4.67

927 So zur Rom II-VO: *Dickinson*, Rn. 4.67.

928 Bei Zahlung mittels Scheck ist der Sitz der bezogenen Bank entscheidend.

929 *Dicey/Morris/Collins*, Conflict of Laws, 2. Suppl., Rn. S35-195.

930 *v. Hein*, Günstigkeitsprinzip, S. 352.

verbundenen Provisionen an den jeweiligen Verfügungen verdient[931]. Im Falle des *churning* schädigt der Verwalter den Kunden durch Vornahme wirtschaftlich sinnloser Geschäfte. Dadurch wird das Vermögen des Kunden mit den Provisionen des Verwalters belastet. Im deutschen materiellen Deliktsrecht können hierbei Ansprüche des Kunden entweder aus vorsätzlicher sittenwidriger Schädigung (§ 826 BGB), aus Betrug (§§ 823 Abs. 2 BGB i. V. m. 263 StGB) oder aus Untreue (§§ 823 Abs. 2 BGB i. V. m. 266 StGB) entstehen. Entscheidend ist für die Abgrenzung hier, in welchem Zeitpunkt der Schädiger Vorsatz bezüglich der Schädigung des Vermögens des Kunden, und ob dieser Einflussmöglichkeiten auf die jeweilige Verfügung hatte.

Die materiellrechtliche Einordnung ist zwar kollisionsrechtlich irrelevant, jedoch findet sich das Problem der Einordnung im Kollisionsrecht wieder.

Dies zeigt *v. Hein* am Beispiel eines in den USA handelnden Vermögensverwalters und dessen deutschen Kunden. Hatte der Verwalter Schädigungsvorsatz im Zeitpunkt der ersten Überweisung (Eingehungsbetrug) des in Deutschland belegenen Guthabens in die USA und hatte er danach keine Verfügungsmacht über das Guthaben dort, so liegt der Schadensort in Deutschland. Verfügt der Kunde hingegen selber über das Guthaben auf dem Konto in den USA, weil er hierdurch vom Verwalter betrügerisch veranlasst wurde, so liegt der Schadensort in den USA[932]. Dies gilt auch dann, wenn der Schädiger vor Überweisung in die USA vorhatte, den Geschädigten zu schädigen.

Die Schadensortbestimmung wird erst dann problematisch, wenn der Kunde keine Verfügungsmacht über das US-amerikanische Konto hatte, und der Verwalter erst nach Einräumung seiner Verfügungsmacht Schädigungsvorsatz entwickelte (mithin nach materiellrechtlicher Einordnung ein Fall der Untreue vorliegt). Stellt man hier auf den Zeitpunkt ab, in dem der Schädiger schädigend auf das Vermögen einwirkt, so ist der Lageort des geschädigten Vermögensteils ebenfalls in den USA. Sieht man hingegen bereits den Ort des Übergangs in den fremden Herrschaftsbereich als relevanten Zeitpunkt an, so wird der Erfolgsort in Deutschland liegen, weil das Geld von hier überwiesen wurde.

Richtigerweise muss der Moment der schädigenden Einwirkung durch den Schädiger entscheiden. Andernfalls würde kollisionsrechtlich ein Sachverhaltselement relevant, welches keine deliktische Bedeutung haben kann. Es liegt dann in der Entscheidung des Richters, zu beurteilen, wann der Schädiger nach dem Vorbringen des Beklagten das Vermögen geschädigt hat. Hiergegen könnte nur sprechen, dass der Schädiger eine einseitige Rechtswahlmöglichkeit erhält, indem er das Vermögen über Ländergrenzen hinweg transferiert, bevor er es de-

931 Siehe ausführlich dazu *Hilgard*, WM 2006, 409 ff.

932 *v. Hein* kommt hier über die von ihm für Betrugsdelikte bevorzugte Anknüpfung an den Verfügungsort zur Anwendung deutschen Rechts, siehe: *v. Hein*, Günstigkeitsprinzip, S. 352.

liktisch mindert. Allerdings wird hier schon früh im Verhalten des Schädigers eine deliktische Schädigung anzunehmen sein. Entscheidend ist daher auch in der Regel der Ort des Wechsels der Verfügungsgewalt. Hierfür spricht auch, dass gerade dieser Wechsel, also der Verlust der Verfügungsmacht über das Vermögen, den Schaden darstellt. Hat der Geschädigte im Zeitpunkt der Schädigung noch Verfügungsrechte über das Vermögen etwa auf einem Konto, so wird das schädigende Einwirken in der Regel erst im Entzug der Verfügungsmacht liegen.

Die Anknüpfung an den jeweiligen Lageort stimmt auch mit dem Verständnis des EuGH in der Kronhofer-Entscheidung überein, der dort die Schädigung in Deutschland sah, weil der österreichische Kläger auf ein deutsches Konto das Geld überwiesen hatte, er über dieses Konto jedoch noch verfügen konnte, da er die Verwendung des Geldes auf dem deutschen Konto für die letztlich schädigenden Call-Options-Geschäfte jeweils genehmigen musste. Wie gezeigt tendieren daneben auch die nationalen Gerichte in diesen Fällen zum Moment der ersten deliktischen Einwirkung[933].

Damit wird letztlich kollisionsrechtlich relevant, ob etwa der Geschädigte das Geld per Anweisung an seine inländische Bank auf das Konto des Schädigers bei einer ausländischen Bank überweist, oder aber das Geld vorher von seinem Konto bei dieser Bank abhebt und dem Schädiger im Ausland in bar übergibt.

Es ist fraglich, ob diese Sachverhaltsdifferenz wirklich ein unterschiedliches kollisionsrechtliches Ergebnis rechtfertigen kann. Hier zeigt sich zum einen ein generelles Problem, dass bei der kollisionsrechtlichen Behandlung von Forderungsverlusten entsteht und zum anderen eine Schwäche dieser hier behandelten Ansicht. Andere geschützte Interessen und Rechtsgüter sind nicht vergleichbar beweglich und unabhängig von Staatsgrenzen wie es eine Forderung ist. Das Abstellen auf den Lageort übernimmt diese Beweglichkeit unmittelbar in das kollisionsrechtliche Ergebnis.

Zum Teil wird daher auch vertreten im Falle der Barzahlung der vorherige Lageort des Vermögensteils, sofern die Entnahme oder Auszahlung des Bargelds schon unter der Einwirkung des Delikts geschah. Es käme dann „auf die Kasse an, der die Scheine entnommen werden“[934]. Allerdings prägt der Lageort im Zeitpunkt der Übergabe von Bargeld den Deliktssachverhalt, und auch der Geschädigte muss mit der Anwendung von dessen Recht rechnen. Der Sachverhalt

933 So etwa der Cour de Cassation, Banque veuve Morin Pons c. Javier Horn y Prado et Crédit Lyonnais, Clunet 1984, 123; ebenso die englischen Gerichte in dem sie bei Auskunftsdelikten auf den Ort abstellen, an dem der Schädiger auf Grund der falschen Auskunft gehandelt und damit auf sein Vermögen eingewirkt hat; vergleichbar ist dieses Ergebnis mit der in den USA verbreiteten „last event rule“, „Last event“ meint nämlich die erste Berührung des letzten zu erfüllenden Elements des Deliktstatbestands, vgl. *Delachaux*, Anknüpfung der Obligationen, S. 164.

934 So zum Erfolgsort des Art. 5 Nr. 3 EuGVO *Mäsch*, IPRax 2005, 509, 516.

ändert sich durch die räumliche Ortsveränderung des Opfers in Ausland ausreichend stark, um eine abweichende Anknüpfung zu rechtfertigen. Es ist daher bei Bargeld richtigerweise auf den Ort der Übergabe abzustellen.

(2) Kritische Würdigung

(a) Wortlaut von Art. 4 Abs. 1 Rom II-VO

Für die weitere Untersuchung der Vereinbarkeit der Anknüpfung an den Lageort mit den Rom II-VO spezifischen Grundsätzen zur Bestimmung des Erfolgsortes ist zunächst festzuhalten, dass diese Ansicht der formalen Intention des Verordnungsgebers entspricht, an den Ort des direkten Schadenseintritts und damit den Ort der Rechtsgutsverletzung anzuknüpfen. Die Ansicht führt damit am ehesten zu einem vom Wortlaut des Art. 4 Abs. 1 Rom II-VO gedeckten Ergebnis[935].

Sofern gegen eine Erfolgsortbestimmung am Lageort eingewandt wird, der Ort des Eintritt eines Vermögensschadens dürfe grundsätzlich keinen Anknüpfungspunkt bilden[936], ist dieser Einwand zu Recht selbst von den Kritikern der Anknüpfung an den jeweiligen Schadensort als „zu oberflächlich" kritisiert worden[937]. Eine solche Ausgrenzung kann für Fälle der reinen Vermögensschäden, wo Bezugspunkt der Anknüpfung eben nur der Vermögensschaden sein kann, gerade nicht gelten.

Daneben sind Fälle denkbar, in denen kein Schadensort bestimmbar ist, bspw. weil eine Schädigung noch nicht stattgefunden hat, und der mögliche Geschädigte im Wege einer Unterlassungsklage eine Schädigung verhindern will. Dann erscheint eine Anknüpfung an die Vermögenszentrale am Wohnsitz des Klägers am sinnvollsten[938].

(b) Partei- und Verkehrsinteressen

Die Anknüpfung an den Lageort entspricht daneben ebenfalls den Interessen des Geschädigten, da dieser auf den Schutz seiner Rechtsgüter durch die Rechtsordnung am Belegenheitsort zu Recht vertrauen durfte[939]. Auf der anderen Seite muss sich der Geschädigte auch auf die Selbstschutzbemühungen einstellen, die an dem Ort gefordert werden, an dem sich seine Rechtsgüter befinden[940].

935 *Dickinson*, EBLR 13 (2002), 369, 376.

936 So *R. Schmidt* in: Kölner Rechtswissenschaftliche Fakultät (Hrsg.), FS für Lehmann (1937), S. 175, 185; *Beitzke*, JuS 1966, 139, 142.

937 Diesen Wortlaut benutzt *v. Hein*, Günstigkeitsprinzip, 348.

938 So auch die oben dargestellte Entscheidung des Schweizerischen Bundesgerichts, siehe oben: Kapitel C.III.8; so auch *Junker* in: MüKo, Art. 40 EGBGB, Rn. 32.

939 So *Kreuzer* in: Reichelt/Rechberger, S. 13, 31.

940 *Spindler*, IPRax 2001, 153, 155.

Aus Sicht des Schädigers stimmt die Anwendung des Rechts des Ortes, an dem sich der betroffene Vermögensgegenstand befand, ferner mit dem Grundsatz überein, dass sich dieser mit all den Rechtsordnungen auseinander zu setzen hat, die durch seine Handlung unmittelbar beeinträchtigt werden.

Allerdings sollen im Kollisionsrecht Gesetzesumgehungen um des privaten Vorteils willen verhindert werden, die zu einem gewählten Recht führen, das jeglichen angemessenen sachlichen und räumlichen Bezugs entbehrt[941]. Durch die Lageortanknüpfung wird das anwendbare Recht in zweifacher Hinsicht wählbar.

Zum einen hängt es in der Regel von einer willkürlichen Entscheidung des Opfers ab, welchen Vermögensgegenstand er in Gefahr bringt. Hier muss gleiches gelten wie im Rahmen der Wählbarkeit des Verfügungsortes. Schädigt sich das Opfer unwissentlich, so kann ihm dies nicht vorgeworfen werden. Kennt er die Schädigungsabsichten, wird er die Gefährdung seines Vermögens ganz unterlassen[942].

Auf der anderen Seite ist der Erfolgsort bei einer Anknüpfung an den Lageort in bestimmten Fallkonstellationen von Anlagegeschäften leicht durch den Schädiger zu manipulieren. Es reicht aus, wenn er zum Beispiel für den Betroffenen ein Konto oder ein Depot auf dessen Namen bei einer Bankniederlassung in einem anderen Staat eröffnet, in dem für ihn selbst günstige Haftungsregeln gelten. Es besteht somit hier die Gefahr des Law Shoppings.

Auch diese Möglichkeit der Manipulation ist hinzunehmen, da der Geschädigte hier im Moment der Schädigung noch die Herrschaft über das auf dem ausländischen Konto befindliche Vermögen hatte. Andernfalls läge der Schadensort dort, wo sich das Vermögen vorher befand. Hatte der Geschädigte aber auf Grund der Herrschaft noch die Möglichkeit, die Schädigung des Vermögens abzuwenden, so besteht zwischen Schädigung und konkretem Lageort die engste Verbindung. Die Tatsache, dass der Schädiger hier das Vermögen vorher mittelbar hingeleitet hat, ändert hieran nichts, da er sich der endgültigen Schädigung nicht sicher sein konnte.

Daneben hat die Interessenwertung im Deliktsstatut der Rom II-VO auch gezeigt, dass das Anknüpfungsergebnis für beide aktuell am Rechtsstreit beteiligten Parteien vorhersehbar sein muss[943]. Auch die Verkehrsinteressen sind insbesondere als Verkehrserleichterungsinteresse in Form eines für den Rechtsverkehr vorhersehbaren Ergebnisses bei der Erfolgsortbestimmung zu berücksichtigen[944].

Hauptargument gegen eine Anknüpfung an den jeweiligen Lageort ist jedoch gerade die Zufälligkeit des durch diese Anknüpfung gefundenen Ergebnisses[945].

941 *Neuhaus*, Grundbegriffe, S. 163.

942 So zur Wählbarkeit des Verfügungsortes: *v. Hein*, Günstigkeitsprinzip, S. 356.

943 Siehe oben: Kapitel C.I.1.a).

944 Siehe oben: Kapitel C.I.1.b).

945 *Dickinson*, EBLR 13 (2002), 369, 376; *v. Hein*, Günstigkeitsprinzip, S. 347 f., 352; *v. Hoffmann* in: Staudinger, Art. 40 EGBGB, Rn. 282; *Kadner Graziano*, GemEuIPR, S. 355; *W. Lorenz* in:

Der Lageort stimme regelmäßig nicht mit dem Ort überein, an dem auch die kollisionsrechtlichen Interessen zu finden seien[946].

Auch die oben dargelegten Gerichtsentscheidungen haben gezeigt, dass die Anknüpfung an den Lageort dazu führt, dass kleine Sachverhaltsunterschiede zur Anwendung unterschiedlichen Rechts führen können. Ebenso spiegeln die dargestellten Schwierigkeiten im Rahmen der Lageortbestimmung bei Churning- und reinen Betrugssachverhalten die Zufälligkeit des Lageortes wider.

Dies zeigt ebenso die Problematik im Rahmen der Suche nach dem anwendbaren Recht auf Sicherungsrechte an Forderungen. Grundsätzlich wird hier an den Lageort des Sicherungsgegenstands angeknüpft, d.h. bei Sachen als Sicherungsgegenstände die *lex rei sitae*. Zunehmend werden auch Rechte im Allgemeinen und Forderungen im Besonderen als Sicherungswerte entdeckt. Hier wird ein Anknüpfen an den Lageort der belasteten Forderung abgelehnt. Angesichts des modernen Phänomens der Übertragung und Belastung von Forderungsbündeln mit Hunderten oder Tausenden von Forderungen versagen Kriterien die auf individualisierende Merkmale abstellen[947]. Deshalb wird im Rahmen der Suche nach dem anwendbaren Recht auf Sicherungsrechte an Forderungen überwiegend vorgeschlagen, an den Wohn- oder Geschäftssitz des Sicherungsgebers abzustellen[948]. Auch UNCITRAL[949] schlägt im *Legislative Guide for Secured Transactions* von 2007 in den Empfehlungen Nr. 207 ff. eine Anknüpfung an den Wohn- oder Geschäftssitz des Sicherungsgebers vor[950].

Im Produkthaftungsstatut hat der Verordnungsgeber das Problem der Zufälligkeit des Anknüpfungsergebnisses erkannt und in Art. 5 Abs. 1, S. 2 Rom II-VO die möglichen eröffneten Statute einer Schädigung durch Produkte durch das Kriterum der Vorhersehbarkeit durch den Schädiger begrenzt[951]. Eine solche Eingrenzung fehlt in Art. 4 Abs. 1 Rom II-VO. Dennoch gebietet der Wille des Verordnungsgebers, wie er in Erwägungsgrund Nr. 6 und Nr. 16 zum Ausdruck kommt, den Erfolgsort nicht so zu bestimmen, dass dieser für eine der Parteien nicht mehr vorhersehbar ist. Die ausdrückliche Erwähnung der Vorhersehbar-

---

v. Caemmerer (Hrsg.), Vorschläge und Gutachten, S. 97, 110, 112; *Petch*, JIBLR 21 (2006), 449, 454; so schon *Raape* in: Staudinger[9], EinfG, S. 203.

946 *W. Lorenz* in: v. Caemmerer (Hrsg.), Vorschläge und Gutachten, S. 97, 110.

947 *Drobnig* in: Baetge u.a. (Hrsg.), FS für Kropholler (2008), S. 533, 541 ff.,551.

948 Siehe *Drobnig* in: Baetge u.a. (Hrsg.), FS für Kropholler (2008), S. 533, 543 m.w.N.(dort Fn. 20).

949 Kommission der Vereinten Nationen für internationales Handelsrecht.

950 Mit Ausnahme von Bankkonten als Sicherungsgegenstand.

951 Hiernach ist das durch Art. 5 Abs. 1, S. 1, lit. a bis lit. c Rom II-VO bestimmte Recht nicht anzuwenden, wenn die Person, deren Haftung geltend gemacht wird „das Inverkehrbringen des Produkts oder eines gleichartigen Produkts in dem Staat, dessen Recht nach den Buchstaben a, b oder c anzuwenden ist, vernünftigerweise nicht voraussehen konnte".

keitsschanke für das auf außervertragliche Schuldverhältnisse aus Produkthaftung anzuwendende Recht ist auf die vorherige weite Anknüpfungsleiter in Art. 5 Abs. 1, S. 1 Rom II-VO zurück zu führen.

Im Folgenden ist daher zu prüfen, ob die Lageortanknüpfung mangels Vorhersehbarkeit zu einer Beeinträchtigung der Rechtssicherheit führt.

(c) Vorhersehbarkeit

Tatsächlich sind Fälle denkbar, in denen die Rechtsordnung am jeweiligen Lageort keinen weiteren Bezug zu dem der Schädigung zu Grunde liegenden Sachverhalt aufweist. Aus Sicht der beteiligten Parteien kann der Lageort dann zufälligen Charakter haben, etwa wenn ein Betrugsdelikt in Deutschland nur in der Form einen Auslandsbezug aufweist, dass das Opfer den Vermögensgegenstand von einem Konto bei einer Bank mit Sitz im Ausland abzieht. Der Schädiger kann diesen Auslandsbezug in der Regel nicht erkennen.

Die Anknüpfung an den jeweiligen Belegenheitsort kann deswegen zu zufälligen Ergebnissen führen, weil der vom Geschädigten ausgewählte Vermögensteil keinen Bezug zum bisherigen Sachverhalt aufweisen kann. So kann letztlich einem zufälligen Moment statutbestimmende Wirkung zu kommen. Dies ist jedoch nicht mit den Parteiinteressen und dem Prinzip der in Art. 4 Abs. 1 Rom II-VO vorzunehmenden Suche nach der engsten Verbindung zu vereinbaren.

Die Vorhersehbarkeit fehlt immer dann, wenn der Schädiger nicht vorhersehen konnte, dass der Schädiger Vermögen aus dem letztlich entscheidenden Staat abzieht. Das Erfordernis der Vorhersehbarkeit ist kein zwingendes Argument gegen die Anknüpfung an den jeweiligen Lageort, da eine verordnungskonforme Erfolgsortbestimmung auch über eine Einschränkung des möglichen Lageorts erfolgen kann.

Das Problem der Rechtsunsicherheit wird auch von den Vertretern einer Anknüpfung an den Lageort erkannt. Um die Bestimmung des anwendbaren Rechts, vorhersehbar zu machen, wird daher auch vertreten, die möglichen Lageorte und damit die möglichen anwendbaren Rechtsordnungen generell auf diejenigen zu beschränken, die für den Täter vorhersehbar waren[952]. Ein Belegenheitsort sei dann vorhersehbar, wenn er sich entweder mit dem gewöhnlichen Aufenthalt oder der Niederlassung der Parteien deckt, der Bezugspunkt der Tat ausschließlich dieser bestimmte räumlich zusammenhängende Vermögensgegenstand war, oder der Schädiger den Umständen entnehmen konnte, dass sich an diesem Ort Vermögen des Geschädigten befindet.

952 *v. Bar*, IPR II, Rn 665; so auch zum internationalen Zuständigkeitsrecht, *Mäsch*, IPRax 2005, 509, 516.

Fraglich ist, ob diese Einschränkung der Vorhersehbarkeit des Anknüpfungsergebnisses nicht selbst zu Rechtsunsicherheit führt, und damit die Anknüpfung an den Lageort trotz dieser Einschränkung abzulehnen ist.

Wie oben gezeigt kommt das Problem der Zufälligkeit eines gefundenen Ergebnisses bei allen zu behandelnden Vorschlägen zur Behandlung reiner Vermögensschäden auf. Zwar zeigt sich dieses Problem bei der Anknüpfung an einen solchen mobilen Ort wie dem Lageort besonders stark, allerdings liegt die Wurzel bereits im Versuch, einen festen Anknüpfungspunkt für alle denkbaren Sachverhalte zu finden. Bei jedem Distanzdelikt mit Schädigung eines geschützten Interesses ohne leicht räumlich abgrenzbaren Schutzbereich kann der Erfolgsort ebenfalls zufällig und damit nicht mehr vorhersehbar sein.

Im Übrigen zeigt dies beispielsweise auch die Eigentumsschädigung auf Grund fehlerhafter Kontrolle eines Fahrzeugs. Ereignet sich ein Unfall dieses Fahrzeugs auf Grund des Verschuldens eines Mechanikers, kann sich dieser Unfall auch in unterschiedlichen Staaten ereignen, ohne dass diese jeweils im Einzelnen für den Mechaniker vorhersehbar sind. Auch im oft als Beispiel für Distanzdelikte genannten Fall der Körperverletzung durch einen Schuss über die Grenze kann der Schuss lediglich als Querschläger über die Grenze geflogen sein[953]. Auch für sonstige Distanzdelikte wird daher gefordert, die Erfolgsbestimmung durch eine Vorhersehbarkeitsschranke einzuschränken[954].

Eine Einschränkung der Anknüpfung durch die Vorhersehbarkeit des Anknüpfungsergebnisses ist damit richtig. Hiergegen spricht auch nicht, dass dadurch das Anknüpfungsergebnis durch ein subjektives Element wiederum ungenau ist. Die Verwendung der Vorhersehbarkeitsschranke erhöht ja gerade zumindest für die a jeweiligen Rechtsstreit beteiligten Personen das Vertrauen in die Berufung der richtigen Rechtsordnung. Die Beeinträchtigung der Rechtssicherheit im Rechtsverkehr ist demgegenüber hinzunehmen.

In Fällen, in denen der Lageort nicht vorhersehbar war und damit keinen ausreichenden Bezug mehr zu dem außervertraglichen Schuldverhältnis hatte, kann im Einzelfall durch die Auflockerung in Art. 4 Abs. 3 Rom II-VO ein Ergebnis gefunden werden, mit dem die Parteien rechnen mussten[955].

---

953 Dieses Beispiel als ungewolltes Zufallsergebnis führt *Kropholler* an, IPR, § 53 IV, 1, b).

954 So Kropholler, IPR, § 53 IV, 1, b); *v. Hein*, Günstigkeitsprinzip, S. 181 ff.; gesetzlich normiert wurde eine Vorhersehbarschranke für mögliche Erfolgsorte etwa in Art. 133 Abs. 2 des schweizerischen IPRG.

955 *Kreuzer* hingegen will im Falle eines nicht vorhersehbaren Lageortes an den Handlungsort anknüpfen, siehe *Kreuzer* in: MüKo³, Art. 38, Rn. 54 a; die Anknüpfung an die offensichtlich engere Beziehung ist jedoch flexibler als eine strikte Anwendung des Handlungsortrechts. Außerdem würde diese den Schädiger begünstigen, da das ihm bekannte Haftungsrecht Anwendung findet. Vielmehr wird der Ort mit dem das Delikt die engere Beziehung hat regelmäßig dort liegen, wo der Schädiger auf den Geschädigten – etwa durch eine Täuschung oder eine

(d) Sonderproblem Mosaikbetrachtung

Schließlich kann durch die Anknüpfung an den Lageort eine rechtswidrige Handlung zur Anwendbarkeit einer unbeschränkten Anzahl von Rechtsordnungen führen, wenn einzelne Vermögensgegenstände in unterschiedlichen Staaten geschädigt werden. Die oben geschilderte Problematik der Anwendung des Mosaikprinzips[956] wird durch die Anknüpfung an den Lageort damit besonders relevant[957].

Die oben gezeigte kollisionsrechtliche Wertung dieses Problems hat gezeigt, dass im Falle einer Streuschädigung der Rechtsgüter eines Geschädigten eine Abweichung vom Mosaikprinzip kollisionsrechtlich geboten ist, der Verordnungsgeber grundsätzlich aber an der Mosaikbeurteilung festhält. Auch das zu berücksichtigende Verkehrserleichterungsinteresse intendiert demgegenüber eine Abweichung vom Mosaikprinzip. Die Unvereinbarkeit hiermit zeigt beispielsweise die Prospekthaftung für auf dem außerbörslichen Wertpapiermarkt gehandelte Wertpapiere. Hier haftet der Emittent für fehlerhafte Angaben im Ausgabeprospekt, ohne zu wissen, auf welchem Markt das ausgegebene Wertpapier gehandelt wird.

Den Handelsplatz der Papiere kann der Emittent kaum vorhersehen[958]. Dies gilt erst Recht für den Lageort des Vermögens, dass der Geschädigte zum Kauf der Wertpapiere aufbrachte.

Gerade im internationalen Kapitalmarkt wollen Akteure die Haftungsfolgen möglichst nur nach einem Recht ausrichten.

Eine solche Streuung der Statute ist daher mit den Interessenwertungen im Rahmen der Rom II-VO unvereinbar. Die Erfolgsortbestimmung sollte gerade die Rechtssicherheit erhöhen, indem das anwendbare Recht leichter als etwa über eine ubiquitäre Lösung von den Parteien zu bestimmen ist.

In einem ähnlichen Fall der Gefahr einer zu großen Streuung der Statute hat der Verordnungsgeber das Problem durch eine Schwerpunktanknüpfung gelöst. Gem. Art. 6 Abs. 3, lit. b Rom II-VO kann derjenige, der durch wettbewerbshindernde Handlungen geschädigt wurden, die verschiedene nationale Märkte beeinträchtigen, das Recht eines Staates wählen, in dem die Beeinträchtigung unmittelbar und wesentlich erfolgte. Dieses Recht ist dann insgesamt auf die unerlaubte Handlung anwendbar.

Durch die Ausweichmöglichkeit auf die engere Verbindung gem. Art. 4 Abs. 3 Rom II-VO besteht auch für andere Streudelikte die Möglichkeit zu einem ge-

---

fehlerhafte Auskunft – auf den Geschädigten eingewirkt hat. Dies wird wiederum in der Regel der Ort des gewöhnlichen Aufenthaltes des Opfers sein.

956 Siehe oben: Kapitel B.II.6.

957 So auch *Petch*, JIBLR 21 (2006), 449, 454 f.

958 *Kiel*, Internationales Kapitalanlegerschutzrecht, S. 275 ff.

rechten und für beide konkret am Rechtsverhältnis beteiligten Parteien auch angemessenen Ergebnis zu gelangen. So kann eine Schwerpunktlösung Teile der im Falle einer Streuschädigung entstehendem Gerechtigkeitsdefizite der Mosaikbetrachtung lösen.

Schließlich führt die Anknüpfung an den Erfolgsort zumindest zu einem Gleichlauf mit der Erfolgsortbestimmung in Art. 5 Nr. 3 EuGVO. Diesbezüglich erleichtert sie den Rechtsverkehr insbesondere im Falle einer Streuschädigung.

(e) Ordnungsinteressen

Durch die Belegenheitsanknüpfung wird ein möglicher ordnungspolitischer Gehalt der materiellen Deliktsnormen, welche an dem Ort gelten, an dem der Geschädigte und der Schädiger aufeinander treffen, verwässert. Die Rom II-VO trägt diesem Ordnungsanspruch Rechnung, indem etwa wettbewerbsrechtlich und privat-kartellrechtlich zu qualifizierende Ansprüche dem Recht am Marktort unterstehen. Wie oben[959] gezeigt ist die Anwendung der Regeln des Marktortes sinnvoll, da so die Marktakteure einheitlichem Wettbewerbsrecht unterstehen, und der nationale Gesetzgeber seinen Markt besser einschätzen kann, dessen Regeln also am besten geeignet sind, für einen funktionierenden Markt zu sorgen.

Für die Schadensortbestimmung im Rahmen des Art. 4 Abs. 1 Rom II-VO kann das Interesse an einem geregelten Markt etwa für Prospekthaftungsansprüche relevant sein[960].

Allerdings zeigt die Rom II-VO, dass das Ordnungsinteresse an einem geregelten Markt bei der Regelanknüpfung zurücksteht. Dies zeigt sich bereits darin, dass hier eine Rechtswahl der Parteien zulässig ist. Eine solche kann immer dazu führen, dass ein anderes als das Marktortrecht Anwendung findet. Dort, wo das Interesse an einem einheitlich beurteilten Markt überwiegt, ist daher – wie bei wettbewerbsrechtlichen Ansprüchen – eine Rechtswahl der Parteien nicht zulässig. Ferner kann auch gem. Art. 4 Abs. 2 Rom II-VO das Recht am gemeinsamen gewöhnlichen Aufenthalt die Anwendung des materiellen Deliktsrechts des Tatortstaates verdrängen.

Schließlich ist auch nicht eindeutig, ob die Lageortanknüpfung überhaupt die Marktortinteressen vernachlässigt. Die Anknüpfung an den Lageort beruft ja gerade das Recht des Ortes, an dem die relevanten Interessen verletzt wurden.

959 Siehe oben: Kapitel B.II.2.a)(2).

960 *v. Hein* in: v. Baum u.a. (Hrsg.), Perspektiven des Wirtschaftsrechts, S. 371, 390.

(3) Zusammenfassung

Die Anknüpfung an den Lageort hat den kollisionsrechtlichen Vorteil, dass sie einen klaren, für alle Typen von Vermögensschädigungen geltenden Anknüpfungspunkt wählt.

Ferner stellt sie – sofern eingeschränkt durch die Vorhersehbarkeit – einen gerechten Interessenausgleich dar.

Ein solcher Anknüpfungspunkt ist unter Anwendung der gerade gezeigten Regeln auch leicht durch den Richter und den gesamten Rechtsverkehr zu bestimmen.

Die Anknüpfung an den jeweiligen Lageort hat daneben auch in der Rechtsprechung Anklang gefunden. So stellte der BGH in seiner Entscheidung vom 28.02.1989, in der er über Ansprüche aus einem Anlagebetrugsdelikt zu entscheiden hatte, auf den Ort ab, an dem sich „das nach dem Klagevorbringen geschädigte Vermögen des Klägers“ befand.

Ferner erwähnte der BGH in seiner sog. Verlöbnisbruch-Entscheidung vom 28.02.1996 den Lageort als Kriterium zur Bestimmung des Erfolgsortes bei reinen Vermögensschäden.

Beide Gerichtsentscheidungen sind jedoch – wie gezeigt – wenig aussagekräftig. In der Entscheidung zum Anlagebetrug nahm der BGH letztlich eine Rechtswahl an. In der Verlöbnisbruchentscheidung stellte er zuerst auf den Ort der Verfügungsvornahme ab. Dieser entsprach dem Lageort des durch die Verfügung geschädigten Vermögens.

In der früheren oben dargestellten Entscheidung vom 23.06.1964 hatte der BGH zudem ausdrücklich der Anknüpfung an den Lageort widersprochen, und stattdessen an den Ort des Irrtums und der Vermögensverfügung angeknüpft.

Die englischen Richter stellten im Vertragsbruch-Fall Metall und Rohstoff AG v. Donaldson Lufkin & Jenrette Inc. zur Tatortbestimmung ebenfalls auf den Lageort des betroffenen Vermögensgegenstandes ab. Eine Verallgemeinerung der Rechtsprechung auf andere deliktische Vermögensschädigungen ist nach ausdrücklicher Stellungnahme der Richter des House of Lords nicht zulässig. Darüber hinaus befand sich das geschädigte Vermögen an dem Ort, an dem auch die schädigende Verfügung vorgenommen wurde. Auch auf diesen Ort bezieht sich das Gericht zur Tatortbegründung, so dass dieses Urteil kein eindeutiges Beispiel für die Relevanz des Lageortes bei der Erfolgsortbestimmung ist.

Aussagekräftig ist ferner, dass sich der EuGH zur Erfolgsortbestimmung bei Art. 5 Nr. 3 EuGVO für diese Ansicht ausgesprochen hat. Zwar lässt sich die Auslegung im internationalen Zuständigkeitsrecht nicht auf das internationale Privatrecht übertragen, aber es kommt der Entscheidung zumindest eine Indizwirkung dahingehend zu, welche Interessen der EuGH berücksichtigt. Die Begriffe sollten ferner so weit wie möglich parallel ausgelegt werden[961]. Die Anknüpfung an den jeweiligen Lageort führt damit zu einem gewollten Gleichlauf mit der Erfolgsortbestimmung in Art. 5 Nr. 3 EuGVO. So kann zumindest am Erfolgsort vom Richter die *lex fori* angewandt werden. Dem Kläger hilft dies bei Streuschädigungen jedoch nicht weiter, da dem Gericht am Erfolgsort die Kognitionsbefugnis über die in anderen Ländern erlittenen Schäden fehlt.

Schließlich bleibt festzuhalten, dass die Schwierigkeiten bei der Bestimmung des Lageortes zu vernachlässigen sind. Insbesondere lässt sich das Problem der möglichen fehlenden Vorhersehbarkeit durch eine Einschränkung auf nur vorhersehbare Lageorte lösen.

Für eine Lageortanknüpfung spricht auch ein weiteres Argument. Der Vermögensschaden bestimmt sich als Minderwert durch die Differenzhypothese. Dieser Minderwert hängt von einer Wertbeurteilung ab, die am besten am Ort vorgenommen wird, an dem sich der Vermögensteil befindet. Der Minderwert kann sich etwa auch aus einem Wertverlust des Vermögens auf einem Markt ergeben. Der Vermögenswert kann sich auf verschiedenen Märkten unterschiedlich bestimmen. So etwa, wenn der Täter in sittenwidriger Schädigungsabsicht verhindert, dass das Opfer Geschäftanteile veräußert, und der Wert dieser Geschäftsanteile daraufhin fällt. Für die Berechnung des Minderwertes muss also immer ein Bezug zum Markt berücksichtigt werden. Auf den Marktort kann nicht als Anknüpfungspunkt wie in Art. 6 Abs. 1 Rom II-VO zurückgegriffen werden, weil der geltend gemachte Vermögensschaden kein Schaden des Marktes ist, sondern einer des einzelnen Geschädigten[962]. Einer Anknüpfung an den Lageort erleichtert so jedoch ebenfalls die Wertbestimmung.

Die Anknüpfung an den jeweiligen Lageort entspricht damit überwiegend der angestrebten internationalprivatrechtlichen Gerechtigkeit.

Allerdings fehlt in Fällen, in denen das Delikt in dem Einwirken des Schädigers nicht auf das Vermögen direkt, sondern auf den Geschädigten besteht, also in Betrugsfällen, ein Bezug zwischen dem Lageort und dem Delikt. In diesen Fällen ist – wie oben aufgezeigt – der Lageort des vom Geschädigten bewegten Vermögensteils rein zufällig. Von welchem Bankkonto der Geschädigte das Geld abzieht, um es dem Schädiger zu überweisen, steht etwa mit dem Delikt nicht in innerem Zusammenhang[963].

Die Anknüpfung an den Lageort überzeugt also nicht für alle bestehenden kollisionsrechtlichen Fälle reiner Vermögensschäden.

---

961 So *Mankowski*, IPRax 1997, 173, 174.

962 So zur Prospekthaftung: *Tschäpe/Kramer/Glück*, RIW 2008, 657, 662.

963 *Kadner Graziano*, EuIDR, S. 105.

d) Vermögenszentrale

Eine andere Literaturansicht berücksichtigt den einheitlichen Vermögensbegriff und folgt dem Grundsatz *res ossibus haerent* (dt.: die Sachen hängen am Knochen). Angeknüpft wird hiernach zur Bestimmung des Erfolgsortes bei Beeinträchtigungen von Vermögensinteressen an den gewöhnlichen Aufenthaltsort des Vermögensinhabers als sog. Vermögenszentrale[964].

Die Verbindung des außervertraglichen Schuldverhältnisses zur Vermögenszentrale zeige sich bereits darin, dass sich die Vermögensschädigung aus Sicht des Betroffenen hier bilanzmäßig auswirke, und er sein Vermögen – zumindest primär – hier versteuern müsse[965]. Der Ort der Vermögenszentrale entspreche damit am ehesten der Lokalisation der Interessen des Geschädigten. Die Anwendung dieses Rechts dürfe der Geschädigte berechtigterweise erwarten. Auch der Schädiger müsse in der Regel mit der Anwendung dieses Rechts rechnen.

(1) Bestimmung der Vermögenszentrale

Um diese Ansicht auf ihre Vereinbarkeit mit der Auslegung der Rom II-VO zu untersuchen, sind zunächst mögliche Probleme bereits bei der Bestimmung des Anknüpfungspunktes zu untersuchen.

Die so von den Vertretern dieser Ansicht definierte Vermögenszentrale befindet sich immer am Wohn- oder Geschäftssitz der geschädigten Person. Bei juristischen Personen oder beruflich tätigen Einzelkaufmännern soll der Sitz der Hauptniederlassung entscheiden. Ausnahmen hiervon sollen dann gelten, wenn sich die Handlung ausschließlich gegen eine einzelne Niederlassung richtet[966]. In diesem Fall sei nur der Ort dieser Niederlassung Erfolgsort. Auf den Belegenheitsort des Hauptvermögens sei dann nur subsidiär abzustellen.

---

964 Zum autonomen deutschen Kollisionsrecht: *v. Hoffmann* in: Staudinger, Art. 40 EGBGB, Rn. 282; *W. Lorenz* in: v. Caemmerer (Hrsg.), Vorschläge und Gutachten, S. 97, 110 ff., 123 f.; *Heini* in: Basedow u.a. (Hrsg.), Liber Amicorum Kurt Siehr (2000), S. 251, 253 (jedenfalls „im Zweifel"); *Kropholler*, IPR, § 53 IV, 1, b) (der jedoch für Betrugsdelikte eine Anknüpfung an den Verfügungsort bevorzugt); so auch *R. Schmidt* in: Kölner Rechtswissenschaftliche Fakultät (Hrsg.), FS für Lehmann (1937), S. 175, 185 (jedenfalls sofern der Schädiger nicht auf ein bereits konkretisiertes einzelnes Vermögensstück einwirkt – dann sei an den über § 23 S. 2 ZPO analog zu bestimmenden Belegenheitsort anzuknüpfen); Zur Rom II-VO: *Schaub* in: Prütting/Wegen/Weinreich, Art. 4 Rom II-VO, Rn. 7 (Jedenfalls bei Streudelikten liege hier der Erfolgsort); *Thorn* in: Palandt, Art. 4 Rom II-VO, Rn. 9 (sofern sich die Tat nicht auf einen geograhisch klar abgrenzbaren Vermögensteil bezieht. Dann sei vielmehr an diesen Lageort anzuknüpfen).

965 *W. Lorenz* in: v. Caemmerer (Hrsg.),Vorschläge und Gutachten, S. 97, 112; *R. Schmidt* in: Kölner Rechtswissenschaftliche Fakultät (Hrsg.), FS für Lehmann (1937), S. 175, 185.

966 *v. Hoffmann* in: Staudinger, Art. 40 EGBGB, Rn, 282.

Für eine Anknüpfung immer an den jeweils betroffenen Niederlassungsort anstatt an den Hauptsitz führt *v. Hoffmann* schließlich noch die sog. Golfrasenmäher-Entscheidung des BGH vom 10.02.1978 an[967]. Hier hatte der BGH[968] über das anwendbare Recht auf einen Schadensanspruch eines geschädigten Rasenmäherherstellers aus den USA gegen eine Handelsfirma aus Deutschland zu entscheiden. Die deutsche Handelsfirma kaufte die Rasenmäher der Serie TORO des US-amerikanischen Herstellers, entfernte in Deutschland den TORO-Schriftzug und verkaufte die Rasenmäher im Folgenden unter eigenem Namen. Dadurch umging der deutsche Händler das Exklusivverkaufsrecht eines deutschen TORO-Händlers, der im Wege der Prozessstandschaft die Schadensersatzansprüche des TORO-Herstellers geltend machte. Der BGH entschied, der Erfolgsort der deliktischen Schädigung liege in Deutschland, da sein Gewerbebetrieb, zu dem „auch technische und organisatorische Maßnahmen und Vorkehrungen" und somit auch der exklusive Vertriebspartner gehören[969], in Deutschland verletzt wurden.

Der BGH geht jedoch in diesem Beispielsfall nicht auf die Problematik des anwendbaren Rechts ein, sondern macht wie so oft eine eigene, ungenaue Abwägung der Interessen der Beteiligten.

Der Anspruch des Herstellers ist – insbesondere im Anwendungsbereich der Rom II-VO wohl zwingend – wettbewerbsrechtlich zu qualifizieren, und die Entscheidung des BGH ist daher eher als Bekenntnis zur Marktortanknüpfung zu verstehen und somit auch in die Rechtssprechungsdarstellung oben[970] nicht aufgenommen worden.

Die Anknüpfung an die jeweilige Niederlassung wäre wegen der regelmäßig stärkeren Verbindung dieses Ortes zu dem Schuldverhältnis zwar sinnvoll, vor dem Hintergrund der Argumente der Vertreter dieser Ansicht wäre sie allerdings inkonsequent. Die bilanz- und steuermäßigen Auswirkungen, mit denen die Vertreter dieser Ansicht argumentieren, treten am Hauptsitz auf. Schädigt die gleiche Handlung mehrere Zweigniederlassungen derselben Gesellschaft, eröffnet sich durch das Abstellen auf die jeweils betroffene Zweigniederlassung weiter die Problematik der Streudelikte.

Aus diesen Gründen wird die Vermögenszentrale von den überwiegenden Vertretern dieser Ansicht bei juristischen Personen immer am Hauptgeschäftssitz lokalisiert[971].

Hinzuweisen ist noch auf die Differenz zwischen dem vom EuGH in der Kronhofer-Entscheidung als Anknüpfungspunkt abgelehnten Vermögensmittelpunkt.

967 *v. Hoffmann* in: Staudinger, Art. 40 EGBGB, Rn. 282.
968 BGH v. 10.02.1978, GRUR 1978, 364.
969 BGH, a.a.O., 367.
970 Siehe oben: Kapitel C.III.1
971 So *W. Lorenz* in: v. Caemmerer (Hrsg.), Vorschläge und Gutachten, S. 97, 112.

Dieser ist mit der hier dargestellten Vermögenszentrale nicht identisch. Der Vermögensmittelpunkt liegt vielmehr nur regelmäßig, jedoch nicht immer am Wohnsitz des Schuldners, sondern dort wo sich der Schwerpunkt des Vermögens befindet.

(2) Kritische Würdigung

(a) Parteiinteressen

Gegen die Anknüpfung an die Vermögenszentrale spricht womöglich eine unverhältnismäßig starke Privilegierung des Geschädigten. Die Anknüpfung an die Vermögenszentrale führt dazu, dass unabhängig vom jeweiligen Sachverhalt ein Recht zur Anwendung kommt, in welchem der Geschädigte sich auskennt. Dies gilt insbesondere unabhängig davon, an welchen Ort er den konkret geschädigten Vermögensgegenstand selbst vorher lokalisiert hat.

Auch ein Vergleich mit Opfern einer Schädigung eines absoluten Rechtsguts zeigt die Privilegierung, die der Geschädigte zumindest theoretisch durch die Anknüpfung an die Vermögenszentrale erfährt. Der Eigentumsgeschädigte verspürt die Folgen der Rechtsgutsverletzung möglicherweise bilanzmäßig ebenfalls erst durch den Folgeschaden an seinem Vermögen, hier ist diese Folge der Rechtsgutsverletzung zu Recht irrelevant[972]. Das „bilanzrechtliche Verspüren" sei demnach, so *v. Hein,* keine Besonderheit bei reinen Vermögensschäden und dürfe daher nicht anders behandelt werden als in anderen Fallgruppen[973].

Tatsächlich wird durch das Anknüpfen an die Vermögenszentrale ein Ort relevant, der bei anderen Delikten für die Erfolgsortbestimmung irrelevant ist. Die bloßen Folgeschäden einer deliktische Schädigung, wie etwa das „bilanzielle Verspüren", die neben der primären Rechtsgutsverletzung eintreten, begründen grundsätzlich hier kein Statut.

Das Vermögen besteht zwar – wie oben bereits dargelegt – nicht nur aus einzelnen Vermögensgegenständen, sondern vielmehr aus deren Summe. Der Verlust eines konkreten Vermögensgegenstands, wie etwa einem einzelnen Bankguthaben auf einer Bank in einem Drittstaat, stellt somit eine Schädigung des Vermögens als einheitliches Rechtsgut dar. Diese Schädigung erfolgt auch nicht

---

972 Weshalb bloße Folgeschäden aus kollisionsrechtlicher Sicht keinen Erfolgsort begründen dürfen hat umfassend *Beitzke* dargelegt in JuS 1966, 139, 142; vgl. auch dazu auch die ständige Rechtsprechung des BGH (VersR 1977, 231, 232) in Weiterführung von RGZ 140, 25, 29; insbesondere ist dies keine von § 823 Abs. 1 BGB und damit dem nationalen materiellen Deliktsrecht entnommene Unterscheidung, sondern vielmehr eine europaweiter Konsens.

973 So *v. Hein*, Günstigkeitsprinzip, S. 349; wie oben beschrieben ebenso die Argumente des EuGH im Rahmen der EuGVO in der Kronhofer-Entscheidung (IPRax 2005, 32, 33) und des schweizerischen Bundesgerichts (SZIER 2000, 351, 353).

erst sekundär. Vielmehr ist das Rechtsgut Vermögen nach richtigem Verständnis am Lageort gar nicht verletzt. Eine Verletzung tritt nur an der Vermögenszentrale ein.

Ein solches Verständnis liegt Art. 4 Abs. 1 Rom II-VO und der hierin ausgedrückten Betonung der Relevanz der ersten Beeinträchtigung jedoch nicht zu Grunde. Aus Sicht des Art. 4 Abs. 1 Rom II-VO stellt ein Abstellen auf die eintretende Minderung des Gesamtvermögens und eine Anknüpfung an die Vermögenszentrale ein Abstellen auf den Sekundärschaden dar.

Fraglich ist hier also, ob eine solche Ungleichbehandlung ausreichend gerechtfertigt ist. Rechtfertigen könnte die Privilegierung des Geschädigten hier die Tatsache, dass schon der Erstschaden eine reine Vermögensschädigung ist, während bei sonstigen Delikten erst der irrelevante Folgeschaden regelmäßig ein Vermögensschaden ist. Der Unterschied zwischen Erst- und Zweitschaden liegt bei sonstigen Delikten also in der Art des geschützten Interesses. Bei reinen Vermögensschäden hingegen liegt sowohl der Erst- als auch der Zweitschaden, also das bilanzmäßige Verspüren des Erstschadens, in einer Beeinträchtigung der Vermögensinteressen.

Diese Tatsache darf allerdings nicht dazu führen, die Grenze zwischen Erst- und Zweitschädigung zu verwischen. Die Gründe, die gegen eine Anknüpfung an den Folgeschaden sprechen, beruhen nicht nur auf der typischen Art des Folgeschadens als Vermögensschaden. Es liegt vielmehr kein hinreichender räumlich funktionaler Zusammenhang zwischen dem Deliktssachverhalt und dem Ort der Zweitschädigung vor. Ein solcher funktionaler Zusammenhang ist jedoch der zentrale Geltungsgrund der Tatortregel. Der Verordnungsgeber hat sich im Rahmen der Interessenabwägung gegen etwa eine Anknüpfung an den Wohnsitz des Geschädigten ausgesprochen, da hier ein funktionaler Zusammenhang fehle. Auch die Eigenschaft des deliktischen Erfolgs als Vermögensschaden wird hier nicht zu einer Vermischung der Grenzen zum Folgeschaden führen.

Die Schwierigkeiten bei der Bestimmung eines Erfolgsortes von Vermögensschädigungen lösen die Vertreter dieser Ansicht also durch eine Privilegierung des Geschädigten.

Zwar sieht auch die Rom II-VO die Interessen des Geschädigten als schutzwürdiger als die des Schädigers und knüpft daher an den Erfolgsort an, das Maß dieser Begünstigung ist jedoch beschränkt. Die Anknüpfung an die Vermögenszentrale führt dazu, dass der Geschädigte den Schutz des heimischen Deliktsrechts „im Huckepack" mit sich führen darf, unabhängig davon, inwieweit er selbst zu dem Auslandsbezug der Schädigung beigetragen hat[974]. Ein solches Mitnehmen des eigenen Schutzes gewährt die Rom II-VO nur in dem besonderen Fall, dass sowohl Schädiger, als auch Geschädigter denselben gewöhnlichen

974 So *v. Hein*, Günstigkeitsprinzip, S. 349.

Aufenthalt haben, Art. 4 Abs. 2 Rom II-VO. In diesem Fall des gemeinsamen gewöhnlichen Aufenthalts werden aber die Interessen sowohl des Geschädigten als auch die des Schädigers berücksichtigt. Eine alleinige Begünstigung des Geschädigten durch die Anwendung des Rechts an seinem Wohn- oder Geschäftssitz scheint daher nicht vom Gemeinschaftsgesetzgeber gewollt. Daneben kennt die Rom II-VO das Mitnehmen des heimatlichen Schutzes in Fällen der Produkthaftung. Eine allgemeine Anknüpfungsregel für reine Vermögensschäden ließe sich demnach über Art. 5 Abs. 1 lit. a Rom II-VO[975] analog begründen. Aber auch ein Vergleich mit Art. 5 Rom II-VO zeigt Wertungsdifferenzen die eine analoge Anwendung ausschließen. Hier basiert die Privilegierung des Geschädigten auf produkthaftungsspezifischen Umständen. Es drohen nämlich Sach- und regelmäßig sogar Personenschäden. Die Gefährdung dieses hohen Rechtsgutes rechtfertigt das „Mitnehmen" des bekannten heimatlichen Deliktsschutzes. Schließlich zeigen auch die weiteren, in Erwägungsgrund Nr. 20 aufgeführten Gründe der Privilegierung – wie der Verbraucherschutz vor fehlerhaften Produkten – das die Privilegierung nicht übertragbar ist.

Allerdings zeigt ein Vergleich mit dem in Art. 7 Rom II-VO für Opfer einer Umweltschädigung eingeführten Wahlrecht, dass eine Geschädigtenbegünstigung hier aus ähnlichen Motiven eingeführt wurde. Die Kommission führt hierzu noch aus, die Begünstigung beruhe auch auf der Tatsache, dass der Schädiger regelmäßig einen wirtschaftlichen Vorteil aus der Schädigung ziehe. Dieses Argument lässt sich auf die Fälle reiner Vermögensschäden übertragen. Auch hier ist das Ziel der Schädigung regelmäßig die Bereicherung des Schädigers. Allerdings ist der Hauptgrund der Begünstigung des Umweltgeschädigten das Ziel des Umweltschutzes. Gegenüber der Verfolgung dieses Ziels tritt der Ausgleich eines wirtschaftlichen Vorteils – wie oben bei der Besprechung des Art. 7 Rom II-VO gezeigt[976] – zurück.

Auch aus der regelmäßig eintretenden Bereicherung des Vermögensschädigers folgt damit kein Grund zur Begünstigung des Geschädigten.

Auch kann die Bestimmung der Vermögenszentrale durch den Schädiger gegebenenfalls nur schwer, oder sogar überhaupt nicht vorhersehbar sein. Das rechtliche Konstrukt des Geschäfts- oder Wohnsitzes ist kein von außen sichtbarer Anknüpfungspunkt.

So hat auch der EuGH in der Kronhofer-Entscheidung gegen eine Anknüpfung an die Vermögenszentrale argumentiert, eine solche Anknüpfung führe zu Rechtsunsicherheit, da sowohl der Kläger als auch der Beklagte einen solchen ungewissen

975 „(...) im Falle eines Schadens durch ein Produkt folgendes Recht anzuwenden: a) das Recht des Staates, in dem die geschädigte Person beim Eintritt des Schadens ihren gewöhnlichen Aufenthalt hatte, sofern das Produkt in diesem Staat in Verkehr gebracht wurde, oder anderenfalls".

976 Siehe oben: Kapitel B.II.2.a)(3).

Umstand nur schwer feststellen können[977]. Die vom EuGH aufgeführte Rechtsunsicherheit kann in dieser allgemeinen Form sicher nicht als Argument gegen die Anknüpfung an die Vermögenszentrale dienen. Zunächst ist die Differenz zwischen dem Vermögensmittelpunkt, den der EuGH als Anknüpfungspunkt abgelehnt hat, und der Vermögenszentrale, an welche die Vertreter dieser Ansicht anknüpfen wollen, zu nennen. Ferner hat der EuGH selbst in der Kronhofer-Entscheidung an den Lageort angeknüpft, der unter Umständen auch zufällig sein und keine besondere Verbindung zum Schuldverhältnis aufweisen kann. Schließlich ist auf die aufgezeigte mögliche Differenz zwischen Vermögenszentrale und Vermögensmittelpunkt hinzuweisen. Der Wohn- oder Geschäftssitz des Geschädigten wird regelmäßig leichter erkennbar sein, als der Lageort des Mittelpunkts des Vermögens. Zwar macht der EuGH keine weiteren Ausführungen zur Bestimmung des Vermögensmittelpunktes sondern gibt nur an, dieser stimme regelmäßig mit dem Wohn- oder Geschäftssitz des Geschädigten überein. Das lässt darauf schließen, dass der Vermögensmittelpunkt vom EuGH anders als von den Vertretern dieser Ansicht nicht per Definition am Wohn- oder Geschäftssitz liegt. Daher kann das Argument der Rechtsunsicherheit hier nicht überzeugen. Vielmehr führt die Anknüpfung an die Vermögenszentrale zur Anwendung eines regelmäßig vorhersehbaren Rechts.

Schließlich ist für die Beurteilung dieser Ansicht relevant, dass sich ohnehin bei der Schädigung anderer Rechtsgüter der Erfolgsort am Lebensmittelpunkt des Geschädigten liegen wird. Die Erfolgsortanknüpfung gewährt in der Regel dem Geschädigten ein „Heimspiel“[978].

Den Verhaltensinteressen des Schädigers kann über die Anwendbarkeit der Verhaltens- und Sicherheitsvorschriften des Handlungsortes sowie über das Kriterium der Vorhersehbarkeit[979] genüge getan werden.

(b) Verkehrs- und Ordnungsinteressen

Die Anknüpfung an die Vermögenszentrale entspricht zunächst dem Erfordernis der Rechtssicherheit, da die Vermögenszentrale einen festen, nicht leicht zu ändernden Ort darstellt. Zudem wird das Problem der Streuschädigung umgangen, da sich die Vermögenszentrale eines Geschädigten nur an einem einzigen Ort befinden kann. Das Anknüpfen an einen solchen festen Anknüpfungspunkt erhöht die Sicherheit für den Rechtsverkehr und dient der Eingrenzung des *law shopping*. Für alle Vermögensschäden aus derselben deliktischen Handlung gilt so dasselbe Recht der Vermögenszentrale. Auch das Problem der multistate-Delikte

977 EuGH – C-168/02 (10.06. 2004), Kronhofer ./. Maier, Möller, Hofius und Karan, IPRax 2005, 32, 33; so auch *Kropholler*, EuZVR, Art. 5 EuGVO, Rn. 90.
978 *Mankowski* in: Lorenz u.a. (Hrsg.), FS für Heldrich (2005), S. 867, 885.
979 *Mankowski* in: Lorenz u.a. (Hrsg.), FS für Heldrich (2005), S. 867, 885 f.

könnte so jedenfalls für Delikte mit nur einem Geschädigten umgangen werden. Es wird daher auch von der kollisionsrechtlich einfachsten Lösung gesprochen[980].

Schließlich ist dieser Ort nicht kurzfristig durch einen Geschädigten beeinflussbar. Da sich die Wahl des Rechts dem Geschädigten entziehen soll, liegt ein solcher unveränderbarer Anknüpfungspunkt also im Interesse eines sicheren Rechtsverkehrs[981].

Auf der anderen Seite kann die Anknüpfung an die Vermögenszentrale nur selten zu einem Gleichlauf mit der internationalen Zuständigkeit führen, da der EuGH ein Forum am Klägerwohnsitz ablehnt, sich hier also für einen Gleichlauf der Lageort des betroffenen Vermögens am Wohnsitz befinden muss.

(3) Zusammenfassung

Die Anknüpfung an den Wohn- oder Geschäftssitz hat Vorzüge in Form eines einzigen, unveränderbaren Anknüpfungspunkts. Gegen diese Anknüpfung spricht allerdings die nicht gerechtfertigte Geschädigtenbegünstigung.

Den Erfolgsort des Art. 4 Abs. 1 Rom II-VO allein durch den Wohn- oder Geschäftssitz des Geschädigten zu bestimmen, ist mit den Wertungen in Art. 4 Rom II-VO kaum vereinbar. Die Schädigung der Vermögenszentrale ist eine bloße Folge der Schädigung des Primärschadens. Eine Anknüpfung an den Ort des Folgeschadens begünstigt den Geschädigten übermäßig. Insbesondere in Fällen, in denen das Delikt in der Einwirkung des Schädigers direkt auf einen besonderen Vermögensteil besteht, und der Schädiger die Verfügung selbst vornimmt, fehlt es an einem hinreichenden Bezug zwischen dem Wohnsitz des Geschädigten und dem Delikt. Hier ist der Ort der Vermögenszentrale rein zufällig. Ein Anknüpfen an diese ist hier nicht gerechtfertigt, und stellt letztlich ein bloßes Geschenk an den Geschädigten dar. Die stärkere Gewichtung der Geschädigteninteressen folgt zwar der Interessengewichtung des Verordnungsgebers. Die Anknüpfung an den Wohnsitz des Geschädigten in Fällen, in denen der Schädiger die Verfügung vornimmt, gewichtet aber das Interesse des Geschädigten an der Anwendung des ihm bekannten Rechts zu stark. Dies zeigt auch ein Vergleich mit der Lage von Opfern einer Eigentums- oder Körperverletzung. In beiden Fällen ist der Schaden am Wohnsitz als indirekter Folgeschaden irrelevant.

Auch in der Rechtsprechung hat die Anknüpfung an den Wohn- oder Geschäftssitz des Geschädigten keine Beachtung durch die Gerichte gefunden. Zwar wird vereinzelt das BGH-Urteil vom 28.02.1989 zum Anlagebetrug als Bekenntnis zur Anknüpfung an die Vermögenszentrale gesehen[982], doch selbst

980 So *Girsberger* in: Basedow u.a. (Hrsg.), Liber Amicorum Kurt Siehr (2000), S. 219, 227.

981 *Hillgenberg*, NJW 1963, 2198, 2200.

982 Siehe dazu oben: Fn. 738.

wenn man dieses Urteil dahingehend (unzutreffend) auslegt, wäre es die einzige Entscheidung, in der ein Gericht zur Bestimmung des Erfolgsortes an die Vermögenszentrale anknüpft.

2. Vorschläge zur Lösung über Art. 4 Abs. 3 Rom II-VO

Die Darstellung hat die Schwierigkeiten einer Erfolgsortbestimmung für reine Vermögensschäden aufgezeigt. Auf Grund dieser Probleme der Erfolgsortbestimmung werden Lösungen vorgeschlagen, welche über eine engere Verbindung die als zufällig empfundene Erfolgsortanknüpfung für reine Vermögensschäden umgehen will.

a) Proper law of tort

Eine vor allem in England in der Diskussion zum Erlass des PIL-Acts 1995 befürwortete und schließlich darin auch übernommene Lösung umgeht die Anknüpfung an den Erfolgsort, indem das Recht des Ortes Anwendung finden soll, zu dem die meisten Elemente des Sachverhalts in Verbindung stehen. Die Argumente entsprechen dabei denen von *Stoll* zu seiner früheren Ablehnung der Tatortanknüpfung[983]. Die Tatortbestimmung sei zu undifferenziert, um der Besonderheit der *economic torts* gerecht zu werden[984]. Die Bestimmung des *locus delicti* sei in solchen Fällen reine Fiktion[985]. Dies gelte in Fällen der *economic torts* insbesondere deshalb, weil es sich hier häufig um *multi-state* Delikte handele.

Eine solche Ausnahme ist jedoch in Art. 4 Abs. 3 Rom II-VO – wie oben bereits erläutert[986] – nur als Ausweichklausel vorgesehen. Die Ausweichklausel ist lediglich ausnahmsweise im Einzelfall anzuwenden. Versuche des Europäischen Parlaments und dessen Berichterstatterin Diana Wallis, die Ausweichklausel zu „amerikanisieren"[987] und als *proper law of tort*-Klausel auszugestalten, indem eine engere Beziehung durch eine Vielzahl von aufgeführten Erwägungen hätte begründet werden können, scheiterten. Der Verordnungsgeber hat sich an diesem Punkt für Rechtssicherheit und gegen größtmögliche Flexibilität entschieden.

983 Siehe dazu oben: Kapitel C.IV.1.a).

984 So die Law Commissions in ihrem Consultation Paper on Private International Law: Choice of Law in Tort and Delict, Working Paper No. 87, Consultative Memorandum No. 62, Paras. 4.83-4.87.

985 Siehe a.a.O. Paras. 5.57-5.58; So auch *Fawcett*, Modern Law Review 84 (1985), 439, 446.

986 Siehe: Kapitel C.III.5.b).

987 So *v. Hein*, RabelsZ 73 (2009), 461, 484.

Der Tatort ist in jedem Fall zu bestimmen. Die Grundidee ist allerdings vergleichbar. Während bei Schaffung des PIL-Act 1995 von vorneherein davon ausgegangen wurde, dass die Anwendung des Rechts am Erfolgsort für die meisten Fälle der reinen Vermögensschäden nicht der kollisionsrechtlichen Interessenwertung entspricht,[988] und daher eine andere Anknüpfung zu wählen ist, geht der Verordnungsgeber – wie die meisten kontinentaleuropäischen Gesetzgeber – davon aus, dass grundsätzlich das Recht am Erfolgsort das für das Vermögensdelikt angemessene Recht sei, in besonderen Fällen aber, in denen dies nicht der Fall sein sollte, die Ausweichklausel zu gerechten Ergebnissen führen könne.

Das Vorliegen eines *multi-state* Delikts begründet aber alleine keine Anwendung der Ausweichklausel. Vielmehr ist hier – wie im Rahmen der Darstellung des Anknüpfungssystems der Rom II-VO bereits erläutert[989] – grundsätzlich die Mosaikbetrachtung anzuwenden.

b) Handlungsortsanknüpfung

Kadner Graziano hat vor Entwicklung der Rom II-VO zur Schaffung eines einheitlichen internationalen Deliktskollisionsrechts *de lege ferenda* vorgeschlagen, zumindest Täuschungsdelikte nur dem Recht des Handlungsortes zu unterstellen[990]. Dies entspreche am ehesten den Parteiinteressen, da der Lageort des Vermögens mit den Delikten und den Interessen in keinem inneren Zusammenhang stehe. Allgemein sei die Lösung des englischen Gesetzgebers vorzugswürdig, eine Schwerpunktanknüpfung für Distanzdelikte, welche keine Körper- oder Sachschädigungen darstellen, vorzusehen.

In den Gerichtsentscheidungen, in denen bei reinen Vermögensschäden an den Handlungsort angeknüpft wird, ist dies den Gerichten nur möglich – wie etwa dem niederländische Hoge Raad in der Cova-arrest-Entscheidung[991] oder dem österreichische OGH[992] – weil das nationale Deliktskollisionsrecht dies zulässt, oder wie in Österreich sogar grundsätzlich vorschreibt. In diesen Fällen das deutsche Wahlrecht des Geschädigten zwischen dem Handlungs- und dem Erfolgsort *contra legem* zu beschränken, wurde von deutschen Richtern mit Recht nicht diskutiert.

---

988 *Fawcett*, Modern Law Review 84 (1985), 439, 446: „The elements in the tort or delict may be distributed amongst so many countries, and with so little connection with any of them, that it would not be right crudely to select in advance either the place of acting or of result as the locus delicti."

989 Siehe oben: Kapitel B.II.6.

990 *Kadner Graziano*, EuIDR, S. 105; *ders.* GemEuIPR, S. 355, 356.

991 Siehe oben: Kapitel C.III.2.

992 Siehe oben: Kapitel C.III.7.

Letztlich haben sich die Vorschläge *Kadner Grazianos* nicht in der Fassung der Rom II-VO durchgesetzt.

Den Schadensort des Art. 4 Abs. 1 Rom II-VO als Handlungsort zu verstehen, scheidet auf Grund der eindeutigen Aussage des Verordnungstextes und der Entwicklungsgeschichte der Norm aus. Im Rahmen des Anwendungsbereichs der Rom II-VO besteht eine Möglichkeit der Grundanknüpfung an den Handlungsort nicht.

Der Handlungsort kann hier vielmehr nur über die Auflockerung der offensichtlich engeren Verbindung in Art. 4 Abs. 3 Rom II-VO zum anwendbaren Recht relevant werden[993].

Diese Auflockerung auf alle Fälle reiner Vermögensschädigungen anzuwenden, um so auf den Handlungsort abzustellen, verbietet der Ausnahmecharakter dieser Vorschrift[994]. Außerdem wäre dies auch kollisionsrechtlich falsch, da eine engere Beziehung nicht automatisch zum Handlungsort besteht. Der Schädiger wird über die Berufung der Verhaltens- und Sicherheitsregeln des Handlungsortes gemäß Art. 17 Rom II-VO hinreichend geschützt.

Auch die Wertung der Gerichte in den Fällen, in denen sie die Wahl der Tatortbestimmung durch den Handlungs- oder den Erfolgsort hatten und den Erfolgsort als relevanten Anknüpfungspunkt wählten, deutet darauf hin, dass eine Handlungsortanknüpfung nicht in allen Fällen reiner Vermögensschäden mit der kollisionsrechtlichen Gerechtigkeit übereinstimmt.

(1) Gemeinschaftsrechtskonforme Anknüpfung

Möglicherweise kann die Anwendung des heimischen Rechts des Schädigers auf Grund des Einflusses der Grundfreiheiten des EGV geboten sein.

Eine solche Regelung des „Mitnehmens" des Heimatsachrechts hat der Gemeinschaftsgesetzgeber in der E-Commerce-Richtlinie vorgesehen, deren möglicherweise vorhandener kollisionsrechtlicher Gehalt auch nach Inkrafttreten der Rom II-VO weiter gilt[995].

Hiergegen spricht jedenfalls nicht direkt, dass sich der Gemeinschaftsgesetzgeber in Art. 4 Abs. 1 Rom II-VO gegen die Verwendung des Herkunftslandsprinzips entschieden hat. Denn jedenfalls in den Fällen, in denen einer der möglichen Erfolgsorte auch am Heimatort des Schädigers liegt, könnte eine primärrechtskonforme Auslegung die Anwendung dieses Erfolgortes verlangen. Auch wird vertreten, im Falle eines durch die Grundfreiheiten geschützten Handelns über

993 *v. Hein*, RabelsZ 73 (2009), 461, 483.

994 Vgl. grundsätzlich gegen ein Unterlaufen der Entscheidung des Verordnungsgebers gegen die Handlungsortanknüpfung über Art. 4 Abs. 3 Rom II-VO, *Fricke*, VersR 2005, 726.

995 Siehe dazu oben B.I.5.a).

die Ausweichklausel des Art. 4 Abs. 3 Rom II-VO zur Anwendung des Heimatrechts des Geschädigten zu gelangen.

Wie gezeigt haben die Grundfreiheiten aber nur einen geringen Einfluss auf die Bestimmung des anwendbaren Rechts nach der Rom II-VO. Zwar bestimmen sie unstrittig den gemeinschaftlichen *ordre public*-Begriff, so dass ein Anwendungsergebnis immer an der Vereinbarkeit mit dem Primärrecht zu messen sein wird. Wie oben gezeigt müssen in der Abwägung zwischen gewollter Binnenmarktfreiheit und allgemeinen Grundsätzen des Kollisionsrechts, wie etwa dem gewollten Sachzusammenhang zwischen Sachverhalt und anwendbarem Recht, auch hier letztere überwiegen. Eine Auslegungsregel lässt sich hieraus nicht folgern.

Auch eine Anknüpfungsregel unter Anwendung des Art. 4 Abs. 3 Rom II-VO ist mit dessen Charakter als Ausnahmeregel nicht vereinbar.

(2) Ergebnis

Das Anerkennungsprinzip des primären Europarechts führt hier somit nicht zu einer zwingenden Anwendung des Heimatrechts des Schädigers oder des Rechts am Handlungsort. An oben genannten Gründen ist eine Herkunftslandanknüpfung im internationalen Deliktsrecht abzulehnen, weil sie die Interessen der Beteiligten und insbesondere die des Geschädigten nicht ausreichend würdigt[996].

Schließlich hat auch die überwiegende Zahl der Gerichtsentscheidungen den Grundsatz übernommen, dass grenzüberschreitende reine Vermögensschäden nicht nur nach dem Recht am Handlungsort zu beurteilen sind. Dieser Ansicht kann daher im Rahmen der Rom II-VO nicht gefolgt werden. Der Verordnungsgeber hat sich gerade für eine gegenteilige Regelanknüpfung entschieden, die auch für allgemein-deliktische Ansprüche aus reiner Vermögensschädigung Anwendung finden soll.

c) Die akzessorische Anknüpfung nach *von Hein*

Von Hein schlägt auch hier eine deliktstypische akzessorische Anknüpfung vor.

(1) Betrug

Um eine mögliche Zufälligkeit des Ergebnisses der von *v. Hein* vorgeschlagenen Erfolgsortkonkretisierung für Betrugsdelikte am Ort der Vornahme der Verfügung auszuschließen, soll hier die Erfolgsortanknüpfung durch eine großzügige

996 So ausdrücklich zum Verhältnis Herkunftslandprinzip und Deliktskollisionsrecht: *Wilderspin* in: Baur/Mansel (Hrsg.), Systemwechsel, S. 77, 86.

akzessorische Anknüpfung umgangen werden. Maßgeblich soll nicht der Ort der Verfügung sein, sondern es soll akzessorisch an die (hypothetische[997]) Sonderverbindung angeknüpft werden[998]. Zwischen Schädiger und Geschädigten bestehe häufig eine solche Verbindung, da der Schädiger zwecks Täuschung regelmäßig in geschäftlichem Kontakt mit dem Geschädigten stehe. Die Erfolgsortanknüpfung wird so zu Gunsten einer akzessorischen Anknüpfung umgangen.

Knüpft man an ein solches Vertragsverhältnis oder vorvertragliches Vertrauensverhältnis an, so wird darüber regelmäßig gem. Art. 4 Rom I-VO das Recht des Ortes berufen, an dem die Partei, welche die charakteristische Leistung erbringen musste, ihren gewöhnlichen Aufenthalt hat[999]. Gerade in Fällen reiner Vermögensschäden wird die charakteristische Leistung aber häufig vom Schädiger versprochen. Verspricht der Schädiger etwa in betrügerischer Absicht die sachgerechte Verwendung des Geldes, so wird auf dieses Kapitalanlageverhältnis das Recht am Wohnsitz des Schädigers angewendet. Eine solche indirekte Anknüpfung an den Schädigerwohnsitz ist jedoch mit der Interessenabwägung der Rom II-VO jedoch nicht vereinbar.

Gegen eine akzessorische Anknüpfung könnten ferner die Argumente des BGH aus der Verlöbnisbruchentscheidung sprechen, in der eine akzessorische Anknüpfung im konkreten Fall ausgeschlossen wurde, da eine solche dem strafrechtlichen Unrechtsgehalt nicht gerecht würde. Wie bereits angesprochen muss allerdings richtigerweise bei der Bestimmung des anwendbaren Rechts der strafrechtliche Regelungsgehalt einer nationalen materiellen Rechtsnorm ausgeblendet werden[1000]. Die Ausführungen des BGH überzeugen hier also nicht.

Gegen die akzessorischen Anknüpfung spricht allerdings weiterhin die ungerechtfertigte Bevorzugung des Schädigers, falls dieser die vertragscharakteristische Leistung (insbesondere: nicht) erbringt.

Um diese mögliche Schädigerbegünstigung zu umgehen, liegt es auf der Hand, die charakteristische Leistung so zu bestimmen, dass auf die Leistung des Betrogenen und nicht auf die des Betrügers als charakteristische Leistung

---

997 Ein Vertragsverhältnis wird bei Betrugssachverhalten anfechtbar oder sogar nichtig sein (vgl. *v. Hein*, Günstigkeitsprinzip, S. 359). Das Abstellen auf ein Vertrauensverhältnis führt jedoch auf Grund der Verweisung in Art 12 Abs. 1 Rom II-VO nicht zu unterschiedlichen Ergebnissen. Hiernach ist für c.i.c.-Ansprüche das hypothetische Vertragsvertragsstatut relevant.

998 So sein Vorschlag zum autonomen deutschen Deliktskollisionsrecht: *v. Hein*, Günstigkeitsprinzip, S. 358.

999 Zwar ist die Anknüpfung an den Wohnort der Partei, welche die charakteristische Leistung erbringt, in Art. 4 Abs. 2 Rom I-VO nur die Auffanganknüpfung, dabei sind aber die Anknüpfungen in Art. 4 Abs. 1, lit. a-h Rom I-VO für besondere vertragliche Schuldverhältnisse nur Konkretisierungen der charakteristische Leistung.

1000 Siehe oben: Kapitel C.I.1.c) und C.II.5.a)(3)(b).

abgestellt wird. Aus diesem Grund will *v. Hein* die charakteristische Leistung der Sonderverbindung in der Selbstschädigung des Opfers sehen. Die charakteristische Leistung sei demnach die irrtumsbedingte Vornahme der Vermögensverfügung[1001].

Durch diese Konstruktion gelange man zwar in der Regel zur Anwendung des Rechts am Wohn- oder Geschäftssitz des Geschädigten, dies sei aber dogmatisch gerechtfertigt, da die Anknüpfung an diese Orte nicht auf einer fehlerhaften Interessenabwägung beruhe, sondern auf einer zwischen den Parteien bestehenden eine Sonderverbindung.

Schließlich weicht die bestimmte akzessorische Anknüpfung von der Anknüpfung an die Vermögenszentrale in den Fällen ab, in denen Zweigniederlassungen verschiedene Vermögensverfügungen vorgenommen haben. Während die Vermögenszentrale hier an dem Geschäftssitz der Muttergesellschaft liegt, und an deren Geschäftssitz anzuknüpfen wäre, da diese die Vermögensverluste bilanzmäßig verspürt[1002], kommt *v. Hein* zur Anwendung des Rechts am jeweiligen Geschäftssitz der unselbstständigen Zweigniederlassung.

Verfügt ein leistungsnaher Dritter, der selbst nicht Partei der Sonderverbindung ist, jedoch im Lager des Betrogenen steht, so soll auch hier sein Wohn- oder Geschäftssitz entscheidend sein[1003].

Eine Anknüpfung an eine so konstruierte Sonderverbindung scheint im Rahmen der Rom II-VO nicht möglich. Art. 4 Abs. 3 Rom II-VO führt als Beispiel nur vertragliche Sonderbeziehung auf. An faktische Beziehungen kann nur ausnahmsweise bei Hinzutreten anderer Sachverhaltselemente akzessorisch angeknüpft werden[1004]. Die akzessorische Anknüpfung als Anknüpfungsregel für alle Betrugsdelikte ist daher abzulehnen. Auch wenn eine Anknüpfung an den Geschäfts- oder Wohnsitz des Geschädigten im Ergebnis überzeugen kann, ist die Konstruktion im Rahmen der Rom II-VO nicht möglich. Ein möglicherweise bestehendes Vertrauensverhältnis im Falle des Fehlens einer vertraglichen Beziehung ist zu unbestimmt, um darüber die Erfolgsortanknüpfung in Art. 4 Abs. 1 Rom II-VO durch Anwendung des Art. 4 Abs. 3 Rom II-VO zu umgehen zu können. Über die Konstruktion einer solchen engeren Beziehung käme zudem entweder häufig das Recht des Wohn- oder Geschäftssitzes des Schädigers, oder – sofern man die charakteristische Leistung in der Hingabe des Vertrauens sieht – das Recht am Wohn- oder Geschäftssitz zur Anwendung. Beides ist in der Rom II-VO als allgemeine Anknüpfungsregel unerwünscht.

1001 *v. Hein*, Günstigkeitsprinzip, S. 362.

1002 Siehe dazu unten: Kapitel C.IV.1.d)(1).

1003 *v. Hein*, Günstigkeitsprinzip, S. 364, *W. Lorenz* in: v. Caemmerer (Hrsg,), Vorschläge und Gutachten, S. 97, 112.

1004 Siehe hierzu oben: Kapitel B.II.3.

Eine Lösung des Problems der Zufälligkeit der Erfolgsortbestimmung über eine Anknüpfung an den Ort der Vornahme der Verfügung kann daher nur ausnahmsweise bei vorliegen der strengen Voraussetzungen in Art. 4 Abs. 3 Rom II-VO in einer akzessorischen Anknüpfung gefunden werden.

(2) Untreue

Um in Fällen der Untreue zu einheitlichen und gerechten Ergebnissen zu kommen, will *v. Hein* über eine akzessorische Anknüpfung die Erfolgsortbestimmung umgehen und an die Vermögensbetreuungspflicht anknüpfen[1005].

Diese akzessorische Anknüpfung sei zum einen praktikabel, da das Vertragsstatut für die Begründung der Vermögensbetreuungspflicht ohnehin ermittelt werden müsse, und zum anderen entspreche sie einem gerechten Ausgleich der Parteiinteressen, da der Geschädigte nur die Einhaltung der Vermögensbetreuungspflicht nach den Bestimmungen des Vertragsstatuts erwarten darf. Dieses Ergebnis entspreche also den Parteierwartungen und liefere darüber hinaus eindeutige Ergebnisse.

Tatsächlich wird häufig bei Untreuedelikten eine Vertragsbeziehung zwischen Schädiger und Geschädigtem bestehen, an die auch im Anwendungsbereich der Rom II-VO über die Auflockerung in Art. 4 Abs. 3 Rom II-VO akzessorisch angeknüpft werden kann. Ob hingegen auch eine nicht vertraglich begründete Vermögensbetreuungspflicht als hinreichend fester Anknüpfungspunkt ausreicht, um an diesen akzessorisch anzuknüpfen, scheint fraglich. Die Anforderungen an eine solche Sonderbeziehung sind – wie oben aufgezeigt[1006] – enger als etwa in Art. 41 Abs. 2 EGBGB.

(3) Sonstige Fälle sittenwidriger Schädigung

Neben Betrugs- und Untreuedelikten will *v. Hein* in der letzten Deliktstypengruppe auch sonstige sittenwidrige Schädigungen akzessorisch anknüpfen.

Hierfür sei grundsätzlich auf die engste Verbindung des Rechtsverhältnisses zu einem Rechtsgebiet abzustellen[1007]. Diese engste Verbindung kann sich insbesondere aus der Nähe des jeweiligen deliktischen Anspruchs zu einem Rechtsgebiet mit besonderer Anknüpfung (wie etwa dem Wettbewerbsrecht – dann Marktort als Erfolgsort, oder dem Insolvenzrecht – dann *lex fori concursus*) ergeben. An dieses Statut sei dann akzessorisch anzuknüpfen.

1005 *v. Hein*, Günstigkeitsprinzip, S. 352 f., entwickelt zum autonomen deutschen Deliktskollisionsrecht.

1006 Siehe oben: Kapitel B.II.5.

1007 *v. Hein*, Günstigkeitsprinzip, S. 374 f., ebenfalls entwickelt zum autonomen deutschen Deliktskollisionsrecht.

d) Zusammenfassung

Die Anwendung des Art. 4 Abs. 3 Rom II-VO kann nur im Einzelfall bejaht werden. Die Bildung von Fallgruppen, in denen der Auflockerungstatbestand Anwendung findet, ist damit schwierig und kann letztlich nur mit Einschränkungen erfolgen.

Eine vom Verordnungsgeber erwähnte Fallgruppe einer in Betracht kommenden engeren Verbindung ist die vertragliche Beziehung der Parteien. Besteht eine solche, soll das Vertragsstatut auch über die deliktischen Ansprüche entscheiden. Eine Ausdehnung auf Beziehungen wie im Falle des Vertrauensverhältnisses zwischen dem Geschädigten und dem Veruntreuenden entspricht dem Ausnahmecharakter der Vorschrift nicht. Der Verordnungsgeber hat hier den Anwendungsbereich des Art 4 Abs. 3 Rom II-VO durch alleinige Aufzählung von vertraglichen Beziehungen bewusst einschränkend beschrieben.

Die Anknüpfung an die offensichtlich engere Beziehung kann ohnehin die Frage der Erfolgsortbestimmung nicht ersetzen, da das Vorliegen einer engeren Beziehung im Sinne des Art. 4 Abs. 3 Rom II-VO nur in Relation zu der bereits festgestellten Beziehung bejaht werden kann.

Als Korrekturinstrument kann es allerdings, wie vom Verordnungsgeber vorgesehen, im Einzelfall ein ungewolltes Ergebnis der Regelanknüpfung korrigieren. Insbesondere im Rahmen der Untreuedelikte liegt häufig ein von den Parteien geschlossener Vertrag vor, dessen Statut aus den von *v. Hein* genannten Gründen[1008] auch die deliktischen Ansprüche des Geschädigten regeln sollte. Diese überzeugende Lösung darf jedoch nicht darüber hinwegtäuschen, dass jedenfalls zunächst der Erfolgsort über Art. 4 Abs. 1 zu bestimmen ist. Nur so kann eine engere, also enger als zu dem Erfolgsortrecht bestehende Verbindung begründet werden.

V. Eigene Lösung zur Erfolgsortbestimmung

Die Interessenanalyse zeigt, dass keine der hier vertretenen Auffassungen den zu berücksichtigenden Interessen in vollem Umfang gerecht wird. Entscheidend hierfür erweist sich die Schwierigkeit der Vereinbarkeit der von der Rom II-VO angestrebten Rechtssicherheit und Rechtsklarheit mit der hohen Beweglichkeit des Vermögens und der daraus resultierenden Zufälligkeit des Anknüpfungsergebnisses.

Einer Reihe durchaus gängiger Fallgestaltungen wird diese Anknüpfung nicht gerecht, da sie zu zufälligen Ergebnissen führt.

1008 Siehe oben: Kapitel C.IV.2.c)(2).

Es ist daher richtigerweise mit *von Hein* nach Fallgestaltungen zu differenzieren. Eine solche Differenzierung muss jedoch nicht unter Rückgriff oder vor dem Eindruck der *lex fori,* sondern vertragsautonom erfolgen.

Unterschieden werden darf ferner nur zwischen wenigen Fallgestaltungen, um dem Gebot der Schaffung von Rechtssicherheit gerecht zu werden.

Es bietet sich hier eine Unterscheidung zwischen zwei Fallgruppen an. Beruht die Schädigung, wie in der Mehrzahl der Fälle, auf einer Täuschung des Betroffenen, so ist die hieraus resultierende Verfügung des Getäuschten der relevante Erfolg.

Beruht die Schädigung jedoch auf einer Verfügung des Schädigers, etwa weil dieser die ihm vom Geschädigten überlassenen Vermögensteile veruntreut, so liegt der Erfolg in dem Entzug der Verfügungsgewalt des Geschädigten.

Die Unterscheidung zwischen den beiden Fallgruppen kann Schwierigkeiten bereiten. Dies ist etwa dann der Fall, wenn sowohl zunächst eine Verfügung des Geschädigten, und danach eine des Schädigers vorliegt. Entscheidend ist hier dann, ob der Schädiger den Geschädigten schon im Zeitpunkt des Überlassens, des später veruntreuten Vermögensgegenstandes getäuscht hat. Veranlasst ein Betrüger etwa den Betroffenen bereits in betrügerischer Absicht, Gelder auf ein Anlagekonto zu überweisen, von dem der Schädiger das Geld dann durch eine eigene Verfügung abzieht, liegt ein klassischer Betrug vor, für den kollisionsrechtlich die Verfügung des Geschädigten entscheidend ist. Entscheidet sich der Schädiger jedoch erst nach Überweisung des Geldes auf das Anlagekonto zur Veruntreuung des Geldes, muss richtigerweise dessen Verfügung entscheidend sein. Ein Abstellen auf ein solches subjektives Kriterium ist jedoch mit der Schaffung von Rechtssicherheit nicht vereinbar. Es muss daher vielmehr nach objektiven Kriterien unterschieden werden. Hierfür ist zu untersuchen, ob der Geschädigte im Zeitpunkt der Verfügung des Schädigers noch die Verfügungsgewalt über das Vermögen hatte, die Schädigung also noch abwenden konnte, oder diese im Zeitpunkt der Verfügung des Geschädigten schon komplett an den Schädiger verloren hatte. Nur im zweiten Fall ist die Verfügung des Schädigers der relevante Erfolg.

Daneben kann die Zuordnung einer Verfügung im Falle der Verfügung durch einen Dritten fraglich sein. Zur kollisionsrechtlichen Behandlung ist dieser Dritte einem der Lager von Geschädigtem oder Schädiger zuzurechnen. Handelt der Dritte im Auftrag, oder jedenfalls im Lager des Geschädigten, so liegt eine Verfügung des Geschädigten vor. Handelt der Dritte jedoch kollusiv mit dem Schädiger zusammen, so ist die Verfügung diesem zuzurechnen.

Im Folgenden sind nun die Orte im Sinne des Art. 4 Abs. 1 Rom II-VO für die so bestimmten Erfolge zu suchen.

1. Verfügung des Betroffenen

Der Erfolgsort einer eigenen Verfügung des Betroffen liegt richtigerweise nicht – wie aber *von Hein* meint[1009] – an dem Ort, an dem die Verfügung vorgenommen wurde. Eine Anknüpfung an den Ort der Vornahme wird dem Erfordernis der Rechtssicherheit nicht gerecht. Er ist wie oben gezeigt regelmäßig zufällig. Auch wenn das Beispiel des viel reisenden Geschäftsmannes, welcher auf einer Geschäftsreise telefonisch eine Verfügung erklärt, als Sonderfall vernachlässigt werden kann, so ist allgemein die Vornahme einer Verfügung an einem Ort, welcher nicht mit dem Delikt in Verbindung steht, weil sich der Geschädigte etwa erst kurz vor der Verfügung dort hinbegeben hat, wahrscheinlich. Eine Anknüpfung an den Ort, an dem die Verfügung vorgenommen wurde, ist somit auf Grund der Zufälligkeit des Ergebnisses abzulehnen.

Daneben stimmt dieses Ergebnis auch nicht mit dem Schwerpunkt des deliktischen Vorwurfs überein. Der deliktische Vorwurf liegt hier in der Täuschung oder jedenfalls der fahrlässigen Fehlinformation des Geschädigten. Der Erfolgsort bei so veranlassten Schädigungen durch den Geschädigten selbst, muss sich daher auch nicht an den Ort anlehnen, an dem sich die das letztlich geschädigte Vermögensteil befand, sondern muss an einen Ort anknüpfen, der in Verbindung mit der getäuschten Person steht. Die Einwirkung erfolgt primär auf die Person des Geschädigten. Auch wenn Zweck der Täuschung die Erlangung eines bestimmten Vermögensgegenstandes sein sollte, so erfolgt die erste Einwirkung doch auch in diesen Fällen auf die Person des Geschädigten. Der Ort, an dem die Person die schädigende Verfügung vornimmt, scheidet auf Grund der Beziehungsarmut zu dem Delikt aus. Eine Anknüpfung an den Lageort des sekundär beeinträchtigten Vermögensgegenstandes geht ebenso fehl.

Es ist vielmehr an den Ort anzuknüpfen, an dem sich die Person, die getäuscht wurde, gewöhnlich aufhält. Das Recht des Ortes an dem sich das Vermögensinteresse des Geschädigten bündelt, ist in diesen Fällen anzuwenden, da alle anderen Anknüpfungspunkte rein zufällig sind, und dieser Ort ferner dem Delikt regelmäßig am ehesten gerecht wird. Der gewöhnliche Aufenthaltsort des Geschädigten steht mit Schäden an dessen Vermögen, die auch auf einer Verfügung durch ihn selbst beruhen, am engsten in Verbindung.

Zur Anwendung dieses Rechts will ferner auch *von Hein* kommen. Allerdings ist seine Konstruktion über eine akzessorische Anknüpfung mit Art. 4 der Rom II-VO nicht vereinbar[1010].

Ferner sprechen für eine Anknüpfung an den Wohn- oder Geschäftssitz die oben bereits im Rahmen der Behandlung dieser Ansicht aufgezeigten Argumen-

1009 Siehe oben: Kapitel C.IV.1.b)(1)

1010 Siehe oben: Kapitel C.IV.2.c)(1).

te[1011]. Insbesondere entspricht diese Anknüpfung für diese Art der Delikte der erforderlichen Interessenabwägung. Die Begünstigung des Geschädigten, welche darin liegt, dass sein heimisches Recht Anwendung findet, ist zum einen bereits in der Erfolgsortanknüpfung von Art. 4 Abs. 1 Rom II-VO selbst enthalten und damit hinzunehmen und lässt sich zum anderen wie die Begünstigung in Art. 7, 2. HS Rom II-VO als Ausgleich für den finanziellen Vorteil des Schädigers rechtfertigen.

Für Vermögensschäden die auf einer Verfügung des Geschädigten selbst beruhen, ist damit das Recht des gewöhnlichen Aufenthaltsortes bzw. des Geschäftssitzes des Geschädigten anzuwenden. Der Geschäftssitz muss schließlich hierbei immer der Sitz der Gesellschaft sein, deren Vermögen geschädigt wurde, im Falle des Verfügung einer unselbstständigen Tochtergesellschaft also der der Muttergesellschaft, sofern sie Inhaberin des Vermögensteils war.

2. Verfügung des Schädigers

Anders ist jedoch anzuknüpfen, wenn eine Verfügung des Schädigers zum Erfolg des Delikts führt. Der Erfolgsort einer schädigenden Verfügung durch den Schädiger selbst kann nicht an der Vermögenszentrale des Geschädigten liegen. Hier fehlt der Zusammenhang zwischen dem deliktischen Vorwurf des Entzugs der Verfügungsmacht und dem Vermögen als Sammlung der einzelnen Interessen der Person des Geschädigten. Bezugspunkt der Tat ist vielmehr bereits ein konkreter Vermögensteil. Anzuknüpfen ist hier daher an den Lageort dieses betroffenen Vermögensteils[1012]. Dieser ist hier nicht zufällig, da sich die deliktische Handlung im Unterschied zur oben dargestellten Fallgruppe konkret hierauf bezieht.

Im Übrigen wird im Rahmen dieser Fallgruppe ein möglicherweise kollisionsrechtlich angemesseneres Ergebnis regelmäßig über eine akzessorische Anknüpfung an ein Vertragsverhältnis zwischen den Parteien zu finden sein.

VI. Ergebnis

Zur Bestimmung des Erfolgsortes bei reinen Vermögensschäden werden verschiedene Lösungsmöglichkeiten zur Konkretisierung des Anknüpfungspunkts diskutiert. Die Darstellung hat jedoch gezeigt, dass lediglich die Anknüpfung an

1011 Siehe oben: Kapitel C.IV.1.d)(2).

1012 Zu der genauen Bestimmung des Lageortes siehe oben: Kapitel C.IV.1.c)(1).

den konkreten Lageort mit den Auslegungskriterien von Art. 4 Abs. 1 Rom II-VO vereinbar ist.

Die ausschließliche Anknüpfung an den Handlungsort für reine Vermögensschäden wird insbesondere auf Grund des in Deutschland geltenden Ubiquitätsprinzips, welches eine Anknüpfung an den Handlungsort zulässt, vertreten. Im Anwendungsbereich der Rom II-VO ist eine solche Anknüpfung nicht möglich. Auch sofern das konkrete Handeln des Schädigers von Grundfreiheiten des EGV gedeckt ist, darf der Schädiger dennoch nicht durch die Handlungsortanknüpfung einen übermäßigen Vorteil erhalten.

Eine Differenzierung streng nach den Deliktstypen der lex fori ist ebenfalls nicht auf die Erfolgsortbestimmung in Art. 4 Abs. 1 Rom II-VO zu übertragen. Gegen eine solche spricht die vom Verordnungsgeber bezweckte Schaffung des internationalen Entscheidungseinklangs, da die Deliktssachverhalte in den Mitgliedsstaaten rechtlich unterschiedlich eingeordnet werden. Das Abstellen auf die einzelnen Tatbestandsmerkmale eines Haftungstatbestands führt zu einer Zersplitterung der Anknüpfung im internationalen Rahmen, da Sachverhalte in den Mitgliedsstaaten unter unterschiedliche Deliktstypen subsumiert werden. Daneben entspricht die im Rahmen der jeweiligen deliktsspezifischen Anknüpfung vertretene Anknüpfung an den Verfügungsort speziell bei Betrugsdelikten zwar überwiegend den Auslegungskriterien des Art. 4 Abs. 1 Rom II-VO, führt jedoch zu rein zufälligen Ergebnissen. Als Anknüpfungspunkt für alle Vermögensschäden kann der Verfügungsort somit nicht gelten.

Dagegen entspricht die Anknüpfung an den jeweiligen Lageort sowohl der vom Verordnungsgeber gewählten Interessensgewichtung als auch den Zielen der Schaffung des internationalen Entscheidungseinklangs. Ferner führt die Anknüpfung an den konkreten Lageort zu einem Gleichlauf mit der internationalen Deliktszuständigkeit. Allerdings kann auch dieser Ort auf Grund der Zufälligkeit des Lageortes keinen allgemeinen Anknüpfungspunkt darstellen. Sofern sich das Delikt nicht auf einen konkreten Vermögensteil bezieht, steht der Lageort in keinem inhaltlichen Zusammenhang zu dem Delikt. Täuscht also der Schädiger den Geschädigten und bewegt er ihn so zu einer Übertragung irgendeines Vermögensteils, ist der Ort, an dem sich dieses Vermögen befand, lediglich zufällig.

Die Anknüpfung aller Delikte an die Vermögenszentrale kommt demgegenüber dem Geschädigten entgegen, da sie das Recht am eigentlich unbedeutenden Ort des Eintritts eines indirekten Schadens beruft. Folgeschädigungen sind bei der Erfolgsortbestimmung nicht zu beachten. Ferner steht die Vermögenszentrale des Geschädigten in keinem Bindungsverhältnis zum streitigen Rechtsverhältnis.

Richtigerweise ist daher zu differenzieren: Bezieht sich das Delikt auf die Person des Geschädigten – regelmäßig durch vorsätzliches oder fahrlässiges Hervorrufen einer Fehlvorstellung des Geschädigten – und nimmt der Geschädigte die

Verfügung vor, so ist der gewöhnliche Aufenthaltsort des Geschädigten entscheidend. Für die häufigste Fallgruppe des reinen Vermögensschadens[1013] durch vorsätzliche oder fahrlässige Täuschung des Geschädigten, ist Anknüpfungspunkt danach der Ort des gewöhnlichen Aufenthalts des Geschädigten.

Besteht das Delikt jedoch aus dem Entzug eines konkreten Vermögensteils durch eine Verfügung des Schädigers, so ist der Lageort dieses Vermögensteils maßgeblich.

1013 Siehe hierfür das Übergewicht der dies betreffenden Urteile: Kapitel C.III; So auch *Dickinson*, Rn. 4.67

D. Zusammenfassung und Ausblick

Die Arbeit hat gezeigt, dass die Grundanknüpfung in Art. 4 Abs. 1 Rom II-VO ausschließlich an den deliktischen Erfolgsort anknüpft. Diese Regelung beruht auf einer Interessenwertung, welche versucht, einen gerechten Ausgleich zwischen den beteiligten Interessen herzustellen. Die Anknüpfung an den Erfolgsort stellt hierbei eine leichte Begünstigung des Geschädigten dar, ohne diesem jedoch – etwa durch Einführung eines Wahlrechts – einen übermäßigen Vorteil zu verschaffen.

Bei der konkreten Bestimmung dieses Erfolgsortes sind ausschließlich die Interessen der konkret und abstrakt am Rechtsverhältnis beteiligten Interessengruppen zu berücksichtigen. Es handelt sich bei den Regeln der Rom II-VO also um klassisches Kollisionsrecht; Wertungsvorgaben des primären Europarechts sind bei der Auslegung der Rom II-VO nicht zu berücksichtigen.

Ferner wurde dargestellt, dass der EuGH den Lageort des konkret geschädigten Vermögensteils als Anknüpfungspunkt für die Erfolgsortbestimmung in Art. 5 Nr. 3 EuGVO bevorzugt. Jedenfalls wurde in der entscheidenden Kronhofer-Entscheidung eine Anknüpfung an die Vermögenszentrale abgelehnt.

Allerdings hat auch ein Vergleich der jeweils zu berücksichtigenden Wertungen der EuGVO sowie der Rom II-VO gezeigt, dass ein Auslegungsgleichlauf den jeweiligen Besonderheiten der Interessenwertungen im Rahmen der Verordnungen nicht gerecht wird. Es muss vielmehr eine autonome Bestimmung des Erfolgsortes für reine Vermögensschädigungen gefunden werden.

Die Auswertung der deutschen Gerichtsentscheidungen, die hierzu ergangen sind, zeigte, dass überwiegend eine genaue Festlegung der Bestimmung des Erfolgsortes umgangen wurde. Vielmehr wurden regelmäßig eine Reihe von Sachverhaltselementen mit Bezug zu demselben Staat herangezogen, um die Anwendung des Rechts eines bestimmten Staates zu rechtfertigen. Eine genaue Tatort- und Erfolgsortbestimmung erfolgte nicht.

Ein Vergleich mit den Kollisionsregeln anderer Mitgliedsstaaten hat gezeigt, dass sich die Tatortanknüpfung überwiegend durchgesetzt hat. Eine einheitliche Anknüpfung reiner Vermögensschädigungen findet sich jedoch auch hier in Rechtssprechung und Literatur nicht.

Die Würdigung der einzelnen in der Literatur vertretenen Ansichten zur Wahl eines einheitlichen Anknüpfungspunktes hat gezeigt, dass keine der vertretenen Ansichten mit den Wertungen der Rom II-VO zu vereinbaren ist.

Eine einheitliche Anknüpfung für alle reinen Vermögensschädigungen wird der Besonderheit der Fallgruppen nicht gerecht und führt jeweils zu ungerechten und zufälligen Ergebnissen. Es ist daher vielmehr grundlegend zwischen zwei

Fallgruppen zu unterscheiden: Einmal die Verfügung des Geschädigten selbst auf Grund einer Einwirkung durch den Schädiger und zum anderen die Einwirkung des Schädigers direkt auf einen Vermögensgegenstand durch eine Verfügung des Schädigers.

Der Erfolgsort einer Einwirkung auf den Geschädigten liegt an dessen Vermögenszentrale. Erfolgt die schädigende Verfügung also durch den Geschädigten selbst, weil dieser hierzu durch den Schädiger veranlasst wurde, so ist das Recht des Ortes anzuwenden, an dem der Geschädigte im Zeitpunkt der Täuschung seinen gewöhnlichen Aufenthalt hatte.

Der Erfolgsort einer Einwirkung auf einen konkreten Vermögensgegenstand durch den Schädiger selbst liegt hingegen am jeweiligen Lageort des Vermögens. Erfolgt die Schädigung also durch eine Verfügung durch den Schädiger ist an den Lageort anzuknüpfen.

Ob sich der hierfür zuständige EuGH bei der Bestimmung des Erfolgsortes an diese aus der Interessenabwägung gewonnene Anknüpfungsbestimmung halten wird, ist ob der dargestellten Auslegung der EuGVO und des Strebens des EuGH nach Gleichlauf allerdings fraglich.

Auf Grund der Häufigkeit von grenzüberschreitenden Vermögensbewegungen ist eine erste gerichtliche Bestimmung des Erfolgsortes jedenfalls in naher Zukunft zu erwarten.

www.ingramcontent.com/pod-product-compliance
Ingram Content Group UK Ltd.
Pitfield, Milton Keynes, MK11 3LW, UK
UKHW021912290926
8980IPUK00015B/1202